LA VIE ET LES ŒUVRES

DE

DU BARTAS

PAR

Georges PELLISSIER

DOCTEUR ÈS-LETTRES

PROFESSEUR AGRÉGÉ DE RHÉTORIQUE AU LYCÉE DE NANCY

PARIS

LIBRAIRIE HACHETTE ET Cie

79, BOULEVARD SAINT-GERMAIN, 79

1883

INTRODUCTION

Nous nous proposons, dans cette étude, d'apprécier l'œuvre d'un poète trop célébré par son siècle, trop oublié peut-être par la postérité.

Après avoir raconté sa vie, nous essayons de marquer la place qu'il doit occuper entre les disciples de Ronsard, tout en le distinguant de ses contemporains par le caractère de son inspiration. — Nous demandons le sens général de son œuvre à ses croyances religieuses, à ses vues politiques, à son patriotisme. — Nous étudions le poète dans la forme de ses ouvrages ; et, comme ils appartiennent essentiellement au genre descriptif, nous recherchons quelle place la nature y tient et quelle conception générale il s'est formée de la Création, sujet de son principal poème. — Nous apprécions son goût, si raffiné parfois et parfois si grossier, qui se fourvoie tantôt dans la subtilité la plus recherchée, tantôt dans la trivialité la plus rebutante. — Nous examinons de quelle façon il imite les anciens, et comment il sait emprunter aux poètes de l'antiquité tout ce qui peut se concilier avec l'inspiration chrétienne de ses œuvres. — La langue et la versification du poète font le sujet des chapitres suivants : nous étudions la langue dans son vocabulaire et dans sa syntaxe, la versification dans la forme de l'alexandrin et dans les rimes. — Nous montrons ensuite l'auteur des *Semaines* comme le chef d'une nouvelle école, qui, comptant de nombreux et même d'illustres disciples parmi les poètes français du XVIe et du XVIIe siècle, attendra pourtant jusqu'au *Paradis perdu* de Milton la réalisation de son idéal. — Nous terminons enfin notre étude par l'histoire de cette renommée, si éclatante d'abord qu'elle donna de l'ombrage à Ronsard lui-même, si vite évanouie que, dès le temps de Malherbe, elle n'était plus guère qu'un souvenir.

Nous n'avons pas voulu, dans cet essai, faire l'apologie du poète, mais plutôt étudier ses œuvres avec impartialité : les défauts que nous aurons à y signaler ne sont pas moins dignes de notre attention que les qualités dont elles témoignent. Au reste, quelle que soit la valeur poétique de du Bartas, si l'immense réputation dont il a joui en France jusqu'au XVIIe siècle et la gloire qu'il a conservée jusqu'à nos jours dans d'autres pays ne nous imposent pas d'avance l'éloge et l'admiration, elles doivent au moins lui valoir notre intérêt. Sans anticiper sur le jugement que nous dictera l'étude de ses poèmes, nous pouvons dire, dès maintenant, qu'il mérite d'être jugé.

CHAPITRE I

LA VIE DE DU BARTAS

Naissance du poète à Monfort, près d'Auch : ses qualités et ses défauts le rattachent à la Gascogne. — Il passe au Bartas ses premières années : description du château et des environs. — Forte éducation de du Bartas : il possède toutes les connaissances de son temps. — Sa jeunesse grave et pure. — L'étude, les armes et la diplomatie se partagent sa vie. — Il ne prend aucune part aux guerres civiles jusque vers 1576; mais, à partir de cette date, il ne peut s'abstraire des troubles religieux et politiques qui viennent le solliciter jusque dans sa retraite, et qui, bien souvent, l'en arrachent. — Malgré tout, il n'abandonne jamais ses travaux poétiques, et son zèle redouble avec les obstacles. — Intérieur du poète : date probable de son mariage; son testament prouve qu'il n'eut pas d'enfants mâles; ses quatre filles. — Qualités privées de du Bartas : sa vie domestique simple et patriarcale. — L'isolement du poète n'est pas sans influence sur son goût et sur sa langue : les troubles civils l'empêchent de faire un séjour à Paris, où, malgré son éloignement pour les cours, il se sentait attiré par un vif sentiment des imperfections de son « naturel ramage. » — La fin de sa vie est occupée tout entière par des missions diplomatiques : dès 1580, Henri de Béarn l'emploie comme négociateur; peut-être alla-t-il en Allemagne dans le courant de l'année 1586; ses différents voyages en Angleterre, en Ecosse, et probablement en Danemark. — Sa grande mission de 1587 : quel en était l'objet; ses rapports avec le roi Jacques VI, qui désire se l'attacher : malgré ses pressantes instances, du Bartas ne veut pas quitter le service de son maître, et il se rembarque pour la France. — Les trois dernières années de son existence sont assombries par la maladie et les épreuves domestiques. — Prit-il part à la bataille d'Ivry? C'est là une hypothèse toute gratuite : pourquoi l'on ne peut l'admettre. — Il meurt quelques mois après. — Conclusion.

Guillaume de Saluste, seigneur du Bartas, naquit en 1544. Il prit le nom d'une petite terre depuis longtemps possédée par ses ancêtres (1); mais le lieu de sa naissance est Monfort, bourg situé à quelque distance du Bartas (2). Monfort, « ferme assis sur le front d'un rocher » (3), est une petite ville située près d'Auch : du Bartas

---

(1) *Éloges* de Scev. de Sainte-Marthe.

(2) C'est ce qu'établit Goujet (*Bibl. fr.*, art. *Du Bartas*), contrairement à La Croix du Maine et Baillet, qui faisaient naître le poète au château même dont il reçut le nom. On trouve dans le *Voyage en Gascogne*, de Pierre de Brach, ami intime de notre poète, quelques vers qui ne peuvent laisser sur ce point aucun doute :

> Et, venant peu à peu de Monfort approcher,
> Saluste me monstra de loin un grand clocher
> Qui sembloit orgueilleux avec sa pointe aigue
> Vouloir outrepercer l'espesseur d'une nue ;
> Voilà le lieu, dit-il, de ma nativité,
> Voilà Monfort qui m'a dans ses bras allaité....

(3) P. de Brach, op. cit.

nous rappellera bien des fois qu'il est originaire de la Gascogne. Ce n'est pas là un hasard de la naissance, puisque sa famille comptait parmi les plus anciennes du pays. Son père, nous apprend G Colletet (1), y exerçait une charge de trésorier de France. Lui-même, à part le court séjour qu'il fit en Angleterre et en Écosse, passa toute sa vie dans la province. Il est bien, par ses qualités et par ses défauts, de cette Gascogne qu'il a chantée avec amour (2), si féconde non pas seulement, comme il le dit, « en soldats, bleds et vins, » mais aussi en poètes et en orateurs. Sans doute, ainsi que nous aurons à le montrer par la suite, il faut attribuer la plus grande part dans le développement de son génie aux sentiments religieux du huguenot qui en marquent le fond même d'une si vive empreinte; mais tout ce qui tient à la forme de ses œuvres, au caractère de son talent, à son tempérament poétique, se rattache par des liens étroits aux influences de la race, du sol et du climat. Le vers de Boileau :

Tout a l'humeur gasconne en un auteur gascon

pourrait lui être justement appliqué, si l'on y faisait entrer la louange aussi bien que le blâme. Il aura l'emphase et la faconde gasconnes (3) ; mais il héritera aussi toutes les qualités du terroir, une imagination vive, une verve intarissable, et le don d'une éloquence naturelle qui souvent rachète ses plus choquants défauts.

C'est au Bartas que se passèrent les jeunes années du poète. Le Bartas (4) appartient à la commune de Saint-Georges, dans le Fesensaguet ; il est situé sur les bords d'un ruisseau, le Sarrampion (5), entre Mauvesin et Cologne, à cent mètres au nord de la route. Le château, que le temps a encore épargné, est formé d'une cour entourée par les bâtiments ; quelques tourelles rondes en relèvent les façades ; ce n'est pas un château-fort, mais une habitation de plai-

(1) *Vie de du Bartas.* — C'est d'ailleurs à peu près tout ce que nous savons de lui. Son testament, que M. de Broqueville a tout récemment découvert (*Notes de M. T. de Larroque à la Vie de du Bartas, par Colletet*), nous apprend qu'il avait épousé une demoiselle Bertrande de Broqueville. Il est daté du 10 septembre 1566 ; de la même année, nous avons l'acte de mariage d'une sœur de Guill. du Bartas avec noble Guill. de Lafetau. M. de Broqueville signale encore une Marie de Saluste, mariée à Géraud de....., et une Catherine du Bartas, femme d'un Broqueville, mais sans déterminer le degré de leur parenté avec l'auteur des *Semaines*.

(2) Troisième jour de la première *Semaine*.

(3) « Vasconice ampullatus, » écrit de lui son ami de Thou (*Histoire*).

(4) Les détails suivants sont empruntés à la *Revue d'Aquitaine*, tome VII.

(5) Le *Sarrapin* de du Bartas (fin du troisième jour de la première *Semaine*).

sance. Si l'on se reporte au testament du poète (1), on voit que dans les dépendances du manoir se trouvaient « des méteries, des moulins, des preds et des bois. » Nous lisons d'autre part, dans Pierre de Brach (2), une description qui nous représente, en vers bien mauvais, mais avec fidélité, l'aspect des lieux où s'écoula la jeunesse de son ami :

.... L'obscur de la nuit retournée
Au chasteau de Bartas borna nostre journée,
Bartas, où la nature et l'art industrieux
Semblent pour l'embellir avoir mis tout leur mieux ;
Car ici d'un costé le bois de haut fustage
Jusque dans le chasteau allonge son ombrage
Où mille rossignols branchés en mille lieux
Desgoisent à l'envi leurs chants mélodieux.
Deça, le grand vivier, ainsi qu'une rivière,
Lèche le pied des murs de son eau poissonnière
Où le brochet, la carpe, et mille autres poissons
Se pendent quand on veut aux croches hamessons.
Laissant là le vivier, un chemin vous amène
Sous l'ombrage feuillu d'une espaisse garenne
Où les clapiers voustés cachent dedans leurs creux
Serpentés en canaux mille connins poureux.
Là le clos du jardin est joint avec la vigne,
La vigne aux ceps pamprés, qui, plantés à la ligne,
Étendent çà et là l'un sur l'autre les bras
Que la grappe déjà fait recourber en bas,
Et qui est estimée au goust du bon yvrongne
Porter le meilleur vin de toute la Gascongne.
Mais que j'ay tort d'avoir, d'un vers mal ordonné,
Parlé premièrement de l'enfant cuisse-né
Que de l'eau qui, sortant d'une belle fontaine,
Embrasse en gargouillant le giron de la plaine !... etc.

Si l'on veut bien retrancher quelques-uns de ces mille rossignols et de ces mille connins que Brach prodigue peut-être un peu trop, l'exactitude de ce gracieux paysage ne saurait faire doute. Tels furent

(1) *Revue d'Aquitaine*, 1864.
(2) Op. cit.

donc les lieux auxquels s'accoutumèrent dès l'enfance les regards de du Bartas, et qui lui inspirèrent sans doute ses premiers vers. Cet *hoc erat in votis* d'Horace et de maint autre poète moins heureux que l'ami de Mécène, l'auteur des *Semaines* n'eut pas même à le souhaiter. Rien n'y manque, depuis le bois *de haut fustage* (*paulum silvæ*) jusqu'à la belle fontaine d'eau vive (*jugis aquæ fons*). Ces lieux charmants n'ont pas été sans influence sur lui, et il leur fut en partie redevable d'avoir aimé la nature, qui lui a fourni ses plus belles images. De la fenêtre du château où fut écrite sa *Semaine*, il avait pu entendre les chants de ces deux rossignols dont il a célébré le poétique duel. Combien de fois, dit-il lui-même,

O Dieu, combien de fois sous les feuillus rameaux
Et des chesnes ombreux et des ombreux ormeaux,
J'ay tasché marier mes chansons immortelles
Aux plus mignards refrains de leurs chansons plus belles ! (1)

S'il est des poètes qui ont chanté la campagne sans la connaître, du Bartas la connut dès ses premiers ans, et l'aima dès qu'il la connut.

« Le père de du Bartas, voyant les lumières d'esprit qui dès sa jeunesse éclatoient naturellement en lui, le destina d'abord à l'étude des belles-lettres, où, selon son désir, ce futur ornement de la France s'employa si heureusement et avec tant d'assiduité qu'il se rendit enfin, par ses longues veilles, un des sçavans hommes de son siècle » (2). Nous n'avons pas de renseignements précis sur les premières études du poète ; mais il est facile de voir, par ses œuvres, qu'il reçut une de ces fortes éducations dont les grands écrivains du XVIe siècle nous offrent de nombreux exemples. Plus heureux que Ronsard, il ne dissipa point les années de sa jeunesse dans une existence fatigante et stérile. Celui-ci sut combler plus tard, grâce à un travail opiniâtre, les lacunes de son instruction première : quant à du Bartas, il fut, dès son enfance, initié aux lettres profanes et sacrées. « Ayant joint l'art et la nature, il joignit la connaissance des sciences à l'intelligence des langues mortes et vivantes » (3). La

(1) Cinquième jour de la première *Semaine*.
(2) G. Colletet, *Vie de du Bartas*.
(3) G. Colletet, Op. cit.

manière dont il parle de l'hébreu en plusieurs passages de ses œuvres, notamment dans le chant de la deuxième *Semaine* qui a pour titre *Babylone,* a fait justement supposer (1) qu'il connaissait cette langue. Ses nombreuses imitations des poètes grecs et latins, sans compter tout ce qu'il emprunte aux historiens, aux philosophes, aux érudits de l'antiquité, montrent assez combien il était versé dans les lettres classiques. On doit penser qu'il connaissait l'anglais, puisque Henri de Navarre le choisit pour accomplir au delà de la Manche une délicate mission; l'allemand ne pouvait pas lui être étranger, s'il est vrai qu'il fut aussi envoyé comme négociateur de l'autre côté du Rhin; dans tous les cas, il s'autorise plusieurs fois de cette langue pour défendre certaines particularités de son élocution. Quant aux arts et aux sciences, son instruction n'est pas moins étendue ni moins solide; les œuvres mêmes du poète en font foi : c'est toute une encyclopédie que renferment les deux *Semaines*. Sans parler du dessin, qu'il cultivait avec succès, si nous en croyons d'Aubigné (2), sans excepter la musique, dont certains passages de son dernier poème (3) montrent bien qu'il possédait au moins la théorie, il n'est aucun domaine de la science contemporaine qu'il n'ait parcouru dans tous les sens : astronomie, médecine, mathématiques, histoire naturelle, physique, histoire sacrée et profane, il a tout étudié et tout approfondi. Le poète en souffre, il est vrai, trop souvent; cette vaste érudition est parfois bien lourde et bien pédantesque : mais n'est-ce pas là un défaut du temps?

Sa première jeunesse se passa tout entière livrée à ces graves études, au sein de la retraite, dans les habitudes vertueuses et simples de la vie champêtre, où il devait cueillir les plus belles fleurs de sa poésie; elle n'eut rien de semblable à celle de son coreligionnaire d'Aubigné, auquel nous aurons plusieurs fois l'occasion de le comparer. Ce dernier s'abandonna tout jeune à bien des licences et porta jusque dans les plaisirs et les débauches la fougue naturelle de son tempérament indompté : sans doute, quels que fussent les excès où il se laissait entraîner, il conserva toujours, même dans les dérèglements de son adolescence, un coin de puritanisme et un fond de moralité vigoureuse; mais il associa longtemps les dissipations les plus

(1) Haag, *France protest.*, art. *Salluste*.

(2) *Lettres de divers points de sciences*, XI, édit. Réaume, t. Ier.

(3) Dans le chant des *Colomnes*, notamment.

effrénées à la ferveur religieuse, et l'âge seul finit par contenir ses passions. Du Bartas, au contraire, grandit sous une discipline ferme et austère : et si, comme Brach et d'Aubigné lui-même nous l'apprendront par la suite, il ne fut point étranger aux ardeurs et aux plaisirs de la jeunesse, on peut affirmer qu'il ne connut jamais les déportements où le futur auteur des *Tragiques* passa la première partie de son existence.

Nous n'avons que peu de renseignements sur la vie du poète. Les lettres de lui que MM. Haag virent à la Bibliothèque nationale et qui, depuis lors, ont été soustraites, nous auraient seules mis à même de le suivre pas à pas dans sa carrière à la fois studieuse et agitée, en un des siècles les plus tumultueux de notre histoire. Quant à ses œuvres, du Bartas n'y parle que fort peu de lui-même, et sa personnalité ne s'y marque guère que par le souffle d'enthousiasme qui les anime et leur caractère d'élévation morale.

Avec l'étude, qui absorba sans doute la plus grande partie de sa vie, les camps et la diplomatie y ont le principal rôle. Rien ne prouve que du Bartas ait participé aux premières guerres de religion. La Monnaie a même prétendu qu'il n'avait jamais porté les armes (1); ce qui peut expliquer une erreur aussi flagrante, c'est l'aversion que manifeste si souvent le poète pour ces luttes fratricides dont il s'indignait à la fois comme chrétien et comme Français. Quoi qu'il en soit, nous ne trouvons aucune indication qui nous autorise à lui donner une part quelconque dans les guerres civiles avant le règne de Henri III. Il peut même, en 1574, adresser le sonnet suivant à Florimond de Rémond, conseiller au Parlement de Bordeaux :

Mon cher Rémond, qui sais dextrement marier
La lyre de Phœbus aux textes de Scœvole,
Tu t'enquiers si, depuis que j'ay quitté l'escole,
J'ay suyvi le barreau ou bien le train guerrier.
La vente des estats, le mespris coustumier
De la sainte Thémis qui de ça bas s'envole,
L'horreur du fer civil qui nostre France affole,
M'ont fait tant dédaigner l'un et l'autre mestier,
Que loin d'ambition, d'avarice et d'envie,
Je passe oisivement en mon Bartas la vie,

(1) La Monnaie, cité par Viollet-le-Duc (*Bibl. poét.*, t. Ier).

Me contentant du bien par les miens acquesté;
Mais tel, mon cher Rémond, et nuit et jour se peine
Pour s'immortaliser, dont peut-estre la peine
Ne sert tant au public que mon oisiveté.

Jusque vers l'an 1576, ou peut-être même jusqu'à la guerre des *Amoureux*, dont le Midi fut le principal théâtre, du Bartas vécut sans doute dans son château, tout entier à l'étude et à la poésie; c'est ce que nous pouvons conclure du sonnet précédent. Lorsqu'il composa ses premiers vers, il n'était pas encore « en l'avril de son âge » (1); en 1574, il publie le poème de *Judith* et l'*Uranie;* en 1579 paraît la première *Semaine*. A cette dernière date, du Bartas avait dû, depuis quelque temps déjà, prendre part aux guerres de religion. En maint endroit de son poème, il se plaint du malheur des temps, qui ne lui permettent pas de se consacrer entièrement à la poésie. « Comme il vesquit en un temps où souvent le bruit de Mars troubloit le repos et la tranquillité des Muses, parmi les désordres du royaume il se vit contraint de quitter l'agréable séjour de son cabinet pour endosser le harnois à la campagne » (2). C'est sans doute au retour d'une de ces expéditions militaires, que Pierre de Brach lui adressa un sonnet pour le mettre en demeure de choisir entre les armes et la poésie, entre « le party d'Apollon » (3) et celui de « Mars » :

Et masse et coutelas appans doncques ici,
Casque, lance, cuirasse, et pistoles aussi,
Prends congé de chevaux, de soldats, de gens d'armes;
Prends un adieu dernier de cet horrible Mars,
D'enseignes, de tabours, de fifres, d'estendards :
Car, pour suivre Apollon, il faut quitter les armes (4).

Ce choix entre Mars et Apollon, du Bartas ne put le faire. Il est ballotté de l'un à l'autre, n'ayant jamais devant lui des garanties de calme et de tranquillité qui lui permettent de se consacrer pleinement à la poésie. C'est seulement à la génération suivante que la vie des

(1) *Uranie*.
(2) G. Colletet, *Vie de du Bartas*.
(3) Sainte-Marthe, Op. cit.
(4) Ce sonnet se trouve dans l'édition de 1576, publiée à Bordeaux.

écrivains deviendra exclusivement littéraire; dans cet orageux XVIe siècle, ils prennent tous plus ou moins de part aux agitations politiques et religieuses; le bon Régnier fait seul exception. Les uns, comme Ronsard (1), défendent avec la plume leur roi ou leur religion; les autres, comme du Bartas, ont l'épée à la main presque aussi souvent que la plume.

Cependant, tous les loisirs que lui laissaient les armes, du Bartas les passait dans son château; et, sans y trouver ce calme profond qui, à une pareille époque, eût bien pu ressembler à de l'égoïsme, il goûtait encore dans cette retraite, souvent troublée, la joie de se livrer avec une tranquillité relative à ses chers travaux. Jamais, pourtant, il ne put achever tout d'une haleine quelque chant de ses deux derniers poèmes. « Il est aisé à voir, dit son commentateur Simon Goulart (2), que ce grand esprit-là ne s'étoit point assujetti à suivre tout d'un train le parachèvement de son œuvre, mais qu'il dressoit ses desseins selon que son Uranie l'échauffoit, se prenant tantost à une histoire, tantost à une autre, comme le fragment des *Pères* et de *Jonas* nous le monstre. » On peut croire que cette méthode de composition ne tenait pas seulement au génie du poète; il faut peut-être le classer parmi ceux qui, selon le mot de la Bruyère, « écrivent par humeur » (3); mais les circonstances au milieu desquelles il composait ses poèmes, et les interruptions forcées que lui faisaient subir ses devoirs de soldat, peuvent expliquer aussi ce manque de régularité. Nous le voyons faire effort sur lui-même pour s'abstraire autant que possible des agitations extérieures :

> Clairons haut-esclattans, alarmeuses trompettes....,
> Soufflez, bruyez, broyez et remplissez nos terres
> De vacarmes, d'effrois, de rages, de tonnerres;
> Instrumens de la mort, vous travaillez en vain :
> Le cornet à bouquin que je tiens en ma main
> Tient toujours le dessus (4).

Mais le poète a beau dire : les troubles et les malheurs de la

---

(1) Ronsard même prit part à la guerre civile, et se mit à la tête de la noblesse catholique du Vendômois pour repousser des bandes protestantes.

(2) *Avertissement au lecteur* (éd. de 1611).

(3) *Caractères*, ch. Ier.

(4) Deuxième *Semaine, La Loy*.

France ne laissent pas de le solliciter jusque dans sa retraite, lorsqu'ils ne l'en arrachent pas; et bien souvent il ne peut se dispenser de ceindre lui-même le baudrier.

Dans les jours de répit dont les guerres civiles lui laissent la libre disposition, on dirait que du Bartas veuille réparer par une ardeur infatigable le temps enlevé à ses travaux. Il s'est imposé une tâche, et il montre pour l'accomplir une persévérance que rien ne peut décourager. Il est poursuivi par son œuvre, et n'aura jamais de repos tant qu'elle ne sera pas achevée. Le zèle du poète éclate en maint passage de ses poèmes. Tantôt il nous montre « celuy que les Muses chérissent »

> *Faisant avant le jour*, d'un fusil affilé
> Bluetter le caillou sur le drap my-bruslé (1);

tantôt c'est lui-même qu'il représente à sa table de travail, tout épuisé par les veilles :

> Traçant ces derniers vers et comme à demi-las
> Du labeur attrayant de la sainte Pallas,
> Je frappe bien souvent du menton ma poitrine;
> Mes deux yeux, arrosez d'une humeur ambrosine,
> Se ferment peu à peu ; je perds le mouvement,
> La plume de ma main coule tout bellement... (2).

Et dans un autre passage :

> Ja desja j'attendoy que l'horloge sonnast
> Du jour la dernière heure, et que le soir donnast
> Relasche à mes travaux ; mais à peine ay-je encore
> Dessus mon horizon vu paraistre l'Aurore,
> Mon labeur croist toujours... (3).

Cette ardeur n'est pas seulement celle du poète : du Bartas se considère comme une sorte de missionnaire et d'apôtre ; en lui le chantre et le moraliste chrétien ne font qu'un ; et voilà pourquoi

> ... le tan sacré sainct de l'amour qui *l*'enflamme
> Ne peut mesme en dormant laisser dormir *son* âme (4).

(1) *1re Sem.*, ch. II.
(2) *2e Sem. — Babylone.*
(3) *1re Sem.*, ch. I.
(4) *2e Sem. — Babylone.*

Cependant, malgré tout son dévouement à une tâche qu'il regardait comme sacrée, il ne faut pas isoler l'auteur des *Semaines* dans ses graves travaux si l'on veut se faire une idée de sa vie au manoir du Bartas, quand les troubles de son pays lui permettaient d'y trouver pour quelque temps le calme et la paix. Il connaissait d'autres devoirs que ceux du poète. Pour nous représenter son existence toute patriarcale et dont la gravité débonnaire contraste si vivement avec les mœurs habituelles des autres poètes ses contemporains, nous devons y associer sa femme et ses enfants, ses domestiques eux-mêmes et tout son entourage.

La date de son mariage n'est pas exactement connue ; mais nous voyons dans son testament que sa fille aînée, Anne de Saluste, devait jouir de tous les biens laissés par lui à sa deuxième fille, Jeanne, jusqu'à ce que « ladite Jeanne eût atteint l'âge de treize ans » ; Anne avait donc atteint dès lors et probablement dépassé cet âge ; or, comme le testament est daté de 1587, il faut porter le mariage du poète aux environs de l'année 1572 : il avait alors 28 ans. Ce qu'il y a de certain, c'est qu'il était marié depuis quelque temps déjà en 1576. Dans le recueil de poésies publié par P. de Brach, à Bordeaux, cette même année, un sonnet adressé à du Bartas fait mention de sa femme :

> Puisque le saint désir de voir ta femme aimée
> Te force malgré toi d'avancer ton retour.

Catherine de Manas ou d'Homs (1) existait encore en 1587, lorsque du Bartas écrivait son testament ; mais il ne tarda pas à la perdre, si, comme le pense Goujet (2), c'est à sa mort qu'il fait allusion dans la 2ᵉ *Semaine,* au commencement du second jour. La

(1) La question de savoir si du Bartas s'est marié deux fois, a été élucidée par M. T. de Larroque, à qui nous empruntons les détails suivants *(Notes aux Vies des poètes gascons, par Colletet).* — MM. Haag donnaient pour femme au poète Catherine de Manas. M. de Villeneuve-Bargemont *(Histoire de Nérac),* prétendait qu'il avait épousé une demoiselle Dufrèze, de laquelle il tenait le château de Hardosse ; enfin, dans son testament, du Bartas lui-même appelle sa femme Catherine d'Homs. La communication des papiers du château de Ponninet a permis d'établir la vérité sur ce point longtemps obscur. On sait maintenant que du Bartas n'eut point de femme nommée Dufrèze ; c'est sa fille, Anne de Saluste, qui épousa un Barthélemy de Frère, écuyer. Quant à Catherine du Manas, elle est la même que le poète appelle dans son testament Catherine d'Homs. C'était la fille d'un Manas, seigneur d'Homs, et son frère, marié à Cécile de Luppé, s'appelait Jean-Jacques de Manas.

(2) *Bibliothèque fr.*

question n'a pas d'ailleurs pour nous un grand intérêt ; ce qui nous importe davantage, c'est la vie domestique du poète ; et, sur ce point, l'on peut affirmer que, si nous étions à même d'en retracer le tableau, ce serait celui d'une union fondée sur les sentiments les plus doux et les plus graves d'amour, de confiance et de mutuelle estime. Lui-même nous montre en maints passages de ses œuvres quelle haute et religieuse idée il se faisait du mariage (1).

Du Bartas eut plusieurs enfants ; mais ce ne furent que des filles. Dans une épitaphe composée en son honneur (2), mention est faite de deux fils que Catherine d'Homs lui aurait donnés :

> Ça bas laissa ses os, sa vie à son ouvrage,
> Son nom à ses deux fils et sa gloire aux François.

Le testament du poète suffit pour dissiper cette erreur longtemps accréditée, puisque ses filles héritent de tous les biens qu'il laisse ; et d'ailleurs, c'est son gendre qui prend après lui le nom de Bartas et qui lui succède comme gentilhomme de la Chambre.

Nous y voyons que du Bartas avait quatre filles : Anne de Saluste, Jeanne, Isabeau (3) et Marie, les deux dernières ayant sans doute pour marraines deux sœurs du poète, dont le même document nous indique les noms. Dans un endroit de la 2e *Semaine*, l'auteur parle du « soin de ses enfants » (4) ; on peut lire dans le poème de *Judith* tout le passage (5) où il nous montre Mérari élevant sa fille, si l'on veut se faire une juste idée de ce qu'il entendait par là.

Parmi les poètes, il en est qui semblent en dehors des lois ordi-

---

(1) Voir notamment le ch. IV de *Judith*.

(2) Edit. de 1611, page 299.

(3) Nous avons déjà vu qu'Anne de Saluste épousa Barth. de Frère. Pour compléter ces renseignements sur la famille de du Bartas, ajoutons qu'Isabeau se maria en 1603 avec Jonathan de Preissac, et qu'une autre fille du poète devint la femme de Louis du Faur, père du sieur de Pibrac, troisième fils de Pierre du Faur qui fut conseiller au Grand Conseil, puis au Parlement de Paris, et chancelier du roi de Navarre. Nous trouvons dans le testament la mention d'un frère du poète, Alexandre de Saluste, déjà décédé ; d'un autre frère, Mairan, de Bertrande de Broqueville, sa mère, d'Hélène de Lacassaigne, sa belle-mère, de Timothée Foesin, son neveu, d'Aurignac et de Saluste, conseillers en la Cour, ses cousins, etc... Le nom de du Bartas fut joint par une petite-fille de Barthélemy de Frère à celui qu'elle tenait de son père, et, en 1668, elle porte les noms et titres de Jeanne de Frère de Saluste du Bartas, baronne de Cologne, conseigneuresse de la ville et juridiction de Cologne. Cette arrière-petite-fille du poète était mariée avec noble d'Astorg, capitaine au régiment de Navarre. (V. T. de Larroque. *Notes sur les Vies de Colletet.*)

(4) 2e *Sem.* — *Arche.*

(5) 4e chant.

naires (*jura negant sibi nata*) ; souvent ils doivent à leurs égarements mêmes leurs plus belles inspirations : aussi la postérité est-elle indulgente pour eux ; les yeux fixés sur leurs œuvres, elle oublie les dérèglements de l'homme pour ne plus se rappeler que le génie du poète. Avec toute la vivacité d'une imagination sujette à bien des écarts, du Bartas, nous l'avons déjà dit, ne connut jamais, même dans sa jeunesse, la vie licencieuse dont tant de poètes lui donnaient l'exemple. Il fut dans tout le cours de son existence un modèle de prudhomie, de simplicité et de rondeur : « Loué comme homme rond », dit-il en parlant de lui-même (1). Tous les témoignages sont d'accord à cet égard. L'historien de Thou, le défendant contre certains critiques qui trouvaient son style trop ampoulé, ajoute : « Pour moi qui ai connu sa candeur et qui l'ai souvent entretenu familièrement, tandis que, du temps des guerres civiles, je voyageais en Gascogne, je puis affirmer que je n'ai rien remarqué de semblable en ses manières » (2). « Sincérité et modestie, dit Goujet, faisaient le fond de son caractère » (3). Il serait facile de multiplier les citations qui ont trait à sa droiture, à sa bonhomie, à son éloignement pour toute affectation et pour toute prétention. Dans ses vers, il se prend parfois, comme la plupart des poètes, à célébrer sa propre gloire avec peu de réserve : mais cet orgueil candide et d'ailleurs bien excusable, il ne l'a jamais eu en prose. « Malgré sa grande réputation, dit encore de Thou, il parlait toujours avec beaucoup de modestie de lui-même et de ses vers » ; « il mettait sa *Semaine* mille pas après la *Franciade* » ; et, quand il présenta son œuvre à d'Aubigné, celui-ci « eut peine à lui donner bonne opinion de sa besogne » (4).

Du Bartas possédait d'assez grands biens, si nous en jugeons par ses legs : ce sont, outre le château du Bartas, une maison avec jardin à Monfort, la même peut-être où il était né, le bien du Milair, les prés de Labriffe, des droits seigneuriaux avec métairie et dépendances au lieu d'Homs, la salle du Merlet, la métairie de la Marche, celles de Cornoueilhac, Nougues et Maupeau, etc. Il devait sans doute faire un digne usage de sa fortune : dans son testament, il

(1) *1re Sem.*, ch. III.

(2) *Histoire*, chap. XCIX.

(3) *Biblioth. franç.*

(4) *Lettres de points de science*, XI. D'Aubigné, édit. Réaume.

donne 50 écus d'or aux pauvres de Coloigne, Monfort et Mauvoisin ; il déclare vouloir que, le jour de sa sépulture, on habille dix pauvres de Monfort, dix de Coloigne, dix de Mauvoisin, deux de Barcelonnette, deux de Grilhon et deux d'Homs ; on le voit songer au sort de ses valets, laisser aux uns une petite somme d'argent, assurer à d'autres leur nourriture tant qu'ils vivront. Ces legs du poète s'accordent avec ce que nous connaissons déjà de son caractère : ils répondent sans nul doute à l'emploi qu'il avait fait pendant sa vie de biens considérables. Tout nous le montre comme un de ces gentilshommes, devenus après lui de plus en plus rares, qui

... loin d'ambition, d'avarice et d'envie,

passaient des jours heureux et tranquilles au fond de leurs provinces, tant que les guerres civiles ne venaient pas y troubler leur existence, et qui, aimés de leurs vassaux, respectés de tout le voisinage, dédaignaient, au sein de cette vie obscure et patriarcale, l'éclat et les séductions des cours.

Si cette existence retirée ne nuisit pas à l'homme, elle fut sans nul doute fâcheuse pour le poète. Le séjour de Paris aurait assurément épuré son goût et sa langue ; et nous trouverions chez lui en moins grand nombre ces traits d'esprit alambiqués, et surtout ces façons de parler triviales et basses qui font tache dans ses ouvrages. Mais du Bartas « aima si fort la solitude, qu'il la préféra au bruit et au tumulte de la cour comme à l'attachement des grands, dont il eût pu espérer de grandes récompenses » (1). Cependant, il ne se dissimulait pas quel profit il aurait tiré de relations suivies avec les esprits cultivés et polis, avec les poètes qui donnaient alors le ton. « Il se plaignait souvent, écrit de Thou, que l'éloignement de son pays et les conjonctures où il se trouvait ne lui eussent pas permis de consulter les gens d'esprit et de goût, et de qui il aurait pu apprendre à connaître ses défauts et les moyens de les réparer. Il avait résolu de s'en dédommager par un voyage qu'il voulait faire à Paris aussitôt que nos troubles seraient apaisés » (2). Dans une lettre qui nous reste de lui (3), il envoie au frère du chancelier

(1) *Remarq. de Colletet le fils aux Vies de son père.*

(2) *Mémoires.*

(3) Lettre datée du 12 septembre 158., avant la public. de la *2e Sem. — Brit. Mus. Cotton libr. Mss. Nero, B. VI, 277.*

Bacon, à qui elle est adressée, le brouillon d'une petite apologie, « tant je m'assure, écrit-il, que vous couvrirez mes fautes et imperfections » ; et il ajoute : « Vous avez droit de vie et de mort sur les enfants de mon esprit ». C'est ainsi que du Bartas essayait de suppléer à son isolement ; et, si nous avions conservé sa correspondance, nous le verrions sans doute demander des conseils à d'autres amis, aux de Thou, aux du Plessis-Mornai, aux Pibrac. Mais le séjour à Paris qu'il avait projeté lui aurait été autrement profitable. En ne consultant que ses goûts, il n'eût jamais songé à quitter la Gascogne ; puissé-je, dit-il lui-même.

Puissé-je, ô Tout-Puissant, inconnu des grands rois,
Mes solitaires ans achever par les bois !
Mon estang soit ma mer......
... Mon cher Bartas mon Louvre, et ma cour mes valets (1) !

C'est le soin de sa renommée qui l'attirait à Paris malgré son aversion pour les cours et les courtisans, c'est le vif sentiment qu'il avait des imperfections de son goût et de son langage. Au reste, les troubles civils l'empêchèrent toujours de réaliser son dessein.

Fervent huguenot, ami du roi de Navarre, le poète, malgré son désir de s'adonner tout entier à l'étude et à la poésie, ne manqua point à ses devoirs envers Dieu et son prince. Nous savons déjà qu'il prit part aux guerres religieuses. Mais le futur Henri IV trouva aussi en lui un habile négociateur, et l'employa bien des fois à des missions de confiance. Le brave capitaine, le poète enthousiaste et exubérant était, semble-t-il, doublé d'un diplomate ; c'était du moins l'opinion de son maître, qui se connaissait en hommes. Par une lettre du roi de Navarre à la date de janvier 1580 (2), nous voyons qu'il est député « devers M. de Montmorency pour le prier de choisir quelque gentilhomme catholique et l'envoyer au sieur de Terride pour par ensemble pourvoir à ce qui sera nécessaire. » Il s'agit ici des désordres « advenus en la sénéchaussée de Lauragois, et des maux qui s'y commettaient journellement, tant par ceux de la religion que par les catholiques. » Mais du Bartas n'était encore là qu'un

---

(1) *1re Semaine*, ch. III.

(2) *Lettres missives de Henri IV*. Berger de Xivrey, tome I, p. 266.

courrier de confiance : il ne tarda pas à être chargé de négociations d'une tout autre importance (1).

Dès 1586, le roi de Navarre avait assez apprécié ses talents diplomatiques pour lui confier des missions considérables et délicates ; sa renommée d'habile politique fut bientôt solidement établie ; à en croire Colletet, « la Cour le considérait comme un grand homme d'État » (2). Sainte-Beuve suppose qu'il aurait été au nombre des envoyés que le roi de Navarre dépêcha en Allemagne dans le courant de l'année 1586, pour hâter la marche de secours promis et pour dissiper les bruits de trêve qu'on avait fait courir (3). Mais nous n'avons trouvé aucune trace de cette ambassade.

Pour ses missions en Angleterre et en Écosse, les documents ne manquent pas. Il y a cependant quelques points obscurs. Nous savons que du Bartas s'y trouvait en 1587, et, d'autre part, suivant l'historien de Thou, il venait de rentrer en France lorsqu'il mourut, en 1590. On doit donc admettre qu'il fit plusieurs voyages dans la Grande-Bretagne. Déjà, en 1583, la présence dans ce pays d'un envoyé du roi de Navarre était signalée à un des ministres d'Élisabeth ; du Bartas y était certainement en 1587, comme nous venons de le dire ; enfin, si nous en croyons de Thou, nous devons penser qu'il y retourna vers 1589 ; c'est même le seul moyen d'expliquer comment plusieurs témoignages, entre autres celui de l'exact Goujet, le font aller jusqu'en Danemark. En effet, si du Bartas était en Écosse vers la fin de l'année 1589, il dut peut-être joindre le roi Jacques VI, parti à la rencontre de sa jeune femme Anne, que des vents contraires retenaient sur la côte de Norwège. Mais on ne peut rien affirmer à ce sujet (4).

---

(1) Dans l'*Inventaire des archives des Basses-Pyrénées* (par M. Paul Raymond), nous trouvons quelques renseignements sur les rapports de du Bartas avec le roi de Navarre. Nous y voyons qu'en 1570, il acheta la justice de Monfort ; qu'en 1580, il obtint du futur Henri IV une pension de 400 livres ; qu'en 1583, il toucha ses gages comme gentilhomme servant ; qu'en 1584, le roi de Navarre honora de sa visite la maison du poète ; qu'en 1585, il reçut diverses sommes pour sa pension et pour levées de troupes ; qu'en 1587, des frais de voyage lui furent soldés à deux reprises et notamment 150 écus pour sa mission en Angleterre ; qu'en 1588, les trésoriers du roi eurent à lui payer le montant de sa pension et une indemnité pour divers voyages ; enfin, qu'en 1589, il reçut 100 écus comme gentilhomme de la chambre. Il prenait ce titre depuis le 1er janvier 1585, où il l'avait reçu de Henri de Navarre, alors à Sainte-Foy. (*Invent. somm. des arch. des B.-P.*, série B, I, p. 200 à 300.)

(2) G. Colletet, op. cit.

(3) *Tableau de la poésie au XVIe siècle*, art. sur du Bartas.

(4) Haag, *France protest.*

Dans son grand voyage, celui sur lequel nous avons des renseignements certains et détaillés, du Bartas, accompagné par Henri de Sponde, qui lui servait sans doute de secrétaire, débarqua à Londres en mai 1587, et il resta en Angleterre jusqu'à la fin de juin. Nous voyons, dans une missive de l'ambassadeur Courcelle (1), qu'une des charges du poète était « de faire tous bons offices pour la royne d'Angleterre ». On sait d'ailleurs qu'il eut des relations personnelles avec Élisabeth ; c'est ce que nous montre la lettre adressée par lui en 158., au frère du chancelier Bacon, et dont nous avons déjà eu l'occasion de citer un passage. « Fondé sur l'opinion de vostre départ, j'avois prié M. de Nort, ministre de la Rochelle, de faire tenir à Messieurs vostre frère et de Cydné une lettre que j'escris à la Reyne (2). Toutesfoys, adverty que vous faites arrest encore pour quelques jours à Bourdeaulx, j'ay pensé que par vostre moyen mes lettres seroit (*sic*) plus fidellement rendues. »

Mais la grande affaire du négociateur était en Écosse. Il y débarqua à la fin de juin. « L'occasion principale de sa venue, écrit l'ambassadeur de France à la Cour de Londres, M. de l'Aubespine-Châteauneuf, est pour le faire passer en Écosse vers le roy qui jà par plusieurs foys l'avoit demandé au roy de Navarre, pour estre ledit roy d'Ecosse si amoureux des œuvres dudit Bartas, qu'il en a tourné la plus grande part en vers escossois et a dit souvent que, s'il avoit ledit du Bartas près de soy, il s'estimeroit le plus heureux prince du monde » (3). Quelle était la mission dont Henri de Navarre avait chargé son envoyé? D'après un passage, d'ailleurs assez peu net, de Palma Cayet (4), du Bartas eut à s'occuper des négociations relatives au mariage de Jacques avec la sœur du Béarnais. D'autres documents, cités plus bas, établissent d'ailleurs, sans contestation possible, cet objet de la mission confiée au poète. Mais il y avait encore autre chose. L'ambassadeur de Courcelle, chargé par Henri III de savoir ce qu'il fallait penser des différents rapports qu'on lui avait faits à ce sujet, répond que l'agent du roi de Navarre était présent

(1) Fr. Michel, *Les Écossais en France et les Français en Écosse.* La lettre est du 16 août 1587.

(2) Élisabeth.

(3) Lettre écrite de Londres le 14 mai 1587 par l'ambassadeur de l'Aubespine-Chasteauneuf; citée par Fr. Michel, op. cit.

(4) *Chronol. novenn.*, au 1598.

à l'audience de Jacques VI et qu'ils ont eu l'air de ne pas se connaître ; que du Bartas doit, avant tout, négocier le mariage du roi d'Écosse avec la sœur du Béarnais; qu'il est aussi chargé de gagner la reine d'Angleterre, mais « non toutesfoys, ajoute-t-il, sans avoir recherché secours par deça, s'il l'eust pu obtenir, en faveur du roi de Navarre, ayant promis au laird de Wymes, avant son partement, qu'il seroit plus commode et méneroit à moindres frais cinq cens sauvages de ce royaulme qui pourront de beaucoup plus servir au roy de Navarre que ceux qu'il menoit avec lui » (1). Nous savons, par la fin de cette lettre, que du Bartas échoua dans ce second objet de sa mission.

Les *Mémoires* de James Melvil nous donnent des détails intéressants sur les négociations du poète en Écosse. La princesse de Danemark avait été proposée en mariage à Jacques VI; une première ambassade envoyée d'Écosse fut séduite par l'accueil et par la beauté d'Anne ; le roi en députa bientôt une seconde, mais il ne lui donna que des instructions très défectueuses relativement au mariage, ceux qui avaient du crédit auprès de Jacques VI ne souhaitant point d'alliance avec le Danemark. « A peine ces ambassadeurs furent-ils embarqués, raconte James Melvil (2), que M. du Bartas arriva à notre Cour, ayant appris que Sa Majesté avait de l'estime pour ses beaux ouvrages de poésie. Il ne voulait pas avoüer qu'il eût un ordre secret de proposer au roi le mariage de la princesse de Navarre, mais il dit seulement que le secrétaire du roi de Navarre, voyant qu'il voulait faire le voyage, l'avait prié d'en parler comme de son propre mouvement. Les bonnes qualités de M. du Bartas le firent bientôt considérer du roi, et il se mit si bien dans son esprit que, si les ambassadeurs avaient encore été dans le pays, on ne les aurait pas laissés partir pour cette fois-là. Néanmoins, le chancelier assurait M. du Bartas, à ce qu'il m'a dit lui-même, que le mariage avec la princesse de Danemark ne se ferait pas. Il le pouvait bien assurer, puisque nos ambassadeurs avaient un pouvoir si limité... Ils s'en retournèrent donc sans succès... Pendant qu'ils étaient en Danemark, M. du Bartas vint chez moi et me pria de ne pas refuser une commission que Sa Majesté avait résolu de me donner, qui était

(1) Lettre du 16 août 1587; citée par Fr. Michel, op. cit.
(2) *Mémoires*, t. II, p. 246; édit. de Lyon, 1694, chez Jean Bruyset.

celle d'aller auprès du roi de Navarre et d'y voir la princesse, sa sœur... »

La mission (1) de du Bartas lui fut facilitée par l'accueil qu'il reçut du roi d'Écosse. « Cet auguste prince, dit Sainte-Marthe, ce prodige de toute force de doctrine et d'érudition, qualité qui n'est pas ordinaire en la personne des souverains, ne reçut pas seulement avec honneur notre du Bartas, il lui rendit encore tant de témoignages d'une sincère affection, que l'on ne saurait autrement souhaiter davantage, jusque-là même qu'il fit tout ce qu'il put à force de présents pour le retenir après son employ et pour l'obliger de demeurer auprès de sa personne » (2). Nous trouvons des détails plus précis dans une lettre de Hamilton, ambassadeur d'Écosse en Angleterre (3). « Du Bartas, écrit-il, doit prendre aujourd'hui congé de Sa Majesté et retourner à la Rochelle par le navire qui est à Dumbarton. Il a été très honorablement traité par Son Altesse depuis son arrivée ; car, non contente de le défrayer pendant son séjour et d'envoyer exprès un des meilleurs navires de ce pays pour le transporter sûrement, Sa Majesté l'a fait hier chevalier, lui donnant en même temps une chaîne d'or de mille couronnes au soleil, et à chaque personne de sa suite elle a fait présent d'une somme d'argent avec une tablette d'or représentant le portrait de Sa Majesté, sans compter nombre de haquenées et d'autres cadeaux de quelques-uns des nobles et des courtisans. » Dans une lettre, déjà citée en partie, de l'ambassadeur Courcelle, nous trouvons le passage suivant . « L'on m'a dit, Sire, que ledit du Bartas est pour s'en retourner incontinent après l'arrivée des ambassadeurs qui sont allés en Danemark... et qu'il se doit embarquer ès côtes d'West dans un navire que le roi a commandé être équipé pour lui, qui le doit rendre à terre à Bourdeaulx ou en quelque lieu des environs. Ce roi se remet audit du Bartas de dire de bouche au roi de Navarre son intention sur ce qu'il a traité, sans lui en rien demander par écrit. »

On voit par tous ces documents quels furent les objets de la mission que du Bartas remplit en Écosse, comment il s'acquitta de ces négociations et en quelle estime il fut tenu par Jacques VI. Il faut

---

(1) Voir pour plus de détails *Chambers* (*Domestic Annals of Scotland*, t. I, p. 173-175), et *Calderwood* (*The history of the kirk of Scotland*, t. IV, p. 638-640).

(2) Sainte-Marthe, *Éloge de du Bartas*.

(3) Datée du 30 août 1587.

entendre le roi lui-même faire l'éloge du poète dans une lettre adressée à Henri de Navarre (1) : « Monsieur mon frère, écrit-il, je n'ay voulu laissé passer l'occasion du partement du sieur du Bartas sans par la présente vous tesmoigner le grand contentement que j'ay reçu par sa compagnie ce temps passé et combien son absence me seroit desplaisante sy autrement se pourroit faire. Vous avez certes grande occasion de louer Dieu, et vous estime très-heureux d'avoir le service et conseil d'un si rare et si vertueux personnage... » (2). La date que cette lettre assigne au départ du poète-ambassadeur ne s'accorde pas avec celle que donne Hamilton dans sa missive du 30 août, où ce départ est annoncé pour le jour même. Mais nous avons entendu Jacques VI exprimer lui-même le désir qu'il avait de conserver « un si rare personnage » auprès de lui, et cela plusieurs semaines après le jour indiqué d'abord par Hamilton comme celui de son départ : il faut donc conclure que du Bartas retarda son retour en France et accorda à Jacques un mois de plus. Ce dernier, comme on le voit par sa lettre à Henri de Navarre, avait même fait son possible pour se l'attacher définitivement ; mais, malgré toute la sympathie que du Bartas avait pour lui, le poète n'abandonna point sa chère Gascogne et la cause du Béarnais. « Quelques civilités et quelques promesses qui lui fussent faites par ce prince (Jacques VI), du Bartas ne put jamais ce résoudre de satisfaire à son désir, de peur qu'il ne lui fust un jour reproché d'avoir préféré le service d'un prince estranger au service de Henri de Bourbon, son maistre, qui l'aimoit à cause des lettres et des armes dont il faisoit profession, et d'avoir abandonné ses intérêts en un temps où les nouveaux triomphes de ce prince victorieux sollicitoient tous les poètes de France de chanter à l'envy ses louanges, légitime devoir dont du Bartas s'acquitta très dignement pour sa propre gloire et pour l'honneur de sa patrie » (3).

Revenu d'Écosse vers la fin de l'année 1587, du Bartas passa dans la maladie et au milieu de tribulations domestiques les trois années qui lui restaient encore à vivre. Il avait déjà eu bien des ennuis,

---

(1) *Notes à la vie de du Bartas*, par T. de Larroque. Cette lettre a été insérée par le grand juge d'armes de la noblesse de France, d'Hozier, dans une généalogie manuscrite de la famille de Meulh.

(2) De Falkland, ce 26 septembre 1587.

(3) *Éloge* de Sainte-Marthe.

bien des épreuves de toutes sortes ; ses dernières œuvres nous en offrent maintes traces. C'est ainsi que, dans la seconde *Semaine*, décrivant les fléaux de l'humanité, il ne peut s'empêcher d'apostropher la fièvre dont il souffrait cruellement depuis plusieurs années :

Je te doy bien congnoistre, ô mastine traistresse,
T'ayant dedans mon cœur quatre ans eu pour hostesse ;
Si que je porte encor de tes plus grands efforts
Les marques dedans l'âme et les traces au corps.
Car outre que desjà tu m'as succé, cruelle,
Et des veines le sang et des os la moelle,
Je sens de mon esprit esteinte la vertu.
L'enthousiasme tiède et le fil rabatu,
Et ma mémoire encor cy-devant telle quelle
Semble, ô juste douleur, à l'onde dans laquelle
Un trait est aussi tost effacé que tracé.....
Et c'est pourquoy, maugré mon plus soigneux estude,
Mes vers sont devenus fiévreux par habitude,
Vers tantost animez d'une divine ardeur,
Et tantost frissonnans d'une indocte froideur (1).

Dans un autre passage, il se plaint d'avoir vu glacer, non plus son enthousiasme, mais sa verve poétique.

Si vous ne coulez plus ainsi que de coutume
Et sans peine et sans art, ô saincts vers, de ma plume...
Accusez de ce temps l'ingrate cruauté,
Le soin de mes enfants et ma foible santé,
Accusez la douleur de mes pertes nouvelles,
Accusez mes procès, accusez mes tutelles (2).

Dans son chant sur la victoire d'Ivry, il déplore que les Muses, « chiches de leurs douceurs, laissent son âme à sec. » Par tous ces passages, auxquels nous pourrions en ajouter d'autres, on voit combien les dernières années de son existence furent assombries ; mais il ne nous est pas possible de déterminer au juste quels furent ces soucis dont notre poète se plaint. Il faut nous en tenir à ce qu'il

(1) Deuxième *Semaine, Furies*.
(2) Deuxième *Semaine, Arche*.

dit, quitte à rester dans le vague. Si nous pouvons supposer qu'il fait allusion à la mort de sa femme (1), et peut-être à celle de son frère, Alexandre de Saluste, lorsqu'il se plaint de ses « pertes nouvelles, » — nous n'avons aucun renseignement sur les tutelles et les procès qu'il allègue. Quant à « l'ingrate cruauté du temps, » il faut certainement voir dans ces mots l'expression de la douleur patriotique et chrétienne que lui causent les guerres civiles, dont les fureurs n'ont jamais été plus ardentes.

Du Bartas trouvait d'ailleurs quelque consolation dans ses travaux, toujours troublés, comme il s'en plaint, jamais interrompus. Ce qu'il demande à Dieu (la religion fut de tout temps associée par lui à la poésie), c'est de pouvoir terminer sans faiblir l'œuvre à laquelle il s'est consacré.

...... Que je sois tel qu'un fleuve qui, naissant,
D'un stérile rocher goutte à goutte descend ;
Mais tant plus vers Thétis il fuit loin de sa source,
Il augmente ses flots, prend force dans sa course,
Fait rage de choquer, de bruire, d'écumer,
Et dédaigne orgueilleux la grandeur de la mer (2).

On ne saurait dire que la prière du poète ait été exaucée. Il se trouve pourtant encore de beaux passages dans les chants de sa seconde *Semaine* qu'il composa les derniers, et il y a bien de l'éclat et du mouvement dans le *Cantique d'Ivry*, qui fut, comme on l'a dit, son chant du cygne (3).

Prit-il part à la bataille qu'il chante avec un si fier enthousiasme ? C'est ce que rien ne prouve : les missions diplomatiques de notre poète sont plus connues que ses campagnes. Nous avons vu qu'il joua un rôle actif dans les dernières guerres civiles, tout en les maudissant, et qu'il sut être en même temps fidèle huguenot et bon Français. G. Colletet nous apprend qu'il servait, vers la fin de sa vie, sous la conduite du maréchal de Matignon. Celui-ci, ajoute-t-il, « l'aimait pour la bonté de son esprit et pour ses inclinations généreuses. Ce fut dans ce changement de fortune et de vie qu'après avoir

(1) En admettant, comme Goujet, qu'il lui ait survécu.
(2) Deuxième *Semaine, Arche.*
(3) Sainte-Beuve, *Poésie au XVIe siècle,* art. sur du Bartas.

rendu des preuves insignes de valeur et de courage, il mourut à la fleur de son âge, dans sa terre natale véritablement, mais au milieu du bruit des trompettes » (1). Quant à la question de savoir si du Bartas prit part à la bataille d'Ivry, elle est diversement résolue par les critiques qui s'en sont occupés. Ceux qui l'y font assister allèguent les détails précis qu'on trouve dans son *Cantique;* et, en effet, « Palma Cayet le cite comme une autorité pour donner à Henri IV et à son armée leur vraie couleur, et, en son histoire de la Confédération suisse, M. Vulliemin s'appuie sur son récit pour établir la belle conduite des régiments helvétiques dans le combat » (2). Mais, malgré l'exactitude avec laquelle du Bartas décrit cette bataille, il est permis, toute preuve faisant défaut, de penser qu'il n'y assista pas (3). Rien n'empêche, en effet, qu'il ait recueilli de la bouche d'un combattant les détails circonstanciés qu'il donne; et, quant à l'enthousiasme qui règne dans le poème, il s'explique assez par l'ardent dévouement du poète à Henri IV et à sa cause. Nous avons une lettre de lui où éclate sa vive joie de la victoire; mais, pas plus que dans le *Cantique,* on n'y trouve la moindre allusion à un rôle personnel. Les poètes, même les plus modestes, aiment assez cependant à rappeler avec la plume ce qu'ils ont fait avec l'épée ; et, dans l'épitaphe qu'il composa pour son propre tombeau, si Eschyle néglige toute une part de sa gloire, ce n'est pas celle qu'il avait conquise dans les plaines de Marathon. — Au reste, quelques mots de la lettre résolvent la question : nous la citons tout entière ; elle peut, d'ailleurs, servir de préface au *Cantique d'Ivry.*

« Sire,

» Je vous envoye un discours sur la victoire obtenue par Votre Magesté à Ivri. Un present différé perd (direz-vous peut estre) beaucoup de sa grace. Sire, ayes esgard non au jour qu'il vous a esté présenté, ains au temps qu'il a esté fait. Je l'ay fait parmy les feus, parmy les armes, et, qui plus est, parmy le bruit des ruines de mes maisons, voire si tost qu'a peine ma main a pu suivre la promptitude

---

(1) Colletet, op. cit.

(2) Sainte-Beuve, op. cit.

(3) C'est l'opinion de M. T. de Larroque dans ses *Notes sur la vie de du Bartas, par Colletet* (*Rev. de Gascogne,* t. VII, 1866).

de mon alaigresse. Mais pourquoy me peiné-je en vain d'entrer en excuses? Le peu d'artifice qui s'y trouve le vérifie assez. Je serai satisfait de ma peine moyennant que V. M. y remarque quelque estincelle de la joye que j'ay conceue pour l'heureus succez de vos affaires.

» Vostre tres humble et tres obeissant sujet

» Du Bartas.

» En mars 1590 » (1).

Après cette lettre, le doute n'est plus possible. Non seulement du Bartas y reste muet sur la part qu'il aurait prise à la victoire, mais certaines indications qu'il y donne ne permettent de lui en attribuer aucune. En s'excusant d'offrir au roi « un présent différé, » il le prie d'avoir égard aux circonstances dans lesquelles le poème a été fait : il l'a composé, dit-il, « parmy le bruit des ruines de ses maisons » ; c'est une preuve assez concluante qu'il était fort loin du théâtre de la guerre ; et cependant, quelle que soit la date de la lettre, dont le jour ne nous est pas indiqué, elle n'a pu être adressée à Henri IV que fort peu de temps après la bataille (2). D'ailleurs, ce que le poète dit de sa prompte allégresse indique suffisamment qu'il était, en écrivant son *Cantique*, sous l'impression toute récente et toute vive de la victoire. La nouvelle, sans nul doute, venait de lui en être apportée au Bartas même.

C'est quelques mois après que le poète mourut. Sainte-Marthe (3) le fait vivre jusqu'en 1591, de Thou jusqu'au mois de juillet 1590. « Comme il servait actuellement, dit ce dernier, à la tête d'une cornette de cavalerie, les chaleurs, les fatigues de la guerre, et en outre quelques blessures qui n'avaient pas été bien pansées, l'enlevèrent à la fleur de l'âge, au mois de juillet, âgé de 46 ans » (4). Il eut du moins le bonheur de mourir dans sa terre natale, comme nous l'apprennent Sainte-Marthe et G. Colletet, mais, dit celui-ci, « loin de la douceur et de la tranquillité des Muses » (5).

Telle fut la carrière de du Bartas. Ce qui frappe le plus vivement

(1) *Collection des missions étrangères*, t. 215. Bibl. nationale.

(2) La bataille d'Ivry est du 14 mars.

(3) *Éloges*.

(4) *Hist.*, liv. X, ch. IX, an 1590.

(5) Op. cit.

dans cette existence si bien remplie, c'est la dignité de l'homme, le profond sentiment qu'il a de tous ses devoirs, l'harmonie intime que l'on remarque entre sa vie et ses œuvres. La franchise du poète est entière, et ce n'est pas peu de savoir, en lisant ses vers, que, s'ils manquent souvent de simplicité, ils sont du moins toujours sincères : un accent de conviction ardente anime toute son œuvre. L'homme vaut sans doute plus que le poète; mais le poète, sans compter son incontestable talent, emprunte aux vertus de l'homme une nouvelle valeur.

CHAPITRE II

PLACE DE DU BARTAS PARMI LES POÈTES DU XVIe SIÈCLE

Du Bartas est le disciple de la Pléiade pour tout ce qui appartient à la forme extérieure de ses œuvres. — Coup d'œil rapide sur l'état de la poésie française au moment où il prend place parmi les poètes du temps. — Ronsard et son école; les promesses des réformateurs et les résultats de la réforme : beaucoup de productions gracieuses et charmantes, aucune grande œuvre. — Du Bartas mérite d'être regardé comme le premier poète héroïque de la nouvelle France. — Cependant, là encore, il est, à bien des égards, l'élève et l'héritier de la Pléiade. — Sa véritable originalité : c'est, avant tout, un moraliste. — Esprit tout grec et païen de la Renaissance. — Licence de la poésie : les poètes courtisans. — Réaction morale. — La réforme religieuse est d'abord sympathique à la réforme poétique : pourquoi? Mais elle ne tarde pas à protester, au nom même des principes de la nouvelle école, contre les tendances païennes et licencieuses qui s'accusent de plus en plus. — Le poète des *Semaines* avait commencé par sacrifier au goût du temps; ses premiers essais; du Bartas amoureux et courtisan. — Il abandonne de très bonne heure la poésie profane. — Sa vocation. — La muse Uranie. — Idée qu'il se fait de la poésie, du génie poétique, de l'action que le poète doit exercer autour de lui. — Caractère général et signification morale de son œuvre.

Du Bartas appartient à l'école de Ronsard ; il partage l'opinion du public lettré sur les plus illustres promoteurs de la Renaissance poétique, et ne vient à en nommer aucun sans lui apporter le tribut de ses louanges ; il les regarde comme ses maîtres et s'incline modestement devant eux. Si nous ne parlons ici que de ses qualités, il doit en effet à ses devanciers l'ampleur et la gravité de son style, la magnificence de ses images, et cette langue même qu'ils lui ont transmise tout *illustrée*. A cet égard, il est bien le disciple de la Pléiade : aussi prendrait-on de lui une idée trop avantageuse, si l'on pouvait être tenté de l'isoler. Mais, sur d'autres points, on lui ferait ainsi moins bonne justice : il faut comparer ses œuvres à celles des autres poètes, ses contemporains et ses prédécesseurs, pour rendre pleinement hommage à tout ce qu'il y a d'élevé, de grave et de vraiment religieux dans leur inspiration.

Si l'on veut donc assigner à du Bartas sa véritable place entre les poètes du XVIe siècle et porter sur lui un jugement équitable, il est nécessaire de jeter d'abord un rapide coup d'œil sur l'état de la poésie française au moment où allaient paraître l'*Uranie* et la *Judith* d'abord, en 1574, la première *Semaine* cinq ans après, en 1579.

La réforme poétique est dès lors accomplie. Depuis une vingtaine d'années que J. du Bellay en a donné le signal, de nouveaux poèmes, dans tous les genres qu'il recommandait, ont justifié aux yeux de tous l'audace de son manifeste. Ce court espace de temps a suffi pour doter la France de l'ode, de l'élégie, du drame tragique et comique, de l'épître, de l'épopée elle-même. Les novateurs se sont partagé le domaine de la poésie, et chacun d'eux a publié des œuvres que le public éclairé de la France et de l'étranger égale aux monuments les plus parfaits de l'art antique.

Et cependant, si l'on compare les vues premières des réformateurs avec les résultats mêmes de la réforme, on est forcé de conclure qu'ils n'ont pas atteint le but le plus élevé de leurs généreux efforts. Certes, la tentative de rénovation qu'a faite la Pléiade n'est pas restée stérile : l'école poétique du XVIe siècle a introduit en France des genres jusqu'alors inconnus, façonné une langue riche, relevée, pleine de couleur et d'éclat, où le sentiment et l'imagination sont plus à l'aise, créé enfin des rythmes plus souples, plus variés, plus harmonieux ; et ceux-là même qui furent bientôt ses adversaires les plus acharnés profitèrent largement de ses innovations. A ne juger les poètes du temps et surtout « le maître du chœur », que par l'admiration universelle dont nous avons des témoignages si éclatants, nous croirions même qu'ils ont pleinement réussi à réaliser leurs ambitions les plus hautes. En 1574, Ronsard est à l'apogée de sa renommée ; par ses odes, il s'est fait égaler à Pindare ; sa *Franciade,* dont il vient de publier les quatre premiers chants, semble l'œuvre d'un Virgile français ; ses poésies légères sont considérées comme un moindre titre, mais elles passent du moins pour le gracieux délassement d'un docte et sublime génie. On voit en lui le miracle du siècle, « l'Apollo de la source des Muses ». A la mort de Charles IX, il se retire dans une abbaye qu'il tenait de ce prince ; sa gloire l'y suit tout entière, et telle que jamais poète ne put même en souhaiter de plus grande. Pourtant, au fond de la Provence, voici Malherbe qui prépare déjà ses premiers essais ; s'il « ronsardise » encore, il ne tardera pas à engager la lutte avec ses anciens maîtres, et sa victoire prochaine ne laissera bientôt de Ronsard que le souvenir d'un nom jadis si glorieux. Quelque honneur a sans doute été rendu au chef de la Pléiade par une postérité plus reculée. Mais que connaît-elle de lui ? Ce qu'il y a de plus léger dans son bagage, ce qu'il considérait lui-même comme la partie la moins durable de son œuvre, des élégies, des chansons, et les moins pindaresques de ses odes. C'est qu'il n'avait pas assez de souffle pour soutenir un poème de longue haleine et de haute inspiration. S'il atteint le ton de l'épopée dans quelques-unes de ses pièces (1), il ne sait pas se maintenir longtemps à cette hauteur. Rien de plus froid, de plus insipide que la *Franciade*. Ronsard a eu beau se démener et se surmener, il n'y avait en lui que le « commencement d'un grand poète ».

Quant à ses disciples, la plupart ne se sont même pas hasardés à tenter un pareil essor. Joachim du Bellay (2) a montré un talent original et sincère, animé d'une sensibilité discrète à la fois et pénétrante ; mais, même au jugement de ses contemporains, il n'est que « le Prince du Sonnet » et « l'Ovide français » ; et c'est justement lorsqu'il ne veut pas monter sa lyre à des tons trop élevés, que sa poésie est la plus touchante. Belleau (3) a été surnommé le peintre de la nature; sans doute, il l'a décrite avec grâce et fraîcheur, la nature vivante dans sa *Bergerie* (4), la nature morte dans ses *Pierres précieuses* (5); mais il n'a jamais porté bien haut ses ambitions, il s'est contenté d'être le « gentil Belleau ». Les prétentions de Baïf (6) ont été aussi modestes; quelques pièces gracieuses, comme celle du *Printemps*, c'est tout ce qui reste de lui. Jodelle (7) enfin, a surtout montré, dans ses poésies diverses, une facilité légère et aimable; malgré l'enthousiasme qu'ont excité les tragédies de *Cléopâtre* et de *Didon*, on peut dire que ses facultés poétiques n'avaient pas assez de puissance et d'ampleur pour inaugurer le nouveau théâtre par des pièces dignes de consacrer le genre où il s'était engagé le premier.

Les poètes d'une seconde génération, qui se rattache plus ou moins directement à la première, ont déjà publié, à l'époque où nous sommes, une partie de leurs œuvres. Agrippa d'Aubigné en est encore à célébrer ses amours; du moins il n'a rien produit qui puisse

(1) Par exemple l'élégie d'*Orphée* et l'hymne de l'*Hiver*.
(2) Mort en 1560.
(3) Mort en 1577.
(4) 1565 et 1572.
(5) 1566.
(6) Il vient, en 1573, de donner une édition complète de ses œuvres.
(7) Il est mort un an avant la publication de la *Judith*.

faire deviner en lui le futur auteur des *Tragiques*. Desportes, qui compose des poésies érotiques, se recommande surtout par l'élégance et la pureté de son langage. Vauquelin de la Fresnaye montrera parfois de l'élévation et de la vigueur dans ses satires et même dans ses sonnets, mais il n'est pas fait, lui non plus, pour tenir les promesses téméraires des premiers réformateurs, et il se gardera d'aborder les genres supérieurs de la poésie (1).

Ainsi, malgré l'ardeur et le talent des nombreux poètes qui illustraient l'école nouvelle, malgré les tentatives ambitieuses que hasarda le plus puissant et le plus hardi parmi eux, nul n'avait encore, au moment où vont paraître les premières œuvres de du Bartas, réalisé même de loin les fières et hautes espérances des premiers jours. Les uns avaient manqué d'audace, les autres avaient eu plus de hardiesse que de bonheur. Comparant la poésie de Marot et de son école aux œuvres sublimes de la muse antique, ils avaient dédaigné ces poètes dont la verve gracieuse et vive manquait d'élévation et de force ; mais cette force et cette élévation dont ils voulaient doter notre poésie, ils ne purent y atteindre que par instants, et les qualités qu'ils méprisaient chez leurs devanciers sont aujourd'hui les titres les plus précieux de leur gloire rajeunie. En somme, le XVIe siècle a laissé bien des œuvres charmantes de ses poètes, aucune grande œuvre.

L'auteur de la *Semaine* allait-il donner à la France cette épopée que Ronsard avait d'abord semblé porter dans sa tête ? Nous ne saurions lui attribuer cette gloire, quoiqu'il en ait paru digne à ses contemporains. Pourtant, malgré l'oubli où son nom ne tarda pas à tomber, du Bartas doit être regardé non seulement comme le premier poète héroïque de la nouvelle France, mais aussi comme le seul peut-être qui ait eu « la tête épique ». Disciple de Ronsard et inférieur à son maître par bien des côtés, il mérite bien mieux, malgré l'imperfection de ses poèmes, cette gloire que l'auteur de la *Franciade* ambitionna si vivement, d'avoir soutenu sans trop de faiblesses le ton élevé de l'épopée dans une œuvre imposante par l'étendue, par le caractère et par l'inspiration.

Là encore, du Bartas est pourtant l'héritier et l'élève de la Pléiade :

---

(1) Cependant, il avait ébauché une épopée, l'*Isacide*, dont il cite le début dans son *Art poétique ;* mais cette tentative, si tôt avortée, ne peut que confirme notre jugement.

c'est ailleurs qu'il faut chercher son originalité. Une grande part de son génie, et la meilleure, lui vient de son enthousiasme pour les œuvres de Dieu qu'il chante dans ses poèmes, de son amour ardent pour la vertu, de la haine passionnée que lui inspire la corruption de son siècle, de ce souffle religieux qui anime son œuvre tout entière et qui en fait l'unité : du Bartas est un moraliste.

Quand on passe en revue les poètes parmi lesquels il va prendre place, et qu'on se demande où est la source de leurs inspirations, quel est le caractère général de leurs œuvres, et quelle idée ils se font de la poésie, il est impossible de ne pas reconnaître dès le premier abord que l'auteur des *Semaines* se sépare, à cet égard, de ses devanciers et de ses maîtres. Quelle parenté aurait-il avec les restaurateurs de l'ancien Olympe, les chantres de l'amour et des plaisirs, les « nourrissons de la Muse Téienne ? » Ce ne sont pas seulement ses genres poétiques, ses tours et ses formes que le XVIe siècle emprunte à l'antiquité ; il semble parfois, en lisant telle pièce de Ronsard ou d'un de ses disciples, que l'on ait affaire à des païens. Les accusations de ce genre ne furent pas épargnées aux poètes du temps ; et, dans la forme qu'elles prirent, le chef de l'école eut beau jeu pour les repousser ; il n'est pourtant pas contestable qu'ils aient revêtu, par instinct comme par système, les idées et les sentiments de l'antiquité : l'esprit grec et païen revit en eux. Si l'on voulait chercher quelle est la morale qui se dégage de leurs œuvres, — hors celles que certains d'entre eux composèrent à la fin de leur vie en se rappelant qu'ils étaient évêques et pour effacer justement leurs péchés de jeunesse, — il faudrait conclure que le plus grand nombre ne s'élèvent guère au-dessus d'Anacréon, que les plus sévères s'arrêtent à Horace. C'est par là que devait se distinguer et s'isoler d'eux un poète rempli de la Bible, animé de la foi la plus ardente, disciple de la même école pour la forme extérieure de la poésie, mais d'une tout autre trempe morale et religieuse que la plupart des poètes ses contemporains.

Ceux-ci, il faut bien le reconnaître, se font, à de rares exceptions près, les complaisants des princes dans les plus honteux plaisirs. Parmi leurs poésies, souvent exquises de délicatesse et de grâce, il en est de si éhontées qu'il suffit de les lire pour s'expliquer les véhémentes apostrophes de notre poète, quand il reproche aux « chantres mieux disants » de prendre « une Thaïs » pour Muse et de transformer l'Hélicon en « bordeau » (1). Dans ces invectives, que nous retrouvons bien des fois sous la plume du poète (2), il y a sans doute quelque déclamation ; et cependant elles ne sont guère plus vives que les plaintes du grave historien de Thou : « Les poètes, dit celui-ci (3), détournaient les jeunes gens des études sérieuses et utiles pour lire des vers obscènes, et gâtaient l'esprit et le cœur des jeunes personnes du sexe le plus faible par des chansons licencieuses. » J. du Bellay usait de l'ironie à l'adresse de Mellin quand il composait sa fameuse satire contre les poètes courtisans : il faut maintenant, pour flageller les turpitudes de la poésie, toute la véhémence que fait éclater du Bartas.

Nous ne parlons pas ici de ces pièces officielles, comme les *mascarades,* qui nous montrent les poètes de l'époque et même les plus élevés, au service des grands et des princes pour célébrer leurs jeux, leurs fêtes et leurs amours. Si l'on veut avoir une idée de la corruption où était tombée la poésie, il faut aller la prendre dans certains vers d'Olivier de Magny, dans ceux de Desportes pour Charles IX et pour Henri III. C'est aux *mignons* que la Muse de la Pléiade va maintenant demander l'inspiration de ses chants.

L'excès même de cette licence devait hâter la réaction. Avant que d'Aubigné fasse avec tout l'éclat et tout l'emportement de sa verve l'ardente satire des mœurs chantées par les poètes de cour, du Bartas, lui, sans compter les passages de ses poèmes où il devance l'auteur des *Tragiques*, proteste contre elles par le caractère moral de son œuvre et par l'idée élevée qu'il se fait de la poésie. Au reste, l'un et l'autre sont de fervents huguenots.

La réforme religieuse avait accueilli avec une sympathie ouverte la rénovation poétique. Et cependant, la première se fondant sur la liberté d'examen, sur l'initiative et la responsabilité personnelles, tandis que la seconde paraît au contraire réduire la poésie en servitude et l'enfermer dans une imitation aveugle des anciens, il semblerait peut-être qu'il dût y avoir antagonisme entre l'une et l'autre. Mais on ne doit pas oublier que, dans l'ensemble de ses aspirations, la Renaissance, malgré son culte pour l'antiquité, est loin d'être hos-

(1) *Uranie.*
(2) V. notamment le morceau de la *1re Sem.* (2e jour) : Tous ces doctes esprits, etc.
(3) *Hist.*, cap. XXII.

tile à l'indépendance intellectuelle. Les réformateurs poétiques eux-mêmes, qu'ils en aient ou non conscience, expriment dans leurs ambitions inquiètes, dans leurs efforts plus ou moins heureux, ces intimes désirs d'affranchissement que la réforme religieuse a été la première à satisfaire. L'histoire morale du XVIe siècle est celle de l'insurrection universelle de l'esprit humain. Tout semble remis en question : qu'il s'agisse de philosophie, de religion ou de politique, le souffle nouveau ébranle toutes les vieilles idées, toutes les traditions des précédents âges. Dans l'ardeur des polémiques littéraires, il est difficile de ne pas sentir du côté des agresseurs, quel que soit leur respect pour les anciens, cette fièvre générale de nouveauté et d'indépendance qui caractérise le XVIe siècle tout entier.

D'ailleurs, il est bien des points par où la Réforme religieuse devait être et fut en effet sympathique à la réforme littéraire. Ronsard et ses amis s'annonçaient comme devant ouvrir à la Muse une carrière plus digne d'elle ; ils partaient de cette idée que la poésie française était capable d'un style plus haut ; ils voulaient la tirer du maigre et chétif domaine où elle avait été enfermée, et lui ouvrir des horizons nouveaux où elle pût largement déployer ses ailes. Cette noble ambition, nous l'avons dit, ne devait point se réaliser pleinement ; mais la sincérité n'en saurait être suspectée. Or, de pareilles promesses étaient bien faites pour rallier les réformés à la nouvelle école. Si l'on excepte Marot, qui devint protestant par mode et qui le resta ensuite par point d'honneur, lorsque la religion fut persécutée, — la Réforme avait été jusqu'alors trop voisine de ses débuts, trop occupée à se faire connaître et à se défendre, pour avoir déjà ses poètes ; mais comment n'eût-elle pas favorisé une révolution littérraire dont les vues lui convenaient si bien ? Elle semblait pouvoir tout d'abord considérer comme siens ces novateurs dont le but était de réformer la poésie dans le sens même où elle voulait restaurer le christianisme, c'est-à-dire afin de lui donner plus de vigueur et de gravité. Aussi les nouveaux poètes furent-ils pour elle les bienvenus ; plus tard même, lorsque la plupart semblèrent se départir trop aisément de ce qu'ils devaient au docte et pur enthousiasme des premiers jours, les écrivains calvinistes ne parlent de la Pléiade et de son œuvre qu'avec sympathie et faveur. Il y eut sans doute de violentes polémiques, et l'on sait comment Ronsard eut à se défendre contre les injures dont il fut plus d'une fois l'objet ; mais ce sont là des attaques personnelles, et qui s'adressent à l'homme, non au poète ni au chef d'école. Quant aux vues des réformateurs poétiques, les huguenots y accédèrent dès le principe. D'ailleurs, lors même que la communauté des tendances ne les eût pas rapprochées l'une de l'autre, les deux Réformes eussent été unies dans leur lutte contre le passé, l'une contre la religion, l'autre contre la poésie du moyen-âge ; l'esprit d'affranchissement était entre elles un inévitable lien.

Il ne faudrait pourtant pas s'exagérer ce qu'il y eut de commun à la Renaissance et à la Réformation. Tandis que la première paraissait se cantonner dans l'antiquité et ne voir plus rien en dehors d'Homère et de Virgile, la seconde se faisait un moyen et non pas une fin des lettres anciennes ; l'antiquité, suivant le mot de Viret, n'était pour elle que « la chambrière et la servante ». Aussi ne devons-nous pas être étonnés en voyant bientôt se produire dans le camp huguenot une réaction contre les tendances païennes et mythologiques de la nouvelle école. Déjà, comme le remarque Sainte-Beuve, — bien avant Ronsard et vers la fin du règne de François Ier, « il y eut un moment où la littérature et la poésie, sous l'influence de Marguerite de Navarre, avaient semblé prendre une teinte calviniste prononcée. Une partie de cette cour badine et légère s'en était effrayée. Quand les poètes de la Pléiade avaient paru, ils étaient devenus, sans bien le savoir, les organes de ce goût antipuritain » (1). Plus tard, lorsque les huguenots virent ce qu'étaient devenues les promesses de la nouvelle école avec les poètes de cour et les adulateurs des mignons, ils dûrent, tout en conservant de la réforme poétique ses vues premières et ses principes, protester contre les tendances licencieuses qui s'accusaient de plus en plus.

Le mouvement religieux du XVIe siècle se rattache peut-être moins à la dogmatique qu'à la morale. Il y avait dans l'Église séparation entre l'une et l'autre ; la religion tendait à n'être que le corps des croyances et des formes imposées par l'autorité ; or, la Réforme a été avant tout une réaction de l'esprit contre la lettre, et de la morale contre le rite. Aussi les poètes huguenots sont-ils tous des moralistes comme du Bartas. A cet égard, il ne pouvait y avoir rien de commun entre la Muse de Desportes et celle de la Réformation. Si l'auteur des *Semaines* relève littérairement de Ronsard, nous

---

(1) *Tableau de la poésie au XVIe siècle.*

trouvons, comme il a été dit, dans ses vues sur la mission du poète, dans le caractère de ses œuvres, dans l'esprit qui les domine, la plus éclatante protestation contre la licence de la poésie contemporaine.

Cependant, pas plus que d'Aubigné, du Bartas ne laissa pas de sacrifier d'abord au goût du temps. Mais le premier suivit Henri de Béarn à la cour de Charles IX, et, membre de cette académie galante qui se réunissait au Louvre pour traiter les questions les plus subtiles de métaphysique amoureuse, il ne dédaigna même pas d'écrire des mascarades et des ballets destinés aux divertissements royaux. Quant à du Bartas, confiné au fond de sa province, il suivait, mais de bien loin, les modes poétiques, en attendant de trouver sa véritable voie. Au reste, ce n'étaient là que les premiers jeux de son imagination ; au milieu de ses essais divers, il ne tarda pas à se sentir entraîner par une inspiration plus grave et plus austère.

C'est ce qu'il nous raconte lui-même dans l'*Uranie*. Nous y voyons que, tout jeune encore, il hésita quelque temps sans trop savoir où se prendre et sans avoir encore conscience de sa vocation. La tragédie, l'épopée païenne, l'ode, sont abordées par lui tour à tour, et tour à tour abandonnées :

> Tantost j'entreprenoy d'orner la Grecque scène
> D'un vestement françois. Tantost d'un vers plus haut
> Hardy j'ensanglantoy le françois eschafaut
> Des tyrans d'Ilion, de Thèbes, de Micène ;
> Je consacroy tantost à l'Aonide bande
> L'histoire des François ; et ma sainte fureur,
> Desmentant à bon droit la trop commune erreur,
> Faisoit le Mein gaulois, non la Seine allemande (1).

Nous ne connaissons pas ces premiers poèmes de du Bartas ; il ne les publia jamais, les regardant sans doute comme indignes de lui. Un tout autre sentiment lui fit encore désavouer quelques nouveaux essais de sa jeunesse qu'il jugea peu séants à son caractère ; ce sont ces louanges des rois et des grands seigneurs qu'une mauvaise ambition lui avait inspirées :

---

(1) *Uranie*.

Tantost je desseignoy d'une plainte flatteuse
Le los non mérité des Rois et grands seigneurs,
Et, pour me voir bientost riche d'or et d'honneurs,
D'un cœur bas je rendoy mercenaire ma Muse (1).

Ce sont même des poésies galantes, car le grave du Bartas en composa lui aussi :

Et tantost je vouloy chanter le fils volage
De la molle Cypris, et le mal doux-amer
Que les plus beaux esprits souffrent par trop aimer (2).

Un jour, P. de Brach (3) et du Bartas courent ensemble le pays; ils chevauchent depuis quelque temps à une courte distance l'un de l'autre, lorsque le premier appelle son ami à plusieurs reprises, et, ne recevant pas de réponse, s'aperçoit qu'il dort

Branlant de ça de là, penchant sa teste en bas,
Sur le col du cheval ayant lasché la bride.

Du Bartas, enfin tiré du sommeil, ne tarde pas à y retomber, son compagnon le réveille de nouveau; il se rendort de plus belle, jusqu'à ce que Brach « lui parlant d'Amour », rappelle à son souvenir une dame dont le futur poète de la *Semaine* était pour lors épris :

Le sommeil aussi tost de ses yeux s'envola,

et il finit par composer en gascon un « beau sonnet » que son ami a pris la peine de nous conserver.

Si nous en croyons d'Aubigné, il paraîtrait que, même après la première *Semaine,* du Bartas « se mêlait d'écrire des amourettes ». L'auteur des *Tragiques* raconte de lui le trait suivant : « Un jour, il nous vint trouver Constant et moy; à l'entrée de la chambre, il nous dict qu'il s'estoit vincu soy-mesme, s'estant soy-mesme ravi en admiration, à savoir pour un sonnet hiéroglyphique à la louange de la reine de Navarre. Certes nous trouvasmes que c'estoit un Rebus de Picardie; entre autres, au cinquiesme vers, il y avoit une grenouille bien représentée et puis un *la* et un *mi* en mu-

(1) *Ibid.*
(2) *Ibid.*
(3) Voir le *Voyage à Bordeaux,* de Brach.

sique, et une fauls. Nous leusmes : grenouille la mi fauls. Il nous corrigea, disant que c'estoit une Rene qui estoit grande, et faloit lire : grand Rene » (1). Cette citation, avant laquelle d'Aubigné prend le soin de prévenir qu'il avait transformé son ami en courtisan, nous montre quel pauvre courtisan ce fut que le poète des *Semaines*. Au reste, d'Aubigné reconnaît lui-même qu'en composant des pièces de ce genre, du Bartas « s'égarait de son gibier ». Celui-ci parle quelque part du laurier « que les cieux avares ont célé longuement à ses yeux » (2) : mais pourtant, c'est de très bonne heure qu'il aborda les sujets d'inspiration religieuse et qu'il s'attacha à Uranie. Dans son édition de la *Muse chrétienne* (3), il dit que le poème de *Judith* lui fut commandé quatorze ans auparavant par la feue reine Jeanne, et il prend à témoin plusieurs gens d'honneur qui lui ont entendu « réciter des vers de ce poème, il y a plus de douze ans ». Il faut donc borner à sa première jeunesse, presque à son enfance, ces poésies de cour et d'amour qu'il composa sous l'influence des poètes contemporains. Dans les essais mêmes que l'*Uranie* nous fait connaître, peut-être devons-nous voir de simples tentations et comme des velléités qui n'eurent aucune suite. Quoi qu'il en soit, tout le reste de sa vie nous montre en lui l'ennemi véhément de la poésie licencieuse qui fleurissait alors dans toute sa grâce et l'adversaire passionné de ces poètes courtisans contre lesquels il ne perd pas une occasion de s'élever.

Du Bartas nous a appris lui-même comment il fut appelé, par une sorte de vocation miraculeuse, à être « le sacré sonneur du los de l'Eternel ». Tandis qu'il hésitait à se choisir une voie, il vit paraître devant lui une « saincte beauté » dont il nous fait un portrait assez bizarre : c'est la Muse céleste, qui vient elle-même inviter le poète à laisser de côté « les antiques fables » pour consacrer son génie à Dieu et « aux choses de la Foi ». Telle est la mission à laquelle il avait été prédestiné

Même avant que de *lui sa* mère fût enceinte.

Arrière désormais « les mignards écrits, les feints soupirs et les

(1) D'Aubigné. *Lettre XI des divers points de science*, éd. Réaume, tome I.

(2) *1re Semaine*, ch. II.

(3) 1579. La *Muse chrétienne* est le titre d'un recueil qui renferme les premiers poèmes de du Bartas.

feints pleurs ! » Pour composer des vers qui « fassent teste aux ans », il faut qu'un saint extase emporte le poète « au plus haut ciel ». Les paroles d'Uranie pénètrent profondément dans l'âme du jeune homme ; il s'opère en lui une sorte de révolution morale ; c'est là comme son chemin de Damas.

> Depuis, ce seul amour dans mes veines bouillonne,
> Depuis, ce seul vent souffle es toiles de ma nef ;
> Bienheureux si je puis, non poser sur mon chef,
> Ains du doigt seulement toucher cette couronne (1).

En négligeant la fiction qui sert de cadre à ce récit, nous voyons que du Bartas a voulu, sous les traits de cette Uranie, figurer l'inspiration à laquelle il resta désormais fidèle. Les deux *Semaines* peuvent ne sembler par endroits qu'une paraphrase de la Bible ; mais, si l'on croyait que le poète fut déterminé dans le choix de ses sujets par l'assurance d'y trouver un thème de vers à la fois commode et nouveau, on se ferait de lui une bien fausse idée ; même dans les passages où le récit des Écritures s'impose à lui, sa poésie est toujours ennoblie et vivifiée par la profondeur du sentiment moral et la sincérité de la conviction religieuse. Nul poète ne mit plus haut son idéal et ne chercha à le réaliser avec plus de candeur et d'enthousiasme.

Pour lui, pas de poésie sans inspiration, et il donne au mot son acception la plus élevée :

> Les vrais poètes sont tels que la cornemuse
> Qui pleine de vent sonne et vuide perd le son ;
> Car leur fureur durant dure aussi leur chanson
> Et si la fureur cesse, aussi cesse leur muse (2).

Dans ses vues sur le génie poétique, tout instinctif, tout spontané, il n'est pas exempt de quelque exagération. A côté du génie, il ne voit pas bien la place de l'art, chose fort remarquable en un siècle où l'art occupe dans la poésie une part si large. Aussi bien, tout ce qui semble relever du « métier », du Bartas n'en a jamais eu grand souci. Il prend à la lettre l'adage antique : *nascuntur poetæ*.

(1) *Uranie*.
(2) *Ibid*.

. . . . La Poésie
Est un pur don céleste, et nul ne peut gouster
Le miel que nous faisons du Pinde dégouster
S'il n'a du sacré feu la poitrine saisie.
De cette source vient que maints grands personnages
Consommez en sçavoir, voire en prose diserts,
Se travaillent en vain à composer des vers,
Et qu'un jeune apprenty fait de plus beaux ouvrages (1).

C'est à peu près ce que dit Boileau au début de son *Art poétique;* mais cette « influence secrète » dont il parle n'est guère à ses yeux qu'une figure ; pour le disciple d'Uranie, il doit y avoir, il y a communion intime et vivante entre le véritable poète et la Muse divine qui l'inspire.

Du Bartas se fait aussi la plus haute idée de l'action morale que peut exercer la poésie :

Ainsi que le cachet dedans la cire forme
Presque un autre cachet, le poète sçavant
Va si bien dans nos cœurs ses passions gravant
Que presque l'auditeur en l'autheur se transforme (2).

Les poètes ont charge d'âmes ; aussi veut-il que leur génie se consacre tout entier à l'expression des idées les plus nobles et les plus pures ; il approuve Platon chassant de sa République idéale ceux qui

Sapoient par leurs beaux mots l'honnesteté publique.

Il rappelle les origines de la poésie, comment elle fut inventée en vue de « monstrer les mystères sacrez avec plus de respect » ; et, pour le prouver, il cite un peu confusément David, Line, Job et Hésiode. Quant à lui-même, « ce peu d'art et d'esprit » que le ciel lui a donné, il le destine

A l'honneur du grand Dieu, pour jour et nuict escrire
Des vers que sans rougir la vierge puisse lire (3).

---

(1) *Ibid.*
(2) *Ibid.*
(3) *1re Sem.*, ch.

Ce qu'il veut, c'est « donner à la France un utile plaisir », c'est « instruire autruy en s'instruisant luy-mesme », c'est « sauver la vie à ses concitoyens qu'une prophane envie d'éterniser leur nom attachait à l'atelier d'Amour » (1). Et, même avant la fin de son œuvre, il remercie Dieu d'avoir béni ses labeurs :

Je te loue, ô grand Dieu, ô mon Dieu, je te loue ;
La France en m'escoutant ta dévote se voue
A l'Amour vraiment sainct, et ton nom seulement
Aux esprits plus gentils sert de riche argument (2).

Il faut voir dans ces paroles la joie et l'orgueil, d'ailleurs bien légitime, d'avoir arraché la poésie à la licence où elle s'était longtemps égarée. L'influence morale qu'il exerça sur elle, et dont nous aurons plus tard à parler, ne fut pas restreinte aux huguenots ; sans empêcher Desportes et ses émules de rester les poètes de la cour et des mignons, l'on peut croire qu'elle se fit sentir dans le camp même des catholiques. C'est ainsi qu'ils publièrent en 1582 un recueil intitulé la *Muse chrétienne* et composé de pièces religieuses, sans doute pour prouver qu'ils n'en étaient pas réduits aux poésies peu ecclésiastiques de M. de Tiron.

Quoi qu'il en soit, nous devons nous représenter du Bartas comme devenu, même avant cette date, un véritable chef d'école, par l'inspiration élevée dans laquelle il retrempa notre poésie. A l'époque où il composait les *Semaines*, on peut dire que le génie de la Pléiade s'efféminе et s'épuise ; les signes d'une décadence morale sont manifestes chez Desportes et Bertaut. L'école de Ronsard, dont la sève s'est peu à peu tarie, aboutit à quelques chansons légères que fredonnent les courtisans. Elle a vécu dans la fiction et dans la convention, bien loin des intérêts contemporains, des passions et des croyances populaires, qui pouvaient seuls lui donner la vie ; et, malgré des tentatives vraiment élevées qui ont signalé les débuts, ses derniers disciples ont fini par ne voir dans la poésie que le jeu d'une imagination élégante et raffinée. A du Bartas était donc réservée la tâche de trouver une veine plus noble, des inspirations plus hautes et plus vivantes, qui, tout en faisant du poète comme

(1) 2e *Sem. — Troph.*
(2) *Ibid.*

l'écho de son siècle, lui permissent encore d'ennoblir et de féconder le génie national. Une inscription citée par Colletet rend à cet égard un éclatant témoignage à l'auteur des *Semaines :*

Gulielmo Sallustio, poetarum facile principi, scriptori mirabili, pio mirabilium assertori, præconi virtutis dulci doctoque..., qui Musas ereptas profanæ lasciviæ sacris montibus reddidit, sacris fontibus aspersit, sacris cantibus imbuit (1).

Du Bartas arracha la poésie à la licence profane, la rendit aux montagnes sacrées, la retrempa aux sources pures ; on ne saurait faire mieux ressortir le caractère général et le sens le plus élevé de son œuvre. Il consacra à cette tâche un zèle que nous avons déjà pu apprécier, un talent que nous verrons bientôt à l'œuvre.

(1) Édit. de 1611. Au verso du feuillet qui porte le titre suivant : *Suite des œuvres de du Bartas, les Pères, la Loy, les Trophées, etc.*

CHAPITRE III

LA SCIENCE, LA RELIGION, LA POLITIQUE DE DU BARTAS

Les deux *Semaines* sont un véritable manuel de la science universelle. — L'érudition du poète n'est d'ailleurs que compilation sans critique : par respect pour l'antiquité, il répète les plus étranges fables que lui fournissent les écrivains anciens ; par respect pour la religion, il est hostile à certaines découvertes de la science. — La raison est, à ses yeux, l'esclave de la foi : sa science est bornée de tous côtés par la théologie. — Il est le représentant de l'orthodoxie traditionnelle, et l'on trouve dans ses œuvres une exposition et une apologie complète de la religion chrétienne. — L'esprit du calvinisme s'y marque par leur caractère général et même par quelques passages où sa foi huguenote s'affirme hautement contre la foi catholique ; mais il n'a aucun trait du sectaire, et il évite toute espèce de provocation. — Contraste entre d'Aubigné et du Bartas. — L'ardeur des passions religieuses au XVIe siècle fait ressortir sa modération toute chrétienne. — Il porte le même esprit dans les discussions politiques. — Il admet toutes les formes de gouvernement, suivant le caractère des peuples auxquels chacune d'elles s'applique. — L'idéal qu'il rêve pour la France est une monarchie sage et libérale, contrôlée d'ailleurs et tempérée par des assemblées régulières : c'est le régime même dont il avait sous les yeux les heureux effets dans le Béarn et la Navarre. — Ecole politique à laquelle il se rattache. — Haute idée qu'il se fait des devoirs de la royauté. — Sa haine pour la tyrannie. — On voulut faire de sa *Judith* une justification de l'assassinat politique. — La théorie du tyrannicide au XVIe siècle : les traditions grecques et romaines, et les exemples bibliques. — Du Bartas, comme Coligny, tient pour légitime le régicide inspiré de Dieu ; mais il n'a pas voulu, dans sa *Judith*, provoquer le poignard des assassins. — Son idéal politique ne se réalise qu'après sa mort : il aurait pu être le poète ordinaire de Henri IV en même temps que notre poète national, sous le règne de ce prince. — Patriotisme de du Bartas : ses vœux pour la paix, pour l'union de tous les partis, pour la grandeur et la prospérité de la France.

Si l'inspiration poétique de du Bartas est surtout puisée dans la méditation des livres saints, sa philosophie et sa science ne sont pas moins chrétiennes. A cet égard, nulle originalité en lui : philosophe ou savant, il est toujours l'apologiste d'une foi orthodoxe où le sentiment personnel se trahit, non par des vues particulières, mais seulement par le ton et l'accent d'une conviction profonde.

Savant, du Bartas embrasse, comme il a déjà été dit, toutes les connaissances de son temps. La gloire que ses ouvrages lui acquirent peut même s'expliquer en partie par l'intérêt alors tout nouveau qui s'attachait à tant de phénomènes dont il donne la description, à beaucoup des théories scientifiques qu'il discute ou établit dans ses poèmes. Les deux *Semaines*, outre leur mérite poétique, sont regardées comme un véritable manuel de la science universelle : on publia en Angleterre, dans les premières années du XVIIe siècle, une traduction du poète sous le titre suivant : *A learned Summary upon the famous Poem of William of Salust, lord of Bartas, wherein are discovered all the excellent secrets in metaphisical, phisical, moral and historical Knowledge ;* le tout, est-il dit, pour rafraîchir la mémoire des savants et pour aider à abréger les études des jeunes gentilshommes (1).

Sur certaines questions (2), telles que la formation des rivières (3) et les marées (4), du Bartas semble être en avant de son temps. Mais, en général, il ne fait que propager les théories reçues et officielles. Il défend, comme Jean Bodin, l'astrologie, et traite d'insensés ceux qui nient l'influence des astres (5). Il admet les quatre éléments qui, dit-il,

Ne sont pas composez, mais d'iceux toute chose
Qui tombe sous nos sens plus ou moins se compose (6).

Non seulement il adopte toutes les erreurs de l'antiquité qui avaient cours de son temps, mais encore il recueille les contes les plus absurdes de Pline l'ancien, de Plutarque ou de ses autres guides scientifiques, et semble les regarder comme des articles de foi. Il parle d'une eau qui « esteint le brandon allumé et le rallume esteint » (7) ; de certains arbustes

Qui leur feuille féconde animent dans les eaux (8) ;

il croit qu'un « vieil fragment de barque se change en des canards » (9) ; il raconte gravement que, si la scolopendre avale l'hameçon,

---

(1) Sainte-Beuve, *Tableau de la poésie au XVIe siècle.*
(2) V. Haag, *France protest.*, art. *Saluste.*
(3) Première *Semaine*, ch. III.
(4) *Ibid.*
(5) Première *Semaine*, ch. IV.
(6) Première *Semaine*, ch. II.
(7) Première *Semaine*, ch. III.
(8) *Ibid.*, ch. VI.
(9) *Ibid.*, *ibid.*

. . . . Aussi tost dessous l'eau
Avec tous ses boyaux dehors elle le tire,
Puis, franche de danger, tout bellement retire
Ses glissans intestins, et fait que dans son flanc
Un d'eux ne change point d'office ni de rang (1).

De même, lorsqu'une femme enceinte touche la racine du « pain de pourceau, » elle avorte sur la place (2). Le daim, en mangeant du « dictame indois, » ne se guérit pas seulement de la blessure qu'il a reçue, mais il « rejette » encore le trait sur celui qui l'en a percé (3). Dans sa « *Semaine contre le sieur du Bartas,* » Christophe de Gamon avait beau jeu pour critiquer la crédulité et les erreurs du poète. Il lui remontre savamment et pédantesquement que les comètes « ne présagent rien, » et réfute en plus de deux cents vers ce qu'il appelle la « bourde du phénix. » Il y avait certes mieux à faire; mais, après tout, du Bartas est de son temps; cette fidélité aux traditions, même les plus fausses et les moins dignes de confiance, il la partage avec les meilleurs esprits du XVIe siècle. L'érudition contemporaine n'est guère, en général, comme la sienne propre, que compilation sans critique.

Nous avons vu le poète répéter avec candeur, par respect pour l'antiquité, les fables les plus étranges qu'il trouvait chez les auteurs anciens; par respect pour les dogmes chrétiens, il est hostile à certaines découvertes de la science, qu'il juge en contradiction avec la cosmogonie biblique. Il repousse le système de Copernic, qui n'avait pas encore été admis par l'Église, et en maltraite les partisans dans des vers d'une véhémente éloquence. Gamon (4) a beau lui faire observer que « son luc de la raison s'eslongne » : l'auteur des *Semaines* se défie de la raison, et le chrétien, chez lui, passe bien avant le philosophe et le savant. Ce qu'il veut, c'est, suivant sa propre expression, « ramer sur les flots paisibles d'une commune mer » (5); et le respect qu'il montre pour la tradition, pour l'opinion générale, à plus forte raison le professe-t-il pour l'autorité infaillible des livres

(1) *Ibid.,* ch. V.
(2) *Ibid.,* ch. III.
(3) *Ibid.,* ch. IV.
(4) Il écrit sa *Semaine* vingt ans après la mort de du Bartas, à une époque où les découvertes de Copernic étaient bien plus répandues.
(5) Première *Semaine,* ch. IV.

sacrés, d'où il tire toute vérité aussi bien dans l'ordre scientifique que dans le domaine moral et religieux. J'aime mieux, dit-il lui-même,

> J'ayme mieux ma raison desmentir mille fois
> Qu'un seul coup desmentir du Saint-Esprit la voix (1).

On ne saurait humilier plus bas cette superbe humaine contre laquelle Pascal s'élèvera avec une si vive éloquence. Ailleurs (2), le poète nous montre la Raison, belle de loin, mais difforme et hideuse de près, « menée en triomphe » devant le char de la Foi. C'est que la science, chez lui, est toujours au service de la religion comme son humble esclave. Il faut l'écouter quand, après avoir proposé différentes hypothèses pour expliquer la forme de notre monde, il finit par recourir à « la puissance absolue de Dieu » qui « courbe la mer à l'entour de la terre velue » (3); c'est dans la volonté divine qu'il cherche toujours la raison dernière de toute chose. « Es feuilles véritables du double testament, » comme il le dit lui-même, consiste toute la philosophie du poète : sa science est bornée de tous côtés par la théologie. Christophe de Gamon trouve encore à reprendre jusque sur le domaine de la religion dogmatique; il prouve contre du Bartas que l'essence divine ne peut être triple et une, que le monde ne fut pas créé dans l'infini d'un rien, que Dieu, contemplant son œuvre, ne saurait être comparé à un peintre; mais ses réfutations, d'ordinaire bien subtiles, ne portent en général que sur des points de détail : l'auteur des *Semaines* n'est pas moins, dans l'ensemble de ses œuvres, le représentant de l'orthodoxie traditionnelle. Toutes les croyances de l'Église chrétienne trouvent place dans ses ouvrages, depuis le péché originel (4), jusqu'au jugement dernier (5), sans oublier même la sanctification du dimanche (6). Non seulement il établit les dogmes, mais il prévient les plus petites objections des incrédules, comme, par exemple, celle que Voltaire devait reprendre plus tard en s'étonnant que l'Arche, dont les saintes Écritures nous

(1) *Ibid.*, ch. II.
(2) *Triomphe de la Foy.*
(3) Première *Semaine*, ch. III.
(4) Éd. de 1611, p. 75.
(5) *Ibid.*, p. 22.
(6) *Ibid.*, p. 326.

donnent les dimensions, ait contenu, outre Noé et sa famille, un couple de chaque animal créé.

Ainsi, l'on peut dire que les œuvres du poète renferment une exposition à peu près complète et une apologie générale de la religion chrétienne. Mais du Bartas était protestant. Quelle place le protestantisme tient-il dans ses poèmes? Faut-il voir en lui un sectaire comme d'Aubigné, ou plutôt un huguenot modéré et tolérant, comme il y en avait quelques-uns dès le XVIe siècle? C'est ce que nous avons à examiner.

Du Bartas, ce point ne saurait être contesté, est un calviniste ardent et zélé. Nous en voyons la preuve dans toute sa vie, dans son rôle militaire et diplomatique, dans son testament même, où il lègue à l'Église réformée de Monfort « quarante escus d'or pour estre employés en usage prévu suivant l'ordonnance des conscistans d'ycelle. » C'est ce qui ressort aussi manifestement de toutes ses œuvres : « Peut-être, dit M. Sayous (1), est-il encore plus calviniste que Sainte-Beuve n'est disposé à le croire ; il procède tout droit de Viret, qui lui a évidemment fourni une partie de sa science. » Sans nul doute, l'inspiration d'où sont sorties les deux *Semaines* a sa source dans l'esprit général de la Réforme. Il est impossible de ne pas reconnaître en ces poèmes la forte gravité, le docte enthousiasme, le goût de l'érudition sacrée, la morale rigide et parfois un peu pédantesque, qui sont à cette époque les caractères propres du protestantisme ; on y sent cette ferveur de conviction, cette verdeur de foi, qui, chez les poètes de la Réforme, font contraste avec l'indifférence intime du plus grand nombre des poètes catholiques, de ceux-là même qui trouvaient encore, comme Ronsard, de beaux et nobles accents pour défendre leur religion et leur Église. Bien plus, on peut citer dans les œuvres de du Bartas un certain nombre de passages où sa foi calviniste s'affirme hautement contre la foi catholique. Tels sont ces vers où il nous représente le vrai chrétien

. . . . Ayant la Foy pour voile,
L'Esprit sainct pour nocher, la Bible pour estoille (2) ;

dans la *Judith* (3), il s'élève contre les apostats calvinistes ; dans un

(1) *Études sur les écrivains de la Réformation.*
(2) Première *Semaine*, ch. I.
(3) Ch. III.

chant de la seconde *Semaine* (1) il apostrophe, sans les désigner formellement, les catholiques « aheurtez à de rances erreurs, » qui ne veulent pas même ouvrir

> Pour parler avec Dieu, son double testament ;

enfin dans le *Triomphe de la Foi,* c'est bien à Rome qu'il s'attaque, lorsqu'il nous représente « la grande Paillarde »

> Qui, sur sept monts assise, enivre de son vin
> Les Princes de la terre et la race bastarde.

Après de tels vers, il n'y a pas à s'étonner que les œuvres du poète aient été mises à l'index, comme nous l'apprend le jésuite Antoine Possevin, qui voudrait au moins en supprimer certaines parties (2).

Toutefois, quel que fût son zèle pour le protestantisme, et malgré les rares passages de ses poèmes où s'accuse une hostilité déclarée contre l'Église catholique, on peut dire sans hésitation que l'auteur des *Semaines* n'a aucun trait du sectaire. Si ses œuvres furent interdites par la congrégation de l'Index, c'est seulement en 1594. Tout d'abord, elles avaient été reçues avec enthousiasme aussi bien par les catholiques que par les protestants, comme autrefois les *Psaumes* de Marot. Elles furent « visitées » (3), avant l'impression, par les docteurs de la Sorbonne et parurent avec leur approbation. Bien plus, en Italie, dans les États du Pape, la traduction italienne de la *Semaine* fut autorisée par la censure ecclésiastique. C'est plus tard seulement que les poèmes de du Bartas se virent condamnés, non pas même pour la doctrine, à laquelle il n'y avait point à reprendre, mais surtout parce que les huguenots, s'emparant des œuvres de leur coreligionnaire, les tiraient tout entières à eux et en faisaient comme « le trophée de la Réforme » (4). Simon Goulart de Senlis et Pantaléon Thévenin commentaient les *Semaines* dans le sens calviniste ; nombre de traductions étaient répandues par les protestants en tous pays ; on faisait du poète un polémiste, et de ses œuvres une machine de guerre. C'est ce que nous apprend G. Colletet. « Ceux

---

(1) 2e *Semaine, Magnificence.*

(2) *Tractatio de Poesi et pictura ethnica,* p. 244, édit. de Lyon, 1595. « Legendus non est, nisi permissu S. R. Ecclesiæ, et aliquibus quidem deletis. »

(3) *Privilège du roi,* 21 février 1578.

(4) Sainte-Beuve, op. cit.

de la religion prétendue réformée, écrit-il, prirent comme à tâche de lire, de traduire et de commenter ses ouvrages, et de les faire réimprimer à l'envy par toutes les villes de France et d'Allemagne où ils estoient les maistres » (1). C'était donner ainsi aux *Semaines* un caractère qu'elles n'avaient ni par elles-mêmes, ni dans la pensée de leur auteur. Aucun écrivain religieux du XVIe siècle (2) ne prit plus de soin que du Bartas d'éviter toute espèce de provocation et de porter dans tous ses écrits cette modération chrétienne dont ne faisaient preuve d'ordinaire ni les protestants, ni les catholiques. L'esprit de concorde et d'apaisement pénètre et domine toute son œuvre. Combien de fois ne le voyons-nous pas demander à Dieu d'étouffer les passions religieuses qui ont suscité tant de guerres civiles? Depuis sa *Judith* jusqu'à son *Cantique* sur la victoire d'Ivry, il ne laisse échapper aucune occasion d'exprimer ce vœu ; et, chaque fois que sa pensée se reporte sur l'état présent du royaume, il donne des conseils de modération et de mutuelle tolérance aux deux camps ennemis dont il déplore ou maudit l'acharnement. Dans une préface à ses deux premiers poèmes, il se rend à lui-même un juste témoignage de cette réserve qui lui fait éviter non pas seulement toute parole malsonnante, mais encore tout sujet propre à exciter les passions. « Je m'assure, y dit-il, que tous hommes de bon jugement congnoistront que de propos délibéré j'ay obmis plusieurs choses pour n'aigrir par un style partial et envenimer les esprits des hommes de ce siècle, qui sont assez et trop aigris à cause des présentes controverses de la Religion : lesquelles je desire de voir non seulement du tout esteinctes, ains mesme ensevelies sous un éternel oubly. » Cette ligne de conduite, il y resta toujours fidèle. Sans doute, la tolérance du poète ne s'étend pas jusqu'aux païens et aux infidèles ; ce serait trop lui demander. Il condamne avec rigueur (3) les sages de l'antiquité, qu'il nous montre marchant les chaînes aux pieds derrière le char triomphal de la Foi, les uns

S'arrachans les cheveux, se fondans tous en pleurs,

---

(1) *Vie de du Bartas.*

(2) Le jésuite Possevin (op. cit., p. 244) dit même de lui : « Catholicos excipiebat humaniter et quidquid scribebat, id ex Theologis Catholicis sumere conabatur. »

(3) *Triomphe de la Foy.*

les autres, parmi lesquels Anaxagore et Socrate,

Rongez cruellement d'un non-mourant soucy.

S'il veut que les catholiques et les protestants s'unissent, c'est pour les envoyer de concert exterminer les Turcs (1). Mais les luttes religieuses entre chrétiens lui font horreur; et, se jugeant obligé d'y prendre part, il regarde aussi comme son devoir de les détester et de les flétrir.

Au XVIe siècle, de tels hommes étaient peu nombreux. D'Aubigné, pour ne citer que le plus illustre des écrivains protestants (2), ne partageait point ces sentiments de modération qui font tant d'honneur à du Bartas. Au lieu d'être affligé du spectacle des luttes sanglantes qu'ont soulevées les passions religieuses, il est près d'en concevoir une sorte de fierté. Fanatique d'intrigues et de conspirations, le coadjuteur de Gondi aimait mieux être chef de parti qu'empereur de l'univers : d'Aubigné, lui, se sent au milieu des guerres contemporaines comme dans son élément propre ; il n'en connaît que le grand côté ; elles sont pour lui une carrière tout ouverte à l'héroïsme, et l'éloge le plus grand dans sa bouche est celui qu'il adresse à un capitaine du temps en disant de lui : « C'est un homme digne des guerres civiles. » Du Bartas, au contraire, voit et déplore toutes les misères, toutes les calamités des luttes religieuses ; le huguenot, chez lui, ne l'emporte jamais sur le chrétien.

Jusqu'au schisme de Luther, la doctrine de l'intolérance était demeurée à l'abri de toute contestation. Sans doute, la nouvelle religion apportait au monde les principes d'un droit nouveau : mais ils ne se dégagèrent pleinement que longtemps après le XVIe siècle. A l'époque où vit du Bartas, le protestantisme, bien qu'il ait appris par expérience à connaître tout l'odieux des persécutions religieuses, revendique hautement pour lui-même le droit d'exterminer l'erreur. Vers le début de la Réforme, il y avait eu un moment unique et fugitif, où il pouvait sembler qu'elle s'opèrerait en paix dans le sein même de l'Église universelle : catholiques et protes-

(1) Voir notamment le VIe livre de *Judith* et le *Triomphe de la Foy*.

(2) Quant aux poètes de l'autre camp, on peut se faire une idée de leur tolérance en lisant le *Discours sur les misères du temps* et la *Remontrance au peuple français*, où Ronsard prêche contre les calvinistes une véritable croisade d'extermination, et le sonnet bien connu où Baïf insulte au cadavre de Coligny.

tants se donnaient la main ; on était d'accord sur les abus à détruire, sur les vices à extirper; on chantait de concert les psaumes de Marot. Cette union des sentiments ne dura point; dès que les idées nouvelles commencèrent à se préciser et à se fixer, dès que le départ put se faire entre les partisans de l'autorité, de la tradition, de l'unité et ceux de l'indépendance, du libre examen, de la personnalité religieuse et morale, on vit que la scission était inévitable; et, comme il n'y avait pas encore de place au XVIe siècle pour la tolérance, les guerres de religion ne pouvaient manquer d'éclater. Plus tard même, quand le pays était déjà ruiné et épuisé par quarante ans de luttes et de massacres, il fallut que Henri IV imposât la liberté de conscience pour la faire durer pendant son règne : il ne réussit qu'à établir une trève éphémère, déjà bien des fois rompue avant que son petit-fils expulsât du royaume tout ce que les dragonnades et les conversions par la force y avaient laissé de protestants. L'ardeur des passions religieuses au XVIe siècle et les violences de l'esprit sectaire font ressortir avec plus d'éclat les nobles figures de ces hommes rares qui devançaient leur temps d'assez loin pour prêcher déjà l'apaisement et l'union. Le poète des *Semaines* doit avoir sa place marquée au milieu d'eux : avec toute la ferveur d'une foi ardente, il montra toute la modération dont les sceptiques eux-mêmes avaient trop peu souvent donné l'exemple. On l'a dit, c'est une sorte de l'Hospital huguenot.

L'esprit que du Bartas portait dans les luttes religieuses de son époque, nous le retrouvons dans ses aspirations et dans ses vues politiques : c'est toujours la même tolérance, la même conviction exempte de tout fanatisme; là non plus, s'il est profondément dévoué à son parti, ce n'est point un homme de parti. Dans les querelles sanglantes qui mettaient aux prises les calvinistes et les catholiques, ce qui le préoccupait par-dessus tout, c'étaient les intérêts supérieurs de la religion, non pas ceux du protestantisme; de même, au milieu des luttes politiques dont la France est de son temps le théâtre, ce qu'il a en vue par delà le succès de la cause à laquelle il est attaché, c'est avant tout la grandeur et la prospérité de sa patrie. Il mourut avant d'avoir pu la voir délivrée enfin des guerres civiles pour inaugurer, sous la direction de Henri IV, une ère de sécurité, de calme et de gloire. Mais nul ne souhaita avec plus d'ardeur que lui l'avènement de ces temps nouveaux : soldat, ambassadeur ou poète, il consacra son existence tout entière à le hâter. Nous avons raconté sa vie; il nous faut maintenant demander à ses œuvres l'expression de ses idées politiques et de son amour pour la France.

Dans une époque si troublée et si orageuse, où toutes les questions sont remises en discussion, où les principes de la société et de l'État, ceux mêmes de l'esprit humain sont livrés à la violence des polémistes et au septicisme des philosophes, du Bartas ne partage ni les ardeurs inquiètes des uns, ni l'indifférence commode des autres. Il voit autour de lui les ligueurs saper les fondements du pouvoir monarchique pour établir sur ses ruines je ne sais quelle démocratie cléricale, les huguenots rêver en France une sorte de gouvernement aristocratique ou organiser à l'étranger des républiques florissantes; mais lui, il est de ceux qui poursuivent l'idéal d'une royauté sage, ferme, tolérante, et il reste fidèle jusqu'à la fin à cette foi politique en attendant que Henri de Navarre réalise les espérances de toute sa vie.

Dans la seconde *Semaine* (1), quand les Israélites, lassés de leurs juges, veulent élire un roi, le poète nous conduit au milieu de l'assemblée populaire et nous fait assister à une longue délibération sur les différentes formes de gouvernement : c'est là comme une de ces grandes scènes politiques auxquelles se complaît le génie de Corneille (2). Un premier orateur se lève pour faire le procès à l'état monarchique, et il en étale éloquemment tous les vices; puis il exalte les bienfaits de la démocratie. Un autre prend à son tour la parole et condamne le gouvernement populaire, cette forme d'État

Où l'on ne poise point, mais l'on compte les voix.

Un troisième, enfin, vient recommander le régime monarchique, et c'est son opinion qui prévaut. Cependant, le premier discours est plus amplement développé, plus riche en arguments, plus persuasif; et l'on pourrait croire que, si le défenseur de la royauté obtient gain de cause, c'est uniquement parce que la vérité historique l'exige,

---

(1) *Capitaines*.

(2) On peut rapprocher ce passage du livre VII de la *République*, publiée par Bodin en 1577. Bodin a été certainement un des maîtres de notre poète dans la science politique. Les discours prêtés par celui-ci aux orateurs Juifs sont nourris des mêmes raisons que développe l'auteur de la *République*. Du Bartas paraît cependant plus impartial.

sans les réflexions personnelles par lesquelles le poète termine le chant, en nous laissant ainsi connaître sès véritables sentiments. Dans ces derniers vers, nous voyons se marquer une fois de plus cette équitable modération des idées et cette absence de tout parti-pris dont il nous a déjà fourni tant d'exemples. Il reconnaît l'excellence des trois formes de gouvernement suivant le génie des peuples auxquels chacune d'elles s'applique :

. . . . Helvétiens,
Ragusins, Genevois, Grisons, Vénitiens,
Gardez vostre franchise, et ne cassez, volages,
Vos loix qui sainctes ont pris pied depuis tant d'aages.

Mais, s'il respecte l' « État » des autres nations, il veut aussi garder en France la monarchie, et s'élève contre ceux qui en minent les bases, contre les pamphlétaires et les prédicateurs de la Ligue :

Il vaut mieux supporter les jeunesses d'un roy,
Quelque tache en l'estat, quelque vice à la Loy,
Que d'emplir tout le sang de cent effrois paniques,
Et, pensant réformer, perdre les Républiques.

C'est la pensée de Pascal : « Le plus grand des maux est les guerres civiles ; le mal à craindre d'un sot qui succède par droit de naissance n'est ni si grand, ni si sûr » (1).

Mais cette royauté pour laquelle le poète fait des vœux, ce n'est point une monarchie arbitraire et livrée à tous les caprices d'un pouvoir illimité. Elle devait être, comme il l'entend, pondérée et contrôlée par des assemblées régulières. C'est ainsi que nous le voyons, en un autre passage de ses œuvres, traiter un roi absolu de « chat-huant qui fuit le soleil des diètes, Estats et parlemens » (2). Il se rattache pour ses vues politiques à cette école de savants, de jurisconsultes, d'esprits éclairés et modérés, les Pasquier, les Rapin, les Passerat, les du Vair, les Plessis-Mornai, parmi lesquels devaient bientôt se recruter les auteurs de la *Satire Menippée*. Depuis longtemps, des

---

(1) *Pensées*. I, 60. Ed. Havet.

(2) 2e *Sem*. — *Babylone*. Cette figure a été empruntée par du Bartas à Hubert Languet, *Vindiciæ contra tyrannos*. « Conventus Ordinum, Comitia, Diætas reformidat, ac vespertilionis instar lucem hominum refugit. » Edit. de 1579, p. 176.

voix s'étaient élevées, surtout dans les rangs du Tiers, pour demander la convocation périodique des États généraux ; c'est déjà la requête que présente l'assemblée de 1484 ; elle est renouvelée en 1561 par les États de Pontoise qui, en repoussant toute persécution et en plaidant la cause de la tolérance, semblent inspirés par l'esprit même de l'Hôpital. En 1573, l'auteur de la *Franco-Gallia*, recherchant dans les annales de la nation les institutions qu'il réclame au nom du protestantisme, expose le premier la théorie de la souveraineté populaire en subordonnant le roi aux assemblées nationales, dans lesquelles le peuple, suivant ses doctrines, devrait former à lui seul deux ordres (1). En 1579 paraît le *Vindiciæ contra tyrannos* de Hubert Languet : celui-ci accepte complètement les théories historiques de son devancier ; mais, plus théologien qu'historien, il cherche toujours ses exemples et ses autorités dans les chroniques du peuple Juif. Les idées de ces deux publicistes répondent bien à celles de du Bartas : nul doute qu'il ne se soit inspiré d'eux. Au reste il ne faut pas, ainsi que l'on fait souvent, considérer le *Vindiciæ* comme un pamphlet violent et fanatique : Languet, malgré la rigueur géométrique de sa méthode, reste toujours modéré ; il se rend à lui-même cette justice dans sa préface (2), et nous devons reconnaître que ce n'est pas sans raison. Assurément il parle avec une grande liberté d'expression et ne ménage point ses termes ; mais cette franchise n'est pas de la violence, et la crudité de son langage ne fait que s'accorder avec la logique de ses déductions : son œuvre est celle d'un homme éclairé, instruit, consciencieux, ferme dans ses principes, mais qui n'a rien d'un sectaire intolérant et farouche. Aussi ne devons-nous pas être surpris de l'influence incontestable qu'il exerça sur du Bartas et dont nous retrouvons mainte trace dans la seconde *Semaine* (3). Sans doute notre poète semble accorder plus que lui, plus même que Hotman, à la prérogative royale : mais l'esprit qui l'anime est bien celui du *Franco-Gallia* et du *Vindiciæ*, l'esprit même de la Réforme. S'il ne va pas jusqu'à reconnaître aux

---

(1) 1er ordre : Nobles. 2e ordre : Juges et marchands. 3e ordre : Artisans et laboureurs. Quant au clergé, il ne doit plus avoir de puissance politique.

(2) « Summam animi moderationem. »

(3) Par exemple, dans le Portrait du tyran, que nous signalons quelques lignes plus bas : les principaux traits en ont été empruntés au *Vindiciæ*, p. 174, 175 et 179 ; seulement, du Bartas les a resserrés pour donner plus de vigueur à sa peinture.

États le droit de déposer le roi, c'est sans doute que, fidèle aux préceptes de l'Évangile et aux théories de Calvin, il ne permet pas à l'homme de renverser les puissances « autorisées par Dieu et représentant sa personne » (1). D'ailleurs, cherchant un juste milieu entre l'absolutisme, dont il connaît les vices, et la démocratie, dont les excès l'effraient, il le voit, comme Languet et Hotman, dans une royauté vraiment populaire par l'esprit qui l'inspire et les institutions qui la soutiennent.

Cette forme de gouvernement, du Bartas la trouvait au reste dans la Navarre et le Béarn, pays d'États et de représentation nationale, où la puissance du roi était contenue par celle des assemblées. On ne peut douter que le régime de liberté sage et de discipline éclairée, dont le poète avait sous les yeux les heureux effets, n'ait exercé une influence sensible sur la direction de ses idées politiques.

C'est à cette école encore, sous le règne de Jeanne d'Albret et de son fils, qu'il se forma une si haute opinion du caractère et des devoirs d'un roi. Il suffit de lire dans la seconde *Semaine* (2) les conseils que David mourant donne au jeune Salomon pour voir quel idéal du Bartas s'était fait du gouvernement monarchique. Dans un autre chant du même poème (3), il trace et oppose l'un à l'autre le portrait du roi et celui du tyran. C'est là, outre son intérêt actuel, un admirable passage que l'on peut sans hésitation mettre de pair avec le morceau célèbre où d'Aubigné fait les mêmes portraits (4).

Citons au moins le premier :

O que c'est un grand heur de vivre sous un Prince
Qui préfère à son bien le bien de sa Province,
Qui, fléau des vicieux et des bons protecteur,
Ouvre l'oreille au sage et la ferme au flatteur,
Qui, de soy-mesme roy, chasse plus tost les vices
Par ses honnestes mœurs que par lois et supplices,
Qui est humble en son âme et grave par dehors,
Qui a l'amour des siens pour garde de son corps,

---

(1) Calvin. *Instit. chrét.*

(2) *Magnificence.*

(3) *Babylone.*

(4) *Tragiques.* — Ch[t] des Princes.

Qui le lustre emperlé d'un sceptre n'idolastre,
Et qui, se connoissant monté sur un théastre
Où pour contrerolleur tout un monde le voit,
Ne fait ce qui luy plaist, ains plus tost ce qu'il doit.

Pour bien comprendre et apprécier ces vers, qu'on pourrait être, au premier abord, tenté de regarder comme un beau lieu commun, il faut se rappeler sous quel règne du Bartas les écrivait; dès lors, chacun d'eux est un trait de satire, et le portrait du tyran, qui suit celui du bon prince, devient presque inutile, malgré la véhémence et l'énergie de la peinture.

Quelle que fût la haine du poète pour la tyrannie, tout ce que nous savons de son caractère doit nous faire rejeter, comme dépourvues de fondement, les accusations qu'il eut à subir, quand on voulut trouver dans sa *Judith* une justification du régicide, une apologie de l'assassinat politique. C'est en 1573 que paraît la première édition de ce poème ; à cette date, un an après la Saint-Barthélemy, au milieu des fureurs de la guerre civile, le choix d'un pareil sujet ne pouvait guère manquer de donner matière à ces imputations. Si, dans les premiers temps de la Réforme, les protestants avaient subi la persécution religieuse jusqu'au martyre en victimes résignées, ils n'avaient pas tardé à comprendre que la résistance était pour eux un devoir envers la religion nouvelle, menacée par le catholicisme d'être noyée dans leur sang. Ils ne s'en tinrent pas à la guerre ouverte ; en 1573, il y avait déjà longtemps que le tyrannicide avait ses partisans déclarés et ses théoriciens officiels aussi bien chez eux que chez les catholiques ; dans les deux camps, le meurtre politique avait fait des victimes. Dès 1563, quand le duc de Guise a péri assassiné par Poltrot de Méré, les huguenots ont vu dans le meurtrier un héros et un libérateur. Bèze lui décerne la palme du martyre, Spifame le compare à David ; quant à Coligny, il déclare, avec une sincérité indubitable, qu'il n'a pris aucune part à l'assassinat, mais il reconnaît hautement la légitimité du tyrannicide inspiré par le ciel. En 1567, le ministre Sureau publie un traité où il démontre que la loi divine autorise à tuer un prince persécuteur de la religion. Cette doctrine ne tarde pas à trouver des défenseurs dans Hubert Languet (1) et dans

(1) Languet ne reconnaît d'ailleurs la légitimité du tyrannicide qu'après bien des restrictions. D'après lui, les magistrats seuls ont le droit de résister au roi qui viole

l'écossais Buchanan. Les traditions antiques qu'Amyot, La Boétie et tant d'autres, les uns par des traductions, les autres en s'inspirant de l'esprit grec et romain, avaient renouvelées et propagées parmi nous, suffiraient à expliquer comment la théorie du tyrannicide fut si aisément admise; d'autre part, les récits de l'ancien Testament ne devaient pas peu contribuer à exalter les huguenots qui en étaient tous nourris ; ici Brutus et Aristogiton, là Ahel et Jahod.

On comprend dès lors combien les accusations dirigées contre du Bartas pouvaient obtenir de crédit ; et, s'il avait écrit sa *Judith* dans le dessein de légitimer le tyrannicide, il n'eût fait en somme que se conformer à l'esprit général du temps. Mais nous le connaissons trop pour penser que, même dans son extrême jeunesse, il ait pu faire œuvre de fanatique et de sectaire jusqu'à provoquer le poignard des assassins. La première édition de son poème renfermait quelques phrases, imprudentes peut-être, mais qui n'avaient point une telle portée. Il ne se contenta pas de les supprimer par la suite ; il fit précéder son œuvre d'une préface où il repousse toute pensée d'avoir voulu légitimer le régicide : « Ceux-là, y dit-il, me font grand tort, qui pensent que je me suis rendu volontaire advocat de ces esprits brouillons et séditieux, qui, pour servir à leurs passions, téméraire-ment et d'un mouvement privé, conjurent contre la vie des Princes qui, pour leurs cruautez, actions insupportables et desbordemens domestiques, se sont comme degradez du vénérable et sacré tiltre de Royauté. Car tant s'en faut que j'estime que cet exemple et semblables doyvent estre tirez en conséquence, que mesme je me persuade que l'acte d'Ahod, de Jahel et de Judith (qui, sous couleur d'obéissance et prétexte d'amitié jettèrent leurs mains vengeresses sur Eglon, Sizarre et Holopherne), eust esté digne de cent potances, cent feux et cent roues, s'ils n'eussent esté péculièrement choisis de Dieu pour deslier les chaisnes et rompre les ceps qui tenoient le peuple hébreu en une servitude plus qu'égyptienne, voire expressément appellez pour faire mourir ces tyrans d'une mort autant ignominieuse que leur vie avoit esté meschante et abominable. » La restriction que fait le poète est fort dangereuse ; qui décidera si Poltrot

---

la loi de Dieu : « Les particuliers, dit-il, doivent plutôt renoncer à la vie que s'opposer à leur souverain. » Comme Coligny et comme du Bartas (v. ci-dessous), il excepte le cas où de simples citoyens sont suscités par Dieu lui-même. (*Vindiciæ*, secunda quæstio. An licet resistere principi, etc., p. 32 et seq.).

de Méré ou Ravaillac ont été « péculièrement choisis de Dieu » comme les ministres de sa justice? Il en est de du Bartas comme de Coligny : tous deux sont trop nourris des traditions hébraïques pour ne pas admettre des cas particuliers où le tyrannicide est divinement inspiré. Certes, nous pourrions désirer un désaveu plus formel, une condamnation absolue de l'assassinat politique en général ; mais nous ne sommes pas fondés à suspecter la sincérité de ces paroles où le poète assure qu'on lui fait « grand tort » en lui attribuant le dessein de justifier le régicide. Au reste, l'inviolabilité du souverain est un dogme que du Bartas trouvait établi et consacré par les Ecritures. Dans la seconde *Semaine*, David, tenant Saül en sa puissance, se dit à lui-même :

De vray, c'est un tyran, mais il porte la marque
De prince légitime, et l'Eternel monarque
Ne veut que le vassal trempe jamais sa main,
Quel prétexte qu'il ait, au sang du souverain (1).

Ces vers expriment sans doute les sentiments du poète à l'égard des Valois ; et il n'était pas de ceux qui pouvaient prendre les suggestions du fanatisme pour une vocation divine. Toutefois, lorsqu'il écrivait la *Judith*, dont il n'avait pas d'ailleurs choisi lui-même le sujet, sa pensée ne pouvait manquer de se reporter sans cesse et comme malgré lui sur les exécrables tyrans dont la France et le protestantisme étaient alors victimes, en attendant le règne réparateur du prince qui devait rendre à l'une la paix et la prospérité, et garantir à l'autre les droits inviolables de la conscience.

S'il ne vécut pas assez longtemps pour voir enfin s'ouvrir cette ère nouvelle, il eut du moins l'honneur de la pressentir et de la célébrer par avance. Du Bartas semblait prédestiné, par ses vues politiques, par ses idées de tolérance, par son passé tout entier, à être comme le poète ordinaire de Henri IV en même temps qu'un poète véritablement national. Aussi bien qualifié pour chanter les victoires du nouveau règne que pour en célébrer les gloires pacifiques, il aurait trouvé de nobles accents, dignes de son prince et de son pays ; il eût été comme le héraut des temps nouveaux. C'est là le rôle qui échut à Malherbe : celui-ci le remplit glorieusement, et il faut cher-

(1) 2e *Semaine*. — *Trophées*.

cher la meilleure part de son œuvre dans ces odes que l'esprit du règne a pour ainsi dire marquées de son empreinte. Pourtant, si Malherbe semblait mieux fait, par son génie, pour imposer à la poésie l'ordre que Henri IV faisait prévaloir dans l'État, du Bartas aurait exprimé, avec moins de hauteur sans doute, mais avec un sentiment aussi juste, aussi sain, et peut-être plus large, plus libéral et plus humain, tout ce qu'il y avait de salutaire, de bienfaisant, de vraiment national dans la politique du règne nouveau.

Le chantre d'Ivry confondait dans la même affection Henri IV, dont le bonheur de la France lui semblait dépendre, et la France elle-même. Les persécutions religieuses n'avaient jamais altéré en lui, comme chez plusieurs de ses coreligionnaires, cet amour si vif qu'il porta toujours à sa patrie ; nous en trouvons dans ses œuvres de nombreux et éclatants témoignages. D'ailleurs, le patriotisme du poète est aussi élevé qu'ardent. Ce qu'il désire avant tout pour son pays, c'est la paix. Ce capitaine qui passa une si grande partie de son existence au milieu des camps, hâte de tous ses vœux la fin des guerres civiles, non pas seulement comme chrétien, mais aussi comme Français. De tels souhaits reviennent à chaque instant sous sa plume. Au deuxième jour de la seconde *Semaine,* en parlant des prodiges célestes, il n'a garde d'oublier la comète de 1577, et il cherche, dans ce présage de catastrophes prochaines, un moyen de ramener ses compatriotes à l'union et à la concorde. Au sixième jour, après avoir peint le combat de l'éléphant et du dragon, il revient sur ces luttes intestines dont sa pensée ne peut pas se détacher, et compare les Français, divisés en deux camps par « un fol zèle », aux monstres dont il a décrit l'acharnement meurtrier. Le traité de Fleix (1580), qui ne devait être qu'une bien courte trêve, lui semble comme l'aurore d'une longue paix ; et, porté à croire ce que son cœur désire avec tant d'ardeur, il la chante dans une hymne éloquente et émue (1). Nul poète n'a trouvé, pour célébrer la concorde, des accents plus élevés et plus sincères.

Ici encore, c'est la fin des guerres civiles dont se félicite du Bartas ; la preuve en est dans le vœu qu'il exprime aux vers suivants, en invitant le roi de Navarre à mener boire ses soldats jusqu'aux

---

(1) Cette hymne est reproduite au commencement du chant des *Artifices.* — 2e *Semaine.*

rives de l'Ebre. Ailleurs, il célèbre la paix non seulement entre ses concitoyens, mais encore avec les peuples étrangers :

> Advienne que l'escu, l'espieu, le cimeterre,
> Soient transformez en socs pour sillonner la terre ;
> Puissé-je voir le doigt de l'araigne empesché
> A filer dans le creux d'un casque empennaché (1) !

C'est sur la paix que du Bartas voudrait fonder la grandeur de son pays. Amour de la paix et de la patrie, ces deux sentiments se confondent dans son cœur comme dans ses chants.

Tout ce que nous connaissons de lui, soit en sa vie, soit en ses œuvres, nous le représente comme un huguenot fervent à la fois et modéré, comme un citoyen dont le patriotisme n'est pas moins éclairé que vif. La tolérance du poète, l'élévation de ses idées religieuses et politiques, lui font comme une place à part, loin de toute ardeur fanatique et de cet esprit sectaire qui, trop souvent, sacrifia la France même à ses fureurs.

---

(1) *2e Semaine. — Furies.*

CHAPITRE IV

ANALYSE ET APPRÉCIATION LITTÉRAIRE DES ŒUVRES DE DU BARTAS

I

LE SUJET ET LA COMPOSITION ; L'INVENTION DANS DU BARTAS

L'*Uranie*, le *Triomphe de la Foi* et les *Neuf Muses Pyrénées*. — La *Judith* : le choix du sujet s'explique par les persécutions que le protestantisme avait alors à subir ; analyse et appréciation du poème. — La Première *Semaine* : date de sa publication. — Les devanciers de du Bartas. — Georges Pisidas : analyse de l'*Hexahéméron* ; du Bartas ne doit à Pisidas que la première idée de sa *Création* et quelques détails fort peu importants. — Maurice Scève et le *Microcosme*. — Dans le sujet de sa première *Semaine*, du Bartas trouve de quoi satisfaire aux aspirations religieuses de son âme et déployer la magnificence de son génie ; c'est d'ailleurs un thème encyclopédique où son érudition peut se donner pleine carrière. — Plan du poème. — L'invention, chez du Bartas, au sens le plus élevé du mot, est à peu près nulle, comme d'ailleurs chez la plupart de ses contemporains ; mais la Première *Semaine* est animée tout entière d'un souffle puissant et marquée d'un caractère bien personnel. — La Seconde *Semaine* : brève analyse ; quelle devait être la matière des derniers jours. — La composition du poème ne mérite pas les critiques dont elle a été l'objet ; mais il n'est trop souvent qu'une compilation rimée. — Prolixité du poète ; il ne sait pas se borner. — La *Lépanthe* : simple traduction. — Le *Cantique d'Ivry* : il clôt noblement la carrière de du Bartas.

Dans sa *Deffence et illustration de la langue française*, J. du Bellay fait d'avance appel au poète prédestiné qui consacrera par une grande œuvre la réforme dont lui-même donne le signal. Il sera « doué d'une excellente félicité de nature, instruit de tous bons arts et sciences, principalement naturelles et mathématiques, versé en tous genres de bons auteurs grecs et latins, non ignorant des parties et offices de la vie humaine, non de trop haute condition ou appelé au régime public, non aussi abject et pauvre, non troublé d'afflictions domestiques, mais en repos et tranquillité d'esprit, acquise premièrement par la magnanimité de son courage, puis entretenue par sa prudence et sage gouvernement » (1). Lorsque du Bartas fit paraître ses œuvres, il y avait déjà une vingtaine d'années

(1) Chap. V. *Du long poème françois*.

et plus que du Bellay avait écrit ces lignes, et, malgré tant de productions aimables et gracieuses dont la Renaissance avait enrichi la poésie française, le poète qu'un de ses chefs évoquait n'avait pas encore paru. Nous trouvons peut-être en du Bartas ce poète doué d'une heureuse nature, instruit, de condition moyenne ; et, si l'auteur des *Semaines* jouit rarement de cette tranquillité d'esprit que lui souhaite du Bellay, il peut du moins goûter quelquefois dans son château, où il se retire aussi souvent que possible, le repos et le calme nécessaires aux œuvres de longue haleine. Sans doute, on ne saurait dire que du Bartas ait été près d' « égaler » (1) la poésie française à celle de l'antiquité ; mais, quelles que soient ses imperfections, il est encore celui de tous les poètes du XVI° siècle auquel peut le mieux s'adresser l'appel de Joachim du Bellay. C'est ce que nous essaierons de montrer, quand nous aurons jeté un coup d'œil sur les poèmes qu'il nous a laissés, et dont il nous faut tout d'abord donner une brève analyse.

L'*Uranie*, qui nous a déjà fait apprécier chez lui l'élévation du caractère moral et la pureté de l'inspiration, nous donnerait de son talent poétique une idée peu avantageuse ; hors quelques beaux vers, c'est un poème faible, diffus, et prolixe dans sa brièveté. Il ne faudrait pas non plus juger du Bartas par le *Triomphe de la Foy* (2), qui est peut-être inférieur encore à l'*Uranie*. Dans le premier chant, il décrit le char triomphal, auquel il enchaîne la Raison et qu'il fait précéder des tyrans et des persécuteurs de l'Église. Dans le deuxième, nous voyons passer captifs les ennemis de la Foi, anciens sages, philosophes, rabbins, hérétiques. Le troisième nous montre les champions de l'Évangile, et le quatrième, suivant les termes de l'argument (3), « représente certaines notables victoires de la Foi, tendant à établir qu'elle surmonte tous ses ennemis ». Chacun de ces chants est très bref ; le poète n'a guère le temps que d'énumérer, en passant rapidement, les adversaires et les défenseurs de l'Église ;

---

(1) C'est l'horoscope de la *Deffence*.

(2) Nous nous contentons de mentionner ici le dialogue en trois langues (française, latine, gasconne), que trois jeunes filles récitèrent devant Marguerite de Navarre, à son arrivée dans Nérac. La muse gasconne, représentée par une demoiselle Sauvage, devait naturellement triompher : Marguerite détacha de son cou un mouchoir de gaze et le donna à la jeune fille. (V. Villeneuve-Bargemont. *Notice sur Nérac*, p. 78.)

(3) Edit. de 1611.

c'est un catalogue sec et froid ; du Bartas l'a bien senti lui-même, et dans sa préface il va jusqu'à prononcer le mot d' « ennuyeux ». Le seul passage remarquable est celui dans lequel il fait un retour sur son siècle, et, dépeignant avec vigueur les misères d'un temps impie, se console cependant par l'espérance d'un triomphe définitif pour la Foi.

Nous ne dirons rien des *Muses Pyrénées ;* dans ces neuf sonnets où du Bartas présente les Muses à Henri de Navarre, nous ne trouvons à noter qu'une belle comparaison entre les monts Pyrénées et le géant Briarée (1). Les huit autres pièces sont faibles et ne méritent pas de nous arrêter.

Le premier poème d'une étendue considérable que composa du Bartas, c'est sa *Judith*. Bien que le poète soit surtout connu par la *Création*, le seul peut-être de ses ouvrages qui n'est pas entièrement tombé dans l'oubli, nous ne devons pas laisser passer la *Judith* sans lui attribuer la place qu'elle mérite dans l'œuvre de son auteur. Il la publia à Bordeaux en 1573. Ce poème lui avait été commandé par « feue tres illustre et tres vertueuse Princesse, Jeanne, reine de Navarre », Jeanne d'Albret : les troubles du royaume, à cette époque et les persécutions dont le protestantisme avait à souffrir expliquent suffisamment le choix du sujet. Dans sa préface, le poète réclame l'indulgence, comme « estant le premier de la France qui, par un juste poème, ait traitté en nostre langue des choses sacrées ». Ajoutons que, la *Judith* ayant été composée, du moins en grande partie, longtemps avant sa publication, cette tentative épique doit être considérée comme la première au XVIe siècle.

Du Bartas accuse la stérilité du sujet qui lui avait été imposé. Mais on peut lui adresser le reproche d'en avoir tiré six chants ; il y a dans le poème des digressions fréquentes et beaucoup trop longues, des épisodes rattachés artificiellement au récit, des développements tout factices ; d'ailleurs, l'on y rencontre aussi tant de passages re-

---

(1) . . . Passant, ce que tu vois n'est pas une montagne,
C'est un grand Briarée, un géant haut monté,
Qui garde ce passage, et défend indomté
De l'Espagne la France, et de France l'Espagne.
Il tend à l'une l'un, à l'autre l'autre bras,
Il porte sur son chef l'antique faix d'Atlas,
Dans deux contraires mers il pose ses deux plantes ;
Les espaisses forests sont ses cheveux espais,
Les rochers sont ses os, les rivières bruyantes
L'éternelle sueur que lui cause ce faix.

marquables, qu'il est permis de s'étonner comment, malgré de telles œuvres, nous devrons attendre encore pendant plus d'un demi-siècle la floraison de notre poésie classique.

Après un exorde bref et simplé, suivi d'une invocation à Dieu, le poète peint Holopherne envahissant la Judée et les Hébreux fuyant devant son approche. Le grand prêtre Joachim convoque à Solyme le peuple d'Israël et adresse au ciel une éloquente prière que déparent seulement quelques termes surannés (1). « L'office estant finy », il rassemble les principaux chefs de la Judée et les exhorte à sauver leur patrie. Dans sa préface, du Bartas nous dit qu'il a imité Homère et Virgile ; c'est en effet à leur exemple qu'il nous introduit dans les assemblées des chefs, et nous fait entendre les discours qui y sont prononcés ; quelques-unes de ces harangues sont assez belles pour que le souvenir de l'*Iliade* et de l'*Enéide* ne leur fasse pas trop grand tort. Telle est celle du chef Cambris qui, dans un langage plein de véhémence, repousse le conseil d'un « traistre vieillard » invitant les Israélites à se soumettre.

Plus tost, ô juste ciel, lance sur moi ce foudre
Dont tu mis courroucé jadis Sodome en poudre,
Que, sous un voile sainct ma malice cachant,
Je donne aux fils d'Isac un conseil si méchant !

Il faudrait citer le discours entier. Il y a là, toutes proportions gar-

---

(1) Évoque donc, ô Dieu, nostre procez peu seur
Du siège de justice au throne de douceur,
Absous-nous de tout crime, et loin, loin de nos testes,
Escarte, ô Père sainct, les prochaines tempestes.
Hélas ! que nous sert-il que ta robuste main
Ait allégé nos corps de ce joug inhumain
Dont les tyrans d'Assur ont grevé mainte année
Sur les Tygrides bords l'Isacide lignée,
S'il faut que ces beaux champs de nouveau cultivez,
S'il faut que ces hostels freschement relevez,
S'il faut, ô grand douleur ! que nos femmes plus belles,
Que nos tendres enfants, que nos chastes pucelles,
Soyent la solde d'Ammon et le riche butin
Du Perse, du Chaldée et du Parthe mutin,
Et s'il faut qu'en nos jours dessus ces autels tombe
A l'honneur d'un faux dieu maint souëf hécatombe ?...
Destourne, ô Tout-Puissant, les Chaldaïques torches
De ces voûtes de cèdre et de ces riches porches,
Préserve ces plats d'or, ces cuivres, ces bassins,
Des sacrilèges doigts de nos cruels voisins,
Et que la mort des boucs bruslez devant ta face
A ton sainct jugement pour Isac satisfasse !

dées, comme un accent cornélien ; c'est le même souffle puissant, la même vigueur que nous admirons dans le grand Corneille ; et, si le poète du XVIe siècle n'est pas assez sobre, on trouve chez lui un éclat, une richesse de couleurs que la langue du XVIIe siècle ne connaissait plus, et qui d'ailleurs conviendraient moins à la tragédie qu'à l'épopée.

Cependant, après le discours de Cambris, la guerre est décidée, et du Bartas termine le premier chant en nous décrivant les préparatifs avec une abondance d'images, un luxe de comparaisons qui gagneraient à se ménager un peu plus. Le poète, malheureusement, ne sait pas toujours se borner.

Dans le deuxième chant, Holopherne, étonné que les Hébreux se préparent à lui résister, demande quel est ce peuple assez téméraire pour oser défendre contre lui son indépendance. C'est un artifice du poète pour faire ainsi raconter, par le chef d'Ammon, l'histoire des Juifs depuis Jacob. Il est difficile de ne pas rappeler à ce propos la belle scène des *Perses* d'Eschyle (1) où Atossa demande ce que sont les Grecs. Mais ici, du Bartas profite d'un détour ingénieux pour mettre dans la bouche de l'Ammonite une fastidieuse et peu vraisemblable narration, qui semble la grossière ébauche de la seconde *Semaine*. Trop long pour la situation, trop court pour intéresser le lecteur, cet épisode n'est pas cependant dépourvu de mouvement et de couleur. Le chef d'Ammon est, quoique païen, inspiré par l'esprit de Dieu ; aussi l'auteur de *Judith* peut-il parler lui-même par sa bouche, et c'est bien du Bartas que nous entendons partout où des mouvements animent le récit, dans ces apostrophes que le poète adresse à Pharaon pour maudire sa cruauté, à Moïse pour célébrer le miracle par lequel il a été sauvé, au peuple juif pour l'exhorter à servir toujours le vrai Dieu.

Le livre troisième commence par une description de l'armée ennemie ; du Bartas nous peint tour à tour le Perse, qui

> Fait les escailles d'or de ses armes reluire,

les « chefs crestez » des Arméniens, les peuples qui, « sur des civières »,

> Promènent leurs maisons couvertes de fougères.

---

(1) Vers 235 et suivants.

Quand il en vient aux Ephraïmites, traîtres à leurs frères, il s'élève dans une digression éloquente contre les hypocrites de son temps. — Les préparatifs du siège de Béthulie sont ensuite décrits. Du Bartas nous introduit, suivant son habitude, au conseil des chefs infidèles. On y décide d'occuper la source qui fournit leur eau aux Hébreux. Dans la peinture vive et saisissante du combat qui se livre à l'entour, nous remarquons surtout les portraits de Cambris et de Carmis, défenseurs de la ville (1). On croirait voir deux des chefs qu'Eschyle peint avec tant d'éclat et de vigueur en sa *Thébaïde*. Bientôt, quand le poète décrit les souffrances qu'éprouvent les Juifs, réduits à la plus affreuse disette, certains traits énergiques nous font songer à Lucrèce (2). — Osias, contraint par les murmures du peuple, promet de livrer la ville dans cinq jours, si Dieu ne le secourt pas auparavant. C'est alors seulement que paraît Judith ; le poète nous la montre lisant les Saintes-Écritures, y trouvant l'exemple d'Ahod et celui de Jahel, et prenant la résolution de les imiter. Elle reproche aux chefs d'avoir voulu limiter la puissance de Dieu

Qui peut tout ce qu'il veut, qui veut tout ce qu'il doit,

et elle annonce, sans s'expliquer autrement, l'intention de pénétrer dans le camp des infidèles pour « désassiéger » la ville.

Le livre suivant s'ouvre par une prière de Judith. Le poète nous la fait voir ensuite parée de tous ses atours; quoique nous soyons en Orient, la toilette de son héroïne ne laisse pas de paraître un peu chargée ; il insiste trop sur le musc et l'ambre gris, qui

Laissent d'elle longtemps une odorante trace.

D'ailleurs, ajoute-t-il avec quelque naïveté, elle « avait emprunté

(1) . . . . En leurs dextres ils tiennent
Pour deux lances, deux mats ; ils ont au col pendus
Deux grands boucliers d'acier ; leurs corps sont défendus
Non par deux haubergeons, ainçois par deux enclumes,
Et sur leurs morions ondoient deux grandes plumes.
Ils sont esgaux en aage, ils sont esgaux en cœur,
Et leurs corps sont esgaux en force et en grandeur ;
Tels que deux verds peupliers qui bessons dans les nues
Cachent esgalement leurs testes non tondues
Sur les rives d'un fleuve, et, secouez du vent,
Comme frères germains s'entrechoquent souvent.

(2) Livre VI. Peste d'Athènes.

ses habits en partie des dames de haut lieu. » Cependant Achior, en la voyant passer, s'informe d'elle auprès de Carmis. C'est encore là un expédient du poète, grâce auquel il nous fait raconter l'enfance de Judith, et nous apprend de quelle façon elle fut élevée par son père, le « prudent » Mérari, comment elle épousa Manassé, en quelle union de cœur vécurent les deux époux, et quelle inconsolable douleur lui causa la mort prématurée de son mari. La plus grande partie du livre est consacrée à ce récit beaucoup trop long, bien qu'il soit dans les traditions de l'épopée. Une grande élévation y règne d'ailleurs, et, dans le portrait de Manassé, dans le tableau de son existence heureuse et tranquille, du Bartas semble préluder au beau morceau sur la retraite et la vie des champs qui termine la troisième journée de la première *Semaine*.

Cependant Judith entre dans le camp ennemi; on la mène au « Duc: » c'est une occasion pour le poète de nous tracer d'elle un portrait emphatique et affecté, où le faux goût du temps se mêle aux souvenirs bibliques. Bien accueillie par Holopherne, elle se retire en un « valon obscur », et là, elle adresse au ciel une fervente prière qui termine le quatrième livre.

Dans le cinquième, du Bartas nous montre Holopherne en proie à l'amour que lui a inspiré Judith, et qui lui « navre le sein d'une incurable playe. » Le chef syrien exhale ses plaintes dans un assez beau monologue que tachent bien des traits de mauvais goût, et ordonne à son confident, l'eunuque Bagos, d'aller trouver la veuve Juive. Le poète saisit en passant l'occasion qui lui est offerte d'une violente invective contre les Bagos de son temps : aucune Muse ne l'inspire mieux que celle de l'indignation. Cependant, Judith, amenée devant Holopherne, l'abuse par maints détours en attendant le moment propice à ses desseins; le Syrien vantard, dans un long discours, raconte avec complaisance tous ses exploits; cette fin du cinquième livre est froide et peu intéressante.

Le sixième s'ouvre par le festin auquel Holopherne a invité Judith. Le poète en profite pour s'élever contre les « gosiers affamés » dont la voracité dépeuple l'air et

Souille le sacré sein de la bleüe Thétis.

Il ne faut voir là qu'une déclamation d'école : le thème en a été rebattu par Sénèque et par Juvénal. — Cependant Judith laisse Holopherne se coucher, étourdi par le vin qu'il a bu. Nous pouvons omettre les détails d'un passage où le poète nous le montre « se déboutonnant et tirant ses bas. » Pendant qu'il dort, au moment où elle va faire le coup, Judith éprouve des scrupules et des hésitations qui ne lui étaient pas venus naguère : c'est là une vue profonde du cœur humain ; les plus résolus avant l'action se sentent le cœur faillir à l'instant suprême. — Nous trouvons ici un des plus beaux morceaux du poème. La lutte qui se livre dans l'âme de Judith est éminemment dramatique ; c'est à l'avance une de ces scènes fameuses de notre tragédie classique, qui repose tout entière sur les combats intérieurs. Dans ce dialogue à un personnage, les objections et les répliques se croisent avec une rapidité, une vigueur incomparables ; il faut aller jusqu'à Corneille pour trouver quelque chose d'analogue, ou, si l'on veut, remonter jusqu'à Sénèque, un des maîtres de Corneille comme de notre poète :

Las! pour faire un tel coup ton bras a peu de force.
— Allez! fort est celuy que l'Éternel renforce.
— Mais, ayant fait le coup, qui te guarantira?
— Dieu m'a conduite icy, Dieu me ramènera.
— Et si ton Dieu te livre ès mains des infidèles?
— Mort le Duc, je ne crains les morts les plus cruelles.
— Mais quoi? tu souleras leur impudicité.
— Mon corps peut être à eux, mais non ma volonté.

Après avoir triomphé de ses hésitations, Judith puise dans une prière la force d'accomplir son dessein, et elle tue Holopherne :

L'âme fuit en Enfer, le corps chet bas du lict,
Et la teste demeure en la main de Judith.

L'héroïne revient alors au milieu des siens. Le poète rend gloire à Dieu en son propre nom : puissent les princes de son temps ne plus arroser la province d'un sang fidèle, mais tourner leurs armes contre les païens! — Cependant, les ennemis des Juifs s'enfuient en désordre ; le corps d'Holopherne est reconnu parmi les morts. Du Bartas peint d'une façon saisissante la fureur des Hébreux qui déchirent le cadavre de leur ennemi :

Il n'y a dans Jacob si malotru coquin
Qui de sa chair ne veuille avoir quelque lopin.

Baille, baille, ô Tyran, la main dextre au Cilice
Et la gauche aux Médois; baille un bras au Phœnice
Et l'autre à Ismaël : baille à l'Égyptien
L'un de tes blesmes pieds, et l'autre au Chœléen,
Afin que toute gent par ton ost offensée
Soit d'un don si plaisant ores récompensée.

Le poème se termine par un cantique d'actions de grâces que chante la libératrice du peuple juif.

Telle est cette première œuvre de notre poète ; plus oubliée encore que la *Semaine*, elle ne nous semble point inférieure, malgré tous les défauts que nous avons signalés, aux autres poèmes de son auteur. Du Bartas va prendre sans doute un plus grand essor et abordera de plus vastes sujets : mais nous ne trouverons nulle part plus d'animation, de mouvement et de vigueur.

C'est quatre ans après que parut la première *Semaine*, chez Michel Gadoulleau (1). L'édition publiée par Jean Février est de 1579 : dans un avis au lecteur, du Bartas s'y plaint « de ce que ayant été contraint de faire transcrire à la haste ce livre par divers écrivains, et chacun d'eux ayant retenu son orthographe accoutumée, il est advenu que l'imprimeur qui a suivi cette copie a escrit un mesme mot tantost à l'antique, tantost à la nouvelle façon, et quelques fois encore a suivi une orthographe du tout pervertie. » Ce passage pourrait donner à penser que l'édition de Jean Février est la première. Au reste, nous lisons au bas du privilège que du Bartas « transmit son droit » aux deux libraires Février et Gadoulleau, ce qui permet de croire à deux éditions presque simultanées.

Quoi qu'il en soit, le poème de la *Semaine* mit sur-le-champ son auteur hors de pair. « Jamais livre ne fut reçu ni lu en France avec plus d'applaudissement et d'admiration » (2). Bien que pareil sujet n'eût jamais encore été traité par un poète français (3), la conception de la *Semaine* n'appartient pourtant pas à du Bartas. « Georges Pisidas, diacre et chartulaire de la grande église de Constantinople

(1) Haag. *France protestante*.

(2) *Eloge de Sainte-Marthe*.

(3) On peut cependant rattacher la *Semaine* aux *Bestiaires* du moyen-âge, par l'inspiration morale dont elle procède. Nous insisterons sur cette analogie dans le chapitre IV, 3e partie. Pour Maur. Scève et le *Microcosme*, voir la suite de ce même chapitre.

(vers 620), avait composé un grand et vaste poème en vers ïambiques, intitulé *Hexahéméron*, que du Bartas, qui n'ignorait pas les poètes latins, ni les Grecs, imita en tout et partout, hormis en ses frontispices, en ses invocations et en ses épisodes. Du moins c'estoit la pensée de ce docte et fameux professeur du roi, Frédéric Morel, mon maistre, qui traduisit ce poème grec en vers latins » (1). Ainsi parle Colletet. Dans le second volume de l'édition publiée en 1611 (2), un sonnet, qui n'est pas signé, attribue à Pisidas l'honneur d'avoir « choisi des premiers » le sujet de la *Semaine*. Goujet, qui sans doute ne connaissait ni ces vers, ni les lignes que nous avons empruntées à Colletet, s'étonne (3) qu' « aucun des critiques de du Bartas n'ait observé que notre poète avait plus qu'imité dans sa *Semaine* ce poème de Pisidas, traduit par Morel en ïambes latins (4). »

---

(1) G. Colletet, op. cit.

(2) Pisidas, en vers grecs, des premiers, eut l'honneur
De choisir ce sujet et d'en estre sonneur.

(3) *Bibl. fr.*

(4) On peut rapprocher encore de la 1re ou de la 2e *Semaine* plusieurs poèmes latins des premiers siècles de notre ère, qui traitent de sujets analogues.

Dès la première moitié du IVe siècle, Juvencus Proba fit paraître un *Liber in Genesim* en 1341 hexamètres. *(Amplissima collectio,* de Martène et Durand, t. IX, p. 14). La création tout entière y est racontée en 50 vers; les 1,300 autres vont jusqu'à la mort de Josué (50e et dernier chapitre de la *Genèse*). Juvencus suit pas à pas les Écritures avec une fidélité scrupuleuse, mais absolument sèche et nue.

Au siècle suivant, Dracontius compose un *Hexaméron (Bibl. Patrum,* t. IX, p. 724). Ce poème, qui va jusqu'à la *Chute,* est composé en tout de 575 hexamètres ; le seul passage qui prêterait à quelques rapprochements avec la 2e *Semaine* est la peinture de l'Eden, que l'on trouve au 3e jour :

. . . . Omni pendent ex arbore fructus...
Illic floret humus semper sub vere perenni...
Ver ibi perpetuum..., etc.

Mais, on le voit, ces vers sont pour ainsi dire obligés dans une description du paradis.

Vers le milieu du même siècle, saint Hilaire d'Arles raconte en 250 vers l'origine et les premiers temps du monde.

A la même époque, Claudius Marius Victor publie trois livres de commentaires en vers hexamètres sur la *Genèse (Bibl. Patrum,* t. VIII, p. 417). Le récit de la création s'y termine à la troisième colonne ; dans le tableau de l'Eden, quelques traits, analogues à ceux que nous citons plus haut, peuvent nous faire songer au passage correspondant de la 2e *Semaine ;* mais ce sont là des ressemblances inévitables. Notons encore dans l'épisode de Babel (3e livre, p. 424), un ou deux détails que nous retrouvons chez du Bartas, et, dans celui de Sodome, par lequel se termine le poème, ces vers d'assez mauvais goût :

(Deus) . . . . . . fortasse notabat
Luxuriæ calidos ignes. . . . . .
. . . . cælestibus undis
Exstinctum quandoque iri.

Après ces témoignages, il nous serait difficile de passer l'*Hexahéméron* sous silence. Et cependant, du Bartas ne doit à son devancier que quelques détails fort peu importants.

L'ouvrage de Pisidas (1) a seulement dix-huit cent soixante-dix-neuf vers dans le texte grec, dix-huit cent quatre-vingt-neuf dans la traduction latine. Le plan en est tellement confus, qu'il est assez difficile de s'y reconnaître. La préface de l'auteur est adressée à Sergius, patriarche de Constantinople. Après une apostrophe à l'impie Proclus, Pisidas commence à célébrer les œuvres de Dieu. Il chante d'abord le ciel et l'air, l'harmonie des éléments, le retour périodique des diverses saisons, les éclipses du soleil et de la lune. Il exalte la miséricorde et la justice de Dieu, en se faisant l'interprète de ses avertissements et des menaces qu'il adresse aux hommes.

Du Bartas dit, dans la *Vocation*, avec la même ingéniosité :

Feu, tu punis le feu qui brutal les tourmente (Éd. de 1611, p. 358).

Le plus connu des poètes latins que nous devons mentionner ici, est saint Avitus dont il nous reste cinq chants relatifs à l'histoire biblique ; ils sont intitulés : *De initio mundi* (375 hexam.); *De originali peccato* (423); *De sententia Dei* (425); *De diluvio mundi* (658); *De transitu maris Rubri* (709). La lecture attentive de ces poèmes nous permet, au reste, d'affirmer que du Bartas ne les a point imités. Remarquons cependant la ressemblance plus ou moins lointaine de certains traits: dans son premier chant, Avitus dit en parlant de la langue :

Flexilis artatur recavo sic lingua palato
Pressus ut in camera pulsantis verbere plectri
Percusso resonet modulatus in aere sermo (V. 187 et seq.).

Du Bartas use de la même figure au 6e jour de sa *Création* (p. 151 de l'éd. de 1632):

Nostre langue est l'archet, nostre esprit le sonneur.

Dans le même chant, Avitus dit du poumon :

Accipiat reddens, reddat quas sumpserit auras.

Et du Bartas (même jour, p. 153):

Poulmon qui prend sans fin, qui sans fin rend l'esprit.

Enfin, dans son cinquième chant, Avitus, une fois que les flots de la mer Rouge se sont retirés devant les Juifs, nous montre le soleil éclairant de ses rayons le fond même du golfe. Le trait se retrouve chez du Bartas (*2e Sem.*, Loy, p. 391):

Le soleil tout voyant void ore un nouveau fonds.

Ces ressemblances nous paraissent d'ailleurs toutes fortuites, et ce sont les seules que nous ayons relevées.

Sans doute, on peut supposer que du Bartas connaissait les poèmes dont nous venons de parler, surtout ceux de Victor et d'Avitus, les plus considérables, dont il avait paru des éditions au XVIe siècle (D'Avitus, 1507 et 1508 ; de Victor, 1560). Milton devait en faire plus tard son profit ; quant au poème des *Semaines*, il s'en est peut-être inspiré aussi, mais il ne leur a directement rien emprunté ; les seuls détails communs sont ceux qui, de part et d'autre, ont été pris à la Bible, ou que le sujet rendait inévitables, et cela, même pour les épisodes les plus étendus des poèmes latins.

(1) Édition de 1584. Paris.

Après avoir décrit les différents phénomènes météorologiques, les vents, la grêle, les nuages, la pluie, la neige, il passe à la création de l'homme et, insistant un peu plus sur ce sujet, il traite successivement des cinq sens, puis de l'âme et de l'intelligence. Deux épisodes nous énumérent les ruses du diable, qu'il raconte avec complaisance, et les miracles de Dieu. Il arrive alors au règne végétal et décrit très sèchement quelques arbres et quelques plantes. Nous voyons ensuite paraître les animaux, lion, taureau, daim, etc. ; puis le poète passe aux poissons, aux oiseaux, aux insectes, sans suivre aucun ordre régulier. Il prouve chemin faisant la résurrection, apostrophe Manès et ses disciples, pose les lois de la hiérarchie céleste. traite des plantes et des pierres médicinales, exalte la sagesse divine, explique le mystère de la Trinité, célèbre la venue du Christ en rappelant brièvement ses miracles, et termine enfin par une prière du Patriarche pour l'empereur Héraclius.

Ce sommaire suffirait à le montrer, il ne peut y avoir entre les deux poèmes qu'une parenté bien lointaine. Nous avons cependant recueilli quelques traits qui leur sont communs; par exemple, un des passages les plus gracieux de la *Semaine* a été emprunté à l'*Hexahéméron,* celui où du Bartas compare les quatre saisons, dans leurs retours réguliers, à un chœur dansant de jeunes filles (1). Pisidas avait dit :

> Κόραις ὁμοίως συγχορούσαις ἅμα
> Καί συμβαλούσαις τοὺς ἑαυτῶν δακτύλους
> Ὅπως χορὸν πλέξωσιν.........

Quant aux autres ressemblances, elles s'expliquent aisément : les deux poètes mettent à l'envi Pline, Aristote, Plutarque, à contribution, et il n'y a rien d'étonnant si, en un même sujet, les emprunts sont aussi quelquefois les mêmes. Tous deux ont pris à Pline l'Ancien le récit de la lutte entre l'ichneumon, aidé du roitelet, et le crocodile (2); tous deux racontent, d'après Plutarque, que la rémore

(1) . . . . . . Comme les pastourelles
Qui, d'un pied trépignant foulent les fleurs nouvelles,
Et, marians leurs bonds au son du chalumeau,
Gayes, ballent en rond sous le bras d'un ormeau,
Se tiennent main à main, si bien que la première
Par celles du milieu se joint à la dernière. (*1re Sem.*, ch. IV).

(2) *1re Sem.*, 6e jour.

arrête à elle seule des vaisseaux (1), et, d'après Aristote, que le daim se guérit de sa blessure en mangeant du dictame (2).

Ces rencontres sont assez fréquentes ; mais on ne saurait en conclure que du Bartas doive beaucoup à son devancier. La *Semaine* lui appartient bien en propre : c'est une œuvre d'une tout autre portée, d'une tout autre ampleur que le poème de Pisidas. Colletet reconnaît lui-même que « la moindre des épisodes de du Bartas » vaut l'*Hexahéméron* tout entier.

Il y a dans la *Semaine* grecque quelques belles images, comme lorsque la terre est comparée à un vaisseau flottant au sein des airs (3), ou les cieux à une robe brodée d'étoiles (4) ; mais ces traits sont rares, et le poème offre en somme assez peu d'intérêt. Il est froid, sec, maigre, et, en maint endroit, l'auteur s'y livre à des discussions de théologie bien subtiles et purement techniques ; les épisodes, très clairsemés d'ailleurs, ne se rattachent qu'indirectement au sujet ; enfin, les mouvements qui animent et soutiennent l'œuvre sont presque toujours les mêmes : « c'est toi, Dieu, qui as..., » ou encore : « qui a..... sinon Dieu ? » Cette uniformité devient bientôt fastidieuse. — Nous n'insisterons pas davantage sur le poème de Pisidas, quoiqu'il ne soit pas douteux que du Bartas l'ait connu.

Le cadre de l'*Hexahéméron*, de quelque façon que Pisidas l'eût rempli, devait assurément séduire un poète comme du Bartas : il y trouvait à la fois de quoi satisfaire aux aspirations religieuses de son âme et déployer la magnificence de son génie ; nous verrons plus tard ce que le sujet si stérilement traité par son prédécesseur devint entre ses mains. Il faut ajouter encore qu'en prenant pour matière ce thème encyclopédique de la Création, du Bartas était probablement captivé par la pensée d'unir étroitement dans une telle œuvre la science à la poésie. A aucune époque, le poète ne fut plus près du savant qu'au XVIe siècle : nulle épithète ne lui est plus honorable que celle de docte, et presque tous les érudits du temps sont aussi des « disciples d'Apollon. » C'est seulement au siècle suivant qu'il y aura divorce entre la poésie et l'érudition. Nous l'avons vu, l'auteur de la *Semaine* était versé dans toutes les connaissances que

(1) *Ibid.*, 5e jour.

(2) *Ibid.*, 3e jour.

(3) Nam navis est Tellus supernatans aquis, etc.

(4) Ut margaritas clara gestans sidera.

l'on cultivait à son époque; nul ne semblait mieux préparé à traiter le sujet que Pisidas avait seulement ébauché ; nul thème ne pouvait lui fournir une plus belle occasion de mettre la poésie au service de la religion et de la science.

Le plan de la première *Semaine*, quel que fût celui de l'*Hexahéméron,* était tout tracé par avance, et nous n'avons pas à y insister. « Pource que notre poète, lit-on dans l'édition de 1611 (1), s'est proposé ce but, d'expliquer en vers françois et comprendre en sept livres ou jours de sa Sepmaine ce que Moïse récite brièvement es premier et second chapitre du Genèse touchant la création du grand et petit monde, je ne sçaurois dresser argument plus riche et mieux accommodé que celuy qui est enclos ès propres termes du sainct Prophète et historien. » Du Bartas, en effet, se conforme exactement au récit de la Bible, et sa division par journées était en même temps la plus simple et la meilleure.

S'il ne faut pas chercher dans la *Semaine* le mérite de la composition, celui de l'invention ne s'y trouve pas non plus, quand on prend le mot au sens le plus élevé. Ce qui appartient à du Bartas, ce sont ces frontispices, ces invocations, ces épisodes, dont nous avons déjà entendu parler Colletet. « Icy j'invoque Dieu, dit le poète lui-même, là je luy rends grâces, icy je luy chante un Hymne, et là je vomy une Satyre contre les vices de mon aage; icy j'instruy les hommes en bonnes mœurs, là en piété; icy je discours des choses naturelles, et là je loue les bons esprits » (2). Nous ne trouvons pas chez du Bartas cette faculté créatrice du poète qui lui donne comme une part de la puissance divine, cette vigueur de conception par laquelle il semble tirer son œuvre tout entière de lui-même : c'est là un don qui n'appartient qu'à la souveraineté du génie et qu'on ne peut reconnaître dans aucune mesure à l'auteur des *Semaines*. Le choix des sujets qu'il traite indique suffisamment son infériorité à cet égard : si l'on s'en tient au fond même, ce ne sont guère que des paraphrases comme la *Judith* et les deux *Semaines*, ou des traductions comme la *Lépanthe*. Il semble que du Bartas se soit fait illusion sur ce point. « Quelque petitesse d'esprit qu'il y ait en moi, dit-il, si suis-je par la grâce

(1) En tête.
(2) *Préface de du Bartas.*

de Dieu beaucoup plus fécond en matières qu'en mots, si que l'invention me coûte moins que l'élocution » (1). Cette opinion du poète sur son propre génie, le bon Colletet l'a prise à son compte : du Bartas, nous dit-il à propos de la *Lépanthe*, eut d'autant plus de mérite à traduire le poème de Jacques VI « qu'il n'était pas homme à mettre la main à pas une traduction ni à une paraphrase quelconque, étant beaucoup plus fécond en matières qu'en paroles » (2). Le cardinal du Perron, qui d'ailleurs goûtait fort peu notre poète, est ici plus près de la vérité, quoiqu'il pousse la rigueur jusqu'à l'injustice. « Pour l'invention, dit-il, chacun sait que du Bartas ne l'a pas et qu'il n'a rien à lui, et qu'il ne fait que raconter une histoire (3). » C'est aussi l'expression de Sorel, d'après lequel « la *Semaine* n'est quasi que l'histoire naturelle de Pline mise en vers avec quelques autres remarques sur le même sujet, puisées dans des livres fort communs » (4).

Ces critiques vont certainement beaucoup trop loin, mais le fond en est juste. D'ailleurs, les poètes du XVIe siècle ne brillent pas en général par l'invention. Ronsard et ses disciples sont surtout d'habiles ouvriers de la forme; la plus grande partie de leur œuvre consista à faire passer dans notre langue les genres et les tours poétiques des Grecs et des Latins, dont ils empruntèrent les idées et les sentiments bien plus que les mots. Lorsque le chef de la Pléiade compose une de ses odes savantes, il cherche un moule dans Pindare; lorsqu'il entreprend son poème épique, il le règle et le calque sur l'Enéide : le fond, chez lui, n'a presque aucune originalité.

Mais, si rien, dans les œuvres de du Bartas, ne nous révèle cette puissance de création que bien peu de poètes ont reçue en partage, il ne serait pas juste d'aller, comme du Perron et Sorel, jusqu'à lui refuser toute espèce d'invention. La *Semaine* n'est point, en effet, un poème dénué d'inspiration et de mouvement, où l'auteur se contenterait, comme d'Aubigné devait le faire plus tard, d'énumérer les merveilles de la Création en commentant chacune d'elles par quelques vers secs et froids. Au contraire, l'âme du poète passe tout entière

(1) *Préface à la Lépanthe.*
(2) *Vie de du Bartas.*
(3) *Perroniana*, p. 30 et 31, éd. de 1669.
(4) Remarques sur le *Berger extravagant.*

dans son œuvre : raconter la Genèse du monde, ce n'est pas pour lui, on le sent à chaque page, mettre en vers une matière commode, mais plutôt célébrer le Créateur avec un enthousiasme sincère et profond, le glorifier dans ses œuvres et l'adorer dans sa sagesse; c'est appeler les hommes à suivre les exemples que la nature a mis sous leurs yeux; comparer avec une douleur pleine d'amertume ou d'indignation l'ordre éternel qui règne dans l'œuvre des sept jours, et les désordres, les misères, les crimes de l'humanité; se réfugier enfin dans la contemplation des merveilles divines pour détourner les regards des spectacles d'horreur auxquels, en un pareil siècle, les yeux semblent condamnés. Quel que soit le sujet de la *Semaine*, nul poème n'est, au fond, plus personnel : un souffle puissant l'anime d'un bout à l'autre. Il ne manque pas, au XVIe siècle, de poètes qui riment des compositions religieuses; mais, d'ordinaire, c'est pour eux comme une sorte de pénitence; rien de tel avec du Bartas: même au milieu des plus grandes faiblesses, on sent toujours le chantre inspiré, enthousiaste de l'œuvre à laquelle l'a convié son Uranie, et profondément dévoué à la mission qu'il tient de Dieu.

La fécondité du poète est prodigieuse : quelques années s'étaient à peine écoulées qu'il publiait sa seconde *Semaine*. C'est sur l'invitation de Henri IV qu'il entreprit ce vaste poème (1), mais le sujet était bien de son choix. Le premier et le deuxième jour furent publiés à Paris, chez Pierre l'Huillier, en 1584. Le reste ne s'imprima qu'après la mort de l'auteur. De toutes les éditions que nous avons eues entre les mains, la plus ancienne où se trouve la suite des deux premiers jours est celle que Hermann Mersmann fit paraître à Anvers, en 1591 : elle ne contient d'ailleurs, en plus, que les *Pères* et l'*Histoire du prophète Jonas*. L'imprimeur y apprend au public qu'il a retiré ces fragments des mains d'un sien ami, à qui du Bartas les avait laissés en garde à son retour d'Écosse. La même année étaient publiés à La Rochelle, par Hiérosine Haultin, les chants des *Trophées* et de la *Magnificence*. C'est bien plus tard seulement, et peu à peu, en diverses éditions, que fut complétée la seconde *Semaine*.

Pour pouvoir se reconnaître dans un aussi vaste poème, il faut en

1) « Puisque pour t'obéir j'ay pris un vol si haut », dit-il au roi dans l'*Eden*.

énumérer les divers chants, non pas suivant la date des publications partielles, mais d'après l'ordre historique que comportait nécessairement un pareil sujet. Le premier et le deuxième jour, publiés par du Bartas lui-même, renferment chacun quatre livres ; dans le premier se trouvent *Eden,* l'*Imposture*, les *Furies* et les *Artifices;* dans le deuxième, l'*Arche*, *Babylone,* les *Colonies* et les *Colonnes.* Le troisième comprend la *Vocation*, les *Pères,* la *Loi*, les *Capitaines.* Le quatrième a pour première partie les *Trophées ;* viennent ensuite, dans l'ordre chronologique, la *Magnificence,* le *Schisme* et la *Décadence.*

L'*Eden* peint le bonheur d'Adam et d'Eve dans le paradis terrestre ; l'*Imposture* nous les montre succombant à la tentation et chassés du jardin ; dans les *Furies*, le poète décrit toutes les misères de l'homme qui furent la conséquence de sa chute ; les *Artifices* nous font assister à l'invention des premiers arts. Dans le second jour, l'*Arche* est consacrée à l'histoire de Noë, *Babylone* à la construction de la tour de Babel et à l'origine des langues, les *Colonies* à la dispersion des hommes sur la terre et à la fondation des premiers États, les *Colonnes* aux sciences anciennes dont les principes avaient été gravés sur deux colonnes par les enfants de Seth. La *Vocation*, qui forme la première partie du troisième jour, renferme ce qu'il y a de plus remarquable dans la vie d'Abraham et de Loth ; le fragment des *Pères* raconte le sacrifice d'Isaac ; dans la *Loi,* les Israélites quittent l'Egypte, s'enfuient au désert et reçoivent de Dieu le Décalogue ; le chant des *Capitaines* comprend l'histoire du peuple Juif depuis Josué jusqu'à Saül. Dans le quatrième jour, les *Trophées* nous racontent les exploits de David ; la *Magnificence* célèbre le règne de Salomon, le *Schisme* nous conduit depuis la mort de ce roi jusqu'à la délivrance de Samarie sous Joram, la *Décadence*, depuis Jéhu jusqu'à la ruine de Jérusalem. La seconde *Semaine* s'arrête là ; mais c'est le temps seulement qui manqua à du Bartas. Il devait, s'il avait vécu, poursuivre son œuvre beaucoup plus loin.

> ... Bien que mon esprit, durant si long voyage
> Voltige çà et là, si-n'ay-je en mon courage
> Autre plus grand désir qu'à mener par la main
> Mes lecteurs à l'enfant divinement humain (1).

---

(1) *Colonies.*

Mais l'avènement du Messie n'était pas encore le terme qu'il s'était proposé : c'est ce qu'il nous apprend lui-même dans l'*Eden*.

Permets, dit-il à Dieu,

> ...... permets que je conduise
> Le monde a son cercueil, allongeant mon propos,
> Du premier des Sabats jusqu'au dernier repos.

Dans l'édition de 1632 (1), nous trouvons des renseignements plus précis. « Il nous deffaut, y lisons-nous, pour les trois autres journées, ce qui devoit traiter de l'état des Juifs en Babylone et depuis leur retour jusqu'à la venue de nostre Rédempteur Jésus-Christ au monde, en après ce qui devoit monstrer la face de l'Église chrestienne et du surplus du monde jusqu'au jour de la dernière résurrection, comme aussi l'estat heureux des enfants de Dieu en la gloire éternelle, pour servir d'une vraye conclusion à une si haute et si louable entreprise, afin de s'arrester par ce moyen au Sabat des Sabats pour le final repos désiré de tous les bienheureux. »

Tel devait être en son entier le thème de la vaste épopée que du Bartas avait conçue et qu'il n'eut pas le temps d'achever, histoire complète de l'humanité au point de vue biblique, depuis la création jusqu'au jugement dernier. La 2e *Semaine*, dont l'esprit est le même que celui de la 1re, forme avec elle, malgré son infériorité, le monument le plus considérable de la poésie religieuse au XVIe siècle. Une pareille matière répondait sans nul doute au génie du poète et au caractère de son inspiration : il devait épuiser en une fois toutes les sources de poésie que la Muse Uranie lui avait jadis indiquées. Aussi semble-t-il inutile de chercher si, parmi ses devanciers (2), il n'en est aucun qui, traitant un sujet semblable, ait pu lui suggérer l'idée première de son ample conception : la 2e *Semaine* n'est, après tout, que la suite même de la 1re. Cependant, nous ne pouvons passer sous silence un poème qui, pour le fond, n'est pas sans analogie avec celui qui nous occupe : c'est le *Microcosme* de Maurice Scève (3), publié plus de vingt années auparavant. Quoique ni chez

(1) A Genève, Pierre Chouët ; après l'argument des quatre premiers jours de la 2e *Semaine*

(2) Pour les poètes latins des premiers siècles de notre ère, qui ont traité des sujets analogues, nous en avons parlé plus haut à la page 69, note 4.

(3) Nous n'avons rien à dire du *Miroir d'éternité* que Robert-le-Rocquez com-

du Bartas, ni chez aucun de ses critiques, nous n'ayons trouvé aucune allusion à cet ouvrage, il n'est guère possible de supposer qu'il fût resté inconnu à notre poète.

Maurice Scève, Lyonnais, malgré l'oubli dans lequel ses œuvres et son nom même ne tardèrent pas à tomber, est un des plus illustres écrivains de son temps. Sa vie s'étend depuis le début du XVIe siècle jusqu'à l'accomplissement de la réforme poétique, et il se rattache par sa jeunesse à l'école de Jean Lemaire, par ses dernières années à celle de Ronsard. D'ailleurs, c'est un des poètes qui furent les « avant-coureurs de la Pléiade » (1). La Renaissance de la poésie avait été inaugurée à Lyon longtemps avant le manifeste de du Bellay, grâce aux rapports incessants de cette ville avec l'Italie et à la présence de nombreux réfugiés florentins qui, à plusieurs reprises, y étaient venus chercher un asile. Scève est le représentant le plus autorisé de cette première rénovation poétique : Pontus de Thiard, une des futures étoiles de la Pléiade, lui adresse le premier sonnet de ses *Erreurs amoureuses*, et la nouvelle école, dans ses attaques contre les poètes qui l'avaient précédée, fait toujours exception pour lui. Il se rallia d'ailleurs à la réforme, que lui-même avait préparée.

C'est en 1562 que Maurice Scève publia le *Microcosme* (2). Ce poème, écrit en alexandrins, est divisé en trois livres. Dans le 1er, le poète raconte d'abord très-brièvement la création du monde, celle de l'homme et de la femme, leur chute, leur expulsion du paradis, les maux corporels et spirituels qui sont la suite du péché. Cependant l'homme invente les premiers arts : il se bâtit une hutte, apprend à ouvrir la terre, domestique certains animaux, etc. Mais la mort, conséquence de la chute, fait sa première apparition ici-bas par le meurtre d'Abel, qui termine ce livre. — Au début du 2e, Adam endormi a un songe dans lequel il voit tout ce qui doit arriver à sa postérité. L'homme sème le blé, se fabrique un arc et des flèches, fait servir le feu à ses besoins, cultive la vigne, tire le fer de la terre, se forge des outils et des armes, tisse des vêtements, dompte le cheval, etc. Après la destruction de Babel, nos pères se disper-

---

posa vers 1559 et dont le sujet a quelque parenté avec les *Semaines*, ce poème n'ayant été imprimé qu'en 1589 (Voir Goujet, *Bibl. fr.*, tome XIII, p. 96).

(1) Pasquier. *Rech. de la Fr.*, liv. VII, chap. VII, fol. 616.

(2) A Lion, par Jan de Tournes.

sent dans le monde. Le poète profite de l'occasion pour étaler son savoir : chaque pays qu'il parcourt avec eux lui fournit de longs développements sur les sciences et les arts qui y ont pris naissance : l'écriture, la grammaire, la logique, la poésie, l'arithmétique, la géométrie, la musique, font chacune l'objet de longues tirades aussi obscures que pédantesques. — Au 3e livre, Adam s'éveille et, emmenant sa femme avec lui, il lui raconte sa vision ; c'est un simple détour : en réalité le 3e chant se confond avec le 2e. Le poète y épuise son érudition : Eve est condamnée à écouter les interminables dissertations de son mari qui lui fait tout un cours de cosmogonie, d'astronomie, de météorologie, etc. Aucune science n'est épargnée : l'architecture elle-même a sa place dans cette encyclopédie. Enfin, le poème se termine brusquement sur la mort du Christ, la destruction de l'idolâtrie, et le rachat glorieux de l'humanité.

Nous n'avons pas à apprécier la valeur littéraire du *Microcosme* (1) ; ce qu'il nous faut marquer ici, c'est son degré de parenté avec l'œuvre de notre poète. Le sujet traité par Scève, comme la brève analyse qui précède suffit à le montrer, n'est pas sans analogie avec celui de la 2e *Semaine* ; quelques rares et courts passages du début font même songer à la 1re. Mais, s'il est à supposer que du Bartas a connu le poème de son devancier, on peut affirmer qu'il ne lui a fait aucun emprunt. La conception même des deux ouvrages est toute différente : le *Microcosme*, malgré certaines parties d'ailleurs secondaires, appartient plutôt à la poésie érudite, dont Scève est un des principaux représentants, qu'à cette école religieuse dont Bartas se glorifie avec raison d'avoir été le créateur ; le fond du poème, ce sont ces dissertations scientifiques qui remplissent les deux derniers chants tout entiers, et nous ne devons voir dans le 1er livre qu'une entrée en matière longuement développée. Il y a sans doute une ressemblance manifeste entre le sujet du *Microcosme* et celui du 1er jour de la 2e *Semaine* ; mais elle tient uniquement à ce que les deux poètes, chacun d'ailleurs avec un ordre différent, suivent le

(1) La composition du poème est tout irrégulière et factice ; la versification, fort arriérée, n'observe même pas l'alternance des rimes masculines et féminines ; la langue est pleine de termes bizarres, hérissée de mots savants et de provignements ridicules ; on est arrêté à chaque instant par l'obscurité du style, que Sibilet déclarait impossible à entendre. Cependant il y a parfois de beaux vers, et le ton général de l'ouvrage est remarquable par son élévation. Scève avait l'âme d'un vrai poète ; mais il ne sut pas se débrouiller.

récit des Saintes Écritures. Au reste, un seul jour de la 2e *Semaine* a autant d'étendue que l'œuvre tout entière de Maurice Scève, qui se borne à 3003 vers (1); enfin, la lecture attentive des deux ouvrages permet d'affirmer que du Bartas n'a nulle part imité son devancier. Il suffirait au besoin, pour s'en assurer, de comparer les épisodes que la Bible leur a fournis à tous deux, ou que la conception même du sujet devait leur rendre communs. Soit dans le tableau des progrès de l'humanité, soit dans l' « explication » des sciences, qui, comme nous l'avons dit, est le fond du *Microcosme*, ce poème et la 2e *Semaine* offrent seulement au lecteur les rapprochements que la similitude de la matière rend inévitables. La construction de Babel (2), un des rares passages de son œuvre auxquels Scève donne autant d'étendue que du Bartas ne nous fournit pas le moindre trait qui se retrouve dans la *Semaine*; il en est de même pour la description du cheval (3). Or, si dans les épisodes qui semblaient inviter le plus notre poète à profiter de son devancier, l'imitation ne se trahit par aucun détail commun, nous pouvons en tirer cette conclusion que du Bartas, s'il a connu le poème de Scève, ne lui a fait aucun emprunt.

On a trouvé (4) la composition de la 2e *Semaine* bien compliquée et bien pédantesque. Cette critique est assurément spécieuse; mais il est trop facile de s'égayer en lisant au titre de la *Décadence* : 4e partie du 4e jour de la 2e *Semaine*. Une division en sept jours, chaque jour se subdivisant en quatre parties, quoi de plus simple et

(1) Universelle paix appaisoit l'univers
L'an que ce microcosme en trois livres divers
Fut ainsi mal tracé de trois mille et trois vers. (*Micr.*, liv. III).

(2) *Microc.*, liv. II.

(3) *Microc.*, II. On trouve cependant çà et là, dans tel ou tel passage, un léger détail, une épithète, peut-être même un hémistiche commun aux deux poètes. Dans la description du cheval, tous deux nous montrent la foule effrayée qui recule, et se servent de l'expression : *faire largue*. Dans le *Microcosme :*

Tout ce vulgue grossier de retour l'apperçoit
Pennadant et ruant, luy fait largue et le fuit. (*Microc.*, II).

Et dans la 2e *Semaine :*

. . . Tant de spectateurs qui sont aux deux costez
L'un sur l'autre tombans font largue à ses fiertez.

On peut encore rapprocher du début de la 1re *Semaine* (vers 25 et seq.) cette image de la divinité que nous trouvons dans le *Microcosme :*

Premier en son rien clos se celoit en son tout, etc. (p. 4).

Mais il ne faut voir, dans la ressemblance de si légers détails, qu'une coïncidence toute fortuite qui s'explique d'elle-même.

(4) Sainte-Beuve. Op. cit. Article sur du Bartas.

de moins bizarre ? Il n'est pas besoin d'aller, comme le fait du Bartas, invoquer l'autorité de Saint-Augustin, dont il assure avoir pris « le titre, l'argument et la division de son livre », pour défendre l'ordonnance toute naturelle de ce vaste poème. C'est le sujet même qui prête aux critiques. La seconde *Semaine* ne pouvait guère être autre chose qu' « une grosse compilation » rimée. Il était difficile de soutenir le poids d'un tel ouvrage ; du Bartas entreprenait de mettre toute la Bible en vers depuis la Genèse jusqu'à l'Apocalypse. Il eut le tort de ne pas consulter ses forces avant d'aborder un poème de cette étendue. Quel que fût son enthousiasme, la fatigue se trahit bientôt malgré l'obstination la plus méritoire : dès le second *Jour*, il se montre lui-même « frappant bien souvent du menton sa poitrine. » Il y a sans doute de belles pages en grand nombre dans cette dernière œuvre : mais peuvent-elles racheter les faiblesses et les longueurs d'un poème où du Bartas exagère tous les défauts qui déparaient le précédent ?

Au milieu des applaudissements et des louanges hyperboliques que lui prodiguèrent les admirateurs quand même, bien des objections s'élevèrent de toutes parts : les plus justes ont trait au sujet lui-même ; ce sont d'ailleurs les seules que nous ayons à examiner en ce chapitre. Dans sa *Préface*, du Bartas essaie de se défendre contre ceux qui trouvent au poème un manque choquant de proportion, « des membres prodigieux. » Il ne veut pas qu'on juge tout un palais par le seul frontispice, et toute son œuvre, par les quelques chants qu'il en a alors publiés ; il la compare au colosse de Rhodes : « Qui vous eust monstré, dit-il, la teste du grand Colosse séparée du corps, n'eussiez-vous pas dit qu'elle estoit espouvantable, monstrueuse et desmesurée ? Mais qui vous eust fait voir ceste merveille du monde debout et tout entière, vous eussiez confessé que Charès avoit exactement observé une juste dimension en tous les membres d'une si grande masse. » Malgré cette défense du poète, il n'est pas possible de lire la 2e *Semaine* sans souscrire au reproche qu'il essaie de repousser dans ce passage de sa préface. Le « discours des Furies », par exemple, a beau n'être que « l'interprétation de l'horrible jugement prononcé contre l'homme au 3e chapitre de la Genèse » (1), on trouve cette interprétation un peu longue ; et, si

(1) *Préface* de du Bartas.

beaux que puissent en paraître certains morceaux, on se demande quelle nécessité il y avait pour l'auteur de peindre à la file, jusques dans les plus minutieux détails, tant d'espèces de maladies. On pourrait en dire autant de la « description des mathématiques » qu'il a introduite dans le chant des *Colonnes*, et de bien d'autres digressions trop peu justifiées dont il charge un poème déjà fort lourd. Dans le 2e jour de la *Création* l'auteur exprime la crainte

...... Que quelque mesdisant
Aille de troupe en troupe à l'avenir disant
Que sa muse languarde à chaque vent fait voile
Tissant fil contre fil pour allonger sa toile.

Une pareille critique ne serait point légitime si elle s'adressait à la 1re *Semaine*; dans la 2e, elle peut souvent être faite avec raison au poète. Du Bartas a beau protester que telle ou telle digression « n'est point un destour, esbat, ou promenoir, ains le chemin royal par lequel bon gré mal gré il falloit qu'il passast » (1) : nous devons lui reprocher non pas seulement d'avoir entrepris un sujet dont les énormes dimensions auraient à bon droit découragé tout autre, mais encore d'avoir trop souvent, sous prétexte de « faire mieux avaler un salutaire breuvage » (2), agrandi volontairement et comme à plaisir un cadre déjà demesuré. Prétendre, par exemple, que Noé « n'a pu demeurer comme baillonné et muet pendant plusieurs mois dans la prison d'une carraque », c'est se justifier trop naïvement d'avoir rapporté tout au long les « devis » interminables du saint patriarche et de son fils Cham : c'est oublier que le lecteur n'est pas dans l'Arche (3). Si la 2e *Semaine* fut moins bien accueillie du public que la 1re, le choix du sujet et la prolixité de l'auteur y ont été pour beaucoup; il ne sait pas s'arrêter à temps ni exercer sur sa verve débordante une saine et rigoureuse discipline; ce qui lui a manqué, ce n'est pas la faculté poétique, c'est le tact et la mesure : et ce défaut n'est nulle part plus vivement accusé que dans une œuvre dont l'étendue semble ne pas avoir de limites.

---

(1) *Préface* de du Bartas.

(2) *Ibid.*

(3) *Ibid.*

Il nous reste encore à parler de la *Lépanthe* et du *Cantique d'Ivry*. Le premier de ces deux poèmes fut entrepris par du Bartas peu de temps après son retour d'Écosse. Il faut y voir un témoignage de gratitude pour Jacques VI. Non content d'avoir comblé d'honneurs et de présents l'auteur des *Semaines*, le roi, qui professait pour ses œuvres la plus vive admiration, lui avait adressé un hommage unique de monarque à poète en traduisant dans sa langue quelques passages de la *Création*. Traduire la *Lépanthe* en français n'était pour du Bartas que rendre la pareille au roi d'Ecosse. Comme il le déclare dans une courte préface, ce n'est pas le désir d'augmenter sa renommée qui l'a poussé à faire cette version. Il avait même, ajoute-t-il, promis de ne mettre jamais la main « à traduction ou paraphrase quelconque ». S'il ne tient pas sa parole, il faut, à l'en croire, s'en prendre à la « grave douceur, à l'artificieuse raison, aux vives et parlantes descriptions de la *Lépanthe*, qui l'ont tellement ravi, qu'il a été contraint de fausser son serment. » Cette admiration qu'exprime le poète pour une œuvre dont le mérite nous paraît bien au-dessous d'un pareil témoignage, était sans nul doute sincère; mais, on peut le croire, sa reconnaissance pour l'accueil qu'il avait reçu du prince n'y était point étrangère. C'est une traduction et non une imitation qu'a entreprise du Bartas; aussi s'excuse-t-il que sa version, même pour le sens, ne corresponde pas toujours exactement à l'original : la raison, dit-il, en est que « cest ouvrage ne faisoit que sortir encor tout bluëtant de la forge royale quand je luy donnay la façon Françoise: et depuis Sa Majesté l'a rebatu et relimé » (1). Nous n'entrerons pas dans l'analyse d'un poème qui n'a rien d'original; c'est d'ailleurs une des plus faibles œuvres de son auteur, soit que son Uranie ne l'ait pas inspiré, soit qu'il fût difficile de faire mieux avec le modèle royal. On trouve dans la *Lépanthe* de beaux traits, mais le poème est en général bien froid ; on y sent toujours quelque chose d'artificiel et comme une inspiration de seconde main.

Dans le *Cantique* en l'honneur de la victoire d'Ivry, l'émotion est au contraire toute personnelle; du Bartas y réalise, au moins en partie, un vœu qu'il avait depuis longtemps adressé au ciel. Ainsi, disait-il à Henri IV dès le 1er chant de la 2e *Semaine*.

(1) *Préface* de du Bartas.

Ainsi le glaive au point, combattant à ton flanc.
Puissé-je, tout couvert de poussière et de sang,
Fendre l'ost espagnol ou forcer quelque ville,
Et, le combat fini, te servir d'un Virgile !

Si le poète ne prit pas part à la bataille d'Ivry, il chanta du moins la victoire; il célébra comme ami du vainqueur, comme huguenot et comme Français, ce combat glorieux qui semblait promettre à Henri IV Paris, c'est-à-dire la France, et cela sans abjuration. Une lettre que nous avons citée plus haut témoigne de la joie qu'en avait conçue le poète; mais dans le *Cantique*, il se donne pleine carrière et se livre tout entier à son enthousiasme.

Depuis quelque temps du Bartas était sous l'influence des chagrins et des deuils qui attristèrent la fin de sa vie ; mais malgré tout, loin d' « enfunester de pleurs l'alaigresse publique », il oublie ses propres sujets de douleur devant le triomphe de la cause royale et protestante, qui était aussi celle de la France :

Mon front, seraine-toy ; et vous, tristes pensees
Dans un gouffre profond de soucis enfoncees.
Reguindez-vous au ciel....

Le poète commence par rappeler en quelques vers les exploits de Henri IV dans sa jeunesse, de Henri IV

Prince alors sans païs, sans hommes, sans finance,
Prince pauvre de tout, si ce n'est d'espérance.

Après ce début, il vient tout de suite à la bataille. Il décrit les deux armées, peint l'acharnement des partis et la fureur des premiers coups. Cependant la Victoire harangue les soldats et promet au vainqueur une gloire éternelle. C'est à ce moment que paraît Henri ; du Bartas nous le montre en quelques vers que Voltaire s'est peut-être rappelés quand il raconte dans sa Henriade la bataille de Coutras (1).

.... Bravache, il ne se pare
D'un clinquant enrichy de mainte perle rare,

(1) C'est Sainte-Beuve (op. cit.) qui fait ce rapprochement.

Il s'arme tout à cru et le fer seulement
De sa forte valeur est le riche ornement;
Son berceau fut de fer, sous le fer il cotonne
Son menton généreux, sous le fer il grisonne, etc.

Le panache blanc n'est point oublié; c'est « un horrible pennache qui ombrage la salade du roi ». Henri IV se lance ainsi dans la mêlée, laisse les armes à feu pour l'épée « et donne autant de morts qu'il va donnant de coups ». Mayenne s'enfuit: dans une éloquente apostrophe, le poète le conjure de se rallier à son roi, dont il loue la modération et l'équité. Puis il revient au combat et décrit la déroute des catholiques; les Suisses résistent encore : mais enfin ils sont réduits à se rendre. Dans la seconde partie du *Cantique,* du Bartas censure « le clergé, la noblesse et le peuple ligueur » : nous trouvons là comme un prélude de la *Ménippée.* Il continue en recommandant à Henri IV de ne pas exposer sa vie, dont le salut de la France dépend ; il nous montre cette France meurtrie qui conjure le roi de ne pas « courir aux dangers mal à propos. » Une prière termine enfin le poème sur l'espérance de voir bientôt la patrie refleurir en arts, bonnes mœurs, lois et richesses.

Le *Cantique d'Ivry* n'a sans doute pas la valeur de la *Judith* ou de la 1re *Semaine* ; mais il n'est point indigne du poète et clôt noblement une carrière qui avait été consacrée d'un bout à l'autre au service de Henri IV et de la France.

II

LES « RÈGLES » DU POÈME ÉPIQUE ET LES ÉPOPÉES DE DU BARTAS

Idée que le XVIe siècle se fait de la poésie épique : il n'y voit qu'une composition toute factice et réglée d'avance. — Du Bartas et les critiques contemporains. — Il ne pouvait, en des sujets chrétiens, se conformer aux traditions de l'antiquité, d'ailleurs fort peu comprises. — Il n'a pas, comme on le lui reproche, réduit ses épopées à un récit simple et nu ; au contraire, la variété de leur forme est justement ce qui rend difficile de les enfermer dans des limites bien définies. — Le merveilleux chrétien chez du Bartas. — L'emploi de la mythologie au XVIe siècle : Jean Lemaire et Ronsard. — Fausse idée que se fait la Pléiade du merveilleux païen dans les épopées primitives et même dans les épopées artificielles. — Des protestations s'élèvent au nom de la religion contre l'usage des fictions mythologiques. — Du Bartas a rompu de bonne heure avec les sujets profanes ; il ne peut rejeter tout d'un coup et entièrement le merveilleux païen, mais il est le premier à lui « donner l'assaut ». — D'ailleurs, les sujets chrétiens n'avaient jamais été abandonnés en France, ni sur le théâtre, ni dans l'épopée, et l'emploi du merveilleux biblique se perpétua jusqu'au milieu du XVIIe siècle. — Du Bartas fait encore trop de concessions au goût du temps : du moins, les dieux de l'Olympe n'interviennent jamais dans ses poèmes comme personnages actifs. — Il y a chez lui un antagonisme bien marqué contre la poésie artificielle et païenne de Ronsard et de son école.

La *Judith* et les deux *Semaines* sont incontestablement des poèmes héroïques ; mais du Bartas montre dans ces trois épopées, qui constituent presque toute son œuvre, une originalité et une indépendance dont il a porté la peine devant certains juges contemporains et même devant la postérité. On lui reprocha de ne pas suivre les règles des anciens, soit qu'il les ignorât, soit qu'il les eût volontairement transgressées. La vaste érudition du poète ne permet guère de croire qu'il ne les connût pas ; quant à les mépriser, il professait un trop grand respect de l'antiquité pour ne pas observer les sages préceptes d'Aristote et d'Horace, si les règles de l'épopée païenne eussent pu convenir toutes aux sujets qu'il choisit et au caractère du poème héroïque chrétien dont il fut, en France, le fondateur. Les principaux reproches que lui font les écrivains du temps, se rapportent surtout à la forme « bizarre » de compositions poétiques qui ne semblent rentrer dans aucun genre, et à l'emploi du merveilleux chrétien que la Renaissance avait remplacé par la mythologie.

Si l'on examine quelle idée le XVIe siècle se faisait de la poésie épique, on s'explique aisément que la *Judith* et les *Semaines* aient eu à subir la première de ces critiques. Sans doute, l'épopée héroïque avait eu sa belle époque pendant le moyen âge. Pourtant, faute d'un nouvel Homère qui la consacrât par un monument immortel, cette poésie, rude et diffuse, mais mâle, vigoureuse et parfois d'un grand caractère, finit par tomber, dès le XIVe siècle, dans l'oubli le plus profond. A l'époque où la Renaissance littéraire est inaugurée par la Pléiade, le seul poème dont on conservât le souvenir était le *Roman de la Rose*, si fade dans la première partie et d'une inspiration si prosaïque dans la seconde. Rien d'étonnant que la nouvelle école, quand elle voulut restaurer la poésie épique, se tournât vers l'imitation des anciens. Malheureusement, elle ne comprit pas la véritable épopée, l'épopée nationale et primitive comme l'Iliade, image vivante et fidèle peinture de la civilisation qui l'avait produite. Nous verrons tout à l'heure comment les poètes du XVIe siècle méconnurent le caractère du merveilleux païen; celui du poème épique ne fut pas moins altéré par eux: ils n'y virent qu'une composition toute factice, la mise en œuvre de procédés plus ou moins compliqués, mais qu'il suffisait de pratiquer avec art pour réussir. Virgile fut préféré à Homère parce que l'Énéide semblait plus conforme que l'Iliade à l'idéal étroit qu'on se faisait de l'épopée; et, quand le chef des novateurs conçut sa *Franciade*, il ne vit rien de mieux à faire que d'emprunter au poète latin son cadre et ses inventions. Il suffit de lire la Préface de Ronsard pour voir qu'il considérait l'épopée comme une œuvre d'art et de fiction, comme un véritable jeu du poète; il y a, pour composer un poème épique, des recettes infaillibles : récits de batailles, courses de char, songes, descentes aux enfers, prédictions, il n'est besoin que de combiner dans la juste proportion ces divers ingrédients pour obtenir une nouvelle *Énéide*. L'ordonnance du poème, sa marche, la succession des épisodes, tout est réglé d'avance; et, si la gloire de Virgile est réservée au poète qui saura le mieux appliquer ces règles, celui qui les négligera n'a rien à espérer.

C'est en vertu de cette théorie que du Bartas se vit condamner par les plus illustres critiques contemporains. Ses poèmes eurent auprès du public un immense succès; mais toutes les qualités qu'il y déploya ne purent lui faire pardonner par les lettrés d'avoir transgressé les prétendues lois du genre épique; et les deux *Semaines* furent toujours considérées par eux comme l'œuvre monstrueuse d'une imagination bizarre et désordonnée.

Un des plus fins juges littéraires du XVIe siècle, le cardinal du Perron, accuse le poète « d'aller son grand chemin sans suivre aucune règle établie par les anciens qui ont écrit (1) ». Ce reproche est encore exprimé par Sainte-Marthe qui, dit-il, « reproduit l'opinion de quelques sçavans hommes (2) »; d'après eux, du Bartas devait être mis plutôt au nombre des historiens que parmi les poètes. Nous nous sommes déjà suffisamment expliqué sur des critiques de ce genre pour n'avoir pas à y revenir. Il y a peu d'intelligence à accuser le poète « d'aller son grand chemin. » Devait-il, dans sa première *Semaine*, mener sur-le-champ le lecteur *in medias res*, suivant le précepte d'Horace et l'exemple de Virgile, en commençant par le 3e ou le 4e jour? Et, dans la seconde, pouvait-il, en négligeant l'ordre chronologique, s'égarer à l'aventure dans l'histoire, souvent si confuse par elle-même, du peuple hébreu? Quant à appeler du Bartas un historien plûtôt qu'un poète, le nom ne fait rien à l'affaire, pourvu que l'on veuille reconnaître en ses « histoires » quelques-unes des plus plus hautes qualités qui distinguent et font le poète.

Michel Quillian, sieur de la Touche, dans l'argument du 1er jour de sa *Dernière Semaine*, poème justement oublié (3), est vanté d'avoir su échapper à une critique souvent dirigée contre du Bartas et relative à la conduite de sa *Création*. « Pour asseoir, y est-il dit, le fondement de son œuvre entier, Quillian use d'une fiction fort à propos en évitant le blasme où est tombé le sieur du Bartas à l'endroit de plusieurs, par faute d'avoir coloré sa 1re *Semaine* de quelque fiction poétique. Celle-là donc, de laquelle nostre autheur use, est telle qu'il feint, sur la fin de ce premier jour, luy estre apparu en songe l'ombre d'un vieillard qui luy monstre en vision le subjet des six jours ensuyvans. » Si c'est là, comme il faut le penser d'après ce passage, un des griefs les plus sérieux que l'on faisait valoir contre la *Semaine*, reconnaissons qu'il n'y a pas lieu de s'y arrêter : rien ne serait plus puéril que de soumettre une œuvre aussi

(1) *Perroniana*, loc. cit.

(2) *Éloge de du Bartas*.

(3) Paris, 1597, chez Breton.

grave et aussi haute à ces règles artificielles, si commodes pour la médiocrité, si méprisables pour le vrai génie. On vit plus tard le songe devenir un élément obligé de toute tragédie régulière : il tendait déjà, paraît-il, à s'imposer aux poètes épiques (1). Le procédé était facile à suivre ; mais du Bartas n'a pas cru devoir en user et il a eu bien raison.

Au reste, l'auteur des *Semaines* est loin d'avoir réduit ses épopées à un récit simple et nu ; la variété singulière de leur forme est justement ce qui rend difficile de les enfermer dans des limites bien définies. Peut-être faudrait-il, dans les Poétiques, inventer pour les deux *Semaines* un genre particulier ; les règles de ce genre nouveau, c'est alors de ces poèmes qu'on devrait les tirer. Il y a d'ailleurs peu d'intérêt à insister sur la question de savoir si nous pouvons classer les *Semaines* parmi les épopées régulières. Du Bartas lui-même, quelle que fût son admiration pour les anciens, ne se piquait point, comme Ronsard, de marcher sur les traces de Virgile, et il n'avait pas tort de transgresser les préceptes antiques lorsque ces préceptes ne pouvaient convenir aux sujets qu'il traitait. « Ma seconde *Sepmaine*, dit-il, n'est, aussi peu que la première, une œuvre purement Épique ou Héroyque, ains en partie panégirique, en partie prophétique, en partie didascalique ; (2) » et il part de là pour demander « que dans une si grande nouveauté poétique, une nouvelle méthode lui soit permise (3). »

De fait, ses poèmes sont avant tout des épopées par la nature du sujet et l'élévation du ton ; mais elles sont en partie « panégiriques », puisqu'il y célèbre Dieu et la religion, en partie « prophétiques », si l'on considère certains épisodes où il dérobe aux prophètes leur inspiration ; en partie « didascaliques », par son intention bien arrêtée d'instruire le lecteur et par les leçons qu'il emprunte sans cesse à la description des œuvres divines ou au récit de l'histoire sacrée ; nous y trouvons encore de nombreux passages qui appartiennent au domaine de la satire, ces virulentes invectives contre les vices et la corruption du siècle ; d'autres qui relèvent de la poésie lyrique, ces invocations qu'il adresse si souvent à Dieu, et ces hymnes que son

(1) Le cadre du *Microcosme* est une vision d'Adam ; et déjà celui de la « *Chasse et départ d'amour*, poème d'Oct. de Saint-Gelais, était un « songe allégorique ».

(2) *Préface de du Bartas.*

(3) *Ibid.*

cœur laisse parfois s'épancher en soudaines effusions. Il n'est donc pas de genre poétique auquel on n'ait droit d'attribuer telle ou telle partie des deux *Semaines*. Mais la difficulté est peu grave de ne pouvoir assigner à ces poèmes d'exactes et rigoureuses limites ; les critiques que du Bartas subit à cet égard trouveraient de nos jours bien peu d'écho, et nous n'avons plus tant de respect pour la division des genres (1).

Il faut insister davantage sur l'emploi que fit le poète du merveilleux chrétien : quoique disciple de Ronsard et de la Pléiade, il a sur ce point des idées particulières. L'usage, peu justifiable et abandonné aujourd'hui, des fictions mythologiques considérées comme les ornements nécessaires de la poésie, ne datait pas en France de bien loin, quand du Bartas, impatient de s'en affranchir, avait à lutter si vivement contre la mode de son époque. Pour en trouver l'origine, nous n'avons à remonter qu'au poète Jean Lemaire des Belges et à l'école érudite qui florissait au commencement du XVIe siècle. Ronsard, en particulier, lui doit beaucoup; c'est peu que l'auteur de la *Franciade* ait emprunté le sujet de son poème épique aux *Illustrations des Gaules et Antiquitez de Troye :* on trouve déjà dans Jean Lemaire le germe de certaines innovations que la Pléiade devait plus tard faire adopter. C'est lui notamment qui, mêlant les légendes de l'antiquité classique avec celles du moyen âge, introduit un des premiers la mythologie des anciens dans notre poésie. Mais, ce qu'il avait fait sans idée préconçue et en se laissant aller spontanément aux souvenirs de sa vaste érudition (2), Ronsard le fit de parti pris avec le dessein arrêté d'enrichir et de rehausser la langue en puisant à pleines mains dans un vaste dictionnaire de métaphores toutes prêtes : il ne vit dans la mythologie ancienne que d'ingénieuses fictions inventées par les poètes pour servir de parure à leurs vers.

Aujourd'hui, nous savons que le merveilleux païen fut, non pas le jeu d'une imagination qui s'égaie, mais un produit direct de l'esprit et du sentiment religieux, enclins, dans les temps primitifs de l'humanité, à personnifier toutes les forces physiques et toutes les

---

(1) Le *Paradis perdu*, de Milton, se vit refuser aussi le nom d'épopée. De là le mot d'Addison : « Si ce n'est pas un poème épique, c'est un poème divin ».

(2) V. A. Darmesteter et Hatzfeld. *Tableau de la langue et de la littérat. franç. au XVIe siècle.*

manifestations de la vie. Pour ces âges lointains, la nature entière est peuplée de dieux, et l'atmosphère mystérieuse dont l'homme, simple et naïf, se trouve entouré de toutes parts, lui fait partout voir, entendre et sentir ces puissances supérieures que son esprit réalise sous la forme humaine. Dans Homère, le merveilleux est le fond même et l'âme de toute poésie ; ce ne sont pas seulement les dieux et les déesses de l'Olympe qui donnent ce caractère à l'*Iliade* et à l'*Odyssée* : arbres, fleuves, rochers, tout s'y anime d'une vie vraiment divine.

Ce genre de merveilleux, propre aux âges épiques, le XVIe siècle ne sut pas le voir dans l'œuvre du poète grec, dont il croyait pourtant s'inspirer quand il lui empruntait ses dieux. Il est même permis de dire qu'il ne comprit pas, qu'il ne sentit pas ce qu'il y avait encore de sincère dans la mythologie Virgilienne.

Quand l'esprit humain a observé, étudié, analysé les phénomènes de la nature, il perd cette naïveté d'imagination qui, dans les premiers âges, a formé les mythes, et ne croit plus à ses propres créations d'autrefois. Alors, si l'épopée reste fidèle aux traditions des époques primitives, l'élément mythologique devient pour elle un moyen de plaire, un ressort de l'intérêt, une machine poétique. C'est là le merveilleux que le XVIe siècle voulut emprunter à l'*Énéide*. Mais, lorsque Virgile lui-même introduisait dans son poème les divinités païennes, si sa raison était incrédule, son imagination et son cœur croyaient encore ; d'ailleurs, la religion qui l'inspire reste toujours celle du peuple dont il retrace les origines ; elle a ses temples et ses cérémonies, ses prêtres et ses autels ; et, si les philosophes n'y voient plus que des symboles, elle est encore le fondement des institutions nationales et même le plus puissant instrument de la restauration morale qu'a entreprise le chef de l'État romain, personnifié par le poète dans le héros de son épopée.

Rien de tel au XVIe siècle : ce sont au contraire les seuls érudits qui, pleins d'enthousiasme pour l'antiquité, ont voulu faire revivre, dans les œuvres de l'imagination, une religion détrônée depuis seize cents ans. Leur merveilleux n'a rien de national et de populaire : ce n'est plus qu'un tissu de fictions, un répertoire de décors tout extérieurs, dont le poète use à son gré sans jamais pouvoir leur donner les apparences de la vie. Imiter les anciens, c'était pourtant faire ce qu'ils avaient fait eux-mêmes : païens, ils avaient naturellement introduit dans leurs poèmes les divinités multiples de la religion païenne; chrétiens, nous devions maintenir dans la nôtre le merveilleux du christianisme. Aussi bien, c'était là suivre nos traditions domestiques: le moyen âge, en effet, dans cet état de foi instinctive et de naïves croyances qui avait favorisé en Grèce la création et le développement des mythes, s'était formé, lui aussi, un merveilleux populaire qui tient une place considérable dans sa poésie, et qui, sans parler de la *Légende dorée* dont il est l'âme, soutient et anime les chansons de gestes comme les Mystères. Mais, dans leur dédain pour le passé de la nation, les réformateurs avaient fait table rase de tout ce qui les précédait et tenté de joindre, bout à bout, le XVI° siècle à l'antiquité, comme s'il n'y avait eu que nuit et silence dans les longs âges intermédiaires. Ainsi disparurent de notre poésie non seulement les charmantes ou terribles fictions des siècles antérieurs, les fées et les génies, les enchanteurs et les dragons, mais même le merveilleux chrétien dont le peuple s'était jusqu'alors nourri. L'usage de la mythologie antique, qui ne pouvait être qu'un industrieux placage, se substitua peu à peu à ce merveilleux national dont la source n'était pourtant pas tarie; et, de toutes les réformes que les novateurs tentèrent, ce fut peut-être celle qui leur réussit le mieux. L'emploi des fictions païennes dans la langue poétique et dans le tissu de l'épopée, leur survécut pendant deux siècles, et, du temps même de Ronsard, il avait déjà passé de la poésie dans la peinture et dans la sculpture.

Des protestations devaient toutefois s'élever inévitablement, et cela dès le XVI° siècle; non pas que des admirateurs plus clairvoyants de l'antiquité réclament au nom d'une inspiration plus originale et plus franche; si la question était restée dans le pur domaine de l'art, il est peu probable que l'usage de la mythologie ancienne eût trouvé des adversaires. Ceux qui sont, sur ce point, en opposition avec Ronsard, protestent au nom seul du christianisme, menacé par les divinités de l'Olympe. Déjà on avait entendu des voix autorisées signaler dès le commencement du siècle l'idolâtrie de l'antiquité comme un grave péril pour la religion chrétienne. Avant même que le chef de la Pléiade eût commencé à se faire connaître, l'illustre Budé écrivait : « En ce paradis des lettres, il faut que tout ami studieux des belles connaissances soit animé d'un esprit assez philosophique pour que, sortant de ces pâturages des lettres antiques, agréables, il est vrai, mais pauvres et stériles par eux-mêmes, il vise à se repaître de ces mets de la philosophie sacrée que la sagesse céleste sert à ceux qu'elle a conviés au festin » (1). Il y avait danger que la Renaissance des lettres n'eût une influence funeste sur la foi, en introduisant dans les esprits les idées philosophiques et morales des écrivains anciens, si contraires à celles qui sont le fond du christianisme.

Quand la Pléiade eut fait un pas de plus vers l'antiquité païenne en adoptant la mythologie grecque, nul plus que du Bartas ne semblait désigné pour protester par ses paroles et par son exemple. Lui-même, autant que nous en pouvons juger parce qu'il nous dit de ses premiers essais, avait sacrifié en son extrême jeunesse aux divinités de la Grèce; mais, dès son *Uranie*, nous le voyons pour toujours renoncer à leur culte. Comme Budé, il passe de l'hellénisme au christianisme. Quelque admiration qu'il ait pour la sagesse antique, il préfère la « sagesse céleste. »

. . L'Arche contenait beaucoup plus de sagesse
En deux pierreux tableaux, que la subtile Grèce
Et le peuple romain n'en ont jamais compris
Dedans infinité de leurs doctes escrits (2).

Il laisse de côté les sujets profanes, et, malgré les objections qu'il prévoit, il convie les poètes à chanter Dieu seul :

Je sçay que vous direz que les antiques fables
Sont l'âme de vos chants, que ces contes divers
L'un de l'autre naissans peuvent rendre vos vers
Beaucoup plus que l'histoire au vulgaire admirables.
Mais où peut-on trouver choses plus merveilleuses
Que celles de la Foi? . . . .
J'aimeroy mieux chanter la tour Assyrienne
Que les trois monts grégeois l'un dessus l'autre entés
Pour déthrosner du ciel les dieux espouvantés,
Et l'onde de Noë que la Deucalienne.

(1) *Tract. de Transitu Hellenismi ad christianismum*, 1535, in-fol., p, 5, verso. Cité par Sayous, op. cit.

(2) *Judith*, ch. I.

J'aimeroy mieux chanter le changement subite
Du monarque d'Assur que de l'Arcadien,
Et le vivre second du saint Béthanien
Que le recolement des membres d'Hypolite.
Laissez-moi donc à part ces fables surannées,
Mes amis, laissez-moi cet insolent archer
Qui les cœurs ocieux peut seulement brescher,
Et plus ne soyent par vous les Muses profanées (1).

Rejeter l'usage de la mythologie païenne, ce n'était pour du Bartas qu'une conséquence toute naturelle et comme forcée de la vocation où, dès son jeune âge, la « Muse céleste » l'avait convié. L'anomalie eût été véritablement par trop singulière de conserver dans des poèmes tout chrétiens de fond et d'inspiration les divinités de l'ancien Olympe et les fables du paganisme. C'est ce que ne pouvait manquer de sentir le poète des *Semaines*.

Mais là, il se heurtait à une difficulté : depuis le commencement du siècle, surtout depuis Ronsard, la mythologie grecque, introduite dans notre poésie, qui comptait déjà tant d'œuvres réputées admirables, y avait pris si fortement racine qu'il ne fallait pas songer à l'en chasser sans rémission. C'était donc pour du Bartas une nécessité de ne pas rompre tout d'un coup et entièrement avec le goût des contemporains. Il y avait là une question de mesure, et le poète crut à bon droit qu'il lui fallait tenir compte de la nouvelle tradition. Il voudrait sans doute déposséder complètement et du premier coup les fables païennes ; il souhaite que quelqu'un vienne « qui interdise, comme parlent les jurisconsultes, l'eau et le feu à ces monstrueuses bourdes » (2) ; mais, cette réforme qu'il espère pleine et entière pour l'avenir, il n'ose pas, pour le présent, faire plus que de la préparer et de la commencer. Le scrupule du poète en semblable matière s'explique et se justifie ; et cependant, il lui attira bien des critiques de la part des esprits absolus qui demandaient sur-le-champ comme une expropriation radicale de la mythologie. « Les autres, dit-il, voudroyent que ces mots de Flore, Amphitrite, Mars, Vénus, Vulcan, Jupiter, Pluton, etc., fussent bannis de mon livre. Ils ont de vray quelque raison, mais la Poésie est depuis si longtemps en saisine de ces

(1) *Uranie.*
(2) *Préface de du Bartas aux deux Semaines.*

termes fabuleux, qu'il est impossible de la déposséder que pié à pié. Je luy ay donné les premiers assauts ; quelque autre viendra qui luy fera quitter du tout la place » (1). Il est difficile de ne pas remarquer ici combien du Bartas, accusé si souvent d'exagération, en use au contraire avec discrétion et mesure, jusqu'à se faire blâmer et accuser de timidité. Ces critiques, auxquelles il fait allusion dans sa préface, nous les trouvons exprimées dans quelques vers latins qui sont joints à la *Semaine* de Christophe de Gamon (2), et qui ont pour titre : *Phaleucium de Gilbertus Columbi,* philosophe et médecin :

Ludentes Helicon vetus Camenas
Mentiri patitur : prophana sacris
Immiscere vetat Fides Poesim.

Nous les trouvons encore dans Sorel, qui reproche au poète d'user partout de quelques mots poétiques qui n'appartiennent qu'aux païens, bien qu'il fût obligé de parler en chrétien : « Les chevaux du soleil, ajoute-t-il, et autres impertinences trouvent place en ses ouvrages » (3). Et, en effet, il est certain que du Bartas mêle souvent les souvenirs de l'antiquité païenne à ses poèmes religieux, bien qu'il ait été le premier à protester contre l'emploi des fables grecques. Il laisse s'introduire dans ses vers les noms des anciennes divinités et leur y donne trop souvent un rôle déplacé, grâce aux métaphores qu'elles lui fournissent. Mais ce serait là peu de chose encore : on trouve quelquefois chez lui un bien malheureux mélange du profane et du biblique ; il compare David à l' « amie d'Anchise » (4) ; Goliath lui rappelle les Cyclopes (5) ; pour montrer que Dieu, avant la création du monde, se suffisait à lui-même et pouvait vivre « sans compaignie, » il rappelle assez bizarrement les paroles du « preux Scipion » disant qu' « il n'est jamais moins seul que quand seul il se void » (6). Bien plus, il se demande, en un singulier passage de sa deuxième *Semaine*, si le fruit de l'arbre de vie ne serait pas le nectar qu' « Hébé verse en la cour supresme » ou

(1) *Ibid.*
(2) A Niort, chez Jean Lambert, 1615.
(3) Remarques sur le 13e livre du *Berger extravagant.*
(4) 2e *Semaine. — Trophées.*
(5) *Ibid.*
(6) 1re *Semaine,* ch. I.

l'Ambroisie « immortel aliment des citoyens du ciel » (1). Les exemples de ce genre ne laissent pas d'être assez nombreux ; les plus frappants sont peut-être ceux où il fait intervenir les Amours pour enflammer le cœur de Salomon (2), et où il peint la terreur d'Adam après la chute (3).

Cependant, quelques concessions que le poète ait cru devoir faire au goût et aux usages poétiques de ses contemporains, il ne faut pas oublier que, suivant sa propre expression, il donna le premier l'assaut à la mythologie païenne; d'autres devaient bientôt suivre son exemple.

D'ailleurs, les sujets chrétiens ne cessèrent jamais entièrement d'être traités, notamment sur le théâtre, par les poètes français du XVIe siècle. Les mystères, même après Jodelle, s'étaient conservés dans certaines provinces, surtout dans la Normandie. En 1551, Théodore de Bèze donnait *Abraham sacrifiant son fils;* en 1566, Des Masures faisait représenter la trilogie de *David;* en 1567, Chrestien traduisait la *Jephté* de Buchanan; en 1580, Garnier mettait sur la scène *Sédécie;* la même année une tragédie en cinq actes sur Jeanne d'Arc était représentée à Pont-à-Mousson (4); plus tard, enfin, Monchrestien compose encore ses deux pièces de *David* (1600) et d'*Aman* (1601).

Quant à l'épopée, Vauquelin de la Fresnaye, dans son *Art poétique* où il expose d'ordinaire les idées et les théories de la nouvelle école, veut, comme du Bartas, que les poètes français abandonnent les héros païens et que le fond des poèmes épiques soit désormais emprunté au christianisme. Les défenseurs de la poésie chrétienne luttèrent encore pendant près de cent ans contre l'école mythologique, sans réussir jamais à faire prévaloir leurs vues. Du Bartas a, comme nous le verrons, de nombreux imitateurs au XVIe siècle, mais la plupart sont obscurs, et leurs œuvres ont disparu dans un profond oubli. C'est seulement vers le milieu du siècle suivant que l'antagonisme des deux écoles eut quelque retentissement. Le merveilleux païen était depuis longtemps maître de

(1) *2e Semaine. — Eden.*

(2) *2e Semaine. — Magnificence.*

(3) *2e Semaine. — Furies.*

(4) *Histoire tragique de la Pucelle d'Orléans*, par le P. Fronton Leduc, jésuite. Nancy, v[e] Janson, 1581.

notre poésie, et les épopées des Chapelain, des Saint-Sorlin, des Saint-Amant, donnèrent beau jeu à Boileau pour en consacrer définitivement le triomphe. Nous n'avons pas à retracer les épisodes de cette lutte entre les représentants du goût classique et les derniers champions de la poésie religieuse. En vain Perrault, soutenu par Bossuet lui-même, engagea-t-il contre le « législateur du Parnasse » une polémique célèbre où il plaide, avec quelque intelligence de l'épopée, la cause du merveilleux chrétien; en vain l'Académie française presque tout entière lui donna-t-elle raison: Boileau fut plus puissant que l'Académie, et son Art poétique eut sur la formation définitive du goût français une influence si grande que, même dans ses parties les plus contestables, il demeura la règle suprême et comme le code de notre poésie. L'emploi de la mythologie fut érigé en dogme. Repoussant le merveilleux du christianisme au nom de la religion et de l'art, et donnant de l'épopée une définition telle que la « fable » en est un élément essentiel, Boileau retarda d'un siècle et demi la réforme qui finit par donner raison au poète de la *Semaine* en bannissant la mythologie du poème épique et plus généralement du langage de la poésie.

On peut s'associer sans doute aux reproches que nous avons vu du Bartas essayer de réfuter: dans des poèmes consacrés à la gloire du Dieu biblique, l'usage, quelque discret qu'il soit, des divinités de l'ancien Olympe, ne peut que produire des disparates choquantes; et, dès le début de la 1re *Semaine*, lorsque le poète, en invoquant le Créateur des œuvres qu'il va célébrer, le montre « serrant et laschant la bride aux postillons d'Eole, » on ne saurait s'empêcher de trouver bizarre ce mélange que Boileau qualifiera plus tard de *coupable*. Mais, au lieu de reprocher à du Bartas un excès de prudence, il vaut mieux lui tenir compte du courage avec lequel il se sépara, sur ce point, de Ronsard et de ses disciples.

D'ailleurs, si l'on ne peut souffrir, dans certaines épopées, l'intervention constante des dieux du paganisme en des sujets tout chrétiens, si c'est une règle fondée sur le simple bon sens de leur refuser l'entrée de poèmes analogues aux *Semaines*, remarquons bien que, chez du Bartas, ils n'apparaissent jamais comme personnages actifs; notre poète ne leur a donné aucun rôle dans la composition même de ses épopées; si leurs noms, malgré la discrétion dont il se rend à lui-même témoignage, y paraissent encore trop fréquemment à notre gré, il n'en use, suivant ses propres paroles, que « par métonymie » ; ou bien, quand ces divinités y interviennent en personne, c'est qu' « il fait quelque allusion à leurs fables (1). »

Il y a incontestablement dans les poèmes de du Bartas, outre l'inspiration religieuse et morale qui les domine, un antagonisme bien marqué contre la poésie artificielle et mythologique de Ronsard et de son école. « J'ai seulement, dit-il, cet avantage sur la plupart de ceux qui courent en mesme lice avecques moy, que je ne mets point en œuvre des pierres fausses et contrefaites, ny des hapelourdes, comme plusieurs, ains des vrais diamans, rubis et émeraudes, pris dans le sacré cabinet de l'Éternel (2).

(1) *Préface* des deux *Semaines*.
(2) *Ibid.*

III

LA NATURE DANS LES POÈMES DE DU BARTAS

Caractère descriptif des deux *Semaines*. — Le sentiment de la nature au XVIe siècle. — Chez du Bartas, il manque, malgré quelques traits gracieux, de délicatesse et de finesse. — Ses descriptions se recommandent par la grandeur et l'élévation. — Place que tient la nature dans ses poèmes : rapprochements et images qu'il lui emprunte. — La noblesse et l'ampleur de ses peintures ne l'empêchent pas d'avoir un vif sentiment de la réalité. — La préoccupation jalouse de l'exactitude l'entraîne même dans de bizarres « hypotyposes ». — Fausse idée de l'imitation poétique au XVIe siècle et notamment chez du Bartas. — Ce qui fait le caractère original et personnel du poète, comme chantre de la nature, c'est sa conception morale de l'univers : il voit dans la création tout entière un ensemble de symboles ; Dieu se révèle à l'homme par ses œuvres et nous y propose tous les enseignements moraux, toutes les leçons de conduite qui doivent guider notre vie. — La *Semaine* et les *Bestiaires* du moyen-âge. — Les œuvres de du Bartas sont avant tout didactiques : il décrit la nature en poète et l'explique en moraliste chrétien.

Du Bartas, quel que soit le genre auquel appartiennent les deux *Semaines*, est avant tout un poète descriptif. La plus considérable de ses œuvres a justement pour objet de décrire la Création, et elle ne serait guère qu'une longue suite de tableaux, si le poète n'avait évité la monotonie grâce aux épisodes de toutes sortes qui donnent à son poème, outre la variété nécessaire à un si long ouvrage, un caractère original et personnel qui n'a pas toujours la poésie descriptive. C'est la nature qui tient la première place dans les œuvres de du Bartas ; elle est le fond même de sa poésie, et partout il tire d'elle son inspiration.

Bien des poètes du XVIe siècle l'avaient avant lui célébrée. Parmi les disciples immédiats de Ronsard, citons Belleau et Baïf. Nous ne parlons pas ici des *Petites Inventions* et des *Pierres précieuses* que composa le premier ; malgré la netteté et la grâce du style, la justesse et la précision de la peinture, ces descriptions d'un papillon, d'une cerise, d'un diamant, n'auraient pu valoir à leur auteur le surnom qu'il tient de Ronsard. C'est en 1565 et 1572 que Belleau publie ses deux journées de la *Bergerie* ; et là, il se recommande par un sentiment délicat de la nature ; sa pièce d'*Avril* notamment est une des plus gracieuses productions du XVIe siècle. Mais il ne faut pas lui demander la grande poésie des champs ; il voit dans la nature ce qu'il y a en elle de charmant, de joli, de coquet; le « gentil Belleau » la sent avec finesse et la décrit avec amour, mais il n'en sent et n'en décrit que les détails. C'est aussi ce que l'on peut dire de Baïf; ses poésies champêtres, sa *Chanson en l'honneur du printemps*, pour ne citer que la plus connue, sont remarquables par les mêmes qualités d'élégance et de grâce; mais il n'aborde jamais de grands sujets et se contente, comme son ami Belleau, de peindre des miniatures. Il faut ajouter à ces deux poètes Vauquelin de la Fresnaye; ses *Idyllies* renferment des pièces charmantes, malgré l'artificiel et le convenu qui les déparent souvent; mais, lui non plus, il ne s'élève jamais bien haut dans ses poésies même les plus vraies de ton et les plus sincères de sentiment.

Quant à Ronsard, il a une vue plus profonde, une compréhension plus large de la nature; il est à la fois peintre et poète : il échappe même fréquemment à cette imitation inquiète des anciens qui gène ailleurs la sincérité de sa poésie : s'il peuple les champs de sylvains et de nymphes, nul n'en connait mieux que lui les mélancolies et les splendeurs. Mais, malgré la richesse et l'éclat de ses peintures, il atteint rarement dans la description à la grandeur et à la majesté qui caractérisent du Bartas.

C'est cette majesté et cette grandeur qui nous frappent tout d'abord dans les *Semaines*. Cependant il ne faudrait pas croire que notre poète soit absolument dépourvu de toute délicatesse. Quoi de plus charmant, par exemple, que ces vers de la *Création*, où il nous montre le soleil

> Couronnant de bouquets le printemps gracieux (1) ?

ailleurs il salue la terre

> Vestue d'un manteau tout damassé de fleurs (2) :

il nous montre le laboureur allant dès le matin admirer les prés et les bois

> Que la flairante aurore emperle de ses pleurs (3);

---

(1) *1re Semaine*, ch. I.

(2) *1re Semaine*, ch. III.

(3) *Ibid.*

on trouve enfin chez lui certaines descriptions du printemps que ne désavoueraient pas Baïf ou Belleau ; elles ont toute l'élégance de ces poëtes en même temps que leur affectation mignarde (1). Mais, il faut le dire, quelques vers pris çà et là dans des poëmes aussi vastes que les *Semaines* ne suffisent pas à faire passer leur auteur pour un esprit léger et gracieux (2). Comme nous l'avons dit, ses descriptions, ses comparaisons, ses images, sont au contraire remarquables par l'élévation imposante qui distingue en tout son génie et qui s'accorde avec le sujet de ses poëmes. Citons en particulier cette belle scène de la fin du monde qu'on trouve au 1er chant de la *Création* ; au 2e, l'aspect de la terre après le déluge ; au 3e, l'éloge de la vie champêtre ; au 4e, la description de la course accomplie par le soleil ; au 7e enfin, ce morceau du début qu'admirait Gœthe. Dans la 2e *Semaine*, nous devons rappeler, entre autres beaux passages, la peinture du paradis terrestre et celle du cheval dompté par Caïn. Tous ces tableaux ont le même caractère de noblesse et de majesté, si l'on veut bien entrer assez dans les idées et le langage du XVIe siècle pour ne pas se laisser trop vivement choquer par quelques dissonances triviales. Nous n'y trouvons pas l'aimable légèreté d'autres poëtes contemporains, la grâce exquise avec laquelle ils savent exprimer tous les détails d'un paysage; mais du Bartas y apporte des qualités d'un autre ordre, et la magnificence n'est pas chez lui plus voisine de l'emphase que chez Belleau ou Vauquelin l'élégance de la

(1) Par exemple, au 4e jour de la *1re Semaine*, le morceau qui commence ainsi :

Tu n'as si tost fleschy ta flamboyante course, etc.

(2) On connaît pourtant la légende de cet essaim d'abeilles qui avait élu domicile sous un soliveau du Bartas : elle fait le sujet d'un sonnet, qu'un ami du poëte lui adressa. Ces méchants vers sont cités par Colletet le fils dans les *Remarques* qu'il ajoute aux *Vies* de son père.

Escrivant le bonheur du repos solitaire,
Ton estang fut ta mer, ton Ardenne ton bois,
Ta Gimone ton Nil, les oyseaux tes hautbois,
Ton Louvre le Bartas et Cologne ton Caire.

Mais, après ce bonheur, il ne falloit pas taire
Ton Hymette odorant et résonnant des voix
Des petits animaux fâçonnant de leurs doigts
Ce nectar savoureux qui chez toi coule, flaire.

De leur bon gré jadis ils se vinrent nicher
Dessous un soliveau de ton plus bas plancher,
Préférant ta maison à leur manoir antique,

Et là vinrent du vent de ton souffle bénin,
Ne couvrant sous leur corps éguillon ne venin,
Mais sentant l'air naïf de ta candeur attique.

mignardise. Nul au XVIe siècle n'a chanté la nature avec autant de pompe ; nul ne s'est servi avec une dignité égale de cette langue nouvelle que ses devanciers lui avaient transmise. Baïf et les poètes de son école faisaient de petits tableaux, délicats et fins ; chez l'auteur des *Semaines*, ce sont de vastes peintures largement traitées, d'une ordonnance noble et grave. Dans ses œuvres, la description est toujours épique : il ne se trouve à l'aise que lorsqu'il peut se donner libre et pleine carrière. Au reste, qu'il peigne la ruine de l'Univers ou le duel de deux rossignols, on sent toujours en lui, toutes proportions gardées, le poète héroïque qui donne un air de grandeur à tout ce qu'il touche ; et, s'il tombe quelquefois dans l'enflure, il sait bien souvent être simple sans cesser pour cela d'être grand.

Les nuances fugitives et discrètes peuvent échapper à du Bartas : mais, mieux que tout autre, il sait ce qu'il y a en la nature de sublime et de souverainement beau, en même temps que de sain et de fortifiant. Il l'observe et la décrit en poète, il la chérit en sage. Il sait l'admirer dans « son manteau bigarré de couleurs » ; mais il n'oublie pas de chanter en elle « la mère, la nourrice, l'hôtesse de l'homme (1) ». En un mot, elle est partout présente dans ses poèmes ; partout il se met en communication, ou, pour mieux dire, en communion avec elle. Elle fait le sujet même de sa plus belle œuvre ; mais, quand il ne va pas lui demander directement le thème de ses chants, c'est encore à elle qu'il en emprunte l'éclat et la richesse ; elle est la source intarrissable et pure de toute sa poésie. Nous la retrouvons à chaque page de son œuvre, toujours prête à donner à ses vers ce caractère de magnificence et de grandeur qui le distingue entre tous les poètes du XVIe siècle.

Ce sont parfois des rapprochements empruntés aux occupations et aux usages des champs, comme lorsqu'il compare la formation de la pluie à certaine opération de la vendange (2), les soldats d'Holopherne à des faucheurs (3), Moïse et les lévites à des moissonneurs (4). D'autres fois et plus souvent encore, ce sont les spectacles et les phénomènes naturels qui lui fournissent la matière de ses

(1) Voir le morceau du 3e chapitre de la *1re Semaine :* Je te salue, ô Terre, etc.

(2) *1re Sem.*, ch. II.

(3) *Judith*, ch. V.

(4) *2e Sem. — Loi.*

images et de ses figures. Ici, les citations seraient facilement innombrables. Tantôt de simples traits, des comparaisons courtes et rapides que le poète se contente d'indiquer en passant, sans vouloir y insister : quand il traite de « la matière des cieux », ne sachant trop à quelle opinion se ranger, incertain entre toutes les hypothèses émises par les savants anciens ou contemporains, il se compare

. . . . . . à la fueille inconstante
Qui sur le feste aigu d'un haut clocher s'esvente (1).

Une source jaillissant goutte à goutte lui rappelle le sarment qui, taillé trop tard,

Distille lentement mainte larme emperlée (2).

La nef arrêtée par la rémore reste immobile comme un chêne,

. . . . . . Qui des vents irritez
A mil et mille fois les efforts despitez,
Ferme, n'ayant pas moins, pour souffrir ceste guerre,
De racines dessous que de branches sur terre (3).

Le poumon est

Semblable au ventelet qui d'une fresche haleine
Esvente en plein esté les cheveux d'une plaine (4).

L'esprit d'Adam procède de l'esprit de Dieu, sans prendre la moindre portion de sa substance,

. . . . . . comme au renouveau
De l'humide sarment naist un bourgeon nouveau (5).

A la vue des infidèles, les Juifs sortent de Béthulie

Plus vistes qu'un torrent qui des hautes montagnes
Bruyant tombe à grands sauts dans les basses campagnes (6).

Appelé par Dieu après sa faute, Adam « ressemble

Le jonc au chef barbu qui dans le fleuve tremble (7).

---

(1) *1re Sem.*, ch. II.
(2) *Ibid.*, ch. III.
(3) *Ibid.*, ch. V.
(4) *Ibid.*, ch, VI.
(5) *1re Sem.*, ch. VI.
(6) *Judith*, ch. II.
(7) *2e Sem. — Imposture.*

Noë ranime sa famille dans l'Arche, comme « la doux-tombante orée »

> Fait reverdir les prez et refleurir les fleurs
> Que le ciel et l'autan fanent de leurs chaleurs (1).

Abraham recevant l'ordre de sacrifier son fils Isaac, ressemble au chêne creux

> Esbranlé, contrefaict, despouillé de cheveux,
> Et qui, n'estant moins sec dehors que dans la terre,
> Ne sert que d'eschalats au gravissant lierre (2).

Moïse, élevé sans peine, grâce à son heureux naturel, est

> . . . l'arbre généreux qui, sur le bord des eaux,
> Pousse sans estre aidé jusqu'au ciel ses rameaux (3).

Les parures de Jézabel pendent à ses cheveux

> Ainsi qu'au mois vineux, jaunes-rouges pendillent
> Les pommes dessus l'arbre et meures vont suyvant
> Le bransle des rameaux agitez par le vent (4).

Sans l'art des médecins, l'homme ne vivrait pas longtemps,

> Ains. semblable à la fleur de lin qui naist et tombe,
> Tout en un mesme jour son bers seroit sa tombe (5).

Les soldats d'Holopherne lient et emportent le chef d'Ammon

> Ainsi que le milan, dans son ongle crochue,
> Le pépiant poulet emporte par la nue (6).

Les Syriens, tantôt reculent, tantôt avancent, dans la mêlée,

> Ainsi que les espics, tandis qu'un doux zéphyre
> Durant le mois de may à travers eux souspire,
> Flottent, vont et revont, en arrière, en avant,
> Ore courbant leur chef, ore le relevant (7).

---

(1) *2e Sem. — Arche.*
(2) *Ibid. — Pères.*
(3) *Ibid. — Loi.*
(4) *Ibid. — Décadence.*
(5) *1re Sem.*, 3e chant.
(6) *Judith*, 2e chant.
(7) *Ibid.*, ch. V.

L'Esprit-Saint descend sur David :

> Comme on void en esté couler un astre ardant,
> Frisser par l'air serain, s'empenner d'estincelles,
> Et fondre d'un long trait sur les moissons nouvelles (1).

Souvent, au contraire, les comparaisons se développent avec ampleur comme chez Homère, sans se piquer d'exactitude dans tous les détails, pourvu qu'il y ait ressemblance générale et impression analogue. C'est ainsi que l'assemblée des chefs Syriens, irritée par le récit du chef Ammonite, est comparée aux vagues de la mer (2) ; le roi Médois, tombant sur le champ de bataille, à un grand chêne abattu par le bûcheron (3) ; Cambris et Carnis à deux peupliers (4) ; Abraham, sommé par Dieu d'offrir son fils en sacrifice, à un pin « contresouflé du Nord et du Not » (5) ; les Israélites fuyant Goliath à des pies (6) ; les fléaux de Dieu se déchaînant sur Sodome à un « escadron » de corbeaux (7) ; Joas à un ours que l'on essaie inutilement d'apprivoiser (8) ; Adam malade à un cerf aux abois (9) ; les prêtres de Bel, quand Élie élève l'autel du vrai Dieu en face du leur, aux génisses timides dont les taureaux se disputent la possession (10).

Ces nombreuses citations suffisent pour montrer quelle place la nature tient dans la *Judith* et dans les *Semaines*. Le XVIIe siècle la reléguera dans les genres inférieurs, et déjà Malherbe semble à peine la connaître (11). Mais, même parmi les poètes qui appartiennent à l'école de Ronsard, aucun ne s'est inspiré d'elle plus que du Bartas. On trouve chez lui peu de pages qu'elle ne rehausse par quelque image saisissante, par quelque comparaison grandiose. L'Océan, les arbres, les cieux, les fleurs, toutes les merveilles de la création, toutes les splendeurs de la terre prêtent leur magnificence au poète. Avant de signaler, comme nous le ferons plus bas, les fautes de goût et de tact, les vices de toute sorte qui déparent trop

(1) 2e *Sem.* — *Trophées.*
(2) *Judith*, ch. II.
(3) *Ibid.*, ch. V.
(4) *Ibid.*, ch. III.
(5) 2e *Sem.* — *Pères.*
(6) 2e *Sem.* — *Trophées.*
(7) *Ibid.* — *Vocation.*
(8) *Ibid.* — *Décadence.*
(9) *Ibid.* — *Furies.*
(10) *Ibid.* — *Schisme.*
(11) Faisons une exception pour la strophe si connue :

> L'Orne comme autrefois nous reverrait encore, etc.

souvent ses plus belles inspirations, rendons hommage au chantre de la nature et admirons librement dans ses poèmes tout ce qu'elle y a mis de grand et de majestueux.

Malgré la noblesse et la largeur de ses peintures, du Bartas n'est point un peintre dédaigneux de la précision, qui substitue sa fantaisie à la vérité. Les détails n'échappent point à son œil ; il ne recule devant aucune partie de l'œuvre qu'il a entreprise. S'il nous retrace avec une réalité saisissante le combat de l'éléphant et du dragon (1), il représente avec autant de soin ce grenouillon

. . . . qui, formé du devant,
Non du derrière encor, dans la bourbe se joue,
Moitié vif, moitié mort, moitié chair, moitié boue (2).

C'est avec une exactitude minutieuse qu'il analyse les maladies de l'espèce humaine (3), qu'il décrit les instruments de physique ou de cosmographie en usage au XVIe siècle (4), qu'il explique ou figure les expériences scientifiques dont le sujet de ses poèmes l'amène à traiter. Souvent même, pour le seul besoin d'une comparaison, il poursuit avec autant de fidélité que d'aisance tous les détails des phénomènes naturels les plus compliqués, comme celui de la distillation :

Car, comme en l'alambic la braise soufletée
Eslève une vapeur qui, peu à peu montée
Au sommet du chapeau, et, moite, ne pouvant
Sa flairante sueur faire aller plus avant,
Mollement s'espaissit, puis tombe goutte à goutte,
Claire comme cristal dans le verre s'esgoute,
La plus subtile humeur qui flotte dans les mers
Est des rais du soleil portée par les airs (5).

Nous avons déjà remarqué la précision du poète dans des descriptions d'un autre genre ; celle de la bataille d'Ivry est assez exacte pour être invoquée par des historiens comme un document capable de faire autorité. Quel que soit le sujet et le genre de ses peintures,

---

(1) *1re Sem.*, ch. VI.
(2) *1re Sem.*, ch. II.
(3) *2e Sem.* — *Furies.*
(4) *2e Sem.* — *Colomnes.*
(5) *1re Sem.*, ch. II.

du Bartas se garde toujours avec soin de tomber dans le vague et le convenu, fatals à la poésie descriptive.

Ce sentiment de la réalité, qui est en lui si vif, a même servi de prétexte à une curieuse anecdote. Pour se préparer à sa fameuse description du cheval, il se serait, dit-on, enfermé dans une chambre, « se mettant à quatre pattes, soufflant, hennissant, gambadant, tirant des ruades, allant l'amble, le trot, le galop, à courbette, et tâchant par toutes sortes de moyens à contrefaire le cheval » (1). Qu'on ait pu raconter du poète un pareil trait, c'est assez pour montrer combien il avait souci d'être toujours exact ; il y a là, après tout, un hommage rendu à son amour pour la vérité.

Si cette anecdote est plus plaisante que vraisemblable, du Bartas fut du moins entraîné par une préoccupation jalouse de la fidélité la plus minutieuse dans certaines singularités de style qui doivent leur origine à une fausse vue de l'imitation poétique. Ce que l'on connaît le mieux de ses œuvres, ce sont peut-être les quatre vers dans lesquels il veut rendre le chant de l'alouette :

La gentile alouette avec son tire-lire
Tire lire à l'iré, et tire-lirant tire
Vers la voute du ciel : puis son vol vers ce lieu
Vire, et désire dire, adieu Dieu, adieu Dieu (2).

Voilà, dit Sorel, « chose qui ne serait pas bonne, non pas même dans le poème macaronique de Antonius de Arena, ni dans celui de Belleau ». Ces espèces d'onomatopées bizarres sont pourtant assez nombreuses chez du Bartas. Quand elles consistent en un mot forgé par le poète (3), nous n'avons plus affaire qu'à une question de vocabulaire. Mais il arrive souvent qu'elles se développent en plusieurs vers. C'est ainsi que l'écho est laborieusement imité dans le passage suivant de la 2e *Semaine* :

Ainsi que les pasteurs qui, du long d'une croupe,
Voyans descendre un loup vers la laineuse troupe,
Crient : au loup, au loup ; le haut mont coup sur coup,
Coup sur coup la forest respond : au loup, au loup (4).

---

(1) Cette anecdote est rapportée par Sainte-Beuve, d'après Naudé. Op. cit.

(2) 1re *Sem.*, ch. V.

(3) Il dit que le chasseur fait « trantraner » son cor, et qu'on entend « dridriller » la sonnette argentine.

(4) 2e *Semaine*. — *Capitaines*.

Ailleurs, le poète essaie de reproduire le son des canons :

> Et leur ton ton-tonnant erre et prompt rond le rond
> Du plancher estoilé (1).

Dans un autre endroit il cherche à lutter avec le bruit du tonnerre :

> Comme le feu caché dans la vapeur espesse
> Marmotonne, grondant, la nue qui le presse
> Canonne, tonne, estonne, et d'un long roulement
> Iré fait retentir le venteux élément (2).

Il s'explique lui-même sur ce procédé, à propos d'exemples analogues. « Pour me convaincre d'erreur, dit-il, mes envieux allèguent ces vers : Le champ plat bat, etc. (3) ; item celuyci : bruyant, errant (4), etc., avec les deux ou trois précédens. Mais, ô bon Dieu, ne voyent-ils pas que je les ay faits ainsi de propos délibérez et que ce sont deux hypotyposes dont l'une exprime la course d'un cheval, l'autre le bruit d'une charette d'assier que je fay rouler sur un pont de fer à l'imitation de celle de Salmonée » (5) ? Cette naïve justification montre quelle singulière idée du Bartas se faisait de l'imitation dans la poésie : les vers que nous venons de citer ne sont plus qu'un jeu enfantin, non moins stérile que laborieux.

Mais il faut se garder d'imputer au seul auteur de la *Semaine* une fausse conception qu'il est facile de retrouver chez bien des poètes de l'époque. Pasquier, dans ses *Recherches de la France*, après avoir cité les vers les plus remarquables où Virgile a recherché des effets d'harmonie imitative, donne de Marot l'épitaphe suivante, composée en l'honneur d'un cheval :

> La vite virade,
> Pompante pennade,
> Le saut soulevant,
> La roide ruade,
> Prompte pétarrade
> J'ay mis en avant, etc.

---

(1) *Lépanthe.*

(2) *Furies.*

(3) Le champ plat bat, abat, destrape, grappe, attrape
Le vent qui va devant.....

(4) .... et dans la chartre horrible
Bruyant, courant, errant, terrible, horrible, rible.

(5) *Préface* aux deux *Semaines.*

Vient ensuite ce passage de Jacques Pelletier, où celui-ci nous montre les laboureurs qui

> Conséquemment vont le bled battre
> Avecques mesure et compas,
> Coup après coup et quatre à quatre
> Sans se devancer d'un seul pas.

« Et toujours Pelletier en la description du printemps, sur le chant de l'alouette, sans innover aucun mot fantasque, comme fit du Bartas sur pareil sujet :

> Sublime en l'air vire et revire
> Et y déclique un joli cri
> Qui rit, guérit, et tire l'ire
> Des esprits mieux que je n'escri » (1).

On le voit, dans les essais que du Bartas fit en ce genre, Pasquier blâme, non point la bizarrerie et la fausseté de la conception en elle-même, mais l'emploi de quelques mots « fantasques » ; la meilleure preuve en est l'éloge qu'il accorde aux exemples de Pelletier, inspirés par la même théorie de l'imitation poétique (2).

En veine de citations, l'auteur des *Recherches* donne bientôt après les vers qu'il a composés lui-même, « en se voulant jouer, sur le chant d'un rossignol » :

> Il me caresse tantost
> D'un tu tu, puis aussi tost
> Un tot tot il me bégaye ;

et ceux dans lesquels il a voulu représenter « l'éclat du tonnerre » :

> Jupin, pour parer à l'outrage
> Et à la détestable rage
> De ces furieux loup-garous,
> S'esclatant d'un cry craqua tous.

Ces vers et ceux qui les précèdent ne le cèdent point en ridicule aux

(1) *Rech. de la Fr.*, éd. in-fol., fol. 634.

(2) Pelletier lui-même, dans son *Art poétique* (liv. I, vers la fin), s'autorise de certains vers de Virgile pour se vanter d'avoir « rendu en son rossignol quelque chose du chant de l'oiseau, et en sa foudre l'éclat du tonnerre. »

inventions analogues de notre poète ; ils montrent que, dans ses « hypotyposes », l'auteur des *Semaines* se conforme à l'idée commune de son siècle sur l'harmonie d'imitation. S'il faut lui imputer un tort, c'est celui d'avoir, au gré de ses contemporains, assez bien réussi dans ce genre pour inspirer à son tour des imitateurs. Les vers sur l'alouette, qu'il avait imités de Pelletier, furent un thème bien souvent repris et remanié soit en français, soit en latin. En français rappelons ce passage de Gamon (1), qui renchérit sur son modèle :

L'alouette en chantant veut au zéphyre rire
Lui crie vie vie, et vient redire à l'Ire :
O Ire fuy, fuy, fuy, quite, quite ce lieu,
Et vite, vite, vite, adieu, adieu, adieu.

En latin, citons les hexamètres suivants que l'on trouve dans un recueil du jésuite belge Antoine de la Cauchée (1584-1625). Le titre général de l'ouvrage est d'ailleurs : *La pieuse alouette avec sa tire-lire ; le petit cou et plumes de notre alouette sont chansons spirituelles qui toutes lui font prendre le vol, etc.*

Ipsa suum tirelis, tirelis, tire, tir, tire, tractim
Ingeminans, secat astra levis, dein tramite recto
Ima petens : di, di, di, di, inquit Alauda, valete.

Ces devanciers (2), ces imitateurs du poète peuvent lui servir d'excuse ; nous n'alléguerons pas à sa décharge l'opinion de l'abbé Delille, qui trouvait charmants les vers de l'alouette, ou celle de J.-B. Rousseau qui les enviait à l'auteur des *Semaines*. Par bonheur, s'il lui arrive de s'amuser gravement à ces puérilités d'harmonie imitative et de confondre l'imitation poétique avec la « singerie » (3), de telles billevesées sont en définitive bien rares dans ses poèmes, vu leur caractère essentiellement descriptif.

---

(1) Op. cit.

(2) On peut rapprocher de toutes ces hypotyposes la traduction grecque du chant des grenouilles qu'Aristophane a transcrit dans sa comédie. Shakespeare a reproduit le cri du hibou par la notation : *Tou ou, tou wit, tou ou,* et celui du coq par la notation ; *Cock a doudel doue.*

(3) Sainte-Beuve, op. cit.

Nous avons hâte de laisser ces ridicules jeux d'esprit pour arriver à ce qui fait surtout le caractère original et personnel de notre poète, considéré comme le chantre de la Nature.

Rien de plus monotone qu'un versificateur qui décrit pour décrire; ainsi comprise, la poésie n'a plus d'âme; elle peut être un brillant miroir du monde, mais elle ne parle pas au cœur. Chez du Bartas, nous l'avons déjà dit, le poète et l'homme sont étroitement unis et confondus. Comme il représente l'esprit de Dieu soufflant la vie dans la masse informe et inerte du chaos, lui-même écrit un poème qui, d'un bout à l'autre, est toujours animé de sa propre âme, répandue pour ainsi dire dans les membres de ce grand Tout, dont il célèbre la création. Or, ce qui domine chez du Bartas, quand on le considère comme un poète descriptif, aussi bien qu'à tout autre égard, c'est la tendance morale et religieuse. Pour lui, la nature est avant tout l'œuvre de Dieu, le symbole de sa grandeur, de sa sagesse et de sa bonté. Son principal ouvrage n'est guère qu'un long développement de ces paroles du psalmiste : *cœli enarrant Dei gloriam*. De nombreuses citations mettront en lumière cette vue générale de l'univers qui marque l'originalité du poète : dans un siècle où la nature était plutôt aimée pour les plaisirs qu'elle donne, pour les rêveries et les impressions poétiques dont elle est la source, il lui demande surtout les enseignements et les leçons morales que l'homme peut en tirer. L'auteur de la *Semaine* voit Dieu dans toutes ses œuvres :

> Jamais le gay printemps à mes yeux ne propose
> L'azur du lin fleury, l'incarnat de la rose,
> Le pourpre rougissant de l'œillet à maints plis,
> Le fin or de Clitie et la neige du lis,
> Que je n'admire en eux le peintre qui... etc.;
> Et bref, soit que mes pieds foulent l'herbe des prez,
> Qu'ils grimpent sur les monts, qu'ils brossent ès forests,
> Je trouve Dieu partout (1).

Il regarde cette « ronde machine »

> Comme estant un miroir de la face divine (2),

---

(1) 1re *Sem.*, ch. III.
(2) 1re *Sem.*, ch. I.

comme une docte école

Où Dieu son propre honneur annonce sans parole (1).

Sa pensée s'accuse de plus en plus dans les vers suivants :

Le monde est un théâtre où de Dieu la puissance,
La justice, l'amour, le sçavoir, la prudence,
Jouent leur personnage, etc. (2).

Enfin la voici à son dernier degré de précision dans cette comparaison qu'on pourrait donner comme épigraphe à tout le poème :

Le monde est un grand livre où du souverain maistre
L'admirable artifice on lit en grosse lettre.
Chasque œuvre est une page et chasque sien effet
Est un beau caractère en tous ses traits parfait (3).

Le devoir de l'homme est justement de « lire » Dieu dans le spectacle du monde :

Il veut que. . . . . . notre âme sequestrée
Des négoces humains, lise en la voute astrée
Dans la mer, dans la terre et dans l'air éventé
Son prévoyant conseil, son pouvoir, sa bonté,
Afin que tant de corps soyent autant de bons maistres
Pour rendre grands docteurs ceux qui n'ont pas de lettres (4).

Du Bartas glorifie Dieu dans ses œuvres. Il le reconnaît dans les spectacles magnifiques de la nature, dans la merveilleuse architecture du corps humain ; il l'admire aussi dans ses plus humbles ouvrages et n'a pas le dédain d'un Buffon pour ces petits insectes qui « valent autant qu'un monde » :

Mon livre, heureux tesmoin de mes heureuses veilles,
Ne rougi de porter les mouches, les abeilles,
Les papillons cornus et cent mil autres vers
Paints sur ton blanc papier du crayon de mes vers,
Puisqu'ils sont de la main de cet ouvrier qui, etc. (5).

(1) *1re Sem.*, ch. I.
(2) *Ibid.*
(3) *Ibid.*
(4) *1re Sem.*, ch. VII.
(5) *Ibid.*, ch. V.

Mais le poète de la *Semaine* ne se contente pas de célébrer le Créateur en chantant les merveilles de la Création : il tire encore, chaque fois que l'occasion s'en présente, les enseignements pratiques, les préceptes de morale, les leçons de conduite que Dieu nous propose en mainte page du « grand livre » de la Nature. Les mêmes particularités de physique et d'histoire naturelle dont Montaigne argue contre la raison, du Bartas s'en sert pour son apologie religieuse et morale (1). Dans le chapitre VII du deuxième livre des *Essais*, on rencontre des traits et même des tableaux qui se trouvent chez du Bartas avec une conclusion tout opposée. Pour le poète, les astres, les plantes, les animaux, sont une source d'enseignements ; partout chez lui l'exhortation et la sentence :

> . . . depuis les clous d'or du viste firmament
> Jusqu'au centre profond du plus bas élément,
> Chose tu ne verras, tant petite soit-elle,
> Qui n'enseigne aux plus lourds quelque leçon nouvelle (2).

Cette vue morale de l'univers, du Bartas la développe avec une candeur souvent bizarre à la fin du dernier chant de la première *Semaine*. Il faut y lire comment les planètes nous apprennent à suivre la volonté de Dieu ; la lune, que nous n'avons rien sinon par emprunt ; l'air, que l'affliction nous est nécessaire ; la mer, que rien ne nous doit faire outrepasser la loi de Dieu ; la terre, qu'il nous faut être constants. Les épis de blé nous enseignent à être humbles, la cannelle nous donne des leçons d'honneur, le diamant et l'or nous exhortent enfin à la fermeté.

Ce sont là des exemples empruntés aux corps qui n'ont point de vie ; mais, continue le poète, les enseignements des corps vivants touchent plus les esprits : l'épervier donne des conseils aux ingrats, l'aigle aux pères, la tourtre à la femme infidèle, les oyes aux babillards, certains poissons aux mères « qui refusent à leurs fils leurs nourrices mamelles », les araignées aux époux, les chevreuils aux enfants, etc. « Le poète (3) pose ici les fondements d'une physiologie religieuse, digne de tous chrestiens, très-utile et nécessaire aux théologiens : et dedans les livres des anciens docteurs, nommément

(1) Sayous. *Ecriv. de la Réform.*
(2) *1re Sem.*, ch. VII.
(3) *Commentaire* de S. Goulart, édit. de 1611.

de Chrysostôme, il y en a des fragmens espars, pleins de singulière instruction. »

Cette « physiologie chrestienne » dont parle Simon Goulart et qu'il fait remonter jusqu'à saint Jean Chrysostôme, servit bien souvent de thème à nos anciens rimeurs. Il suffit de rappeler ici les manuels d'histoire naturelle ou d'astronomie, qui, versifiés d'abord en latin par les théologiens et les clercs, avaient été imités ou traduits par nos poètes du XIIe et du XIIIe siècle. Les allégories de la *Semaine*, surtout dans les singularités que nous avons signalées, se rattachent à ce symbolisme universel du moyen âge, dont s'étaient inspirés Philippe de Thau, Gervaise et beaucoup d'autres. La littérature zoologique et cosmographique de cette époque est perpétuellement dominée par des préoccupations morales et religieuses : la vérité scientifique n'importe guère ; on cherche dans la science, non pas la science elle-même ou ses applications d'utilité matérielle, mais plutôt des préceptes de conduite et des maximes de morale. Nous retrouvons cette tendance dans tous nos *Bestiaires, Volucraires* ou *Computs*, qui rivalisent d'ingéniosité pour tirer des objets ou des phénomènes naturels ces leçons de vertu et ces enseignements pratiques dont les descriptions et les tableaux ne sont qu'un prétexte (1).

Faut-il croire que du Bartas se soit inspiré de ces anciens poèmes ? Ils étaient ensevelis, de son temps, dans un profond oubli, et nous ne pouvons guère supposer qu'il les ait connus. C'est plutôt des « anciens docteurs » qu'il procède : au reste, nous retrouvons dans l'esprit même du protestantisme contemporain cette tendance morale qui dégénère quelquefois chez du Bartas en raffinements bizarres et pédantesques, mais qui donne à son poème un caractère si élevé. Les versificateurs du moyen-âge ne voyaient en général dans les compositions religieuses qu'un moyen de racheter leurs péchés de jeunesse, ou considéraient la matière des *Computs* comme un cadre tout préparé pour des rimes commodes : du Bartas, ainsi

(1) Cf. l'analyse du *Dit des Planètes* (Aubertin, *Hist. de la litt. fr.*, t. II, p. 64). — Dans le *Bestiaire* de Gervaise, publié par la *Romania* (n° 4, oct. 1872), le centaure est comparé à l'hypocrite (v. 329-344) ; le phénix à Jésus-Christ (v. 1009-1052) ; le cerf « a signifiance d'homme qui fait sa pénitence » (v. 1075-1076) ; le crocodile « a de mort semblance et d'enfer a signifiance » (v. 293-294), etc., etc. — Dans le *Comput* de Philippe de Thau (édit. Trübner, Strasbourg, 1873), on peut voir l'explication allégorique de tous les signes célestes (liv. III, p. 50 et seq.), et celle de tous les jours de la semaine (liv. I, p. 17 et seq.).

que nous l'avons dit, met dans son œuvre tout son cœur et toute son âme. D'ailleurs, quelque mérite qu'on puisse reconnaître à certains de nos plus anciens poèmes zoologiques ou astronomiques, il n'y a pas de comparaison possible entre ces almanachs rimés et un monument aussi riche, aussi imposant, aussi grandiose que la *Semaine*.

Quoiqu'il en soit, l'œuvre de notre poète mérite bien le nom de « didascalique » parmi tous ceux que nous l'avons vu y appliquer. Dans son *Avertissement* il va même jusqu'à s'excuser des ornements qui égaient le poème : le but qu'il poursuit, c'est en premier lieu l'instruction du lecteur. Entre les louanges de toutes sortes que les contemporains lui adressaient, ils n'avaient garde d'oublier celle qui pouvait le plus toucher son cœur. « Ceux qui feuillètent du Bartas pour en tirer seulement du plaisir et trier quelques mots ou élégances qui leur plaisent le plus, ressemblent celuy qui cultiveroit un riche champ pour en cueillir seulement des fleurs, dont il feroit des chapelets et bouquets de briève durée, et ne tiendrait compte des fruits savoureux et nécessaires à la vie humaine dont il pourroit faire bonne provision. » Ainsi s'exprime l'éditeur de 1611 dans son *Adresse au lecteur*. Et plus loin : « Du Bartas enseigne gracieusement, admoneste sagement, verse ès cœurs des jeunes hommes maints honnêtes et agréables préceptes de modestie, d'attrempance, de simplicité, etc. » On serait tenté d'appliquer au poète le principal éloge que Montaigne faisait d'Amyot : ses œuvres sont pour le XVIe siècle une école de lieux communs honnêtes et le répertoire d'une saine et haute morale qu'on ne trouvait guère dans la poésie contemporaine.

Du Bartas aime surtout la nature parce que tout y rend présents à la pensée la puissance et l'amour du Créateur. Non seulement la mer, la terre, le ciel, les magnificences et les sublimes harmonies de la Création élèvent notre âme vers Dieu ; non seulement, comme Platon voulait que les objets dont nous sommes entourés fussent la réalisation sensible des Idées éternelles, l'auteur de la *Semaine* nous environne lui aussi d'innombrables symboles et fait de la nature un miroir de la divinité ; mais encore, à ses yeux, tout dans l'univers prend une voix pour donner des leçons à l'homme, depuis les êtres animés jusqu'aux corps inertes ; et c'est cette voix dont le poète recueille les exhortations et les préceptes pour en faire lui-même son profit et pour l'avantage du lecteur.

IV

LE GOUT ET LE STYLE DE DU BARTAS

Le goût chez du Bartas est moins pur que l'inspiration. — Il tombe tour à tour dans la trivialité et dans l'emphase, comme le lui reprochent déjà les critiques contemporains, et pèche encore bien souvent par la recherche et l'afféterie. — Enflure de du Bartas : elle ne se marque pas seulement par tel ou tel trait, mais aussi par le caractère général de ses conceptions et dans son œuvre tout entière : sa magnificence perpétuelle est à la longue accablante. — Malgré le ton emphatique du poète, son style ne sait pas se garder de la trivialité et de la bassesse : nombreux exemples de ces défauts. — Cependant on trouve chez lui les raffinements, les jeux d'esprit et toutes les subtilités ambitieuses que l'imitation italienne avait mis à la mode : comparaisons recherchées ; métaphores alambiquées, burlesques et prétentieuses ; antithèses artificielles, puériles ou redoublées à plaisir ; équivoques de mots et figures bizarres. — Langage affété qu'il prête à la passion. — Outre les vices de sa langue, ce sont ces défauts, l'emphase, la trivialité et la recherche, qui ont empêché du Bartas d'occuper dans notre poésie la place où semblent l'appeler tant de belles et hautes qualités.

Si l'inspiration chez du Bartas est toujours pure, le goût du poète l'est malheureusement beaucoup moins. C'est en faisant allusion à lui que Ronsard écrivait :

> Je n'aime point ces vers qui rampent sur la terre,
> Ni ces vers ampoulés dont le rude tonnerre
> S'envole outre les airs ; les uns font mal au cœur
> Des liseurs desgoustés, les autres leur font peur.
> Ni trop haut, ni trop bas, c'est le souverain style ;
> Tel fut celuy d'Homère et celuy de Virgile (1).

L'auteur des *Semaines* est, en effet, sujet à tomber tour à tour dans la trivialité et dans l'emphase. Il le sentait bien lui-même, et nous le voyons, dès le début de son principal poème, se mettre en garde contre ces deux excès.

> Picqué d'un beau soucy, je veux qu'ore mon vers
> Divinement humain se guinde entre deux airs,
> De peur qu'allant trop haut, la cire de ses ailes
> Ne se fonde aux rayons des célestes chandelles,
> Et que, trainant à terre, ou que, razant les eaux,
> Il ne charge les bouts de ses craintifs cerceaux (2).

---

(1) A la suite du sonnet : Ils ont menty, Daurat, etc. Edit. Blanchemain, t. V.
(2) *1re Sem.*, ch. I.

Mais il ne réussit pas à trouver ce « style souverain, » ni trop haut, ni trop bas, que le poète de la *Franciade* recommande. Plusieurs écrivains du XVIe siècle s'accordent à lui adresser les mêmes critiques que Ronsard. « Du Bartas, dit le cardinal du Perron (1), est impertinent en ses métaphores qui, pour la plupart, ne doivent se prendre que des choses universelles ou si communes qu'elles aient passé comme de l'espèce au genre; mais lui se servira de la plus sale et vilaine métaphore qu'on se puisse imaginer et descendra toujours du genre à l'espèce, qui est une chose fort vicieuse. » Du Perron, calviniste avant la conversion de Henri IV, auteur lui-même de petits vers galants, est, cela se comprend, peu porté à l'indulgence pour du Bartas, et il le juge toujours, nous en avons déjà eu des preuves, avec une sévérité excessive. Ici, il ne fait guère qu'énoncer le jugement général des contemporains sur l'auteur de la *Semaine*, suspect à tous de trivialité et de bassesse. Quant au défaut opposé, de Thou nous apprend que « certains juges trouvent le langage du poète trop figuré, ampoulé et rempli de gasconnades » (2); Colletet, que « son style passe parmi les intelligents pour un style enflé et bouffi (3) »; Scaliger, qu'il a tous les défauts de Lucain (4). Plus tard, enfin, le Père Rapin le blâme d'avoir voulu « faire consister l'essence de la poésie dans la grandeur et la magnificence des paroles (5). »

Enflure et bassesse, toutes les critiques adressées au goût du poète se rapportent à ces deux défauts, et l'accord de tant de juges différents suffirait, au besoin, pour en prouver la justesse; nous ajoute rons encore que le grave auteur des *Semaines* pèche bien souvent par la recherche et l'afféterie. Tels sont, à ce qu'il semble, ses travers les plus choquants, ceux qui ont empêché jusqu'ici de rendre pleine justice à ses grandes qualités poétiques. Nous allons les reprendre un à un.

La pompe et l'emphase de son style nous frappent avant tout. Dans une invocation à Dieu, il lui demande quelque part de traiter « matière si divine d'un style non humain (6) »; il semble que ce

(1) *Perroniana*, édit. de 1669, p. 30 et 31.
(2) *Histoire*, liv. XCIX.
(3) *Vie de du Bartas.*
(4) Scaliger, cité par Haag. *Fr. prot.*
(5) *Réflexions générales sur la Poétique*, XXX.
(6) *Judith*, I.

vœu du poète ait été trop bien exaucé. Uranie est une Muse dangereuse, et ce n'est pas impunément qu'il la prend pour inspiratrice. Nous n'énumèrerons pas ici tous les passages de ses œuvres où l'on peut relever des traits emphatiques, soit qu'il nous représente

.... les bourgeois d'Amphitrite
Trouvant pour se sauver la mer mesme petite (1);

soit qu'il nous montre Dieu créant

.... tant de poissons en formes si divers
Qu'on voit comme plongé dans les eaux l'univers (2).

Cette emphase ne se marque point seulement par tel ou tel trait isolé; on la sent dans l'œuvre tout entière; c'est, suivant l'expression de Pasquier (3), « je ne sais quelle sorte de vers et conceptions plus enflés que dans Ronsard. » L'élévation du poète ne se traduit pas toujours assez simplement. On sent, dans l'expression, quelque chose de guindé et de tendu : du Bartas est souvent pompeux où il suffirait d'être simple. Il ne se trouve vraiment à son aise que dans les parties de son œuvre où le sujet demande de la magnificence et de la solennité. On pourrait appliquer à ses vers ce que Stendhal disait en général des alexandrins français, qu'ils ressemblent à une paire de pincettes brillantes et dorées, mais droites et roides. Cette recherche constante du grand, ou plutôt cet instinct naturel de son génie, cette inspiration toute spontanée qui le porte toujours dans les régions les plus élevées de la poésie, lui a valu bien des pages réellement belles; mais beaucoup d'autres ne sont qu'emphatiques, et ses ouvrages, en général, pèchent par la monotonie d'un style trop constamment pompeux. La lecture en produit le même effet que celle de Lucain, auquel on l'a quelquefois comparé (4). Une magnificence continue est, à la longue, accablante. Que dire pour excuser cette enflure perpétuelle, sinon ce qu'il allègue lui-même? « La grandeur de mon sujet désire une diction magnifique, une phrase haut-levée, un vers qui marche d'un pas grave et plein de

(1) *1re Sem.*. II.

(2) *Ibid.*, IV.

(3) *Rech. de la Fr.*, loc. cit.

(4) Scaliger (passage déjà cité). — Pasquier (*Rech. de la Fr.*, liv. VII, ch, I, fol. 625).

majesté, non esrené, non lasche, ni efféminé et qui coule lascivement ainsi qu'un vaudeville ou une chansonnette amoureuse. » « J'espère, poursuit-il en s'adressant au lecteur, recevoir de ta grâce quelque excuse, vu que les choses de si grand poids ne peuvent estre commencées et parfaites tout ensemble (1). » Dans des sujets alors tout nouveaux, le poète n'a pas exactement saisi la mesure. Il eût fallu un tact plus délicat, un goût plus sûr, et, ajoutons-le, une langue poétique mieux fixée. Tel qu'il est, du Bartas mérite sans doute les critiques que lui a values une pompe souvent déplacée ; mais on peut citer aussi de lui bien des passages où l'élévation du ton et du langage s'accordent sincèrement avec celle de la pensée. Si, comme la Pléiade, on fait table rase du moyen âge, il faut considérer la poésie française, à cette époque, comme étant encore bien près de son enfance : mais, née de l'érudition, elle ne saurait avoir la simplicité inconsciente des âges naïfs ; et, d'ailleurs, elle n'a pu encore atteindre à cette simplicité voulue et réfléchie qui suppose toujours une longue expérience. Toutefois, nous devons le reconnaître, du Bartas a su moins bien que Ronsard se préserver de l'enflure, et, aux défauts de son siècle, il en a ajouté d'autres qui tiennent à l'imperfection de son propre goût.

Quant à la trivialité, elle est d'autant plus sensible chez lui que son emphase habituelle la fait ressortir. Enflure et bassesse ont la même cause : comme nous l'avons dit, c'est la mesure qui manque au poète et, s'il va souvent trop haut, il lui arrive aussi bien souvent de descendre trop bas. « Son malheur, dit Sainte-Beuve, est qu'il gâte son élévation par des traits burlesques, des expressions déplacées et de mauvais goût dont il ne sentait pas le léger ridicule (2). » Nous laissons pour le moment de côté tant de locutions devenues triviales et qui, de son temps, s'employaient couramment dans le style le plus relevé. Du Bartas semble avoir peut-être une prédilection particulière pour ces expressions et ces vocables qui font tache aujourd'hui dans ses poèmes ; mais on ne saurait, sans injustice, lui adresser des reproches qui, comme nous le verrons, doivent être presque toujours renvoyés à la langue de son temps.

Il en est d'autres que l'auteur des *Semaines* ne peut éviter. On

(1) *Préface des Semaines.*

(2) Sainte-Beuve. Op. cit.

rencontre dans ses œuvres bien des trivialités qui lui sont imputables parce qu'elles ne tiennent plus aux mots, mais à la pensée. Ces traits burlesques sont, chez lui, assez fréquents ; nous en donnons quelques exemples :

Le créateur

Fait toucher à nos doigts, flairer à nos narines
Gouster à nos palais ses vertus plus divines (1).

Dieu tient

En une main le fleau, l'emplastre en l'autre main (2).

L'esprit, « de soy mesme flateur, »

..... grate sa propre roigne (3).

Si l'univers se maintient en équilibre, c'est que

.... l'innocente Astrée
Lie tout du mastic d'une amitié sacrée (4).

Enos, faisant un sacrifice à Dieu,

D'un encens vaporeux son nez sacré parfume (5).

Après s'être montré à Abraham,

Le Seigneur disparaît d'une façon semblable
Que la poudre à canon qui prend feu sur la table (6).

Parmi les Philistins que Samson écrase sous les débris du temple,

L'un entre deux carreaux ayant le chef froissé
Rend la cervelle ainsi qu'un fromage pressé
Jette le petit lait (7).

Christ est la « colle » qui unit l'homme « au créateur du pôle. » — David dit à Salomon :

Avec de friands mets n'irrite point ta bouche,
Le travail soit ta sausse (8).

---

(1) *1re Sem.*, ch. I.
(2) *1re Sem.*, ch. VII.
(3) *2e Sem. — Furies.*
(4) *Ibid.*
(5) *2e Sem. — Artifices.*
(6) *2e Sem. — Vocation.*
(7) *2e Sem. — Capitaines.*
(8) *2e Sem. — Magnificence.*

Après la ruine de Jérusalem,

> La maison du Seigneur est la maison des rats (1).

L'univers devient

> Une vis à repos qui par certains degrés
> Fait monter nos esprits sur les planchers sacrez
> Du ciel porte brandons (2).

Nous pourrions citer un grand nombre d'autres exemples. Ceux-ci prouvent suffisamment la justesse des reproches que du Perron fait à du Bartas, quand il blâme ses trivialités. Quelles que soient les qualités de l'auteur des *Semaines*, il est, par ce côté, inférieur à bien des poètes contemporains qui avaient l'avantage de vivre et de composer leurs vers dans un milieu élégant et poli. Il le sent bien lorsqu'il se plaint de ne pouvoir « suivre que de loin ces excellents esprits qui n'ont d'autre but qu'honorer la France par l'immortel labeur de leurs plumes (3), » et lorsqu'il forme le projet d'aller faire un séjour à Paris pour corriger ses défauts. A cet égard, du Bartas fut, suivant le mot de Sainte-Beuve, le poète des provinces et des réfugiés. On sent qu'il n'a pas respiré cet air plus subtil de Paris et de la Cour dont on pourrait dire ce que J. du Bellay applique à celui de Rome :

> .... Doucement il nous emble
> Ce qui est plus terrestre et lourd en nos esprits.

Cette atmosphère lui manqua toujours : voilà, en grande partie, la cause de sa trivialité comme de son enflure. Ce qu'il y a de surprenant, ainsi que le fait observer de Thou, c'est que « dans son pays et sans autre secours que celui de la nature, il ait composé d'aussi beaux ouvrages (4). » « Considérées en un gentilhomme champestre et d'une nation qui ne parle pas toujours bon françois, ses œuvres semblent plus dignes d'admiration que de louanges, et faut convenir que, s'il fust né aussi bien en France comme en Gascogne, et qu'il eust été nourri en la cour comme en sa maison, il eust surpassé tout

---

(1) 2e *Sem.* — *Décadence.*
(2) 1re *Sem.*, ch. I.
(3) *Avertissement aux Semaines.*
(4) *Mémoires.*

ce que l'art de bien dire a pu jamais enseigner, puisqu'avec tous ses défauts, étant seul et sans conversation de personne de laquelle il pust prendre avis, il a néanmoins atteint à la perfection des plus grands qui s'en soient meslés (1). » Il faut faire bien des réserves sur les éloges que renferme ce jugement; mais, si l'enflure et la trivialité ne restent pas moins de graves et choquants défauts dans les œuvres de notre poète, elles peuvent, en effet, s'expliquer par son isolement, au fond d'une province que, nous venons de le voir, on distingue encore de la France.

Cependant, rien ne serait plus faux que de se représenter l'auteur des *Semaines* comme ignorant absolument le bel usage et tout à fait étranger aux élégances de la mode contemporaine ; on trouve même chez lui les raffinements de goût, les jeux d'esprit et les subtilités que nous rencontrons chez tous les poètes du temps, jusqu'à d'Aubigné, courtisan et académicien. Si grave qu'il soit, du Bartas donne souvent dans ces défauts : il y a en lui l'étoffe de ce qu'on devait appeler plus tard un *alcôviste*. Mais son ingéniosité n'est pas celle de Desportes, dont le goût est plus fin et plus délicat : il met beaucoup d'esprit dans ses comparaisons, ses alliances de mots, ses antithèses, ses figures de toutes sortes; malheureusement tout cela est laborieux et pédantesque. On dirait Corneille faisant des madrigaux pour l'hôtel de Rambouillet; encore le grand Corneille vivait-il au centre même du bel esprit : du Bartas, lui, tombe dans les exagérations où devaient, près d'un siècle après, se laisser aller les Précieuses de province, les seules que Molière, si on l'en croit, ait voulu jouer dans sa comédie.

On trouve souvent chez lui des traits d'esprit qui n'auraient pas été sans succès dans le fameux salon d'Arthénice. Le feu est appelé : « Alchimiste, soldat, forgeron, cuisinier, Chirurgien, fondeur, orfèvre, canonnier » (1re S., 2). Certain poisson voyageur « A le commerce franc par tous les deux Neptunes (I, 4). » Lorsque le poète Arion se met à chanter, les vents « changent tout soudain leurs bouches en oreilles (I, 5) ». Le Phénix « De soy-mesme se fait, par une mort prospère, Nourrice, nourrisson, hoir, fils, et mère et père » (I, 5). Echo est la « fille de l'air Qui ne veut ni ne peut langarde rien celer, Qui ne sçayt s'enquérir, ains seulement respondre,

(1) *Adresse des imprimeurs au roi*, éd. de 1611.

Et qui jamais en vain ne se laisse semondre (1). » Dans le chant des *Artifices*, on nous montre un pauvre logis « où nuit et jour le Nort, Le Sud, l'Est et l'Ouest sans huissier entre et sort. » Judith demande à Dieu que « les esprits » d'Holopherne « Dans les tours anelez de ses cheveux soient pris » (Jud. IV). A l'assaut d'une ville, « Chacun prend son eschelle, et, vaillamment dispos, Porte vers les remparts son chemin sur le dos » (II, Décad.).

Mais il n'y a encore là que des raffinements trop ingénieux. Dans d'autres passages, ce n'est pas seulement le goût littéraire qui manque à du Bartas, c'est aussi je ne sais quel tact moral dont il semble par instants tout à fait dépourvu. Citons, par exemple, ces vers du *Schisme* où nous voyons une mère, qui a mangé son fils dans une famine, terminer sa « plainte » au roi par cette péroraison trop burlesque pour être pathétique :

> Que si tu n'as esgard à mes larmes non feinctes...
> .... escoute au moins la plainte
> De mon fils, qui, bruyant dans ces boyaux icy
> D'un murmure confus te remonstre cecy.

Les comparaisons recherchées se rencontrent en grand nombre. Au chant VI de la 1re *Semaine*, on peut citer la suivante :

> .... Nous fredonnons du Tout-puissant l'honneur :
> Nostre langue est l'archet, nostre esprit le sonneur,
> Nos dens les nerfs batus, le creux de nos narines
> Le creux de l'instrument d'où, etc.

Le passage de la *Loy* que nous donnons ci-après témoigne d'une subtilité que du Bartas a rarement poussée aussi loin. C'est une comparaison entre Jésus-Christ et la manne :

> Ce grain est bien menu, mais plein d'alme substance ;
> Christ est fort en effet et foible en apparence.
> La mane est toute douce, et Christ n'est rien que miel ;
> Elle tombe d'en haut, Christ dévale du ciel, etc.

Il n'en faut pas davantage pour montrer jusqu'où peuvent aller le mauvais goût du poète et les raffinements du théologien ; au reste,

(1) 2e *Sem. — Eden.*

les rapprochements se poursuivent encore pendant toute la longueur d'une page ; et, le thème une fois abordé, du Bartas ne nous fait grâce d'aucun détail.

Les métaphores alambiquées se trouvent en abondance : l'harmonie de l'univers est « un bal mesuré des astres » (I, 1). Arion appelle le dauphin qui le porte « cheval sans bride, nef sans timon ». (I, 5). Les oreilles se nomment « portières de l'esprit » (I, 6) ; l'estomac « cuisinier parfait » (I, 6). David est « Des cœurs passionnés la carte anatomique, Un chaud fusil de zèle » (II, Décad). Le cheval blessé

. . . . . d'une ancre pourprée
Escrit désespéré son malheur sur la prée (II, Voc.).

Bien souvent une métaphore qui, dans son premier terme, n'a rien de choquant, se continue par un second terme, en accord peut-être avec le précédent, mais auquel la figure emprunte un caractère tantôt burlesque, tantôt prétentieux. C'est ainsi que du Bartas dit en parlant de l'âme :

. . . . . . le flambeau de nos esprits accorts
Luit... à travers la lanterne du corps (I, 6).

Le diable ressemble à un capitaine qui, assiégeant une ville,

De l'aune de son œil mesure la muraille (II, Imp.).

Jérémie est un

. . . . . . orgue animé du vent
Qui part du seul gosier du Dieu toujours vivant (II, Déc.).

Dans la *Lépanthe*, Satan attise le feu de la discorde, que

Le général esteint de l'eau de son bon sens.

Un grand nombre d'antithèses sont tout artificielles et ne consistent que dans les mots : les serpents

Voire mesme en mourant monstrent vive leur rage (I, 1).

La seiche, répandant sa liqueur au moment d'être prise,

Par l'aide du flot noir évite l'onde noire (I, 5).

Salomon a beau chercher le sommeil :

Le dormir ne fait point dormir ses douces peines (II, Magnif.).

Dieu, demandant à Abraham de sacrifier son fils,

> . . désire inhumain une humaine victime (II, Pères).

D'autres sont à la fois prétentieuses et puériles, comme quand le poète dit de Coré :

> Son corps est escarté (écartelé) des rocs précipitez ;
> Il entre avecque bruit au règne du silence (II, Loy).

Plusieurs enfin sont retournées dans tous les sens et redoublées comme à plaisir. Il faut, dit Abraham au moment d'immoler Isaac,

> Que, pour suivre la foy, je transgresse la foy,
> Que pour estre bon fils de mon Dieu, las ! je soy
> Mauvais père d'Isaac, et qu'Isaac pour me plaire,
> Pour, dy-je, estre mon fils, ne soit ni fils ni père (II, Pères).

Le mauvais goût du poète se trahit plus souvent encore par des équivoques, des jeux de mots, des consonnances recherchées, dont il abuse pour en tirer des effets d'ordinaire bien puérils. Il y a dans ces artifices comme un ressouvenir de l'ancienne poésie française à la fin du XV° siècle et au début du XVI°. Les exemples que nous donnons ci-dessous font songer aux poètes de ce temps : ce sont Molinet, Meschinot, le bon Crestin au vers équivoqué, Marot lui-même, qui, dans sa première jeunesse, ne dédaigna pas ces jeux de la rime, ces rencontres de sons analogues, ces rapprochements de mots à double sens où se complaisaient ses devanciers.

Quelquefois du Bartas emploie dans la même phrase soit deux termes analogues, soit le même terme répété, avec un sens qui varie d'un vers à l'autre, et qui passe tantôt du propre au figuré, tantôt du figuré au propre. Nous en donnons ci-dessous plusieurs exemples :

> . . . Le nocher, durant sa dangereuse course
> Se laisse plus guider par le gain que par l'ourse (I, 4).

Les médecins

> . . . . . . vident par leur longueur
> Plus tost nos coffres d'or que nos corps de langueur (II, Eden).

Racontant l'incendie de Sodome, le poète s'écrie en parlant des habitants de la ville :

> Feu, tu punis le feu qui brutal les tourmente (II, Voc.).

Dans la *Judith*, quand les Hébreux pleurent, dévorés par la soif, le ciel

> . . . Joindroit volontiers ses larmes à leurs larmes (III).

Jésus est le Verbe par excellence,

> Parole qu'on ne peut exprimer par parole (Triomphe, 3).

Devant les Turcs, on voit

> Bude et Rhode trembler or' plus qu'un tremble tremble (Ib. 1).

Citons encore les traits suivants :

> . . . . . . Mais voi comme la mer
> Me jette en mille mers où je crains d'abismer,
> Voi comme son desbord me desborde en parole (I, 3).

> . . . Quel sera celui qui fera que j'escrive
> Avec honneur l'honneur dont notre ayeul se prive ? (II, Imp.).

> Ses propos hors propos de sa bouche eschapez (II, Arche).

> Son cœur reprend cœur (II, Voc.).

> Isaac, cœur de mon cœur et de ma vie (Ibid.).

> . . L'esprit qu'en esprit tout bon esprit adore (II, Pères).

> Dieu donra libéral en prononçant ses loix
> Esprit à leur esprit par l'Esprit de sa voix (Jud. 2).

Du Bartas semble rechercher tout particulièrement les figures bizarres analogues aux suivantes : Dieu a fait le monde « d'un labeur sans labeur ». Les oiseaux sont guidés « d'un art sans art » (I, 7). L'esprit tient « un lieu sans lieu » (II, Imp.). « D'une peur sans peur » (I, 7). Travailler « après le prix sans prix » (I, 7). Les exemples de ce genre pourraient être aisément multipliés.

La ressemblance tout extérieure de mots dont le sens est différent lui fournit encore des effets dont il abuse. Ce sont :

Bouche, boucher. — Toy qui peux des vents les plus rebelles
Et les bouches boucher et déplumer les ailes (I, 4).
Leur bouche se boucha (Jud. 3).

Voler (furari, volare). — « Voleurs volans » en parlant des oiseaux de proie (I. 6).

Fil, filer. — La torpille, prise à l'hameçon, lance un venin
. . . . . . dont la force subtile
Court au long de ce fil, et du fil avant file
Tout au long du baston (I, 5).

Sang, sens. — (La mort a mille fois)
Et de sang et de sens privé vostre ennemi (II, Fur.).

Voguer, Vaguer. — . . . . font en mille parts
Et vaguer et voguer les peuples fils de Mars (II, Col[ies]).

Peur, pleur. — Il pestrit sous ses pieds et les peurs et les pleurs (II, Troph.).

Accord, accort. — Ils accordent, accorts, leurs passages... (II, Magnif.).

Repas repos. — Le peuple ne prend point ni repas ni repos
. . . Le chef qui perdoit et repas et repos (Ibid. 5).
. . . Me faisoit perdre et repos et repas (Uranie).

Juge, jugement. — Juges sans jugement (Jud. 3).

Accabler, cable. — Est accablé d'un cable (Triomphe, I).

Heurs, pleurs. — Si vous êtes battus, vos heurs deviendront pleurs (Lép.).

Démentir, menton. — Sa doctrine, sa foy, son esprit, son bon sens,
Desmentent son menton et surannent ses ans (II, Pères).

Saint, sain. — Pain non moins saint que sain (manne). (II, Loy.).

Adoré, doré. — Dans des coches non moins adorez que dorez (II, Cap.).

A côté de belles alliances, comme par exemple lorsque le poète nous décrit la « mort féconde » du Phénix (1re Sem. V), ou nous montre le larron qui, après avoir volé une riche bourse,

Craintivement hardi la cache sous sa cape (II, Imp.),

il y en a d'autres où l'on ne saurait voir qu'un jeu enfantin. C'est ainsi qu'il appelle la médecine un art toujours chancelant, une « connaissance inconnue » (II, Fur.), qu'il nomme « heureux malheur » (Jud. 5) l'obscurité de la vie privée, qu'il traite de « sçavante ignorance » (Jud. 3) le procédé du peintre grec qui couvrit la face d'Agamemnon dans le tableau du sacrifice d'Iphigénie.

Ajoutons encore à tous ces exemples de mauvais goût les épitaphes composées par du Bartas pour Bernard de Supersanctis, avocat au parlement de Toulouse, décédé la veille de la Toussaint (1585).

PREMIÈRE ÉPITAPHE.

Sénat, peuple plaideur, n'attend, ne quiers, ne plains
Ici ton Cicéron, ton Caton, ton Scévole :
Ton Tulle, ton Caton, ton Scévole s'envole
La veille de Toussaints, tout sain, dessus les Saints.

Il serait difficile de pousser plus loin la poésie amphigourique ; on dirait une gageure du poète, un défi porté à la raison et au sens commun. Ni Molinet ni Meschinot, dans leurs rimes les plus compliquées, dans leurs combinaisons d'assonances les plus extravagantes, n'avaient jamais été plus loin. On pourrait encore s'expliquer ces étranges billevesées, s'il s'agissait d'un jeu, si du Bartas avait voulu composer une espèce de rébus pour exercer la sagacité de ses lecteurs ; mais de pareils vers ne sauraient être nulle part plus déplacés que sur la pierre d'un tombeau. La seconde épitaphe renchérit d'ailleurs sur la première. Du Bartas s'y est surpassé :

SECONDE ÉPITAPHE

Si la loy donnoit loy à la loy de la vie,
Tes loys, ô vive loy, eussent donné la loy
A la mort, loy de vie. Hélas ! mais avec toy
La loy de mort nous a la loy de vie ravie (1).

Telles sont les subtilités, les recherches laborieuses et puériles où se complaît trop souvent le poète. Lui arrive-t-il quelquefois de peindre ou de faire parler la passion, il lui prête un langage artificiel et affété qui fait beaucoup plus d'honneur à son ingéniosité qu'à son goût. Il faudrait citer en ce genre la longue description du « bois des Amours » qui se trouve dans la deuxième *Semaine* (2).

(1) Ces épitaphes se trouvent à la page 700 de l'édition de 1632.

(2) *Magnificence.*

Ailleurs (1), toujours dans le même poème, on entend David s'écrier en voyant Bethsabée au bain :

> . . . . . . O clairs bains, si vos eaux
> Gelées vont roulant, d'où sortent les flambeaux
> Qui consument mon cœur ? Si vostre onde bouillonne,
> D'où vient ce froid hyver qui mon âme glaçonne ?. . .
> Las ! je meurs pour te voir et meurs pour ne te voir
> Que de loin. . . .

Dans le poème de *Judith*, l'amour d'Holopherne ne s'exprime pas avec moins de mauvais goût. Que me sert, dit le chef Syrien,

> La rondache d'acier, d'airain la bourguignote,
> Et tout mon corps cerné d'une guerrière flotte,
> Puisque le trait aigu qui de son bel œil part,
> Faussant fer et soldats, m'outre de part en part ?
> Que me sert ce coursier dont la vistesse isnelle
> Devanceroit le vol de la viste arondelle,
> Puisque, fuyant sur luy, je ne puis esviter
> Le soin qui jour et nuit vient mon cœur pinceter ?

On le voit par tous ces exemples, du Bartas, le chantre de la Création, le grave et austère poète, n'est pas plus exempt de pointes et de puérilités raffinées que de trivialité et d'emphase. Ces défauts appartiennent sans doute à son temps ; mais, pour y donner à ce point, il fallait qu'il y fût déjà porté de lui-même et que les circonstances ne lui eussent pas permis de cultiver et d'épurer un goût naturellement peu sain. Son manque de mesure et de tact l'a toujours empêché d'occuper dans notre poésie la place où semblent pourtant l'appeler tant de belles et hautes qualités, que de pareilles taches nous laissent malaisément estimer à leur juste prix.

(1) *Trophées.*

V

L'IMITATION DES ANCIENS DANS DU BARTAS

L'imitation des anciens au XVIe siècle. — Respect de du Bartas pour l'antiquité. — S'il a puisé dans la Bible l'inspiration qui domine toute son œuvre, nous trouvons chez lui une foule de passages qu'il a empruntés aux poètes grecs ou romains. — Ce sont tantôt de vagues réminiscences, tantôt des imitations conscientes et réfléchies : traits isolés ; tableaux et comparaisons. — Morceaux plus étendus : la description du chaos dans Ovide et dans du Bartas ; le poète français renchérit encore sur son modèle, déjà trop peu sobre. — Portrait de la Faim : on y trouve le même défaut, mais la vigueur de la peinture est incontestable. — Tableau du déluge : imitation libre et personnelle. — Autres épisodes. — Dans l'*Eloge de la vie rustique*, du Bartas s'inspire à la fois de plusieurs modèles, mais il fond tous les traits qu'il leur dérobe en une harmonieuse unité : ce passage où les emprunts sont perpétuels est animé partout d'un sentiment vrai et original. — L'auteur des *Semaines* n'est point un imitateur servile ; l'inspiration toute personnelle du poète éclate jusque dans ses imitations.

Beaucoup des vices que nous avons signalés dans le chapitre précédent sont particuliers à du Bartas ; on peut dire cependant que l'éducation du goût français n'est pas encore faite au XVIe siècle. La Renaissance semble avoir pris à tâche de refondre le génie national dans le moule grec et romain : mais, à l'école même de l'antiquité, il fallait que les poètes choisissent bien leurs modèles, et qu'ils sussent les imiter avec délicatesse ; or, la plupart ne montrèrent pas toujours beaucoup de discernement dans leur choix et portèrent rarement assez de tact et de réserve dans leur imitation. Ce sont là les reproches que nous devrons faire à du Bartas ; mais nous aurons aussi à reconnaître qu'il a trouvé chez les anciens de belles inspirations, et qu'il lutte parfois avec eux sans trop de désavantage.

Quoique la muse de la Pléiade ait été accusée de parler grec et latin, l'influence toute puissante de l'antiquité s'exerça dans le domaine des idées et des sentiments beaucoup plus que dans celui de la langue. A cet égard, l'imitation des anciens est un élément capital dans l'histoire de notre poésie au XVIe siècle. C'est par des traductions que commence la réforme de nos lettres : dès 1500, Oct. de St-Gelais publie l'*Énéide*, des épitres d'Ovide, l'*Andrienne* ; dans son *Art poétique* (1548) Th. Sibillet nous apprend que « la Version est aujourd'hui le poème le plus fréquent et mieux receu des doctes lecteurs » (1). Quand nombre d'ouvrages anciens ont passé dans notre langue et que nos poètes se sont familiarisés avec ceux de la Grèce et de Rome, — sans cesser de traduire, on se met aussi à imiter. La Pléiade se partage les anciens : Ronsard s'inspire d'Homère, de Virgile, de Pindare, Jodelle de Sénèque, Baïf et Belleau d'Anacréon. Quelques-uns, tout en prenant l'antiquité pour modèle et pour guide, savent cependant conserver une certaine indépendance et parfois même s'approprier avec bonheur les dons les plus précieux des poètes anciens : c'est surtout dans la poésie légère que l'imitation est heureuse. Mais d'ailleurs, quel que soit le genre où ils s'exercent, quel qu'ait été leur succès, tous les écrivains du XVIe siècle ont les yeux fixés sur l'antiquité et vont chercher auprès d'elle leur inspiration.

Quoique poète chrétien et huguenot, du Bartas n'est point à excepter. Malgré la nouveauté de sujets où les anciens semblaient avoir peu à lui apprendre, il reste cependant leur fidèle disciple ; et, s'il ne craint pas de combattre quelquefois leur science, souvent leur philosophie, toujours leur religion, il ne parle jamais qu'avec un respect profond de leurs écrivains et de leurs poètes. C'est Homère,

> qui fait par tout le monde
> Comme un grand Océan ruisseler sa faconde (2) ;

c'est Démosthène « roy des cœurs » (3), c'est « celui qui retire Ilion sur le Tibre », Virgile, « l'inimitable Prince des chantres latins » (4),

> Toujours semblable à soy et dissemblable à tous (5).

Au reste, du Bartas ne se contente pas d'apporter le tribut de ses louanges à tous les grands poètes grecs ou romains dont le nom vient sous sa plume : comme ses contemporains, il doit beaucoup à l'antiquité ; et, s'il a puisé dans la Bible l'inspiration qui domine toute son œuvre, nous trouvons chez lui une foule de passages qu'il a empruntés aux anciens.

---

(1) Livre II, cap. XIV.
(2) II. *Bab.*
(3) *Ibid.*
(4) 1re *Sem.*, ch. V.
(5) II. *Babyl.*

Il y a bien souvent dans ses poèmes des imitations qui se présentent à l'état de vagues réminiscences; chez lui comme chez les autres poètes du XVIe siècle, l'antiquité, lors même qu'elle ne paraît pas au premier plan, se laisse toujours pressentir dans un lointain plus ou moins visible. Nous ne nous arrêterons pas à ces souvenirs inconscients que chaque lecteur peut varier et multiplier à son gré. Citons, pour en donner au moins un exemple, les vers suivants de la Ire *Semaine* qui rappellent un passage bien connu de l'Odyssée (1) :

Semblables au François, qui, durant son jeune âge,
Et du Tibre au Pô parcourt l'heureux rivage...
Il ne peut oublier le lieu de sa naissance,
A chaque heure du jour il tourne vers la France
Et son cœur et son œil, se plaignant qu'il ne voit
La fumée à flots gris voltiger sur son toit.

On ne peut guère feuilleter quelques pages du poète sans trouver la trace d'emprunts bien manifestes qu'il a faits à l'antiquité. C'est parfois un simple vers que du Bartas a retenu dans sa mémoire et dont il enrichit sa poésie. Au 2e jour de la *Création*, peignant la neige qui tombe, il achève son tableau par un trait dérobé à Virgile :

. . . . Et sur l'amas chenu
A grand peine du cerf paraît le chef cornu (2).

Dans un autre passage du même chant, c'est à Ovide qu'il emprunte une image pour décrire « le ciel d'ombre couvert », qui

Semble choir goutte à goutte (3). . . .

Lorsqu'il fait dire à Jonas, enseveli dans le ventre de la baleine :

Sans me bouger je cours, ma maison est mouvante,
Et vif je suis couvert d'une tombe vivante,

---

(1) I, 55.

(2) . . . . Stant circumfusa pruinis
Corpora magna boum, confertoque agmine cervi
Torpent mole nova et summis vix cornibus exstant. (Géorg., III, 368).

(3) Inque fretum credas totum descendere cælum (Ovide).

il met dans la bouche du prophète un vers bien connu de Lucrèce (1). Quand, parmi les Furies, il nous montre

L'Envie aux bigles yeux, grasse de la maigresse
De ses plus grands amis (II. Fur.),

l'imitation d'Horace n'est pas moins visible (2).

D'ailleurs, les emprunts du poète ne se bornent pas à ces traits rapides et isolés; il lui arrive aussi de reproduire avec leur forme générale des comparaisons largement développées, des tableaux entiers qu'il trouvait tout prêts à passer dans ses vers.

Le passage suivant est directement imité de Virgile :

Tout ainsi que, Phœbus frapant contre un gobeau,
Sur la fenestre assis tu vois soudain que l'eau
Renvoye d'un long trait ceste clarté tremblante
Contre le haut plancher de la salle brillante (3) (I, 2).

Une autre comparaison, prise au même poète, est appliquée par du Bartas à Abraham, auquel Dieu prête contre ses ennemis la force et l'ardeur d'une nouvelle jeunesse :

C'est tout ainsi qu'en mars le serpent despouillé
D'un cuir salement vieil, sort de son trou souillé,
Siffle, poingt, lève au ciel sa teste plus superbe
Et flambant tout en or se traîne parmi l'herbe. (II, Voc.) (4).

Au 3e jour de la 1re *Semaine*, la terre, vieille et épuisée, est comparée, d'après Lucrèce, à une femme que l'âge a frappée de stérilité :

Semblable à celle-là dont le corps est cassé
Des tourments de Lucine, et dont le flanc, lassé

---

(1) Viva videns vivo sepeliri viscera busto. *(De nat. rerum,* V.)

(2) Invidus alterius macrescit rebus opimis. *(Epit.,* I, 3.)

(3) Sicut aquæ tremulum labris ubi lumen ahenis
Sole repercussum aut radiantis imagine lunæ
Omnia pervolitat late loca, jamque sub auras
Erigitur, summique ferit laquearia tecti. *(Enéide,* VIII, 22.)

(4) . . . . primoque in limine Pyrrhus
Exsultat, telis et luce coruscus ahena :
Qualis ubi in lucem coluber, mala gramina pastus. . .
Nunc positis novus exuviis nitidusque juventa
Lubrica convolvit sublato pectore terga, etc. *(En.,* II, 469.)

D'avoir de ses enfants peuplé presque une ville,
Espuisé de vertu devient enfin stérile (1) (I, 3).

Dans le chant des *Colonies*, du Bartas met à profit quelques vers d'Horace pour peindre la succession incessante des races humaines :

. . . . nulle race
En fief perpétuel ne possède une place,
Ains à terme, à loage, ou par forme de prest
Elle possède un champ, un mont, une forest,
Et, comme quand l'orage esmeut la mer profonde,
Le flot chasse le flot et l'onde chasse l'onde,
Toutes les nations s'entrepoussent des bras (2) (II, C[ios]).

Au même poète, il emprunte, pour marquer les changements continuels des langues, une comparaison que nous aurons occasion de citer plus bas :

Il en est tout ainsy que des feuilles d'un bois, etc. (3) (II, Bab.).

Au 2e jour de la *Création*, c'est un raisonnement dont il demande à Lucrèce et le fond et la forme, lorsqu'il veut montrer, pour aboutir à une conclusion tout opposée, que rien ne peut sortir de rien ;

Et de vray, si d'un rien les corps prenoyent naissance,
La terre produiroit le froment sans semence,
Les enfans desirez naistroyent des flancs puceaux,
Tout se feroit partout, etc. (4) (I, 2).

Plus loin, lorsqu'il célèbre l'homme, dernière créature de Dieu, il ne craint pas de s'approprier les vers bien connus où Ovide marque la supériorité de l'espèce humaine sur les autres animaux :

... Et d'un informe corps (tu) formas le corps humain,
Ne courbant toutefois sa face vers le centre
Comme à tant d'animaux qui n'ont soin que du ventre,

---

(1) Jamque adeo fracta est ætas effetaque tellus
Vix animalia parva creat, quæ cuncta creavit, etc...
Destitit, ut mulier spatio defessa vetusto. (*Lucr.*, II, 1150.)

(2) Sic, quia perpetuus nulli datur usus, et hæres
Hæredem alterius velut unda supervenit undam, etc. (*Ep.*, II, 2.)

(3) Ut silvæ foliis pronos mutantur in annos,
Prima cadunt : ita verborum vetus interit ætas, etc. (*Art poét*, 60.)

(4) Nam si de nilo fierent, ex omnibu rebus
Omne genus nasci posset, nil semine egeret, etc. (*Lucr.*, I, 159.)

Mourans d'âme et de corps, ains relevant ses yeux
Vers les dorez flambeaux qui brillent dans les cieux (1) (I, 6).

Ailleurs, il imite d'Horace ce portrait célèbre de l'homme juste et résolu dans ses desseins, que rien ne saurait ébranler :

Que la fortune adverse au champ mette ses forces
Contre un homme constant, ses plus rudes entorces
Ne luy feront changer ses desseins bien conceus,
Non quand mesme le ciel lui tomberoit dessus (2) (I, 7).

Dans le chant de la *Magnificence*, lorsqu'une des deux femmes entre lesquelles Salomon doit juger rappelle au roi les caresses qu'il recevait tout enfant de son père David, le poète a songé à cette touchante scène de l'Iliade où Hector, près de quitter Andromaque, prend le petit Astyanax dans ses bras :

Quand encore tout chaud, tout sanglant, tout pantois,
Il (David) revenoit chargé des dépouilles des rois,
Il couroit t'embrasser, te berçoit en sa targe,
Et pleurant t'enlevoit sur son espaule large ;
Tu prenois lors sa barbe et riois en voyant
Un autre Salomon rire en l'or flamboyant
Du casque paternel, mignardois cent minetes
A travers le duvet de ses blanches aigrettes,
Et semblois, des grands flots d'un pennache couvert,
L'oiselot qui s'esbat dedans un buisson vert (3) (Magnif.).

Dans ces vers, comme dans la plupart de ceux que nous avons cités, ce n'est pas une traduction servile, une imitation avide et violente ; les traits que du Bartas emprunte, il se les approprie aisément, et il sait aussi en ajouter d'autres qui ne font pas tache dans

(1) Pronaque cum spectent animalia cetera terram,
Os homini sublime dedit, cælumque tueri
Jussit, et erectos ad sidera tollere vultus. (*Métam.*, I.)

(2) Justum et tenacem propositi virum
Non civium ardor prava jubentium
Non vultus instantis tyranni, etc. (*Odes*, III, 3.)

(3) ὡς εἰπὼν οὗ παιδὸς ὀρέξατο φαίδιμος Ἕκτωρ,
ἂψ δ' ὁ πάϊς πρὸς κόλπον ἐϋζώνοιο τιθήνης
ἐκλίνθη ἰάχων, πατρὸς φίλου ὄψιν ἀτυχθείς,
ταρβήσας χαλκόν τε ἰδὲ λόφον ἱππιοχαίτην, etc. (*Iliade*, VI, 466.)

le tableau, témoin l'image si gracieuse qui termine le morceau précédent. Mais, si nous voulons juger de quelle façon le poète met à profit l'antiquité, il ne faut pas nous en tenir à ces détails; nous devons choisir dans ses œuvres quelques passages plus étendus pour les comparer à ceux dont ils sont imités.

Telle est, par exemple, la description du chaos qui se trouve au 1er jour de la 1re *Semaine*, et que du Bartas a empruntée en grande partie à Ovide. « Je veux, dit Pasquier, en parlant de ce morceau, que les plus hardis Aristarques interposent ici leur arrest pour juger lequel des deux poètes a rapporté l'honneur de cette description; car, encore que du Bartas ait voulu en quelques vers imiter Ovide, si s'est-il rendu inimitable en ces quatre :

> La terre estoit au ciel et le ciel en la terre,
> La terre, l'air, le feu se tenoyent dans la mer,
> La mer, le feu, la terre, estoyent logez dans l'air,
> L'air, la mer et le feu dans la terre, et la terre
> Chez l'air, le feu, la mer (1). »

Nous ne nous associerons pas au jugement de Pasquier, surtout à son enthousiasme pour les vers cités. Cependant, l'imitation est souvent heureuse dans cette description du chaos, et le poète a fait de louables efforts pour ne pas rester au-dessous du modèle, et même pour le surpasser. Mais c'est justement cette préoccupation qui gâte le passage : Ovide est mesuré, si on le compare à du Bartas. Celui-ci regarde le texte latin comme une sorte de matière qu'il tient à honneur d'enrichir et d'amplifier. Or, l'auteur des *Métamorphoses* n'est point de ces poètes qu'un imitateur peut pour ainsi dire achever : rien de plus dangereux que d'ajouter des traits à une description d'Ovide. Aussi du Bartas tombe-t-il dans l'exagération et le mauvais goût ; il ne se contente pas des expressions latines, *rudis indigestaque moles, pondus iners, discordia semina rerum ;* tous ces redoublements ne lui suffisent pas encore; il multiplie les pointes et les antithèses (2), jusqu'à ce qu'enfin, brodant sur les vers

(1) *Rech. de la Fr.*, fol. 637.

(2)
> Ce premier monde estoit une forme sans forme,
> Une pile confuse, un meslange difforme,
> D'abysmes un abysme, un corps mal compassé,
> Un chaos de chaos, un tas mal entassé, etc.

de son modèle, il termine par le passage amphigourique dont nous avons entendu Pasquier faire l'éloge.

Mais, même quand il prend Ovide pour modèle, du Bartas n'est pas toujours aussi malheureux. Citons, par exemple, le portrait de la Faim qui se trouve dans le chant des *Furies :* l'imitation n'y semble pas trop inférieure à l'original. Simon Goulart trouve là pour le lecteur « une occasion de considérer combien peut nostre langue, estant poussée d'un gentil esprit » (1). Et certes, il y a de la vigueur dans ce morceau ; le seul reproche que l'on puisse faire au poète est, ici encore, d'avoir trop souvent renchéri sur le modèle. D'ailleurs, il ne se contente pas d'emprunter à Ovide ce portrait, tel qu'il est tracé en quelques vers. A la suite se trouve, chez le poète latin, le récit du supplice d'Erisichton et du dévouement de sa fille ; et, dans ces deux morceaux, du Bartas a cherché de quoi rendre sa peinture plus vive encore et plus énergique. Il traduit d'abord le portrait, tel, ou à peu près, qu'il le trouve dans Ovide :

Son cuir noir est percé des pointes de ses os (2) ;
Elle baille toujours, l'œil au crane luy touche,
Et l'une joue à l'autre ; on voit dedans sa bouche
Jaunir ses claires dents (3) ; et ses vuides boyaux
Paroissent à travers les rides de ses peaux (4).
Pour ventre elle n'a point que du ventre la place (5) ;
Les coudes et genoux s'enflent sur la carcasse (6).

Puis il recueille çà et là dans l'épisode d'Erisichton, les traits qui peuvent encore servir à représenter la Faim :

Insatiable monstre, à qui pour un repas
A peine suffiroit tout ce qui vit ça bas (7).
Son gosier va cerchant la viande ès viandes (8) ;
L'un mets l'autre semond ; ses entrailles gourmandes

(1) *Commentaire* de l'édition de 1611.
(2) Ossa sub incurvis exstabant arida lumbis.
(3) Cava lumina — scabri rubigine dentes.
(4) Dura cutis per quam spectari viscera possent.
(5) Ventris erat pro ventre locus.
(6) Genuumque tumebat Orbis.
(7) Quodque urbibus esse Quodque satis populo poterat, non sufficit uni.
(8) Inque epulis epulas quærit.

Se vident en mangeant (1). . . .
Pour remplir ses boyaux, ses boyaux elle mange,
Elle amoindrit son corps pour le faire plus grand (2).

Il y a sans doute bien du mauvais goût dans tout ce passage; mais Ovide en est parfois responsable, et, si l'on peut reprocher à du Bartas de ne pas toujours bien choisir les traits qu'il imite, d'accumuler toutes les antithèses que son devancier avait disséminées dans un morceau beaucoup plus étendu, il faut pourtant reconnaître et louer, après toutes ces réserves, le mérite d'une imitation dont la vigueur est incontestable.

Nous trouvons encore, dans le 2e jour de la 1re *Semaine*, un tableau que du Bartas a emprunté à Ovide, le plus heureusement imité de ceux que lui fournit l'auteur des *Métamorphoses* : c'est la description du déluge. — Dans tout le début, il s'attache scrupuleusement à son modèle :

. . . . . Le Tout-Puissant garrotte
L'Aquilon chasse-nue et met pour quelque temps
La bride sur le col aux forcenez Autans (3).
D'une aile toute moite ils commencent leur course;
Chaque poil de leur barbe est une humide source (4).
De nues une nuit enveloppe leur front, (5),
Leur crin desbagoulé tout en pluye se fond (6),
Et leurs dextres, pressans l'espaisseur des nuages,
Les rompent en esclairs, en pluyes, en orages (7).

Jusqu'ici du Bartas n'a guère fait qu'une traduction ; mais il faut convenir qu'elle n'est pas trop inférieure à l'original.

---

(1) Cibus omnis in illo Causa cibi est, semperque locus fit inanis edendo.

(2) Ipse suos artus lacero divellere morsu
Cœpit, et infelix minuendo corpus alebat.

(3) Protinus Æoliis Aquilonem claudit in antris
Emittitque Notum.

(4) . . . . madidis Notus evolat alis...
Barba gravis nimbis.

(5) Terribilem picea tectus caligine vultum...
Fronte sedent nebulæ.

(6) . . . . canis fluit unda capillis...
. . . . rorant pennæque sinusque.

(7) Utque manu lata pendentia nubila pressit,
Fit fragor et densi funduntur ab æthere nimbi.

Les divinités païennes ont naturellement leur place dans la suite du morceau latin : l'auteur de la *Semaine* ne peut dès lors suivre Ovide ; sans doute il ne répudie pas complètement, nous l'avons déjà vu, le merveilleux du paganisme ; mais ce n'est pas dans une description du déluge biblique que la mythologie peut trouver place. Le poète passe donc quelques vers de son modèle, et continue en y revenant :

Les torrens escumeux, les fleuves, les ruisseaux,
S'enflent en un moment ; jà les confuses eaux
Perdent leurs premiers bords, et dans la mer salee
Ravageant les moissons courent bride avalee (1) ;
La terre tremble toute, et tressuant de peur
Dans ses veines ne laisse une goutte d'humeur.

Ici du Bartas ne traduit plus, il développe deux vers d'Ovide ; mais, pour ce développement même, il se sert de son texte, tel qu'il le retrouve un peu plus loin (2).

Dans l'intervalle, Ovide fait intervenir Neptune qui rivalise avec son frère Jupiter ; du Bartas a laissé de côté ce passage, mais il le remplace par un autre dont le mouvement est le même :

Et toy, toy-mesme, o Ciel, les escluses desbondes
De tes larges marests, pour desgorger les ondes
Sur ta sœur, qui, etc.

Continuant sa description, le poète français suit de nouveau l'original, en l'amplifiant :

Ja la terre se perd, ja Nérée est sans marge,
Les fleuves ne vont plus se perdre en la mer large,
Eux-mesmes sont la mer ; tant d'Océans divers
Ne sont qu'un Océan ; mesme cet Univers
N'est rien qu'un grand estang qui veut joindre son onde
Au demeurant des eaux qui sont dessus le monde (3).

Puis il passe encore quelques vers, afin de réserver pour la fin le

(1) Sternuntur segetes, et deplorata coloni
Vota jacent, longique labor perit irritus anni.

(2) Exspatiata ruunt, etc.

(3) Jamque mare et tellus nullum discrimen habebant ;
Omnia pontus erant ; deerant quoque littora ponto.

tableau dans lequel Ovide nous montre les hommes fuyant l'invasion des eaux toujours plus menaçante. Mais il revient aussitôt à son modèle :

L'estourgeon, costoyant les cimes des chasteaux,
S'esmerveille de voir tant de toists sous les eaux (1) :
Le manat, le mular, s'allongent sur les croupes
Où n'aguères broutoyent les sautelantes troupes
Des chèvres porte-barbe (2), et les dauphins camus
Des arbres montagnards razent les chefs ramus (3).

Beaucoup de traits d'Ovide manquent dans le passage qui précède : cette fois, du Bartas a su choisir ; il a évité maints détails de mauvais goût qui déparent la description latine.

Dans les vers qui suivent, l'imitation est souvent heureuse, mais elle a pourtant le tort de délayer l'original :

Rien ne sert au levrier, au cerf, à la tygresse,
Au lièvre, au cavalot, sa plus viste vitesse ;
Plus il cerche la terre, et plus, et plus, hélas !
Il la sent effrayé se perdre sous ses pas (4).
Le bièvre, la tortue et le fier crocodile
Qui jadis jouyssoyent d'un double domicile,
N'ont que l'eau pour maison. Le loup et les agneaux,
Les lyons et les daims voguent dessus les eaux
Flanc à flanc (5), sans soupçon (6). Le vautour, l'arondelle,
Après avoir longtemps combatu de leur aile
Contre un certain trespas, enfin tombent lassez
(N'ayans où se percher) dans les flots courroucez (7).

---

(1) Mirantur sub aqua lucos urbesque domosque...

(2) Et modo qua graciles gramen carpsere capellæ,
Nunc ibi deformes ponunt sua corpora phocæ.

(3) . . . Silvasque tenent delphines, et altis
Incursant ramis, agitataque robora pulsant.

(4) . . . . . Nec vires fulminis apro
Crura nec ablato prosunt velocia cervo.

(5) Cette expression nous remet en mémoire les vers bien connus de du Bellay :
Comme on voit quelquefois, quand la mort les appelle,
Arrangez flanc à flanc parmi l'herbe nouvelle
Bien loin sur un estang trois cygnes lamenter.

(6) Nat lupus inter oves.

(7) Quæsitisque diu terris ubi sistere detur,
In mare lassatis volucris vaga decidit alis.

Le poète français nous montre alors les hommes cherchant en vain à se sauver, et, tandis qu'Ovide se contentait de quelques traits, du Bartas fait un tableau pathétique d'une vingtaine de vers.

Il revient bientôt à son modèle pour peindre la terre qui reparaît enfin après le déluge, et il lui emprunte encore bien des détails, jusqu'à « la retraite des eaux » que sonne l'Eternel :

> . . . . Tous les fleuves s'abaissent,
> La mer rentre en prison, les montagnes renaissent (1),
> Les bois monstrent desjà leurs limonneux rameaux (2),
> Jà la campagne croist par le descroist des eaux (3),
> Et brief la seule main du Dieu darde-tonnerre
> Montre la terre au ciel et le ciel à la terre (4).

Ces vers, qui terminent dignement une belle description, ont été pris beaucoup plus haut dans Ovide; des longueurs, des répétitions ont disparu, et l'on peut dire que ce dernier passage a une ampleur dont la fin de l'épisode latin ne saurait donner l'idée.

On le voit, le poète de la *Semaine* ne se contente pas d'imiter les anciens : c'est entre eux et lui une rivalité féconde. Nous la retrouverions dans d'autres morceaux, notamment dans l'*Eloge de la France* (5), où du Bartas s'inspire de Virgile (6). Ici l'imitation est encore plus libre. Cependant les traits principaux du modèle sont reproduits. Nous retrouvons le *Salve, magna parens frugum*, etc., dans l'apostrophe

> France, je te salue, ô mère des guerriers ! etc. ;

le poète français n'oublie ni les « grands esprits » de sa patrie, ni même ses « ouvriers »

> . . . . . . qui d'un hardi bonheur
> Taschent comme obscurcir de nature l'honneur.

---

(1) . . . . . plenos capit alveus amnes,
Jam mare littus habet, colles exire videntur.

(2) . . . . . nudata cacumina silvæ
Ostendunt limumque tenent in fronde relictum.

(3) . . . . . crescunt loca, decrescentibus undis.

(4) Et cælo terras ostendit et æthera terris.

(5) 2e *Sem.* — *Colonies.*

(6) *Géorgiques*, II, v. 136 et seq.

Ainsi que Virgile, il en célèbre le fertile « terroir » ; il la félicite de ne connaître ni les tigres, ni les lions. Si la France pas plus que l'Italie « ne roule dans ses fleuves l'or avec les cailloux », si « de ses monts ne coule un argent espuré », du Bartas, comme l'auteur des *Géorgiques*, célèbre les vraies richesses de son pays, c'est à dire celles de l'industrie et du sol. Puis, toujours à l'exemple de Virgile, il termine le morceau par une invocation émue, dans laquelle il demande à Dieu de mettre le comble à tous ses dons en « amortissant le brasier qui consume la France ».

Pour nous faire une idée complète de la façon dont notre poète a imité les anciens, il nous reste encore à étudier un passage étendu de la *Création*, un de ceux que les recueils de *Morceaux choisis* citent le plus volontiers, l'*Eloge de la vie rustique*. Là, il s'inspire à la fois de plusieurs modèles ; mais, prenant un trait à celui-ci, un autre à celui-là, il arrive pourtant à composer un ensemble qui ne manque ni d'harmonie, ni d'originalité. Parmi les auteurs anciens qu'il imite, les trois principaux sont Virgile (1), Horace (2) et Sénèque (3) : nous citons tout entier le morceau de la *Semaine* (il mérite cet honneur), en indiquant les traits correspondants des divers poètes que du Bartas a mis à profit :

O trois et quatre fois bienheureux qui s'esloigne
Des troublez citadins (4), qui prudent ne se soigne
Des emprises des rois (5), ains servant à Cérès
Remue de ses bœufs les paternels guérets (6).
La venimeuse dent de la blafarde envie
Ny l'avare soucy ne tenaille sa vie (7) ;

---

(1) *Géorg.*, liv. II.

(2) Horace. *Epod.*, II.

(3) Sénèque. *Hippolyte.*

(4) Beatus ille qui procul negotiis... (Hor.).
Relictis mœnibus (Sén.).

(5) Illum.... non purpura regum
Flexit (Virg.).
Non ille regno servit (Sén.).

(6) Paterna rura bobus exercet suis (Hor.).

(7) .... Haud illum niger
Edaxque livor dente degeneri petit (Sén.).
(Non) vanos honores sequitur aut fluxas opes (Sén.).

Des bornes de son champ son désir est borné.
Il ne boit dans l'argent le philtre forcené (1)
Au lieu de vin Grégeois, et parmy l'Ambroisie
Ne prend dans un plat d'or l'Arsenic oste-vie (2).
Sa main est son gobeau (3); l'argenté ruisselet
Son plus doux hypocras; le fromage, le laict
Et les pommes encor de sa main propre entees (4),
A toute heure luy sont sans aprest apprestees (5).
Les trompeurs chiquaneurs (Harpyes des parquets
Et sangsues du peuple), avecques leurs caquets,
Bavardement fascheux la teste ne luy rompent (6),
Ains les peints oyselets ses plus durs ennuis trompent (7),
Enseignans chasque jour aux doux flairans buissons
Les plus divins couplets de leurs douces chansons.
Son vaisseau vagabond sur l'irrité Nérée (8)
N'est or le jouet d'Eure et tantost de Borée,
Et dans un Océan esloigné de tout bord
Misérable ne va cercher l'horrible mort.

Jusqu'ici du Bartas s'est à peu près contenté de traduire; mais ce serait sans doute lui faire tort que de considérer le morceau qui précède comme je ne sais quel travail de placage, comme une sorte de mosaïque composée avec art. On ne peut croire qu'il ait laborieusement cherché, rapproché, assorti, les traits divers que lui fournissaient ses modèles. Rien ne trahit chez lui la preoccupation

---

(1) Ut gemma bibat (Virg.).
..... sollicito bibant
Auro superbi (Sén.).

(2) Nec casia liquidi corrumpitur usus olivi (Virg.).

(3) .... quam juvat nuda manu
Captasse fontem! (Sén.).

(4) Quos rami fructùs, etc. (Virg.).
Excussa silvis poma compescunt famem (Sén.).
Ut gaudet insitiva decerpens pira (Hor.).

(5) Dapes inemptas apparat (Hor.).

(6) Insanumque forum aut populi tabularia vidit (Virg.).
Forumque vitat (Hor.).

(7) Queruntur in silvis aves (Hor.).
Hic aves querulæ fremunt (Sén.).

(8) Sollicitant alii remis freta cæca (Virg.).
Nec horret iratum mare (Hor.).
Nondum secabant credulæ pontum rates (Sén.).

inquiète d'un arrangeur d'hémistiches et d'un chevilleur. Le passage est composé presque tout entier d'emprunts ; mais ce sont là des souvenirs qui viennent naturellement sous la plume du poète et qu'un éloge de la vie rustique devait naturellement faire naître.

Du Bartas continue, toujours guidé par ses devanciers, mais en prenant la liberté de choisir parmi les traits qu'ils lui offrent, et d'en ajouter d'autres qui lui appartiennent en propre :

Ains, passant en repos tous les jours de son eâge,
De veüe ne perd point tant soit peu son village,
Ne cognoit autre mer, ne sçait autre torrent
Que le flot crystalin du ruisseau murmurant
Qui ses verds prez arrouse (1) : et ceste mesme terre
Qui naissant le receut, pitoyable l'enterre.
Pour rappeler le somme, il n'avalle le jus
Ny du morne pavot, ny du froid jonc de Chus (2)
Et n'achette les tons, comme jadis Métène,
Lorsqu'en son corps malsain son âme encor moins saine
N'avoit ny paix ny trève, et que sans nul repos
La jalouse fureur le rongeoit jusqu'aux os.
Ains sur le verd tapis de la plus tendre mousse
Qui frange un bord ondeux, hors de ses flancs il pousse
Un sommeil enchanté par le gazouillis doux
De flóts entrecassez des bords et des cailloux (3).

Du Bartas avait connu le bonheur de la vie rustique ; on sent, dans tout ce morceau, un accent de sincérité auquel il n'est guère possible de se tromper. Si le poète célèbre la campagne, ce n'est pas, comme d'autres ont pu le faire, pour le plaisir de rebattre un commode lieu commun ; il a le sentiment profond de la félicité calme et douce qui y règne. Cet idéal d'une existence tranquille et heureuse, intimement associée à la paix recueillie des champs, il l'a connu

---

(1) .... sive per flores novos
Fugiente dulcis murmurat rivo sonus (Sén.).

(2) .... certior somnus premit
Secura duro membra versantem toro (Sén.).

(3) .... mollesque sub arbore somni (Virg.).
.... cespite aut nudo leves
Duxisse somnos (Sén.).
Libet jacere modo sub antiqua ilice, etc. (Hor.).

jadis dans sa plénitude, et il n'a qu'à laisser couler ses vers pour le rendre avec naturel. Des trois poètes qu'il imite, Horace et Sénèque, dont les passages correspondants sont plus sobres, plus concis, plus châtiés, ne donnent pas de la vie champêtre une impression aussi pénétrante. Sénèque ne voit dans l'éloge de la campagne qu'un thème à tirades philosophiques, et le soin même qu'il a de balancer ses antithèses, de serrer son style et d'aiguiser ses traits, nous ferait douter d'une émotion bien sincère. Quant à Horace, son épode n'est au fond qu'une satire ; il n'y parle pas en son nom ; cette apologie de la médiocrité dorée est mise par lui dans la bouche d'un usurier, et, si l'ironie ne perce qu'aux derniers vers de la pièce, elle ne gâte pas moins tout ce qui précède en détruisant l'impression que pouvaient faire sur nous ces tableaux de simplicité et d'innocence rustiques. Seul, Virgile, comme du Bartas, a mis toute son âme dans son éloge des champs ; nous ne chercherons certes pas chez l'auteur des *Semaines* l'art si délicat et si exquis, le style si pur et si élégant du poète latin ; mais ce qu'on peut dire, c'est que les sentiments dont il s'inspire ne sont ni moins sincères, ni moins vifs.

Les vers suivants ont aussi été imités, et nous en trouvons le germe dans les divers modèles que du Bartas a suivis. Mais, ici encore, on sent chez lui un accent tout personnel : combien de fois les guerres civiles n'avaient-elles pas arraché le capitaine du Bartas aux douceurs de la retraite ! *Et curvæ rigidum falces conflantur in ensem.*

Le clairon, le tambour, la guerrière trompette,
L'esveillant d'un sursaut, n'arme d'armet sa teste,
Et d'un chef respecté le sainct commandement
Ne le pousse aveuglé du lict au monument (1).

Plus bas, le poète, sans abandonner ses guides, mais en ne leur faisant plus que de rares emprunts, sait enrichir lui-même son tableau de nouveaux détails qui ne le déparent point :

Le coq empennaché la Diane luy sonne,
Limite son repas, et par son cry luy donne

(1) Necdum etiam audierant inflari classica (Virg.).
Nec excitatur classico miles truci (Hor.).
Non arma sæva miles aptabat manu (Sén.).

Un chatouilleux désir d'aller mirer les fleurs
Que la flairante aurore emperle de ses pleurs.
Un air emprisonné dans les ruës puantes
Ne luy trouble le sang par ses chaleurs relantes,
Ains le ciel descouvert dessoubs lequel il vit (1)
A toute heure le tient en nouvel appétit,
Le tient sain à toute heure, et la mort redoutee
N'aproche que bien tard de sa loge escartee.

Du Bartas a trouvé dans Virgile et Horace l'indication des vers qui suivent; mais c'est bien lui-même que nous y entendons encore :

Il ne passe ès grands cours ses misérables ans ;
Son vouloir ne despend du vouloir des plus grands,
Et changeant de Seigneur ne change d'Evangile (2).
Sur un papier menteur son mercenaire style
Ne fait d'une formy un Indois éléphant,
D'un mol Sardanapale un Hercul triomphant,
D'un Thersite un Adon, et ne prodigue encore
D'un discours impudent le lot d'Alceste à Flore (3);
Ains, vivant tout à soy et servant Dieu sans peur,
Il chante sans respect ce qu'il a sur le cœur.

L'inspiration est ici tout originale ; ce que le poète célèbre, c'est l'indépendance morale et religieuse du *rustique*. Il y a là une de ces allusions, si fréquentes chez lui, aux poètes de cour : on sait qui est ce mol Sardanapale dont ils font un Hercule, ces Flores qu'ils louent comme des Alcestes. Quant au « rustique » lui-même, quel autre serait-ce que du Bartas ?

Nous pouvons tenir dès maintenant pour achevé ce tableau de la vie champêtre. Cependant l'auteur va y ajouter encore quelques traits ; Sénèque, Horace et Virgile lui en fournissent, qu'il n'ose pas rejeter : il revient sur ses pas et ne peut renoncer au plaisir de redoubler. L'harmonie générale de l'ensemble y perd ; mais, à cette

(1) Sed rure vacuo potitur et aperto æthere
Innocuus errat (Sén.).

(2) ...... penetrant aulas et limina regum (Virg.).
...... vitat et superba civium
Potentiorum limina (Hor.).

(3) Haud verba fingit (Sén.).

époque, les poètes ne connaissent pas encore assez bien l'art d'imiter pour savoir s'arrêter à temps ; dans leur ardeur et leur inexpérience premières, ils ne se font grâce d'aucun détail ; c'est plus tard seulement qu'on apprit à choisir, et à rivaliser avec les Latins comme Horace avec les Grecs. Les vers suivants sont d'ailleurs dans la couleur générale du morceau, et leur seul tort est d'y faire double emploi.

Le soupçon blesmissant nuict et jour ne le ronge,
A des aguets trompeurs nuict et jour il ne songe,
Ou, s'il songe à tromper, c'est à tendre filets
Aux animaux des champs, gluaux aux oyselets,
Et manches aux poissons. (1) Que si ses garde-robes
Ne sont toujours comblez de magnifiques robes (2),
De velours à fonds d'or, et si les faibles aiz
De son coffre peu seur ne ployent sous le faiz
Des avares lingots, il se vest de sa laine,
De vins non achetez sa cave est toute plaine,
Ses greniers de froment, ses rocs de saines eaux,
Et ses granges de foin et ses parcs de troupeaux (3).

Voici maintenant quelques vers que n'a point imités notre poète ; ils sont utiles pour donner son vrai caractère au morceau tout entier.

Car mon vers chante l'heur du bienheureux rustique
Dont l'honneste maison semble une république,
Non l'estat disetteux du rompu bucheron,
De l'affamé pescheur, du pauvre vigneron,
Qui caimandent leur vie et qui n'ont qu'à boutees
Du pain en leurs maisons sur quatre pieux plantées.

---

(1) Non in recessu furta et obscuro improbus
Quærit cubili (Sén.).
Aut amite levi rara tendit retia
Turdis edacibus dolos (Hor.).
.... callidas tantum feris
Struxisse fraudes novit (Sén.).

(2) Illusasque auro vestes (Virg.).

(3) .... dapes inemptas (Hor.).
Nec requies quin aut pomis exuberet annus,
Aut fetu pecorum, aut Cerealis mergite culmi,
Proventuque oneret sulcos atque horrea vincat (Virg.).
Prospectat errantes greges (Hor.).

Du Bartas ne se pose pas en enthousiaste de la pauvreté, comme d'autres poètes avaient pu le faire avant lui ; il ne veut pas qu'on le prenne pour un admirateur à froid de la médiocrité non dorée : *Nec laudo somnum plebis satur altilium.* Son éloge de la vie champêtre n'est pas une amplification de rhétorique, où il ne coûte rien à l'auteur de vanter une félicité dont il ne voudrait pas pour lui-même. Ce qu'il chante, c'est l'idéal d'une vie domestique aisée et abondante, celle du gentilhomme campagnard plutôt que du paysan ; c'est en un mot sa propre existence, quand les troubles du temps lui permettaient de goûter le calme et la retraite dans son château.

Que du Bartas ait peint son idéal à lui-même, c'est d'ailleurs ce qu'on ne saurait mettre en doute après les vers qui terminent le morceau :

> Puissé-je, ô Tout-Puissant, incogneu des grands rois,
> Mes solitaires ans achever par les bois (1) !
> Mon estang soit ma mer, mon bosquet mon Ardene,
> La Gimone mon Nil, le Sarrapin ma Seine,
> Mes chantres et mes Luths les mignards oyseletz,
> Mon cher Bartas mon Louvre, et ma cour mes valets !

Ce vœu qu'exprime ici le poète fut celui de toute sa vie. Son amour si vif et si sincère des champs, de la retraite et de la solitude, suffit à expliquer qu'un passage où les imitations sont perpétuelles, respire partout une originalité si franche, fonde tous les traits dont il se compose en une harmonieuse unité, et soit animé dans toutes ses parties d'un sentiment si vrai et si personnel. Le commentateur Simon Goulart (2) nous invite à comparer ici du Bartas à ses modèles « pour mieux voir son adresse ». Mais, comme il a déjà été dit, l'auteur des *Semaines* n'est pas un habile ouvrier ; c'est un véritable poète

> Qui chante sans respect ce qu'il a sur le cœur.

Sa sincérité n'est nulle part plus visible que dans cet éloge de la vie champêtre.

Ronsard, lui aussi, dans un poème adressé au cardinal de Châtil-

---

(1) Flumina amem silvasque inglorius ! (Virg.)
(2) Édit. de 1611.

lon, avait encadré un tableau du même genre, où il imite à la fois les modèles dont se servit du Bartas et surtout la pièce de Claudien sur le vieillard de Vérone. Cette poésie ne manque pas de grâce et de sentiment; il y a même des vers charmants parmi ceux que le poète ajoute à son texte; mais on sent, dans l'ensemble, un manque d'unité trop visible, qui tient justement à la composition du morceau, dont la première partie est empruntée à Claudien tandis que la seconde procède de Virgile (1).

Le même sujet sera repris plus tard par Racan. Racan s'inspire aussi des Latins et notamment d'Horace; on croirait même qu'il a connu du Bartas, si l'on pouvait en juger par un trait :

Sa cabane est son Louvre et son Fontainebleau.

Certes, ses vers ont une ampleur et une harmonie que notre poète n'a point atteintes, et le ton en paraît aussi naturel et sincère que celui de son devancier; l'imitation est d'ailleurs plus large et plus libre. Cependant la supériorité de Racan consiste surtout dans l'harmonie du rythme et dans la pureté du style. On sent qu'entre du Bartas et lui, il y a eu Malherbe, Malherbe qui a marqué une ère décisive de réforme pour notre langue, pour notre versification et pour notre goût.

Dans ses imitations des poètes anciens, l'auteur des *Semaines*, comme tous ses contemporains, trahit souvent de l'inexpérience; il peut même lui arriver de gâter par endroit ses modèles en voulant les embellir. Mais, sans risquer de lui trop accorder, nous pouvons dire qu'il sait d'ordinaire tirer bon parti de ses emprunts. Il n'appartient pas d'ailleurs à ce servile troupeau dont parle Horace, et l'on sent toujours dans ses vers une inspiration originale qui se révèle, même quand il imite, au moins par une image nouvelle, par un mouvement spontané, par la véritable émotion du poète. Pas plus que ses maîtres et ses émules, il ne se fait scrupule d'enrichir la poésie française avec les dépouilles des anciens; mais il imite de grands génies sans trop d'infériorité, et les vers qui lui appartiennent font souvent bonne figure au milieu de ceux qu'il emprunte à un Horace ou à un Virgile.

(1) Nous ne saurions examiner ici tous les *Éloges de la vie champêtre* que composèrent les poètes du XVIe siècle. Citons encore ceux de Vauquelin (*Satyres françoises*) et de Desportes (*Bergeries*).

CHAPITRE V

LA LANGUE ET LA VERSIFICATION DANS DU BARTAS

I

LE VOCABULAIRE DE DU BARTAS

Du Bartas accepte l'idiome poétique que lui transmettait la Pléiade. — Il partage sur les langues la doctrine rationaliste de ses devanciers. — Examen de son vocabulaire. — Mots employés avant et pendant le XVIe siècle qui ne sont plus dans notre usage actuel ; rapprochements avec notre langue classique. — La plupart de ces termes ont leur place dans le *Trésor* de Nicot et dans le *Dictionnaire* de Cotgrave ; beaucoup se sont conservés jusque dans nos meilleurs écrivains. — Cependant, du Bartas n'a pas eu la même discrétion que Ronsard, en particulier pour les provignements : dérivés bizarres qu'il a créés. — Il ne mérite aucun reproche pour avoir attribué à des termes restés actuellement en usage une signification qu'ils n'ont plus aujourd'hui, mais qu'ils avaient de son temps. — Liste de ces termes et rapprochements avec l'usage classique. — Il faut y rattacher les vocables qui ont passé de la langue noble à une acception basse et grossière. — Liste de ces vocables. — Mots empruntés aux langues étrangères : très peu nombreux, et presque tous restés dans l'usage. — Mots savants. — La Pléiade n'en abuse pas autant qu'on l'a dit. — Ils sont rares chez du Bartas. — Liste des principaux : la grande majorité en est passée dans la langue. — Le poète ne montre pas autant de réserve dans l'emploi des adjectifs composés. — La composition des mots au XVIe siècle et dans du Bartas. — La réduplication : procédé bizarre et ridicule, dont l'auteur des *Semaines* fait d'ailleurs un très rare usage. — Liste de ces redoublements. — Quelques-uns se trouvent dans Cotgrave.

Si l'école poétique du XVIe siècle fut condamnée sans retour par Malherbe au nom de la langue, c'est pourtant au nom de la langue que Ronsard et ses amis, du Bellay en tête, avaient donné le signal de la réforme. Lorsque du Bartas commença à écrire, la Pléiade avait fait son œuvre : il accepta dans son ensemble le vocabulaire et la syntaxe que lui transmettaient ses devanciers ; et, s'il y introduisit des modifications, s'il enrichit l'un de mots nouveaux et l'autre de nouveaux tours, c'est en restant fidèle aux tendances générales de l'école contemporaine et en suivant les procédés qu'elle appliquait depuis plus de vingt ans.

Du Bartas avait sur les langues les mêmes idées que Ronsard et du Bellay ; comme eux, il estimait qu'elles avaient toutes à l'origine une valeur égale, et qu'elles étaient redevables d'un développement plus ou moins heureux à la culture, à l'industrie, à la volonté réfléchie des écrivains.

> Un bel esprit, conduit d'heur et de jugement,
> Peut donner passe-port aux mots qui fraischement
> Sortent de sa boutique, adopter les estranges,
> Enter les sauvageons (1).

Ces vers sont l'expression bien nette de la doctrine rationaliste que la Pléiade avait appliquée aux langues, et qui autorisait toutes les audaces comme toutes les ambitions.

Créer des mots nouveaux, adopter des termes jusqu'alors étrangers à la langue, *provigner* ceux qui en font déjà partie, voilà bien les pratiques de la nouvelle école. A cet égard, du Bartas est l'héritier direct des poètes qui, depuis le milieu du siècle, règnent en maîtres sur le dictionnaire et sur la syntaxe. Cependant sa langue n'est pas sans se distinguer de la leur; mais il ne s'agit guère que d'une question de mesure. Ce que Ronsard avait fait avec une certaine discrétion, du Bartas le fait trop souvent avec une audace immodérée, avec ce manque de tact dont il nous a déjà fourni tant d'exemples.

Pour donner une idée juste et précise de son vocabulaire, il nous faut recueillir dans ses œuvres : 1° Les mots usités avant et pendant le XVI° siècle que nous avons perdus depuis; 2° ceux qui ont changé de sens ou passé du style noble à une acception basse; 3° ceux que le poète a empruntés à d'autres langues. Nous aurons ensuite à examiner comment il a appliqué les procédés de composition au moyen desquels ses devanciers avaient déjà *illustré* le langage de la poésie; il nous faudra dire enfin quelques mots d'une pratique qu'il n'a pas héritée des poètes contemporains, la réduplication.

Nous donnons d'abord la liste des mots, employés avant et pendant le XVI° siècle, qui ne sont plus dans notre usage actuel; substantifs, adjectifs, verbes et adverbes (2).

---

(1) 2e *Semaine*. — *Babylone*.

(2) Les exemples des auteurs classiques cités dans ce chapitre, sont en grande partie empruntés soit au *Dictionnaire* de Littré, soit aux lexiques spéciaux de la collection Régnier.

Aboissonner (s') (II, Sch.). — Accaser (s') (1) n. (II, Cies). — Accoiser (I, 5), n. c. rendre coi. — Accordant, n. c. L'accordante voix (p. 322) (2). — Accortement, n. c. (I, 2). Cf. Corneille : Ma bouche accortement saura s'en acquitter. — Accourager, c. (Jud.). — Accravanter, n. c. (I, 2) ; desrompre et briser par grand effort de violence (Nicot). — Accroissance, n. c. (I, 2). — Acertener, n. c. (I, 2), assurer. — Adextre, n. c. (I, 6), habile. — Affrontement, c. (II, Imp.). On trouve, dans Nicot, *affronteur* comme synonyme d'*abuseur*. Du Bartas donne à *affrontement* le sens de *perfidie*. — Ahan, n. c. (II, Ed.), grand effort ; de là, Ahanner, n. c. (II, Loy), éprouver une grande fatigue. — Alarmeur (II, Loy). — Alenter (s') (II, Troph.); dans Nicot : *s'alentir*. — Allumelle, n. c. (I, 1), lame d'épée. — Almement (II, Magn.). — Amarri, n. c. (I, 2), matrice. — Ambrosin, (II, Loy). — Anelé, c. (Jud.). — Annuiter, n. c. (II, Arche); se trouve dans Nicot avec le sens de : *atarder aucun jusqu'à ce qu'il soit nuict ;* du Bartas, comme Cotgrave, lui donne la signification de : *faire nuit*. — Apparesser, c. (I, 7); on trouve dans Nicot, *s'apparessir*. — Apprentif (II, Pères), employé comme substantif; (II, Imp.), employé comme adjectif. Cf. Boileau : Vais-je épouser ici quelque apprentive auteur? (Sat. X). — Aquiliner (s') (II, Magn.). — Araigne, c. (I, 2), comme *araignée*. — Araire, n. c. (II, Cap.) mot lyonnais, dit Nicot. — Archerot, c. (I, 2), diminutif d'*archer*, dérivation du XVIe siècle. — Architecter, c. (II, Ed.). — Argentelé (II, Troph.). — Ardoir, n. c., ou Ardre, n. c. (I, 3). Cf. Lafontaine : Haro! La gorge m'ard. (Paysan). — Arondelle, n. c. (I, 5); encore au temps de Vaugelas, les trois formes *hirondelle, hérondelle, arondelle*, étaient concurremment employées. C'est vers la dernière qu'il incline. — Asséréner (II, Magn.). — Astrer (I, 1); *astré* se trouve dans Nicot. — Astreux (Lép.). — Attiéder (II, Arche), — Attisonner, c. (Jud.). — Attraire, n. c. (Ur.). — Attrempance, n. c. (II, Bab.), modération. — Attremper, n. c. (II, Ed.), modérer. — Aubespin, n. c. (II, Col.), comme *aubépine*.

---

(1) Nous marquons de la lettre c les mots qui se trouvent dans le *Dictionnaire* de Cotgrave (1611) ; de la lettre n ceux qui se trouvent dans le *Dictionnaire* de Nicot (1606). — Nous avons exclu de notre liste quelques termes fort peu usités de nos jours, mais qui figurent dans Littré.

(2) Pour ces indications des exemples cités, nous suivons l'édition de 1632.

— Avernal, c. (II, Sch.). — Averneux (II, Cap.). — Avette, c. (Lép.), abeille. — Avitailler, c. (I, 4); on trouve dans Cotgrave: *Avitaillé* comme *avictuaillé*, et ailleurs, *avictuailler*. — Avoyer (s'), n. c. (II, Cap.), se mettre en voie.

Bailler, n. c. (Jud.), donner. — Baller, n. c. (I, 2), danser. — Ballotte, c. (II, Cap.), petite balle à donner les suffrages. — Barboté, c. (I, 7), comme *barbu* : Des espics barbotez aprenne sa leçon (p. 176). — Baufrer, n. c. (II, Sch.), comme *bâfrer*. — Bavoler, c, (II, Art.) voler bas. — Bayer, n. c. (II, Cios), ouvrir la bouche. — Bergerot (I, 7), diminutif de *berger; bergerotte* se trouve dans Cotgrave. — Berluer, n. (II, Troph.), avoir la berlue. — Bers, n. c. (I, 3), berceau; c'est un des termes dialectaux que Ronsard avait restaurés. — Biaisement, c. (I, 4). — Bienheurer, n. c. (I, 7). — Bigarrement, n. c. (Jud.), adverbe. — Bigarrement, c. (Jud.), substantif; état de ce qui est bigarré. — Bigearre, c. (II, Magn.), comme *bizarre*. Vaugelas dit que *bigearre* est bon, mais que *bizarre* est plus de la cour. Th. Corneille et l'Académie remarquent qu'on ne dit plus *bigearre*. P. Corneille écrit encore comme du Bartas dans les premières éditions de la *Galerie* et de *l'Excuse à Ariste*. — Billebarrer (II, Magn.), marquer de raies; *billebarré* est dans Cotgrave. — Blédier, c. (I, 6), qui porte le blé. — Blesseur (II, Fur.), celui qui blesse (substantif). — Blette, c. (I, 3), motte de terre. — Blondement (II, Troph.), adverbe. — Bluette, n. c. (I, 2), étincelle. Nous disons encore: Il y a quelques bluettes d'esprit dans cet ouvrage (Littré, Dict.). — Bonnetade (I, 3). Nous trouvons dans Nicot: « Bonneter aucun, c'est oster son bonnet devant lui. » *Bonnetade* veut dire *coup de bonnet, salut*. — Bornal, c. (Jud.), rayon de miel: Cent mille cabinets il creuse en ces bornaux (p. 569). — Bossel (II, Troph.): L'un coupe un chapiteau, l'autre taille un bossel (p. 490). — Bosser (II, Fur.). — Bourrelle (II, Fur.), employé comme adjectif: Leurs dextres bourrelles (p. 226); employé comme substantif (II, Fur.): Quoy? Serez-vous toujours de vous-mêmes bourrelles? Corneille a dit: Bourrelle de mon sang (Méd. 801); mais, en 1660, il a remplacé *bourrelle* par *prodigue*. — Bouveau, c. (II, Loy), diminutif de *bœuf*. — Brasillonner, c. (I, 2); le mot *brasiller* est encore français. — Brassal, c., comme *brassard*. — Brehaigne, n. c. (I, 3), se dit encore des femelles des animaux domestiques. — Brescher (II, Fur.); on trouve *brésché* dans Cotgrave. — BRILLANTEMENT (Lép.) — BRILLONNER, c. (I, 2). — BRIS, c. (II, Sch.), employé par Coëffeteau et Malherbe. Vaugelas (II, p. 375) (1) déclare n'avoir jamais ouï dire ce mot à personne. — BROCHER, n. c. (Ivry), piquer (son cheval). — BROSSER, n. c. (I, 3), courir à travers bois. De là, le mot *brossailles*, *broussailles*. Garnier a dit : Brossez dans ce bocage (Antig. V, 129), et Corneille : Brosser dans ces buissons (Clit. var. 1). Saint-Simon a plusieurs fois employé ce verbe. — BROUÉE, c., vapeur, brouillard. Scarron s'est servi de ce mot dans son *Virgile travesti* (liv.I). — BRUYANTEMENT (Lép.). — BUCHER (II, Loy): Une trompette au ciel buche, corne, fanfare (p. 397). — BUISSONNÉ, c. (I, 2).

CABASSET, n. c. (II, Cap.), petit casque. — CAIMAND, n. c. (II, Col.), mendiant. — CAQUETEUR (II, Troph.), employé comme adjectif; se trouve dans Nicot comme substantif. *Caqueteux* est aussi usité dans du Bartas : Aux caqueteux serins (p. 481). — CAROLE, n. c. (II, Troph.), danse. — CAS, n. c. (I, 4), qui sonne le cassé, rauque. Cf. Lafontaine : Il parlait d'un ton cas (Herm.). — CASQUET, c. (Lép.), diminutif de *casque*. — CÉDREUX (Jud.). — CENDROYER, c. (I, 2). — CEPS, n. c. (I, 6), chaines. Garnier emploie encore ce mot : Tire ses pieds des ceps (Juiv. II). — CERCEAU, c. (II, Troph.), plume de l'aile. — CHAGRINEMENT, c. (II, Imp.). Cf. Mme de Sévigné : Je passe la vie à Paris chagrinement quelquefois. — CHAGRINEUX, c. (I, 7). — CHAMAILLIS, n. c. (Lép.), combat. Cf. Brébeuf: Un ardent chamaillis (Phars. VII). — CHAMBRILLÉ, c. (II. Cap.), divisé en chambres, en cellules ; épithète que du Bartas applique aux ruches. — CHARMEUSEMENT, c. (II, Col.). — CHEVAUCHEUR, n. c. (I, 5), celui qui chevauche.— CHOPEMENT (II, Fur.), action de choper. — CLIQUER, n. c. (II, Col.), crépiter. — CLOUCLOUQUANT, c. (Jud.), onomatopée: La clouclouquante voix (de la poule). — COLEUVRIN et *couleuvrin*, c. (II, Imp.). — COLOMBELLE, n. c. (II, Troph.), petite colombe. — COMBATEUR, c. (II, Troph.), comme *combattant*. — COMBOURGEOIS, c. (Jud.). — CONQUESTER, n. c. (II, Cies). Cf. Corneille: Ce bras tout aussitôt vous conquête un empire (Illus. 417). Mot employé ici (suivant M. Marty-Laveaux) parce qu'il est plus emphatique et, par suite, plus plaisant dans la bouche du matamore. — CONQUISE (II, Cap.), comme *conquête*.

(1) Édit. Chassang.

— CONTR'ÉCHANGER, n. c. (II, Magn.). — CONTREMONT, n. c. (II, Bab.); Cf. Racan : Rebroussa contremont sa source vagabonde (Berg. II, 5). — CONTRESOUFFLER, c. (II, Pères). — COQUILLER, c. (I, 6). — CORRIVAL (II, Troph.), terme usité surtout pour une rivalité amoureuse. — COTONNER, c. (Ivry): Sous le fer il cotonne Son menton généreux. Cotgrave donne ce verbe avec un autre sens. — COULEMENT, n. c. (II, Cap.), dérivation du XVI° siècle. Du Bartas l'emploie avec le sens d'*écoulement* que donne Nicot. (V. p. 432). — COUPEAU, n. c., ou *coupet* (I, 2), sommet d'une montagne. Le mot se trouve dans Racan : Voyez-vous au-dessous de ce petit coupeau ?... (Berg. II, 4), et dans Corneille : Avait pour son repaire envahi le coupeau (Poés. div.). — COUPEMENT, n. c. (II, Col.) section. — COURSEROT, c. (II, Col,), diminutif de *coursier*. — COUSTUMIÈREMENT, n. c. (II, Imp.); exemples de Saint-Simon, P.-L. Courier, etc. — COUVERTE, c. (II, Loy), couverture. — CRACAILLANT (II, Sch.); onomatopée : les cracaillantes voix. — CRAMOISIN (II, Sch.). — CRANEQUIN, n. c. (II, Déc.), sorte d'arbalète. On trouve dans Nicot : *crennequin*, espèce de heaume. — CRAQUETIS, n. c. (I, 2), le son que fait la chose qui craque (Nicot). — CRASSEUSEMENT (II, Troph.). — CRÉSINANT (II, Col.). — CRESPEMENT, c. (II, Art.), adverbe. — CRESPILLER, n. c. (Jud.), *crispare* (Nicot). — CREUSEUL (II, Cap.), comme *creuset*. — CRINEUX, c. (II, Imp.), chevelu. — CROUTEAU, c. (II, Cap.), diminutif. — CUYDER, n. c. (I, 2). Cf. Lafontaine : Tel, comme dit Merlin, cuide engeigner autrui (Fab. IV).

DACE, c. (II, Loy), taxe : Les vols suivent les daces (p. 378). — DAMEREAU (II, Troph.), synon. de *dameret*. — DARDILLER, c. (Jud.); verbe resté dans la langue comme terme d'agriculture. — DÉBORD, c. (I, 2), se dit encore dans quelques provinces pour la crue des eaux au-dessus de leurs bords (Littré). DÉDALER, c. (II, Art.). — DÉLUGER (II, Arche); *délugé* est dans Cotgrave. — DÉMARTELER (II, Cap.): Et de nos forgerons le bras démartelant (p. 429). — DÉMOLISSEUR (II, Loy), adjectif. — DÉPARTIR (SE), n. c. (Jud.), s'en aller. — DÉPOSITER, c. (II, Col.) (1). — DÉSASSEMBLER, n. c. (II, Sch.). Cf. Tristan : Ne permettra jamais que rien les désassemble (Panthée II, 1). — DÉSASSIÉGER, n. c. (Jud.); d'après Nicot, *lever le siège d'une place ;* chez du Bartas, *faire lever le*

(1) Le mot *dépositeur,* de création récente, suppose le verbe *dépositer*.

siège; de même dans Cotgrave, qui donne aussi l'autre sens. — Désastré, n. c. (I, 5), infortuné. — Désastrer (II, Déc.). — Désateler, c. (II, Sch.). — Desborner. c. (II, Cies). — Desceindre, n. c. (II, Magn.). — Desceptrer, c. (II, Pères). — Desceu (au-de), n. c. (Jud.), comme *à l'insu de*, que Nicot ne donne pas. Cf. Au déçu du prince (D'Ablanc., Tac., Ann. VI, XLVII); L'un, au desçu des siens, te montre son ardeur (Corn. Mél. 641); A son desçu (Id. Clit. Var.), etc. — Descroire, c. (II, Pères). — Désencordé, c. (I, 7). — Désenlacer (II, Pères). — Desfrai, c. (Jud.), action de défrayer. — Desgaster, n. c. (I, 2), ravager. — Desgoustement, n. c. (II, Imp.), *fastidium* (Nicot). — Deslacher, c. (II, Troph.). — Despendre, n. c. (Tri.), dépenser. « Tous deux sont bons, » dit Vaugelas. — Despiteusement, n. c. (Lép.). — Despiteux, n. c. (I, 3), irrité. — Dessauvager, c. (II, Art.) (1). — Destourbier, n. c. (I, 3), empêchement. — Destrancher, n. c. (Jud.) — Dextre, n. c. (II, Cies), adroit. — Diamantin, n. c. (I, 4), qui a la dureté du diamant. — Diaphaner, c. (II, Loy). — Diffame, n. c. (II, Troph.), déshonneur. — Dieutelet, c. (I, 2), dimin., dérivation du XVIe siècle. — Discord, n. c. (I, 2), dissension. *Discord* pour *discorde*. dit Vaugelas (II, 234), ne vaut rien en prose, mais il est bon en vers. Th. Corneille croit le mot entièrement hors d'usage. Malherbe l'avait encore employé : Et si de nos discords l'infâme vitupère. P. Corneille lui-même s'en sert souvent, mais au pluriel seulement dans ses dernières pièces. Racine a dit : Pour finir vos discords (Théb. 1255). — Dormart, c. (II, Art.), comme *dormeur*. — Dridiller (II, Loy), onomatopée : Oyant haut dridiller la sonnette argentine (p. 389).

Elèvement (II, Col.), élévation : on le trouve dans Pascal. Littré le regrette. — Elocher, n. c. (I, 3), ébranler. — Embesongner, n. c. (II, Cap.). — Emblée, n. c. (I, 3); *à l'emblée* signifie *secrètement*. Nous avons encore l'expression *d'emblée*. Prendre une ville d'emblée, c'est « par subtilité et au désaperceu » (Nicot) — Embler, n. c. (I, 1); ravir par surprise ou avec violence; on trouve deux exemples de ce mot dans Saint-Simon. — Embrider, c. (II, Art.). — Emmanteler (I, 1); le participe passé est dans Nicot. — Emmu-

---

(1) Rapprochons de tous les mots précédents qui sont formés avec la particule *dé* ou *dés*, les néologismes modernes *désaffectionner*, *désaimanter*, *désharmoniser*, *débroussailler*, etc. (V. A. Darmesteter, *Mots nouveaux*, p. 135 et suivantes.)

RER, n. c. (I, 2). — EMPERIER, c. (I, 3); on trouve dans Nicot *empérière* comme substantif; du Bartas emploie *emperier* comme adjectif. — EMPERLER, n. c. (II, Pères); Cf.: Malherbe emperlait trop son style (Goujet, Bib. fr. XV, 191). — EMPLOTONNER (s'), c. (II, Loy). — EMPOULER (s') (II, Imp.). — EMPRISE, c. (I, 3), comme *entreprise*. — EMPUNAISIR, n. c. (II, Voc.). — ENCANELLER (les cheveux) (II, Magn., p. 482). — ENCHANTEUSEMENT (II, Col.). — ENCHARNÉ (II, Troph.), comme *incarner*. — ENCHARNER (s'), c. (II, Troph.), entrer dans la chair. — ENCIRER, n. c. (II, Art.). — ENCOURIR (s') (II, Déc.); exemples de Scarron et de Lafontaine. — ENCOURTINER, n. c. (II, Arche). — ENCRESPILLONNER (les cheveux) (II, Magn., p. 482). — ENCROUSTEMENT, n. c. (II, Troph.), revêtement d'un mur. — ENDAIM, c. (II, Loy): Les (blés) scient par endaims (p. 401). — ENDIAMANTER (1) (II, Troph.), garnir de diamants. *Endiamanté* est dans Cotgrave. — ENFANTELET (II, Loy), dimin. d'*enfant*. — ENFÉLONNER (I, 3); on trouve dans Nicot, *enfélonnir*. — ENFLEURER (s') (II, Pères); *enfleurir* est donné par Nicot. — ENFONDRER, n. c. (II, Cies), enfoncer. — ENFRISER (les cheveux) (II, Magn.). — ENGRAVER, n. c. (I, 2). — ENNOIRCI, c. (II, Cap.). — ENRAGEUX (II, Col.). — ENRAYOIR, c. (II, Bab.). — ENRETER, n. c. (II, Magn.), *irretire* (Nicot). — ENSEMBLEMENT, c. (II, Loy); dans Nicot, *ensembléement*. — ENSÉPULTURER, c. (I, 3). — ENSOUFRER, n. c. (Lép.). — ENTOMBER, n. c. (I, 6), mettre dans le tombeau (2). — ENTOURELER (Jud.); *entourellé* se trouve dans Cotgrave. — ENTR'ANIMER (S') (Tri.). — ENTR'APROCHE (Lép.); Nicot donne *s'entr'aprocher*. — ENTREFENDRE, c. (Sonnets): Que l'Aureige entrefend (p. 686). — ENTREGLISSER (II, Sch.). — ENTREPARLEUR (II, Ed.); très usité au XVIe siècle; on appelait *entreparleurs* les personnages dramatiques; le verbe *entreparler* est dans Nicot. — ENTROSNER, c. (I, 2). — ENVIEILLIR, n. c. (I, 3). Cf. Malherbe: La faible innocence Que dedans la misère on faisait envieillir (Stanc. p. H. IV). Vaugelas (II, p. 420) préfère *vieillir;* mais le mot était encore en usage

---

(1) Se trouve dans le *Supplément* de Littré et dans l'Index des *Mots nouveaux* de A. Darmesteter.

(2) Se trouve dans l'Index des *Mots nouveaux* de A. Darmesteter, qui cite (p. 139) un exemple de Châteaubriand : « Ce néologisme serait heureux, s'il ne faisait songer à *tomber* plutôt qu'à *tombe* ».

de son temps. Pascal parle dans sa XVIe Provinciale de « pécheurs envieillis. » Corneille dit: Mon visage envieilli (Ps. pénit., 10); et Racine: Des pécheurs envieillis dans le crime. — ERRE, n. c. (I, 1), train, allure: Courans grand erre (p. 20). Cf. Lafontaine: Le dieu qui s'enfuit à grand erre (Scam.); Th. Corneille: Car, comme l'on m'a fait tantôt courir grand erre (Geol. de s.-m. III, 3). — ESBAUDIR, n. c. (II, Déc.); exemples de Scarron, Boursault, Châteaubriand. — ESGRAILLER, c. (II, Sch.), mettre à califourchon: Ses jambettes esgraille autour du corps aimé (p. 515). — ESCACHER, n. c. (I, 6), écraser. On trouve ce mot dans Pascal, Th. Corneille, Buffon, Diderot. — ESCARLATIN, c. (II, Troph.). — ESCHARS, n. c. (II, Sch.), *parcus*. — ESCHARSEMENT, n. c, (Ibid.). — ESCHELER, n. c. (I, 1), escalader. — ESCOUTE-S'IL-PLEUT (II, Cap.), expression injurieuse (substant.). — ESCREVISSER, c. (II. Cap.), faire reculer, reculer. — ESMERVEILLABLE, n. c. (II, Magn.), admirable. Cf. Malherbe: Et d'un émerveillable échange Tu couchas aux rives du Gange (II, 3). — ESMIER, n. c. (I, 3), émietter. — ESPARDRE, n. c. (II, Loy), disperser. — ESPARSEMENT, n. c. (I, 2); cet adverbe se trouve dans Saint-Simon. — ESPLANADER, c. (II, Art.) — ESPREINDRE, n. c. (II, Loy), presser entre ses doigts. Cf. Lafontaine: Une des Grâces lui épreignait les cheveux (Psyché, II, p. 166); Vaugelas: Ils épreignaient du jus de sésame (Q.-C. VII, 4). — ESRENÉ, n. c. (I, 2), éreinté. Cf. Lafontaine: Qui chancela si bien qu'en fut presque errenée (T. VI, p. 461, éd. Walckenaer). On trouve dans Nicot *arné, erné, errené*. — ESSOURDER, n. c. (Jud.), assourdir. — ESTENDIS (II, Déc.): Fait un grand estendis de mainte poutre espaisse (p. 541). — ESTORPÉ (II, Cap.): Sont estorpez du fer des ïantes d'une roue (p. 431). — ESTOUBLE (II, Déc.), chaume, paille. — ESTRAIN, n. c. (II, Troph.), *stramen* (Nicot). — ESTRIVER, n. c. (I, 3). Sens propre: mettre le pied dans l'étrier; sens figuré: « Alterquer contre aucun » (Nicot).

FANFARER, n. c. (II, Loy). — FANTASTIQUER, n. c. (I, 7), imaginer en son esprit (Nicot). Dérivation du mot savant *fantastique*, que nous retrouvons ci-dessous. — FAULCER, n. c. (II, Cap.), percer. — FAUSSABLE (II, Cap.), susceptible d'être percé. — FÉAUTÉ, n. c. (II, Cap.), fidélité. — FEUILLEUX, c. (II, Fur.). — FLAIRANTEMENT (II, Magn.). — FLAIRONNER, c. (I, 3), sentir bon. — FLAMBOYANTEMENT, c. (II, C[ios]). — FLAMMEUX (II, Loy). —

Fleureter, c. (II, Col.). — Fleuronner, n. c. (I, 2), fleurir. — Flisquer (II, Troph.) : Le chanvre jette-mort se desbande en flisquant (p.446). — Fontainier, n. c. (II, Col.), adjectif. — Fontenille, c. (II, Arche), petite fontaine. — Forbannir, n. c. (Jonas). — Forcenant, n. c. (II, Magn.), comme *forcené*. — Forcènement, n. c. (Lép.), état de celui qui est forcené. Cf. Corneille : Un tyran dont le forcènement... (Méd. IV, 6). — Forligner, n. c. (II, Cap.), dégénérer. — Fouldreux (II, Art.). — Fouldroyeur (II. Imp.) : Des sangliers fouldroyeurs (p. 207). Fourmillonner (II, Loy). — Fraischelet (II, Pères). — Frise, c (II, Art.), laine frisée. — Frissement, c. (Lép.). frémissement. — Frisser (II, Troph.), frémir, frissonner. — Fruictier, n. c. (II, Loy) : Les fruictières campagnes (p. 407). Cet adjectif s'emploie encore dans la locution *arbre fruitier*. — Fuitif (II, Loy). —Fumeusement, c. (II, Col.) — Fuste, n. c. (II, Cios), long bâtiment qui va à voiles et à rames. Du Bartas donne ce nom à l'arche de Noé.

Garbouiller (II, Loy). — Gastadours, n. c. (Jud.), pionniers (Nicot). — Gauderonné, c. (II, Magn.), froncé. — Gauderonner (se), c. (Jud) ; Comme il se gauderonne, il se frise, il se peint (p. 611). — Gazouillart, c. (II, Art.).— Gendarmeau (II, Cap.), diminutif. — Glaceux (II. Pères). — Glaçonner (II. Troph.). — Gloutement, n. c. (I, 1), adverbe formé de l'ancien adjectif *glout*, qu'on trouve dans la Fontaine. — Gluantement (II, Bab.). — Gobeau, c. (I, 2), comme *gobelet*. — Gourmeté, c. (Jud.). — Grapper, n. c. (II, Art.). — Grève, n. c. (II, Jud.), *tibia* (Nicot). — Gringoter, c. (II, Bab.), gazouiller. — Grivelé, n. c. (II, Déc.), mêlé de gris et de blanc. — Grivolement, c. (II, Bab.).— Groton, c. (II, Arche), dimin. de *grotte*. — Guerdon, n. c. (II, Imp.), récompense. — Guerdonner, n. c. (II, Troph.), récompenser. — Guerrièrement (II, Cap.). — Guiterne, n. c. (II, Imp.), comme *guitare*.

Halecret, n. c. (II, Pères), corselet. — Haleinée, c. (II, Imp.), bouffée d'air respiré. — Haleiner, n. c. (II, Troph.).— Hameçonner, c. (II, Cios). — Hantise, n. c. (II, Bab.), fréquentation. Corneille a employé ce mot (Ment. 1462), et Molière aussi (Ec. des mar., I, 4). — Herbelette, c. (II, Loy), diminutif. — Heur, n. c. (II, Imp.), bonheur. Corneille et Molière se servent fréquemment de ce mot. Racine en offre un exemple : Comblé d'heur et de jours. (Poés. div.). La Bruyère le regrette (chap. XIV), et Voltaire dit qu'il favorisait la versification et ne choquait point l'oreille. — HOMMEAU, c. (II, Déc.), diminutif. — HORRIBLER, c. (II, Voc.). — HOSTELAGE, n. c. (I, 5), hospitalité. — HUIS, n. c. (I, 2), porte; employé encore dans la locution *à huis clos*.

IAQUE, c. (II, Troph.), habillement court et serré; *iaque de maille,* armure : Le crocodile, armé d'une iaque (p. 488). — IGNORANTEMENT (II, Déc.). — IMPITEUX, n. c. (I, 6). — IMPLOYABLE, n. c. (I, 7) (1). — IMPOURVEUE (A L') (Lép.), Corneille se sert du participe passé *impourvu*. Ex : Cette foule impourvue (Mél. 684, var.); Moyen impourvu (Clit. 760). Mais, dès 1664, il y substitue *imprévu*. Vaugelas dit que *à l'improviste* et *à l'impourveu* sont tous deux bons. — IMPUDENTEMENT (II, Archc). — INAGUERRI, c. (Jud.). — INCORROMPU (II, Bab.), *incorrompable* est dans Cotgrave. — INHOSPITABLE, c. (I, 2). — INVAINCU, n. c. (I, 2); mot employé fréquemment par les écrivains du XVIe siècle, le Loyal serviteur, Ronsard, d'Aubigné, etc. C'est à tort qu'on en a attribué la création à Corneille. — IREUX, n. c. (II, Déc.). — IRRÉPASSABLE, c. (Jud.) — ISNEL, n. c. (I, 2), léger.

JAUNEMENT, n. c. (II, Voc.). — JETTONNER, c. (Jud.), pousser des rejetons.

LABYRINTHER, c. (II, Ed.). — LAINU (II, Loy). — LAMBRUNCHE, n. c. (II, Art.), vigne sauvage; mot encore usité dans le Midi. — LANGARD, n. c. (I, 2), qui a de la langue, bavard; employé par la Fontaine. — LARMEUX, c. (II, Troph.) — LASSESSE (II, Imp.); *lasseté* se trouve dans Nicot. — LIMAÇONNER, c. (II, Art.); *se limaçonner* est employé par Saint-Simon. — LOS, c. (I, 1); on rencontre ce mot dans La Fontaine, Saint-Simon, J.-B. Rousseau. Victor Hugo s'en est servi par un artifice de couleur locale : Los aux dames! Au roi los! (Ball. 12). — LUISANTEMENT, c, (II, Sch.). — LUNÉ, c. (I, 2), qui a la forme de la lune.

MADRER (SE) (II, Loy); *madré* est dans Nicot, qui le traduit par *crispans* ou *crispus* : Les blancs rameaux des saules se madrent (p. 384). — MAIGRESSE (II, Fur); *maigreté* se trouve dans Nicot. — MAISONNIER, c. (II, Col.). — MALVOISIN, c. (Jud.). — MAR-

(1) *Impliable* est un néologisme de notre langue actuelle. Cf. la longue liste des formations nouvelles avec *in*. — A. Darmesteter, *Mots nouveaux,* p. 224.

BRIN, n. c. (II, Loy). — MARINE, n. (I, 2), mer. — MARMONNER, n. c. (II, Pères), dire à voix basse. — MARMOTONNER, c. (II, Fur) : Comme le feu caché dans la vapeur espesse Marmotonne, grondant, la nue qui le presse (p. 226). — MARTYRER, n, c. (II, Ed.); du Bartas dit ailleurs *martyriser*. — MASSACREUR, c. (II, Troph.), adjectif. — MAUDISSON, n. c. (II, Troph.), malédiction. Employé encore au XVIIIe siècle dans la langue familière. — MÉANDRISER (II, Troph.).— MESCHEF, n. c. (Jud.), fâcheuse aventure, dommage; se trouve dans la Fontaine. — MESCONTER (SE), n. c. (I, 1); exemples de Patru, Sévigné, Fénelon. — MET, n. c. (I, 2), *vas est in quo pinsitur farina* (Nicot).— MINETTE (II, Troph,), petite mine, caresse. — MIRABLE (I, 2), admirable. — MOISSONNEUX (I, 4). — MONSTREUX (II, Voc.), comme *monstrueux*. — MONTEUX (II, Déc.). — MORNEMENT, n. c. (I, 2). — MOTELETTE, n. c. (II, C^ios^), petite motte. — MOUSSE, c. (I, 3), qui n'est pas aigu; se trouve dans Buffon. — MOUSSÉ (Jud.), comme *moussu*. — MOYENNEUR, n. c. (Lép.), intermédiaire. — MUABLE, n. c. (I, 2), *mutabilis*. — MUGLER, n. c. (I, 1), mugir. Cf. Labruyère : C'est tout au plus le bœuf qui meugle (II, 66). — MURMURANTEMENT, c. (II, Col.) — MUSSER, n. c. (I, 5), cacher.

NAREAU, c. (Ivry), comme *naseau*. — NAUFRAGEUX, n. c. (II, Loy). — NAVEAU, n. c. (Jud.), comme *navet*; se dit encore dans certaines provinces. — NAVIGAGE, c. (Jud.), comme *navigation*.— NÈBLE, n. c. (I, 2), brouillard; encore usité dans les campagnes.— NECTARÉ, n. (II, Imp.); se trouve dans B. de Saint-Pierre (Et. 1). — NECTARIN, c. (II, Troph.).— NOIRELET, c. (Jud.). — NOISILLE, n. c. (II. Déc.), comme *noisette*. — NOPCIER, c. (I, 4); Voiture dit encore : *la torche nocière*; et Scarron : *Vénus la nocière*, dans un autre sens. — NOUER (I, 2), nager. — NUAU, c. (II, Arche); dimin. de *nue*. — NUISANCE, n. c. (Jud.), dommage. — NUITEUX, c. (II, Sch.).

ODORANTEMENT (II, Magn.). — ODOREUX, c. (II, C^ios^). — ŒILLADER, n. c. (I, 7). — OIGNEMENT, n. c. (Jud.). action d'oindre.— ONDANT (II, Loy). — ONDEUX (I, 3). — ORAGER, c. (Lép.), verbe. — ORÉE, c. (I, 3), pluie d'orage: Arrouser leurs seillons de fréquentes orées (p. 75). — ORÉE, n, c. (I, 5), lisière, bord. Employé par B. de Saint-Pierre et Châteaubriand. — OREILLER, n. c. (II, Art.), se trouve dans Nicot et dans Cotgrave avec le sens de *prêter l'oreille;*

du Bartas lui donne celui de *pourvoir d'oreilles*. — ORFAUTÉ, n. c. (II, Troph.), *orbitas*. — ORGUEILLIR (s'), n. c. (II, Cap,). — OST, n. c (I, 1) ; Cf. Lafontaine (Fab. XI, 3 ; XII, 9). — OUBLIANCE, n. c. (II, Col^ies^), disposition à oublier. Cf. Balzac : Apprenons l'art d'oubliance (III, lett. 2).

PALMER, c. (Jud) : Ne croyant que c'est toy qui palmes les cheveux (p. 595). — PAMPRER, n. c. (I, 6). — PANERETS (II, Troph.), filets. — PANIQUEMENT (II, Sch). — PANNE, n. c. (II, Déc.), *latine pellis* (Nicot). — PANTOIS, n. c. (I, 2), essouflé. Cf. Scarron : Les poitrines toutes pantoises (Virg. trav. VI), — PAONNER (SE), c. (II, Art), comme *se pavaner*. — PARTAGEUR (I, 5) ; repris de nos jours sous la forme populaire de *partageux*. — PALU, n. c. (I, 3). — PARTIR, n. c. (I, 3), diviser. Cf. Lafontaine : Sont sur le point de partir leur chevance. (Orais.); nous disons encore *maille à partir* (sou à partager). — PASQUIS, n. c. (II, Cies), lieu où les bestes paissent (Nicot); employé par Buffon. — PAUX, c. (II, Sch.), piquets (terme de pêche). — PENNADER, c. (II, Loy.) : Et le taureau... Pennade par les champs (p. 383). — PENSEMENT, n. c., (I, 1), pensée. — PÉPIER, c. (Jud.), pousser des cris (en parlant d'un poulet). — PERLEUX (II, Voc.). — PERRUQUÉ, c. (I, 6). — PERS, n. c. (I, 3), bleu foncé, Cf. Lafontaine : La déesse aux yeux pers. (Filles de Min.). — PERSEMENT (II, Cap.). — PERTUISER, n. c. (II, Déc.). — PESLEMESLER (II, Fur.); *peslemeslé* est dans Cotgrave. — PESTEUSEMENT (Jud.) — PESTEUX, c. (I, 4). — PIAFARD, c, (I, 4), fanfaron. — PINCETER, n. c. (II, Pères); se trouve dans Scarron. — PIOLÉ, n. c. (I, 4), bigarré. — PIQUERON, c. (I, 4), aiguillon. — PIROUETTEUR (II, Sch.) : Le poussier soufleté Blesse, pirouëtteur, des clairs yeux les prunelles (p. 503). — PISTOLADE, c. (II, Loy), coup de pistolet. — PLANCHER, c. (I, 4) ; dans Nicot *planchéer*. — PLANIER, c. (II, Cap.), uni. Nicot donne ce mot, mais avec le sens de *rempli* (cour plénière) : Par un chemin planier (p. 422). — PLAYER, n. c. (II, Sch.), blesser. — POINTELER, n. c. (Déc.). — POISSONNIER, c. (I, 3), se trouve dans Nicot comme substantif, et s'emploie encore avec ce sens. — *Poster*, c. (I, 2), courir. — POSTILLONNER, c. (I, 4). — POUDROYER, n. c. (II, Déc.), réduire en poudre : Mes remparts poudroyez (p. 545). — POURPENSER, n. c. (I, 1), employé par Saint-Simon. — POURPRER (II, Déc.). — POURPRIS, n. c. (II, Fur), presclotures d'un lieu (Nicot). Cf. Corneille : En ce lumineux pourpris (Imit.). — PORTRAIRE, n. c. (I, 2) ; *portraire* est dans Corneille : Tâcher à portraire D'un roi tout merveilleux l'incomparable frère (Poés. div.). De même *Veuve*. 1769. — PRÉCIPITEUX, c. (II, Troph.). — PRÉE. n. c. (I, 2), comme *pré*. — PRÉFIXEMENT (II, Loy). — PRÉSAGEUR (II, Troph.). — PRÉSAGIEUX, n. c. (II, Loy). — PRIME (II, Art.), printemps : Puis, instruits par la Prime en fruicts pauvre, en fleurs riche (p. 241). — PROFANEMENT, n. c. (I, 1). Cf. Voltaire : Profanement parlant. (Facéties. Pot pourri). — PUANTEMENT (II, Sch.). — PUNAIS, n. c. (I, 4), qui sent mauvais.

QUART, n. c. adject., (II, Col.). — QUINT, n. c. (II, Col.). — QUINTESSENCER, c. (Ur.)

RAI, n. c. (I, 1). Employé par Corneille dans ses premières pièces (Cf. Clit. 39). Vaugelas (II, 324) fait observer que ce mot ne se dit plus des rayons du soleil, mais qu'il se dit de ceux de la lune en vers et en prose. L'Académie l'admet avec cette acception, mais en vers seulement. Du Bartas l'emploie dans tous les sens : Au rais de ce soleil (p. 13). — RAINE, c. (Jud.), grenouille. — RALENTER (II, Col.). — RANCŒUR, n. c. (II, Troph.), comme rancune. Cf Malherbe : Arrière, vaines chimères De haines et de rancœurs ! Vaugelas (II, 412) dit que le mot n'est plus du bel usage. — RAPAISER (II, Cap.), employé par Racan, Sévigné, Molière. — RAPINEUX, n. c. (II, Troph.). — RATELLE, c. (I, 3), dimin. de *rate*. — RAVAGEMENT (I, 1), comme *ravage*. — RAVAGEUX (I, 3). — RAVINEUX, c. (II, Voc.). — RAYONNEUX, c. (II, Bab.). — REBOUCHER, n. c. (I, 5), émousser. Cf. J. J. Rousseau : Son corps sera la cuirasse qui rebouchera tous les traits (Em. II). — REBOURS, c. (Jud.), adjectif. Cf. Voltaire : D'une âme fort rebourse (La femme qui a raison) ; J. J. Rousseau : Esprit rebours (Em. V.). — RECHARGE, n. c. (II, Loy), nouvelles instances, nouvelle attaque. Cf. Bossuet : Encore une nouvelle recharge (Serm. Impén. 12). — RECHOIR, n. c. (II, Loy). — RÉCLAIRCIR (II, Troph.). — RECOLLEMENT (Ur.). — RECONQUESTER, n. c. (Ivry). — RECREU, n. c. (I, 1), fatigué. Cf. d'Ablancourt : Troupes recrues (Tacit. 296) ; Bossuet : Animal épuisé et recru (Connaiss. V, 13) ; Labruyère : Mouillé et recru (1, 282). Lasse et recrue de fatigue (II, 23). Racine a souligné le mot dans ce passage de Vaugelas : Tout recrus et harassés. — REFOUETTER, n. c. (Ivry). — REJETONNER (I, 6). — RELENT, n. c. (I, 3); le substantif *relent* (mauvais goût que contracte la viande dans un lieu humide) est encore usité. — REMPARER, n. c. (I, 3), se trouve dans Malherbe. — R'ENFANTILLER (II, Magn.). — RENFLAMMER, n. c. (II, Pères). — RETAILLÉ, c. (II, Loy), adj. employé substantivement : Ces fuitifs, ces ingrats, ces retaillez conspirent (p. 378). — REVANGEUR, c. (II, Art.) : La rigueur du revangeur orage (p. 247). — RÉVOLTEMENT, n. c. (II, Cap.), comme *révolte*. — RIANTEMENT (I, 7). — RIART, c. (II, Fur.), comme *rieur*. — RILLER, n. c. (II, Fur), courir les rues, voler, piller. De là, le mot *ribleur*, employé par Chaulieu : Dieu des rhéteurs, des ribleurs et fripons (Ep. à duch. du Maine). — RODOMONTER (II, Déc.). — RONDELLE, n. c. (II, Cap.), synonyme de *rondache*, bouclier. — ROSOYER, c. (II, Voc.), tomber en forme de rosée. — ROUGEMENT, c. (II Voc.). — RUCHÉE, c. (II, Déc.), les habitants d'une ruche. — RUINEUR (Jud.).

SACCAMENTER, c. (II, C^ios^), saccager. — SALPESTREUX, c. (II, Cap.). — SANGLANTER, n. c. (I, 6). — SAQUER, n. c. (II, Sch.), tirer (l'épée). — SAUTELER, n. c. (I, 4). — SAUVAGEAU, n. c. (Jud.), comme *sauvageon*; employé par O. de Serres. — SCEPTRER (II, Pères). — SCOFION, c. (II, Troph.), couvre-chef enrichi de joyaux : Scofion ni bonet sur leurs testes dorees (p. 484). — SEMONDRE, n. c. (I, 5). — SENESTRE, n. c. (II, Bab.) (adj.). — SENESTRE, c. (II, Bab.), main gauche. — SERAINEMENT (II, Arche). — SIFFLANTEMENT, c. (II, Loy). — SIGNIFIANT (II, Bab.), comme *significatif* : Avec termes choisis, signifians, divers (p. 280). — SILLER, n. c. (I, 2), fermer ; nous avons encore le composé *dessiller*. — SION, n. c. (II, Troph.), jeton d'arbre (Nicot). — SOLIDER (II, Art.); nous employons le composé *consolider*, qui n'avait pas encore été reçu par les bons auteurs au temps de Vaugelas. (Vaug. Rem. II, p. 436). — SOMMEILLEUX, n. c. (I, 1). — SOUEF, n. c. (II, Magn.). — SOUFFLEMENT, n. c. (Jud.), action de souffler. — SOULFREUX, n. c. (I, 3). — SOULOIR, n. c. (II, Arche). Vaugelas déclare le mot vieux ; mais il s'employait encore de son temps. Lafontaine s'en est servi. — SOURDASTRE, c. (II, Loy). — SPONDE, n. c. (II, Troph.) : A proüe, à poupe, à sponde (p. 446). — STENTORÉ, c. (II, Loy), employé par Furetière : Avec sa voix bredouilleuse et stentorée (3e factum). — STYGIEUX, c. (I, 2). — SUBIT, n. (Jud.), adv., comme *soudain.* — SUCRIN, c. (II, Sch.). — SURJON, n. c. (I, 2), encore employé, très rarement et au sens propre. Du Bartas lui donne aussi le sens figuré : Cler surjon de doctrine (p. 32). — SURJONNER, c. (II, Arche). — SYRINGUER, n. c. (I, 1).

TABUTER, n. c. (II, Cap.), *infestare, molestare* (Nicot) : Et le froid désespoir à nos portes tabute (p. 428). — TALUSSER (II. Troph.). — TARD, n. c. (Jud.), adj. : Voyant marcher Judith, mesme à heure si tarde (p. 596). — TARGE, n. c. (II, Pères), sorte de bouclier. — TAVAN, c. (II Déc.), comme *taon.* — TAVELER, n. c. (I, 4), marquer de taches. Cf Bouhours : La couleuvre avec sa peau tavelée (Entret. d'Ar. et d'Eug., 6). — TELIER (II, Troph.) : Sa lance est un chevron, un grand telier (p. 441); Cotgrave ne donne à ce mot que le sens de *tisserand.* — TEMPESTEUR (I, 3), — TEMPESTEUX (II, Troph.). — TERNISSANT (II, Déc.) : Falsifié son teint, peint ses yeux ternissans (p. 523). — TIERS, n. c. (II, Col.), adjectif. — TIRELIRER, c. (I, 5) : Tire l'ire à l'iré, et, tirelirant, tire... (p. 124). — TOILÉ (I, 5). — TOISONNÉ (II, Magn.). — TONNERREUSEMENT (II, Troph.). — TONNERREUX, c. (II, Col.). — TORTIL (II, Art.) ; De ses bras tortils (p. 242). — TORTIS, SE, n. c. (II. Magn.) : L'ormeau est embrassé de la vigne tortisse (p. 480). — TOUFFEAU, c. (I, 4), dim. de *touffe; touffillon* se trouve dans Nicot. — TOURBILLONNEUX, c. (II, Loy). — TOURNEBOULER, c. (II, Arche). — TOURNEVIRER, c, (II, Arche). — TRAC, c. (I, 2), trace, sentier. — TRAFIQUEUR (II, Cap.), adjectif; se trouve dens Nicot comme substantif. — TRAISTREMENT, n. c. (II, Col.). — TRAISTREUX, n. (I, 5); on trouve dans Nicot *mort traistreuse.* — TRAJETTER, c. (Ivry). — TRANQUILLER, n. c. (II, Troph.). — TRANSPARENTEMENT (II, Col). — TRAVAISON, c. (II. Déc.), saillie au haut des murs d'un édifice. — TRESSUER, n. (I, 1). TRIE, c. (II, Cap.), comme *triage.* — TROTTIER, n. c. (Jud.) : La trottière Dinah (p. 598).

USAGER, c. (II, Cies).

VAGUEUX, c. (I, 3). — VAGUEUSEMENT (II, Troph.). — VANTEUX, c. (II, Cap.), plein d'ostentation (Cotgrave) — VENDANGER, ÈRE (II,, Sch.). — VENDANGEUX (II, Magn.). — VENTELER, n. c. (I, 2). — VENTELET, c. (II, Ed.). — VERGOGNEUX, n. c. (II, Imp.); Vaugelas (II, 435) critique ce mot dans Malherbe. — VERMEILLET, n. c. (Jud.). — VERMILLONNER, n. c. (II, Art.). — VIREVOUTER,

n. c. (II, Loy). — VOYAGER, ÈRE (II, Bab.); *voyagère* se trouve dans Cotgrave comme substantif.

Cette longue liste des termes, actuellement hors d'usage, que du Bartas a employés dans ses œuvres, indique assez combien sa langue est riche ; mais il y a bien des réserves à faire sur la qualité des mots, souvent bizarres. Remarquons-le toutefois, son vocabulaire est en grande partie celui de la Pléiade, et la plupart des vocables dont il se sert, sauf d'étranges *provignements*, ont leur place dans Nicot ou dans Cotgrave; beaucoup, comme nous l'avons noté au passage, se sont conservés jusqu'au milieu du XVII° siècle, et parfois jusqu'au XVIII°; enfin, il en est un assez grand nombre qu'il faut regretter d'avoir perdus.

«L'usage, dit la Bruyère (1), a préfére *être accoutumé* à *souloir*...., *louanges* à *loz*..., *porte* à *huis*..., *armée* à *ost*..., *prairies* à *prées*..., tous mots qui pouvaient durer ensemble d'une égale beauté et rendre une langue plus abondante. »

Quant au provignement, rien de plus régulier que ce mode de formation des mots, et la langue française l'a toujours plus ou moins appliqué. Mais Ronsard même ne sut pas se garder d'excès blâmables; et du Bartas renchérit sur son maître avec si peu de mesure qu'il touche parfois au ridicule. Cependant, la plupart des dérivés que nous avons recueillis dans ses poèmes sont employés par la Pléiade, et un assez grand nombre l'avaient été bien antérieurement par les poètes du moyen-âge ; citons au moins parmi ces derniers : *chevaucheur*, *marbrin*, *emmurer*, *désassiéger*, *enfondrer*, *guerdonner*, *pépier*, *desatteler*, *pertuiser*. Mais du Bartas devait d'autant plus s'en tenir aux dérivations déjà passées dans la langue, qu'elle lui offrait déjà plus de ressources. Son tort fut de croire que l'écrivain est maître de son vocabulaire, et qu'il peut l'enrichir à son gré. C'était aussi, comme nous l'avons remarqué, la doctrine de Ronsard et de ses disciples ; mais, venu un des derniers parmi les poètes du XVI° siècle, l'auteur des *Semaines* voulut étendre encore l'héritage que ses devanciers lui transmettaient, au lieu de s'y établir solidement. Aussi a-t-il forgé lui-même un assez grand nombre des dérivés que nous avons signalés.

---

(1) *Caractères*, chap. XIV.

Dans cette longue liste, on en trouve, comme il a été dit, dont la perte peut sembler regrettable : tels *envieilli, ahanner, accoiser, hantise, oubliance*, etc., que la langue française ne saurait remplacer. Citons encore, au milieu de tant d'autres, les mots *emmanteler, emperler, ébourgeonner, entrôner*, aussi expressifs que bien formés. Le dernier, par exemple, n'est-il pas du plus heureux effet dans les vers suivants :

Si tost que j'oy tonner, je cuyde ouïr la voix
Qui les pasteurs enthrosne et déthrosne les rois (1).

Mais, à côté des dérivations du meilleur usage, il y en a (et c'est le plus grand nombre) dont il faut assurément nous féliciter d'être débarrassés. Dans sa *Préface aux Semaines*, du Bartas revendique la paternité des verbes *dédaler* et *limaçonner*, qui ne peuvent lui faire grand honneur ; on doit encore lui attribuer sans doute celle de beaucoup d'autres mots tout aussi bizarres, tels que *tourbillonneux, ravageux, moissonneux, enrageux, perleux, glaceux, vendangeux, cédreux, solider, hameçonner, glaçonner, méandriser, encaneller, encrespillonner*, et surtout de ces adverbes barbares qui se trouvent en général dans ses dernières œuvres : *brillantement, bruyantement, ignorantement, luisantement, odorantement, flairantement, murmurantement, riantement, gluantement, transparentement, flamboyantement*, etc. (1). Si l'on en veut à Malherbe d'avoir trop appauvri la langue poétique, telle qu'il l'avait reçue de Ronsard et de ses disciples, il faut avouer que de pareils mots nous expliquent sa sévérité parfois excessive : les yeux et les oreilles blessés par des termes aussi étranges, il ne se donna pas toujours la peine de distinguer entre ce qu'il fallait rejeter et ce qui pouvait rester dans la langue avec honneur ; et, tout en puisant largement dans le vocabulaire de ses devanciers, il obéit trop souvent aux scrupules d'un purisme exagéré. La Pléiade ne s'était pas contentée d'enrichir l'idiome de la poésie, elle l'avait embarrassé et comme perverti ; Malherbe ne se contenta pas de l'épurer, il le « gêna » : à père prodigue, fils avare.

---

(1) La formation des adverbes avec le suffixe *ment* est restée très riche. (Cf. A. Darmesteter, *Mots nouveaux*, p. 122). On peut citer bien des néologismes de notre siècle, composés à l'aide de cette terminaison, qui ne le cèdent en rien à ceux de du Bartas. Seulement, celui-ci donne à l'adjectif la désinence moderne du féminin, et ne suit pas l'analogie de *prudemment, sciemment, constamment*, etc.

Si nous devons juger sévèrement la plupart des mots que du Bartas introduisit dans la langue, il ne mérite point de reproche pour avoir attribué à des termes restés jusqu'à nos jours en usage une signification qu'ils n'ont plus actuellement. Nous donnons la liste de ces vocables, en indiquant pour chacun le sens qu'il a chez du Bartas : on verra par de nombreux rapprochements que cette acception s'est conservée, pour une très grande partie, jusque dans l'âge classique de notre idiome.

Abolir (I, 4), exterminer : Abolir d'un fer victorieux (p. 107). — Affections (II, Troph.), passions (p. 461). — Agassant (II, Troph.), qui pousse des cris aigus : Comme un couple agassant de Pies caqueteuses (p. 442). En Normandie, *agasser* signifie *crier avec aigreur*. *Agace* ou *Agasse,* dans quelques-uns de nos départements, est le mot populaire pour la pie. — Agraver (II, Ed.), appesantir : Agravé des autans (p. 188), Cf. Lafontaine : Les yeux encore agravés (Ann.). — Aigu (Lép.), ingénieux (*acutus*) : Là ses vives couleurs l'aigu peintre meslange (p. 667). — Appointement (Lép.), récompense (p. 666). — Appointer (I, 1), exaucer : La puissance divine Qui sa requeste appointe (p. 29). — Arrondissement (II, Col.), circonférence (p. 313). — Artifice (I, 1), art : La beauté, la grandeur, et la richesse, et l'art, Beauté, grandeur, richesse, artifice, qui bouche... (p. 14). — Assurer (s') (Jud.), avoir la conviction (p. 588); très souvent employé ainsi au XVIIe siècle. — Aterrer (II, Ed.), mettre à terre (au propre). Cf. Malherbe : Il n'est orgueil endurci Qu'à tes pieds elle n'atterre ; Corneille : L'un m'élève et l'autre m'atterre (Veuve, var. 2). — Attenter (II, Cap.), tenter (sans acception défavorable) : Attenter rien de grand (p. 433). — Attrait (I, 3), au propre : La pierre qui, s'armant D'un attrait sans attrait... (p. 80). — Attrayant (I, 4), au propre : Et l'attrayant pouvoir de la pierre d'eymant (p. 92). — Aucunement (I, 2), jusqu'à un certain point. Cf. Corneille : Votre destinée Semble être aucunement à la nôtre enchaînée (Rod. III, 4). — Avènement (Jud.), arrivée (p. 604). Cf. Rotrou : A son avènement tenez les cieux ouverts (St-Gen., IV, 5). — Aviver (II, Loy), faire naitre à la vie : Un mesme jour l'avive, un mesme jour le tue (p. 379).

Bandé (II, Troph.), fixé : Tous ont les yeux bandés sur ce triste théâtre (p. 446). — Bander (se-contre quelqu'un) (I, 1), se raidir. Cf. Voltaire : Ces zélés faquins qui excitent le peuple à se bander contre nous (Mœurs, 134). — Barbare (II, Bab.), étranger : Et faisons que le père Soit barbare à son fils (p. 277). — Barboter (II, Troph), marmotter. — Bassement (II, Pères), à voix basse. Cf. Malherbe : Que rappeler mon âme et dire bassement : O sagesse éternelle,... (I. 1). — Bataille (II, Loy), armée. — Blanc (I, 7), but. On dit encore *tirer au blanc*. — Bouillons (II, Troph.), au figuré : Poussera jusqu'au ciel les bouillons de son zèle (page 457). Cf. Boileau : Modère ces bouillons de ta mélancolie (Sat. VII). Bouquin (Fur.), débauché : Ceux qui de couche en couche Vagabondent bouquins (p. 237), — Bute (II, Pères), but : Est la bute des traits que descoche son ire (p. 372). — Buter (II, Art.), viser. Cf. Molière : Toutes mes volontés ne butent qu'à vous plaire. (L'Et. V., 3).

Camp (II, Troph), champ : Ça, qu'il entre en camp clos (p. 442).— Captiver (I, 1), soumettre. Cf. Corneille : Loin de vous captiver, souffrez qu'elles vous cèdent (Cin. 458); Racine : Captive ma personne au défaut de mon cœur (Al. 684); Bossuet : Il faut captiver tout entendement sous l'obéissance de la foi (Or. P. Bourgoing). — Cerné (Jud.) : Cou cerné (d'un collier) (p. 596). — Chaire (II, Magn.), trône, siège : En la chaire royale (p. 468). Vaugelas (II, 167) établit la distinction actuelle entre chaire et siège. — Chaleureux (I, 5), au propre : Ne couvant seulement sous ton corps chaleureux. — Change (Jud.), changement; très fréquent dans Corneille : Et vous m'osez pousser à la honte du change! (Cid. 1062). Vaugelas (II, 417) dit que ce mot ne vaut rien en prose, mais il le trouve très bon en vers. — Compasser (I, 1), mesurer, disposer. Cf. Corneille : Avec tant de justesse a ses temps compassés (Clit. 676). — Complainte (II, Pères), plainte. Un passage de Vaugelas (II, 54) nous montre que *plainte* avait, à son époque, remplacé depuis peu le composé *complainte*. — Confort (II, Loy), assistance. Cf. Corneille : Vain et triste confort! (Méd. V., 4). Nous avons repris ce mot de nos jours, mais avec une orthographe et un sens différents (1). — Confronter (II, Cies), être attenant. Cf. Montesquieu : L'Egypte ne confrontait point à la Mer rouge (Esp.

---

(1) C'est un de ces termes assez nombreux qui vieillirent de bonne heure dans notre langue et se conservèrent dans la langue anglaise.

XXXI, 9). — CONSTAMMENT (II, Tri.), avec constance. Cf. Corneille : Préparons-nous à montrer constamment Ce que doit une amante à la mort d'un amant (Hor. 1249). — COURAGE (I, 7), cœur, âme ; très-usité dans ce sens au XVIIe siècle. — CRÉANCE (II, Tri.), croyance ; même observation que pour le mot précédent.

DÉBATTRE (I, 1), alléguer, prétendre (p. 20). — DÉNONCER (I, 2), annoncer : Dénonce tristement quelque prochain désastre. Cf. Bossuet : Il leur dénonce de rigoureux châtiments (Hist. II, 4). — DÉPORTEMENT (Jud.), conduite bonne (ou mauvaise) : Et fait un long récit de ses déportemens (p. 616). Cf. Molière : Les mauvais déportements des jeunes gens (Scap. II, 1). — DÉSERTER (II, Voc.), rendre désert. Cf. Bossuet : C'est vouloir déserter la cour que de combattre l'ambition (Serm. 4e dim. carême). — DESMEMBRER (II, Magn.), dépecer (au propre) : Je l'aime mieux pour toi Tout entier et vivant que desmembré pour moi (p. 479). Cf. Lafontaine : On démembre Messire Loup. (Fab. VIII, 3). — DESPITER (I, 1), braver, outrager. — DÉTRAQUER (Tri.), égarer du sentier (trac) : Détraquer les saints du saint trac de la foy (p. 648). — DISCOURIR (I, 1), courir çà et là ; Discourant par les airs (p. 43). — DISCOURS (I. 1), dissertation, récit, propos : En si profond discours mon sens s'esvanouit (p. 13) ; très souvent employé au XVIIe siècle avec cette signification. — DISTILLER (I, 2), couler goutte à goutte. Cf. Vaugelas : Un soldat coupant du pain, on aperçut des gouttes de sang qui en distillaient (Q. C. IV, 12), — DOMMAGEABLE (II, Art.), méchant (*improbus*. Nicot) : O race dommageable (p. 256).

EFFLEURER (II, Sch.) , effeuiller une fleur ; se dit encore dans le langage de l'horticulture (p. 499). — EMPESCHER (I, 1), embarrasser. Cf. Corneille : Les plus clairvoyants y sont bien empêchés (Nic. 978) ; Racine : Je suis bien empêché (Plaid. 829). — ENGORGER (I, 5), avaler (p. 114). — ENJAMBER (sur) (II, Sch.), empiéter (sur) (p. 500). — ENQUESTE (I, 1), recherche : (Un argument) Dont le sens soit plus haut, l'enqueste plus pénible (p. 13). — ENTER (II, Cap.), comme *entasser* : Oreb, Carmel, Séït, l'un dessus l'autre entez (p. 412). — ENTREMETTRE (II, Magn.) : Pour lier mes discours bien souvent j'entremets Des vers lasches (p. 467).— ESCARTÉ (II, Loy), écartelé : Son corps est écarté des rocs. — ESCHAFAUT (Ur.), scène du théâtre : Hardy, j'ensanglantoy le François eschafaut (p. 630). — ESCLAIRER (II, Déc.), produire (faire) des éclairs :

Orage, esclaire, tonne (p. 539). Cf Bossuet : Il appartient à Dieu d'éclairer et de tonner dans les consciences (Par. de Dieu, 1); Dieu a-t-il tonné et éclairé sur une montagne ? (Pent. 2). — ESLANCEMENT (I, 2), élan. Cf. Corneille (Att. 1757). — ESLANCER (II, Art.), lancer : Il va roide eslançant un quartier raboteux. — ESLIRE (I, 1), choisir. Cf. Corneille : N'a pas été fort juste en son élection (Mél. 1162); Molière : Nous t'avons élu pour dire qui a raison (Avare, I, 7). — ESMU (I, 2), agité (au propre). Cf. Boileau : Mille cloches émues (Sat. VI). ESTRANGE (I, 1), étranger. Vaugelas (II, 427) s'applique encore à distinguer ces deux mots. — ETANCHER (II, Fur.) : De ses enfants la chair Son enragé désir ne peut mesme étancher (p. 227). — EXPLOICTER (II, Déc.), faire des exploits. Cf. Corneille : Vous en exploitez bien (Illus, 1107). On lit dans le Dictionnaire de l'Académie, éd. de 1694 : « *Exploiter* : faire quelque exploit; en ce sens on ne le dit plus qu'en raillerie ». — EXQUIS (II, Troph.), raffiné : Un supplice exquis ; Malice exquise (p. 462). — EXTRAIT (Jud.), issu : Deux chefs, extraits de l'Abramide race (p. 578).

FAÇON (II, Ed.), apparence: D'une morne façon, d'un visage transi (p. 192). Cf. Molière: Des fantômes, des façons de chevaux (Av. III, 5). — FACTURE (II, Imp.), créature: Dieu Ne pourra disposer de l'homme, sa facture. — FANTASTIQUE (II, Loy), rêveur: Qui lors dessus son lit ravassoit fantastique (p. 377). — FIER (II, Pères), féroce. Cf. Corneille: J'ai vu trébucher les haines les plus fières (Off., V, 27); Racine: D'un fier usurpateur ministre violente (Théb. 460). — FIGURÉ (II, Déc.), orné, agrémenté: le corps est figuré de feuillages mauresques (p. 522). — FINEMENT (II, Troph.), avec adresse (p. 451). Cf. Pascal: Renverser finement les maximes fondamentales de cet État (Prov. 19). — FLOTTE (Jud.), multitude (p. 563). Ne s'emploie plus ainsi dans la langue littéraire, mais est resté avec ce sens dans celle du peuple. — FOLASTRE (II, Troph.), comme *follet* : Sur son jeune menton une folastre laine (p. 443). — FORAIN (II, Magn.), étranger. Ne s'emploie plus avec ce sens que dans la langue de la jurisprudence. — FOUDROYER (I, 1), lancer comme la foudre : Foudroye ses dards Sur les fiers escadrons (p. 29). — FOURRAGE (I, 5), pâture (d'oiseau). — FRANCHISE (II, Cap., liberté, indépendance politique. Cf. Corneille: Cesse de soupirer, Rome, pour ta franchise (Cin. IV, 4). — FREDON (II, Loy), sons, accents: Les doux fredons des flustes (p. 397). — FUREUR (II, Magn.), inspiration poétique: Qui par vostre fureur mesurez vos escrits (p. 466). Cf. J.-B. Rousseau: N'éprouvèrent jamais, en maniant la lyre, Ni fureurs, ni transports. (Ode au c. de Luc). — FURIEUX (II, Bab.), poétiquement inspiré: C'est toy, Clément Marot, qui, furieux, travailles (p. 288).

GAILLARD (I, 2), vif. Cf. Corneille: Cette fille est jolie, elle a l'esprit gaillard (S. du Ment. 25); Molière: Las! pour un trépassé vous êtes bien gaillard (L'Et. II, 5). — GASTER (Jud.), ravager. — GAUCHE (II, Troph.), malheureux: Présageur d'une gauche fortune p. 452). — GEINER (II, Imp.), torturer. Cf. Corneille: Mais les corps sont punis plus ils gênent les âmes (Clit. 1250); C'est trop me gêner (Cin. 923); Racine: Ah! que vous me gênez! (Androm. 343). — GENDARME (II, Loy), homme d'armes. Cf. Corneille: Mis au joug les taureaux et défait les gendarmes (Méd. II, 1). — GENDARMERIE (Jud.), troupe de gens d'armes (p. 579). — GENTIL (I, 1), noble: Pour hébéter les âmes plus gentiles (p. 27). — GERMAIN (II, Loy), frère. Cf. Corneille: Ont déjà reconnu des frères, des germains (Pomp. IV, 1). — GESTES (II, Arche), exploits. Ce mot au pluriel, dit Vaugelas (II, 176), pour les faits mémorables de guerre, commence à s'apprivoiser dans notre langue. — GRAVER (II, Cap.), marquer: O champs... que les courriers célestes Ont gravés de leurs pas (p. 410). — GUINDÉ (II, Art.), monté (au propre).

HONORABLE (I, 6), glorieux: Sur l'honorable piste (p. 141). — HOSTIE (II, Pères), victime. Cf. Corneille; Cette seconde hostie est digne de ta rage (Pol. 1720).

IMBÉCILLE (II, Troph.), faible: Son esprit Toute sorte d'oracle, imbécille, importune (p. 452). — IMPARFAIT (II, Cap.), inachevé: Et ne veut point laisser imparfait le combat (p. 422). Cf. Corneille: Mais mon crime est entier et le sien imparfait (Œd. IV, 5). — IMPOSER (II, Sch.), placer sur: Impose ta thiare, O superbe Juda, sur quel que tu voudras (p. 501).

JONCHÉE (Jud.), *juncorum fasces* (Nicot): Oit crier un enfant dans la jonchée humide (p. 572).

LAME (II, Cap.), pierre sépulcrale (p. 433); mot, dit Littré, qui s'emploie encore dans le XVIIe siècle, et que Sainte-Beuve a essayé de rajeunir. (1) — LAPPER (II, Pères), dévorer : Pour humer nostre odeur et lapper nostre chair (p. 368). — LAVEMENT (II, Magn.), ablution. Se dit encore dans le langage ecclésiastique. — LÉGAT (Jud.), ambassadeur (p. 617). - LOYER (I, 3), récompense. Cf. Corneille: Pour loyer de sa lubricité (Clit. 8, var.); Boileau: Pour digne loyer de la Bible éclaircie (Sat. VIII).

MALICE (II, Déc.), méchanceté. Cf. Pascal: Nous donner de l'horreur pour la malice des autres (Fr. d'un Traité sur le Vide); Bossuet: Lorsque la malice s'est accrue (Vol. de Mont.). — MALIN (II, Troph.), malfaisant; très souvent usité en ce sens au XVIIe siècle. — MANIER (II, Troph.), exercer. — MARGE (II, Cios), bord (d'un fleuve). — MÉCANIQUE (II, Cap.), avare: Qui ne sçait que la Cour d'un Prince méchanique Est d'offices vénaux une ouverte boutique? (p. 432). — MESME (I, 2), surtout, comme *mesmement:* Et mesme en ces discours (p. 42). — MONUMENT (I, 3), tombeau. Cf. Corneille: A couché de douleur Tircis au monument (Mél. 1260); Il peut aller, s'il veut, dessus son monument (Pomp. 251).

NAVRER (II, Art.), au propre: Des ronces dentelées Ils espreuvent navrez les poinctes affilées (p. 241). Cf. J.-J. Rousseau: J'aime cent fois mieux me présenter nu et être navré (Lett. à du Peyrou, 8 janv. 1767). — NOISE (I, 7), chant: La mignarde noise Des oiseaux. — NOURRITURE (II, Pères), éducation. Cf. Corneille: Si vous faites état de cette nourriture (Nic. 547). Voltaire déclare ce mot très supérieur à son synonyme actuel.

OBSCURCIR (II, Magn.): De ta basse naissance obscurci le défaut (p. 468). — OMBRAGE (I, 7), apparence: L'un consiste en ombrage, et l'autre en vérité (p. 174). — ORAISON (II, Cios), style, discours, langue (p. 284). — ORDONNANCE (Jud.), commandement: Ordonnance de Dieu. Ailleurs, ordre: Marcher en ordonnance (p. 582). — OUTRER (Jud.), percer d'outre en outre.

PAREMENT (II, Arche), parure: Décore l'univers d'un nouveau parement. Cf. Malherbe (Lett. I, 7). — PARTISAN (II, Troph.), qui a pris parti (Dans un combat de coqs, les Lords) Contemplent, partisans, que l'un ou l'autre estende Son ennemi par terre (p. 446). —

---

(1) Cf. A. de Musset :

Ta tempe fut huilée, et sous la lame neuve
Tu te laissas clouer, comme dit Sainte-Beuve.
(*Mardoche*, VI).

Pasturer (II, Cies), faire paître : Pasturent leurs troupeaux (p. 298). — Patron (II, Pères), modèle : Sur le patron d'une coustume antique (p. 374). — Piste (II, Troph.), trace ; Et les plus grands esprits marcheront sur ta piste (p. 460). — Pitoyable (Jud.), digne de pitié : Pitoyables regrets (p. 562). Cf. Fléchier : Un si pitoyable spectacle (Panég. II, 363). — Plaisant (Jud.), agréable : Offrir à l'Immortel un plaisant sacrifice (p. 574). Cf. Molière : C'est une chose, hélas ! si plaisante et si douce (Ec. des f. II, 6). — Poignant (I, 5), au propre. Cf. Buffon : Des armes poignantes (Morc. chois., p. 195). — Port (II, Magn.), gestation (p. 477). — Porté (II, Cap.) : Porté de fureur. — Porter (II, Troph.), supporter : De porter seulement la fureur de ma face (p. 441). — Portrait (I, 7), représentation, image. Très souvent employé par Corneille. Cf. Molière : Je dois aux yeux d'Alcmène un portrait militaire Du grand combat (Amph. I, 1). — Poste (a sa) (II, Troph.), à sa disposition (p. 449). Cf. Molière : Introduire ici un médecin à notre poste (Mal. imag., III, 2). — Préférer (se-a) (II, Cap.), se porter contre, se présenter à : Un autre plus hardi, la pique brandissant, Se préfère à l'Hébrieu (p. 426). — Prescheur (II, Imp.) ; terme qui ne s'emploie plus qu'en mauvaise part. — Prestrise (II, Cap.), corps des prêtres : La Prestrise sacrée Le prononce pour tel (p. 411). Cf. Boileau : Vinrent du célibat affranchir la prêtrise (Sat. XII). — Primevère (I, 2), printemps. — Prononcer (II, Cap.), déclarer (V. l'exemple de *prestrise*). — Proposer (Jud.), mettre devant les yeux : Lui proposant tantost l'énormité du crime (p. 593). Cf. Bossuet : Un spectacle proposé aux hommes (Or. Henr. Angl.) ; Pascal : Quand on ne propose plus que le pape (Pensées XXIII, 37). — Prudent (II, Cap.), sage, éclairé : Mais pourquoy nos prudens devanciers Ont escrit. — Purger (II, Loy), purifier : Ce feu semble l'esprit du trois fois Tout-puissant Qui dévore l'inique et purge l'innocent (p. 381).

Quarrure (II, Col.), quadrature : La quarrure du cercle (p. 314). — Querelle (I, 1), plainte. Cf. Corneille : J'ose faire du ciel une injuste querelle (Pl. Roy. 425) ; Et n'allait faire une longue querelle (Théod. 1428). — Queste (II, Troph.), recherche, objet de la recherche : Le Tyran, se voyant de sa queste privé (p. 450). — Quester (I, 4), chercher. Nous disons encore *quêter sa subsistance.*

Rainseau (II, Fur.), branche, feuille: Et le moindre rainseau qui s'esmeut nous effraye (p. 225), — Radoucir (II, Cap.), alléger: Tu r'adoucis le mal, mais tu ne l'ostes pas (p. 435). — Ramasser (II, Magn.), mener le long de la coste d'un mont avec ramasse (Nicot); la *ramasse* est une espèce de traîneau: Or' par un précipice, esblouy, je ramasse (p. 467). — Ravager (II, Troph.), faire rage: Une Erinys cruelle en son âme ravage. — Reliques (I, 7), restes. Cf. Racine: Chargeant de mon débris les reliques plus chères (Baj. 873). Vaugelas dit (II, 395): « C'est très bien parler François que de dire les *reliques* du naufrage, d'une armée défaite et autres semblables...; *reliques* est sans doute meilleur et beaucoup plus noble que *restes*. — Répéter (II, Art.), revendiquer: Et répète le droit Que la vertu t'acquiert (p. 246). Ce terme ne se dit plus en ce sens que dans la langue de la jurisprudence. — Respect (I, 3), arrière-pensée, scrupule: Il chante sans respect ce qu'il a sur le cœur (p. 85). — Restaurant (II, Voc.), soutien. Cf. Voltaire: Chacune de vos conquêtes est mon restaurant (Lett. Cath. 63). — Rouer (I, 1), tourner: Ainsi que des moulins on voit rouer les toiles (p. 29).

Saint (Jud.), inviolable: Qui dans nos saints légats (ambassadeurs d'Holopherne) ont sanglanté leurs mains (p. 617). — Savoir (I, 1), connaissance: Argument dont le sçavoir est utile. — Signe (Jud.), signal (p. 562). Vaugelas (II, 122) établit la différence actuelle entre ces deux mots. — Soigner (se) (I, 3), se soucier: Qui prudent ne se soigne Des emprises des rois (p. 84). — Sonneur (passim), poète, chantre. — Soudart (Ivry), soldat, sans acception défavorable. — Souffleter (I, 3), souffler: En l'alambic la braise soufflетée. — Supporter (II, Magn.), prendre le parti de (p. 478). Cf. Molière: Nous ne sommes pas gens à la supporter dans de mauvaises actions (G. Dand., I, 4). — Supposer (I, 5), substituer: Pour supposer ses œufs dans la couche étrangère (p. 126). — Surement (I, 1), en assurance, en sûreté: Ils ronflent seurement (p. 29). Cf. Corneille: Mettons nos secrets sûrement (Méd. 960).

Tailler (I, 1): Tailler du prophète (p. 26) = trancher. — Talonner (II, Cap.), accompagner, escorter: La grâce la talonne (p. 423). — Taxer (I, 5), blâmer. Vaugelas dit que ce mot n'est plus reçu dans le beau langage; mais il s'accorde, pour le regretter, avec Chapelain et la Mothe-le-Vayer. Cf. Molière: Ce que j'ai dit n'est pas pour taxer votre office (Ec. des Mar. III, 5). — Tellement

(II, Troph.). de telle sorte: Et règne tellement sur la montagne sainte, Qu'il est l'amour d'Isaac et des Payens la crainte (p. 436). Cf. Pascal: Les princes sont tellement les ministres de Dieu qu'ils sont hommes néanmoins (Prov. XIV); Bossuet: Ceux qui se donnent tellement à Dieu qu'ils ont toujours un regard au monde (Panég. Saint-Joseph). — TEMPÉRAMENT (II, Magn.), modération, modérateur: C'est l'unique sagesse Qui de tous autres biens est le tempérament (p. 474); Très souvent employé dans ce sens au XVIIe siècle. — TEMPOREL (II, Arche), temporaire: (L'arc en ciel) Temporel ornement des flambantes voussures (p. 269). Nous disons dans le même sens *les biens temporels*. — TERRIER (Jud.), tertre: La sainte Judith qui sur un terrier monte (p. 624). — TRAHIR (II, Cap.), livrer à (p. 421). Cf. Corneille: Souffrir qu'il se trahisse aux rigueurs de mon sort (Hér. IV, 1). — TRÉBUCHER (Ivry), pencher, tomber. Cf. Corneille: Du honteux précipice où tu vas trébucher (Pol. 1574); Des murs qui trébuchaient sans écraser de têtes (Poés. div. 14).

UNIVERSITÉ (I, 2), univers (p. 51).

VAGUEMENT (I, 2), ça et là: (L'ost) vaguement espars (p. 42). — VENIR (I, 3), devenir: Qui d'affranchi vint Roy et de Roy laboureur (p. 83). — VÉRITABLE (II, Pères), sincère, fidèle: Il est également puissant et véritable (p. 372). Cf. Molière: J'ai monté pour vous dire, et d'un cœur véritable (Mis. I, 2). — VISER (A) (Tri.), regarder à (au figuré): Croyant que le lecteur visera favorable Moins à mes rudes vers qu'à mon désir louable (p. 669). — VOISINER (II, Cap.), comme *avoisiner*: Palais qui voisinent les cieux (p. 416). — VOIX (I, 1), parole: Et leur fais prononcer de véritables vois (p. 26). Cf. Corneille: Ils ne sont jamais esclaves de leur voix (Œd. 187). — VOLAGE (II, Cap.), au propre: Quel festu plus volage? (p. 434). — VOLONTAIRE (I, 4), voulu.

Parmi ces nombreux mots dont la signification s'est modifiée depuis le XVIe siècle, il en est un certain nombre qui se sont usés par un emploi fréquent et dont le sens primitif s'est affaibli: tels *gêner*, *froisser*, *honorable*. Une acception défavorable s'est attachée à quelques autres, comme *prêcheur* , *soudard*, *déportement*. Plusieurs ont été restreints à la langue de l'Église, du droit ou de quelque autre science; par exemple, *enquête*, *répéter*, *reliques*. Un petit nombre, que du Bartas emploie au sens figuré, n'ont plus actuellement que le sens propre, comme *se bander*, ou ne prennent le sens métaphorique du XVIe siècle qu'avec un complément, comme *purger*. Beaucoup enfin sont, au contraire, passés du sens propre au sens figuré : *compasser*, *attrait*, *chaleureux*, *poignant*, *guindé*, *navrer*, *volage*, *éprendre*, *démembrer*, etc.

C'est une loi naturelle du langage que le sens des mots varie dans le cours des âges en s'éloignant de la signification étymologique. La langue du XVIe siècle donne à une multitude de termes une acception plus conforme à l'étymologie, que ces vocables soient formés avec des éléments français ou latins. Parmi les uns, nous citerons : *aucunement*, *vaguement*, *souffleter*, *atterrer*, *lavement*, *effleurer*, *exploiter*, *jonchée*, *plaisant*, *terrier*, *constamment*, *détraquer*. Les autres sont bien plus nombreux encore : par exemple, *querelle*, *discourir*, *supposer*, *agraver*, *fureur*, *hostie*, *se préférer*, *imbécille*, *outrer*, etc.

« L'esprit vivant et organisateur qui préside toujours à une langue est aussi visible dans ces transformations qu'il l'est dans la création des racines, des mots et des significations primitives... C'est une création secondaire sans doute, mais c'est certainement une création. Elle s'est poursuivie pendant des siècles et notre langue tient mille ressources de ces élaborations qui, se portant tantôt sur un mot tantôt sur un autre, l'ont fait se renouveler par une sorte de végétation » (1).

Si le XVIe siècle, anticipant sur le XVIIe, avait produit des chefs-d'œuvre comparables à ceux de notre époque classique, ces variations dans le sens des mots auraient été sans nul doute moins fréquentes. Cependant, comme on l'a déjà remarqué, le plus grand nombre des termes que nous avons notés chez du Bartas pour en signaler l'usage différent du nôtre, se retrouvent avec leur ancienne signification dans le plus bel âge de nos lettres. Il est même permis de dire que, pour certains éléments de sa langue, le poète des *Semaines* est plus voisin de Corneille, de Pascal et de Bossuet, que ceux-ci ne le sont de nous.

Aux mots, employés par du Bartas, dont le sens a varié avec le temps, nous devons rattacher ceux qui avaient, au XVIe siècle, une acception noble et relevée, et qui, de nos jours, sont devenus bas et

(1) Littré. *Préf. du Dictionnaire.*

grossiers; nous y en ajouterons quelques autres qui ont disparu de la langue, mais que leur origine bien visible marque nécessairement pour nous d'un caractère trivial. C'est à l'emploi de tels vocables que du Bartas doit, en grande partie, la réputation de vulgarité ridicule et bizarre qui s'est attachée à sa mémoire. Nous avons recueilli quelques-uns de ces mots, et, pour permettre d'apprécier l'effet qu'ils produisent, nous citons avec chacun d'eux le passage où il se trouve.

ACCOUSTREMENT. Change (dit Dieu à la Terre) Ton vestement de deuil en vert accoustrement (I, 3). Le mot est encore noble dans Malherbe. — BALAI. Ils (les vents) nettoyent tantôt d'un murmurant balay (I, 2). Nous disons toujours avec noblesse que les vents balaient la mer ou les nuages. — BOYAUX ou *intestins*. Les boyaux de la terre. Les creux intestins de la terre (I, 3). Ces deux mots nous blessent; mais celui d'*entrailles* est admis dans le plus grand style. Cf. Corneille : Et de ses propres mains déchire ses entrailles (Hor. IV, 5). Dans l'exemple suivant de Bossuet, c'est exactement le même emploi figuré que chez du Bartas : Il a fouillé les entrailles de la terre (Connaiss. VII). — BRASSER. Brasser la révolte (I, 1). Perrot d'Ablancourt se sert encore bien souvent de ce mot dans sa traduction de Tacite. « L'Empereur ne sçavoit rien de ce que l'on brassoit contre sa famille. » En 1604, l'Académie l'enregistre sans y joindre aucune note défavorable (V. Marty-Laveaux, Lexiq. de Corn.). — BROUILLIS (I, 1). Ce substantif s'est perdu ; mais le verbe *brouiller*, qui a la même origine, est fréquemment employé au XVIIe siècle dans la langue la plus élevée. Cf. Corneille : Là, ma douleur trop forte a brouillé ces images (Pol. I, 3) ; Bossuet : L'empereur Constance brouillait tout dans l'Église (Hist. II). — CABINET. Les plus secrètes choses Que dans son cabinet l'Eternel tient encloses (I, 1). Ce mot, qui nous paraît aujourd'hui choquant dans un tel emploi, l'eût semblé beaucoup moins aux poètes du grand siècle ; il suffit, pour s'en assurer, de voir comment Racine s'en est servi dans les vers qui suivent : Souvent ce cabinet, superbe et solitaire, Des secrets de Titus est le dépositaire (Bér., I, 1). — CHANDELLE. Le duc des chandelles (le soleil) (I, 1). Ce terme avait le même sens que notre mot *lumière* : tout le XVIe siècle l'a ainsi employé. — CHARRETTE. La flambante charrette (du ciel)

(II, Cies). Le mot *char* est seul usité dans la langue classique de la poésie. — CHEMISE. Despouillé les coupeaux de leur blanche chemise (II, Voc.). Ronsard se sert indifféremment des mots *camisole* et *tunique*. — COURTINE. Ciel, courtine du monde (I, 4) ! Cf. Gilbert : Ciel, pavillon de l'homme !... (Adieux à la vie). — CRUCHE. J'espandray sur ces races De ma grande cruche d'or un Océan de grâces (II, Voc.). Au lieu du mot *cruche*, qui désigne aujourd'hui un objet vulgaire, nous emploierions *urne* ou *amphore*. — DESGOISER. La mignarde noise Que le peuple volant par les forests desgoise (I, 7). Le terme *desgoiser* était au XVI° siècle le mot propre pour le chant des oiseaux. Cf. Nicot : Les oiseaux desgoisent leurs chansonnettes et ramages. — ESCHINE. Tandis la Saincte Nef sur l'eschine azurée Du superbe Océan navigeoit asseurée (I, 2). Racine a dit noblement : Cependant, sur le dos de la plaine liquide S'élève à gros bouillons une montagne humide (Phèdre, V. 6). — ESGOUT. L'esgout d'une proche montagne (I, 2). On trouve chez Hardi une héroïne disant à son amant qu'il a fait un égoût de ses yeux. — ESTOMAC. Arme ton estomach d'une constance rare (II, Magn.). Nous substituerions aujourd'hui *cœur* à *estomac*. Le mot *poitrine* fut, au temps de Vaugelas, menacé lui-même d'être exclu de la langue noble, sous prétexte que l'on disait *une poitrine de veau* (Vaug. I, 33). Quant à *estomac*, on le trouve employé non seulement par Hardi : Sa prière fendroit l'estomac d'une roche, — mais encore par Corneille dans ces vers de Rodrigue adressés à Chimène : Puisque c'est votre honneur que ses armes soutiennent, Je vais lui présenter mon estomac ouvert (Cid. V. 1). — FOURRER. (Le diable) dans un coq se fourre (II, Imp.). — GROMMELER. La foudre grommelle (Sonnets). Ronsard a dit : Et d'un horrible tour (La mer) Se roule en grommelant aux rives d'alentour. — GUIGNER. Guignant un beau jour (II, Art.). — POIL. Isac, jeune de poil, mais de l'esprit chenu (II, Pères). Ce mot était constamment usité au XVII° siècle dans la langue relevée. Perrot d'Ablancourt dit : Civilis s'étoit laissé croistre le poil (Tac. Hist. IV, LXI) ; Corneille : Au lieu d'orner son poil deshonore sa main (Clit. IV, 2) ; Racine : L'œil farouche, l'air sombre et le poil hérissé (Iph. V. 6). — RABROUER. L'illustre sang d'Isac tu rabrouës ainsi (II, Sch.). Tout le XVI° siècle a employé ce mot avec noblesse. — RACLER. (L'orage) Râcle en moins d'un jour de mille ans le labeur (II,

Fur.) — REFRONGNER. (L'Eternel) Refrongne son visage (II, Arche).

Citons encore les mots : *pocher* (I), *esbats* (I), *affublé* (II), *esplucher* (II), *syringuer* (I), *magasin* (II), *rôder* (IV), *roussin* (IV), *attiffé* (IV), *tuyaux* (VI), *ventre* (VII), *calsons* (Impost), *se depestrer* (Voc.), *hachis* (Pères), *entortiller* (Troph.), *baufrer* (*bâfrer*) (Schis.), *gueule* (Jud.), etc.

Parmi ces vocables, il en est sans doute que du Bartas n'a pas trouvés dans la langue poétique de son temps. Cependant, presque tous sont employés par les contemporains comme termes nobles. Le seul reproche que l'on peut faire à l'auteur des *Semaines*, c'est d'en avoir usé peut-être avec moins de discrétion que Ronsard. Au fond, la noblesse des mots n'a rien d'absolu ; elle est tout entière dans l'opinion, et chaque siècle est sans doute le juge le plus autorisé de ceux qu'il recommande ou qu'il proscrit. Aujourd'hui encore, nous disons fort bien : *ivre d'orgueil*, *vomir des outrages*, etc. « Tous les âges et tous les pays, dit Galiani (1), ont leur langue vivante, et toutes sont également bonnes : chacun écrit la sienne ». « Les langues, dit Est. Pasquier (2), se changent de siècle en siècle ». Vauquelin de la Fresnaye atteste

> Que depuis quarante ans desjà quatre ou cinq fois
> La façon a changé de parler en françois (3).

Même au XVIIe siècle, Pellisson, dans son histoire de l'Académie française, et Bossuet, dans son Discours de réception, à une époque où l'illustre compagnie avait justement formé le projet de fixer la langue, remarquent cette altération perpétuelle qu'elle subit inévitablement. C'est ce que Fénelon savait aussi, et il fait entendre aux académiciens que rien n'est chimérique et vain comme leur prétention de substituer la règle immuable d'une autorité quelconque aux fluctuations de l'usage (4) :

> Rusticus exspectat dum defluat amnis : at ille
> Labitur, et labetur in omne volubilis ævum (5).

(1) *Lettre à Mad. d'Epinay.*

(2) *Lettres*, II, 12.

(3) *Satires*, Ed. Travers, tome I, p. 244. — V. A. Darmesteter. *De la création actuelle des mots nouveaux*, p. 8.

(4) *Lettre à l'Acad.*, cap. I.

(5) Hor. *Epîtres* I, II, 42 et 43.

Ce changement incessant des langues, qui « s'escoulent entre nos doigts », comme le dit Montaigne, ne se manifeste pas seulement par la désuétude de certains mots, et par les modifications de sens que subissent certains autres ; il n'est pas moins sensible dans la qualité même des termes qui, toujours usités et conservant leur sens originel, passent d'un emploi noble à une acception triviale et basse.

Pour ne pas se laisser choquer par les mots de ce genre que l'on trouve chez du Bartas, il faut s'abstraire de l'usage moderne et se transporter avec le poète dans le XVIe siècle. La difficulté est grande sans doute ; du moins, on ne doit point accuser l'auteur des *Semaines* d'avoir parlé la langue de son époque ; il ne pouvait pas deviner celle du siècle suivant, ni savoir que certains vocables, employés de son temps dans la poésie la plus haute, tomberaient au nôtre, ou même plus tôt, dans la trivialité du style le plus bas et le plus grossier. Les raisons de ces changements, ni lui ni aucun de ses contemporains ne pouvait les prévoir ; souvent même, ils n'en ont d'autres que les caprices de l'usage. Toutefois, c'est surtout sa langue qui a nui à du Bartas ; s'il est plus goûté à l'étranger qu'en France, le principal motif en est qu'on le lit dans des traductions, ou qu'une oreille étrangère est moins sensible à la bizarrerie de certaines expressions, dont nous ne pouvons nous empêcher d'être choqués.

Nous avons vu notre poète employer des mots souvent dérivés du latin en leur donnant un sens plus voisin de l'étymologie que la signification actuelle (1) : ce sont là ses latinismes les plus nombreux et les plus sensibles. Quant à parler en français grec et latin, comme on l'en a accusé, il ne mérite pas ce reproche plus que Ronsard (2). C'est tout au commencement du XVIe siècle qu'il faut aller chercher

---

(1) Nous en avons déjà noté quelques-uns (p. 177) ; ajoutons-y les suivants : *abolir, aigu, barbare, constamment, dénoncer, exquis, fier, honorable, imparfait, imposer, légal, malice, oraison, plaisant, prononcer, proposer, prudent, reliques, répéter, respect, saint, signe, tempérament*, etc.

(2) Nous n'insistons pas sur les mots que lui fournissent les langues étrangères vivantes ; ils sont encore presque tous d'un usage courant. Par exemple : l'anglais *pleid* ou *plaid* ; l'espagnol *diane, colonel, salade*, etc. ; l'italien *courtisan, cadence, populace, estramaçon, chiourme*. Il y a naturellement un certain nombre d'exceptions. Ce sont :

Mots dérivés de l'espagnol : *marrane*, nom donné en Espagne aux Arabes et aux Juifs convertis, et devenu une injure synonyme de *traître* (II, Loy) ; *bisongne* (bisono), goujat, valet d'armée, terme de mépris (II, Cap.) ; *cadène* (cadena), chaîne (I, 4), etc.

Mots dérivés de l'italien : *boucon*, mets ou breuvage empoisonné (II, *Troph.*) ; *escorne*, atteinte, dommage, injure (scorna) (Jud.), etc.

les écumeurs de latin, Molinet, Crétin, André de la Vigne, dont les vers sont souvent composés presque tout entiers de mots barbarement francisés (1). Le chef de la Pléiade et ses disciples protestent justement contre ces tendances. Sans doute ils ont transporté dans notre langue quelques vocables empruntés aux langues anciennes ; mais il en ont élagué un bien plus grand nombre parmi ceux qui avaient été déjà employés. Ronsard n'a plus à redouter l'accusation que Boileau a faussement portée contre lui : pour du Bartas, il doit être absous presque au même titre.

Cependant le poète de la *Semaine* n'est pas, comme il le dit lui-même, de ceux « qui estiment que nostre langue soit il y a desjà vingt ans parvenue au comble de la perfection » ; « ains au contraire, continue-t-il, je crois qu'elle ne fait que sortir presque de son enfance » (2). Partant de cette idée, il n'est pas étonnant qu'il ait été favorable à l'adoption de termes étrangers comme à l'invention de vocables nouveaux. Il le dit quelque part :

. . . . . . Il n'y a point danger
De naturaliser quelque mot estranger,
Et mesme en ces discours où la gauloise phrase
N'en a pas de son cru qui soit de telle emphase (3).

Mais pourtant, les mots savants sont en somme fort rares chez lui. Il peut même dire : « Je n'ay point souvenance d'avoir en toute ceste œuvre dernière (4) donné lettres de naturallité à pas un mot estranger » (5). Les vocables grecs et latins dont il se sert sont ceux que tous les poètes emploient autour de lui. Il faut seulement y ajouter un certain nombre de termes techniques, indispensables aux matières qu'il traite.

Nous donnons ci-dessous la liste des principaux mots savants que nous avons relevés dans ses œuvres.

---

(1) V. A. Darmesteter et Hatzfeld. *Tabl. de la litt. et de la lang. fr. au XVIe siècle.*

(2) *Préf. aux Semaines.*

(3) *1re Sem.*, ch. II.

(4) *La 2e Semaine.*

(5) *Préf. aux Semaines.*

Adultérer, c. (II, Déc.). — *Allégorique*, c. (II, Ed.). — *Alme*, n. c. (I, 1). — *Anagramme*, n. c. (II, Bab.). — *Anatomique*, c. (II, Troph.). — *Angine*, c. (II, Ed.). — *Anthropopathie*, c. (II, Arche). — *Anthropophage* (II, Bab.). — *Antichthons* (I, 3). — *Antidote*, n. c. (II, Ed.). — *Antipéristase*, c. (I, 2). — *Apostume*, n. c. (I, 6). — *Archétype*, c. (I, 1). — *Athéisme*, c. (II, Arche). — *Aure*, c. (II, Magn.). — *Austre*, c. (I, 5). — *Blandice*, c. (II, Sch.). — *Bradypepsie*, c. (II, Fur.) (1). — *Buccine*, n. c. (Jud.). — *Cacochyme* (II, Cap.); *cacochymie* est dans Cotgrave. — *Carme*, n. c. (I, 2). — *Catàplasme*, n. c. (I, 5). — *Cautèle*, n. c. (Lép.). — *Caver*, n. c. (II, Loy). — *Chyle*, c. (I, 2). — *Clepsydre*, c. (I, 1). — *Collyre*, c. (II, Voc.). — *Contemptible*, n. c. (II, Cies). Mot qui s'est conservé jusqu'au milieu du XVIIe siècle (2). — *Coulpe*, n. c. (II, Sch.); s'emploie encore comme terme de dogme. — *Crimineux*, c. (II, Arche). — *Cylindre*, n. c. (Cies). — *Débiliter*, n. c. (II, Loy). — *Déité*, n. c. (I, 1). — *Dépopuler*, c. (Jud.). — *Diafane*, n. c. (I, 2). — *Diamètre*, n. c. (II, Arche). — *Disert*, n. c. (I, 1). — *Dodechedron*, c. (II, Cies). — *Eleuthère* (II, Sch.), épithète d'un Dieu. — *Embryon*, c. (I, 1). — *Éphémérides* (I, 1). — *Épidémique*, c. (II, Ed.). — *Epitome*, n. c. (II, Bab.). — *Exercite*, n. c. (I, 1). Vaugelas déclare ce mot fort bon (3). — *Facond*, n. c. (I, 1). — *Fénestrer* (II, Troph.). *Fenestré* se trouve dans le Dict. de Nicot. — *Fère*, n. c. (II, Bab.), bête fauve. — *Frénésie*, n. c. (II, Ed.). — *Frénétique*, n. c. (I, 4). — *Hectique*, c. (I, 2). — *Horizon*, c. (II, Arche). — *Hyade* (II, Voc.), foule. — *Hydrargyre*, c. (II, Fur.). — *Impétrer*, n. c. (II, Cies). — *Impollu*, n. c. (II, Loy). Employé par Corneille. — *Indisert*, n. c. (II, Imp.). — *Indocte*, n. c. (II, Fur.). — *Iot* (II, Loy), iota. — *Ire*, n. c. (Lép.). — *Jacter (se)*, c. (II, Cap.). — *Létal*, c. (II, Fur.). — *Létargie*, n. c. (II, Imp.). — *Lubrique*, n. c. (I, 2). — *Manie*, n. c. (I, 1). — *Matricide*, c. (II, Loy). — *Métaphysique* (II, Imp.). — *Ministrer*, n. c. (II, Cap.). — *Mystique*, n. c. (II, Ed.). — *Novale*, c. (II, Cies). — *Not*, c. (II, Pères), vent (notus). — *Oblation*, n. c. (II, Magn.). — *Ocieux*, n. c. (I, 2). — *Odo-*

(1) Et beaucoup d'autres noms de maladies dans le même chant.

(2) V. Vaugelas, tome II, p. 227.

(3) Tome II, p. 445.

rer, n. c. (I, 7). — *Opiler*, c. (I, 3). — *Organique*, c. (I, 4). — *Orin*, c. (II, Magn.). — *Panomphée* (II, Sch.), épithète d'un dieu. — *Paralytique*, n. c. (I, 3). — *Pédagogie*, c. (I, 7). — *Perpétrer*, n. c. (II, Pères). — *Pestifère*, n. c. (I, 4). — *Pigre* (II, Voc.). — *Plagiaire*, c. (II, Magn.). — *Plinthe*, n. c. (II, Bab.). — *Pollu*, c. (II, Arche); employé par Corneille. — *Postposer*, n. c. (II, Voc.). — *Priste*, c. (II, Loy). — *Provident* (I, 6). — *Pyrauste*, (II, Magn.). — *Quereleux*, n. c. (II, Fur.). — *Sagette*, n. c. (II, Troph.). — *Sagetter*, n. c. (II, Col.). — *Sanguisorbe*, c. (I, 3). — *Sapience*, c. (II, Magn.). — *Sciatique*, c. (I, 3). — *Scintille*, n. c. (II, Troph.), étincelle. — *Séréner*, n. c. (I,6) — *Sophie*, c. (I, 3). — *Spasme*, n. c. (II, Ed.). — *Sperme*, n. c. (II, Fur.). — *Sphérique*, c. (I, 2). *Sphère* est dans Nicot. — *Symmétrie* n. c. (I, 4). — *Sympathie*, n. c. (I, 6). — *Syndérèse*, n. c. (I, 7). — *Taciturne*, n. c. (I, 4). — *Tergiverser*, c. (II, Déc.). — *Trine*, c. (Lép.), *trinus deus*.

On peut voir par cette liste que du Bartas a été fort discret dans l'emploi des mots savants. Parmi ceux dont il use, la plupart sont restés dans la langue, comme *manie*, *disert*, *lubrique*, *rustique*, *sphérique*, etc.; un grand nombre y étaient déjà dès le moyen âge, comme *buccine*, employé par J. de Meung, *blandice*, par E. Deschamps, *ire* (XI° siècle), *embryon* (XIV° s.), *lubrique* (XV° s.), *fenestrer* (XII° s.), *paralytique* (XIII° s.), *organique* (XIV° s.), *frénétique* (XIII° s.), *apostume* (XIII° s.), *inique* (XV° s.), *métaphysique* (XIV° s.), *léthargie* (XV° s.), *pollu* (XII° s.), *diamètre* (XIII° s.), *impétrer* (XIII° s.), *collyre* (XII° s.), *débiliter* (XIV° s.), *oblation* (XII° s.), *adultérer* (XV° s.), etc. D'ailleurs, on ne rencontre chez notre poète qu'un très petit nombre de ces mots pédantesques, en usage au XVI° siècle, que Fontaine reprend chez du Bellay, et dont la plupart des poètes contemporains avaient usé sans scrupule: tels *hiulque*, le *manque flanc*, *aliène*, *molestie*, *oblivieux*, *spelunque*, *strideur*, *queruleux*, *ratiociner*, *ignave*, *tremeur*, etc. (1). Les seuls termes savants dont on peut lui reprocher l'abus sont des vocables techniques; mais comment les éviter dans cette sorte d'encyclopédie que l'on appelle les deux *Semaines*? Ils

(1) Fontaine. *Quintil censeur* (édit. de 1555, fol. 97).

valent assurément mieux que des périphrases, et c'est ce que fait remarquer le poète lui-même à propos de quelques mots qu'il a dû emprunter à la langue des Arabes :

> Muse, pardonne-moy, si de mots barbaresques
> Je souille mon discours, veu qu'en cest argument
> Il faut, pour bien parler, parler barbarement (1).

Si du Bartas emploie avec mesure, sauf quand il traite de médecine, d'astronomie ou de telle autre science, les mots que les langues grecque et latine avaient déjà fournis ou pouvaient fournir à la nôtre, il n'a pas la même discrétion en appliquant les procédés divers que la Pléiade avait mis en honneur pour l'enrichir. Nous avons vu avec quelle intempérance il use du *provignement* : mais on lui a reproché plus sévèrement encore ses compositions de mots. L'emploi des termes composés servant d'épithètes, déjà si fréquent dans Ronsard et chez ses premiers disciples, l'est bien plus encore chez du Bartas (2). Le chef de la Pléiade affirme qu'il s'est inspiré des vieilles traditions de la langue dans la formation des mots tels que *donne-vie*, *oste-soin*, *porte-laine*, etc. (3). Ce mode de composition est, à vrai dire, éminemment français, et l'on peut en suivre la trace de siècle en siècle (4). Ronsard, en usant de ce procédé, resta donc fidèle à sa méthode d'illustrer la langue par les ressources mêmes qu'elle mettait à sa disposition. Il ne fut réellement novateur qu'en faisant des épithètes avec les mots composés qui avaient été jusqu'alors employés comme noms. « Notre langue, dit Henri Estienne, a de toute ancienneté imité la liberté des Grecs en ce qui concerne la composition des mots, voire jusqu'à faire cette imitation en aucuns de même signification : πρόδρομος, avant-coureur, κακομήχανος, songe-malice..... Nos ancêtres nous ont montré comment il fallait imiter les composés grecs ; je dis que nous aurions faute de cœur, si nous ne poursuivions notre pointe. Pourquoi ne dirait-on pas *porte-ciel, porte-labeur*, etc.?... » (5). Personne, au XVIe siècle, ne songe à

(1) *Colomnes.*

(2) Fr. Meunier a donné la liste complète des mots composés qu'on trouve dans ses poèmes.

(3) *Préf. de la Franciade.*

(4) Voir A. Darmesteter. *De la formation des mots composés.*

(5) *Précellence*, etc., édit. Feugère, p. 160.

blâmer l'emploi fait par Ronsard des mots ainsi composés. Il fallut que Malherbe vint pour qu'ils fussent bannis de la langue poétique. Pourtant, vingt années avant que Malherbe n'imposât à la langue sa rigoureuse discipline, le poète des *Semaines* fut en butte à la critique de ses contemporains eux-mêmes pour n'avoir pas fait preuve de la discrétion que Henri Estienne était le premier à recommander, quand il rappelait à ce propos le mot de Corinne :

Τῇ χειρὶ δεῖ σπείρειν, ἀλλὰ μὴ ὅλῳ τῷ θυλάκῳ (1).

Du Bartas n'hésite point à reconnaître qu'il a abusé des mots composés ; mais il ne laisse pas de se défendre contre les critiques parfois injustes qu'on lui avait adressées. « Je confesse, dit-il, que, dans ma première *Semaine,* ils sont fort espais et que bien souvent on en lit sept ou huit à la file. Toutefois je pense ne l'avoir pas fait sans cause ; car, ayant à traiter, par occasion, de la nature de toutes les choses qui sont au monde, afin qu'avecque le plus grand ravissement le lecteur appréhendât l'infinie sagesse de l'ouvrier, mon livre eust été aussi grand que le monde, si je n'eusse trouvé adresses et sentiers pour parvenir bientost où je vouloy. Or, qui est celuy qui ne cognoit bien qu'un épithète composé m'épargne tout un vers et même quelquefois deux? (2). » — L'excuse du poète est assez spécieuse. Il est certain que les mots composés ont le mérite de présenter les idées d'une façon plus synthétique ; c'est là peut-être une des raisons pour lesquelles ces épithètes furent si promptement rejetées par notre langue, dont les tendances étaient de plus en plus analytiques. Du Bartas proteste d'ailleurs qu'il n'a pas fait un aussi fréquent usage des composés dans sa seconde *Semaine*, et que l'on peut bien souvent « courir trois cents vers sans en rencontrer un seul » (3). Cependant il avoue que, même dans ce poème, il lui est arrivé d'en employer cinq ou six de rang ; mais c'est, suivant lui, « en certains endroits où le genre démonstratif a plus de lieu » ; et il se réclame d'Orphée, d'Homère et de Marulle « les hymnes desquels en sont tout pleins. » « D'ailleurs, ajoute-t-il, ce qui plus me contente, c'est que les sçavans me font entendre que si on les veut

(1) Il faut semer avec la main, et non à plein sac.

(2) *Préf.* aux *Semaines.*

(3) *Ibid.*

bien et soigneusement examiner, on en remarque fort peu d'oisifs, de quoy tous les poètes qui sont renommés ne se peuvent pas vanter. » Enfin, il y a pour lui, dans l'emploi des composés, comme une question de patriotisme : on sait combien la langue française avait pour lors à lutter contre sa rivale la langue italienne ; les traités d'Henri Estienne suffisent à le montrer. Or, en faisant usage des procédés de composition que le français lui offre, du Bartas sait que l'italien n'a pas cette ressource, et il est d'autant plus aise de façonner ses épithètes. « Ha ! dit-il, que les Italiens qui plaident avec nous le prix de l'éloquence voudroient que nostre langue se passast de ce riche parement duquel la leur ne se peut accommoder avec grâce ! Quoi ? Voulons-nous céder aux Alemans, la langue desquels ne se glorifie à peu près d'autre chose ? » (1).

Telles sont les raisons par lesquelles du Bartas essaie de justifier le fréquent emploi qu'il fait des adjectifs composés. C'est à lui sans doute que Boileau aurait dû adresser les vers où il critique le faste pédantesque des grands mots de Ronsard. Toutefois, il ne faut pas faire de notre poète, comme c'est trop souvent l'usage, je ne sais quel bouc émissaire de l'école poétique du XVIe siècle. A force d'entendre parler de ses exagérations, on arrive à les exagérer. L'auteur des *Semaines* ne renchérit pas sur Ronsard autant qu'on veut bien le dire. Au reste, il suffit pour s'en convaincre de compter les épithètes composées qu'on rencontre dans ses œuvres. C'est ce que nous avons fait pour la 1re *Semaine*, c'est-à-dire pour le poème où l'auteur lui-même avoue qu'il a abusé de la composition. Le 1er jour renferme huit expressions de ce genre ; le 2e, une vingtaine ; le 3e, une vingtaine aussi ; le 4e, près de trente ; le 5e, seize ; le 6e, une quinzaine ; le 7e, un peu plus de dix. Il va sans dire que nous ne comptons pas ici des mots formés par juxtaposition comme *clair-voyant*, *mal-avisé*, *mi-bruslé*, *triplement-un*, *morte-vive*, etc. ; d'ailleurs, parmi les épithètes dont nous avons fait le compte, beaucoup sont les mêmes dans plusieurs chants ; ajoutons encore que toutes les compositions du poète sont formées d'éléments français. Peut-être est-il permis de regretter qu'un grand nombre d'entre elles n'aient pas définitivement passé dans la langue poétique ; elles étaient faites pour lui donner beaucoup d'éclat et de couleur, sans compter com-

(1) *Préf.* aux *Semaines*.

bien de circonlocutions elles éviteraient aux poètes et de quel secours elles seraient pour traduire un Homère ou un Eschyle. Fénelon sentait bien quel tort Malherbe avait fait à la langue en les proscrivant; il voudrait que l'on eût conservé « ces expressions qui servaient à abréger, et à faciliter la magnificence des vers » (1). Ce sont là justement les mêmes raisons que fait valoir du Bartas.

La Fontaine, qui puise aux sources anciennes, a employé quelques adjectifs composés: une périphrase quelconque pourrait-elle valoir celui qu'il applique aux souris, *la gent trotte-menu?* N'est-ce pas là un mot bien pittoresque, et en même temps un de ceux qui, suivant l'expresssion de notre poète, peuvent épargner tout un vers ou même deux » (2) ? On citerait encore de loin en loin une épithète composée chez les auteurs modernes : nous trouvons dans Lesage, « un serviteur ferre-mule, » dans Voltaire, « une plante gobe-mouche, » dans Saint-Simon, « un vaisseau garde-côte, un conseiller garde-note » (3). Mais c'est là bien peu de chose. Au reste, il n'est pas à espérer que notre langue revienne jamais sur la décision de Malherbe. Et pourtant, si Ronsard et du Bartas, ce dernier surtout, compromirent l'emploi des adjectifs composés par l'abus qu'ils en avaient fait, la langue française, au moins celle de la poésie, aurait pu, tout en condamnant leurs excès, recueillir les mots de ce genre heureusement formés par les poètes du XVI° siècle.

La composition des épithètes est un procédé que du Bartas hérita directement de ses devanciers immédiats; mais il en applique un autre qui, sans lui appartenir en propre, était avant lui presque inconnu dans notre langue. « Pour augmenter la signification et représenter plus au vif la chose, dit-il lui-même, j'ay répété la première syllabe du mot : ainsi *pépétiller*, *babattre.* » Fabri, dans son Art poétique (4), signale ces redoublements comme « un vice d'escripture, » et il en donne l'exemple suivant : *un bon concompaignon*. Cette bizarre pratique, du Bartas est certes mal venu à s'enorgueillir de l'avoir remise en usage. D'ailleurs, sauf les rares imitations de quelques méchants écrivains, elle devait lui rester pour compte. Il y a là sans doute une induction tirée de la langue grecque

(1) *Lettre à l'Acad.*, chap. III.

(2) *Préf. aux Semaines.*

(3) V. Darmesteter, op. cit.

(4) Page XLIV.

où ce genre de redoublement est quelquefois usité en poésie pour donner à certains mots plus de force. Ex.: προπροκυλινδόμενος (Iliade, ch. XXII, v. 221, éd. Pierron). Peut-être, dans notre langue, cette étrangeté n'est-elle pas trop choquante en certains cas; mais c'est seulement lorsque le mot, n'ayant qu'une syllabe sonore, est redoublé tout entier :

... Le cœur de Judith qui sans cesse babat (1).
. . . . La pierre du moulin
Qu'un flot impétueux tourne-tourne sans fin (2).

Le lecteur croit alors à une simple répétition.

Les redoublements de notre poète sont d'ailleurs très rares. En voici la liste complète :

1re *Semaine :* Ch. IV, *Sousouflantes.* — Ch. V, *Floflottant*, c. *Babranlante*, *Babat* (3). — Ch. VI, *Babatant.* — Ch. VII, *Babatement.* — 2e *Semaine:* Eden, *Pépétillante*, c.; *Boubouillantes.* — Arche, *Boubouillant.* — Colonies, *Boubouillant; Floflottant.* — Colomnes, *Floflot.* — Pères, *Bouboust.* — Loy, *Boubouillonnement; Cracraquetans.* — Trophées, *Babate.* — Magnificence, *Dru-dru; Tourne-tourne.* — Schisme, *Sousouflans.* — Décadence, *Boubourdonne; Loin-loin.* - Jonas, *Boubourdonnans.* Judith, *Babat.* — Lépanthe, *Bouboufant; Loin-loin; Ton-tonnant.*

C'est là, sans doute, trop d'exemples encore. Mais, en tenant compte des répétitions et en négligeant les monosyllabes, nous ne trouvons en tout que dix mots ainsi redoublés: *souffler*, *flotter*, *branler*, *battre*, *bouillir*, *craqueter*, *bourdonner*, *bouffer*, *pétiller*, *tonner*. Aussi faut-il encore savoir gré au poète de n'avoir pas usé plus fréquemment d'un procédé dont il était presque en droit de revendiquer l'invention.

(1) *Judith*, VI.

(2) *Magnificence.*

(3) Ce redoublement se trouve dans Cotgrave avec le substantif *babatement*, cité plus bas.

II

L'USAGE SYNTACTIQUE DANS DU BARTAS

L'usage syntactique dans du Bartas est, sauf quelques gasconismes, à peu près le même que celui de ses contemporains. — Emploi de l'article. — Emploi du substantif commun ; substantifs qui ont changé de genre. —Noms propres. — Adjectifs. — Déterminatifs. — Relatifs. — Interrogatifs. — Indéfinis. — Pronoms personnels. — Possessifs. — Emploi des verbes : formes ; modes ; temps ; nombres. — Prépositions. — Adverbes. — Conjonctions. — Négations. — Ordre des mots isolés. — Ordre des éléments de la proposition. — Rapprochements perpétuels avec l'usage de nos auteurs classiques — Conclusion générale sur la langue de du Bartas : moins franche et moins pure que celle de Ronsard, elle est pourtant bien française dans ses éléments et dans sa syntaxe.

L'usage syntactique chez du Bartas, comme son vocabulaire, est à peu près le même que celui de ses contemporains. Les différences qu'on peut y constater sont dues en grande partie à l'isolement du poète dans une province où la langue avait conservé bien des formes et des tours particuliers. Mais, si l'on trouve chez lui quelques gasconismes, il ne faut pas oublier que Ronsard lui-même avait recommandé de puiser, pour enrichir notre idiome, à toutes les sources nationales. Jacques Pelletier du Mans, qui publia son Art poétique en 1555, engage les écrivains à employer même les expressions provençales et gasconnes ; « tout est français, ajoute-t-il, puisqu'elles sont du pays du roy » (1) ; et il ne fait là que s'associer aux idées de la Pléiade et de son chef.

EMPLOI DE L'ARTICLE (2)

Avec les noms propres. — L'article s'omet toujours avant les noms de personnes, sauf quand ils sont accompagnés d'un adjectif. C'est l'usage moderne.

Les noms de montagnes s'en passent d'ordinaire. Ex. : L'eschole d'Oreb (1re Sem., I), Caucase (I, 4), Parnasse (Id.), Hymette (I, 7), etc. De même pour ceux de villes.

---

(1) Livre Ier.

(2) Nous avons suivi dans ce chapitre le plan général adopté par M. A. Darmesteter dans son *Tableau de la langue au XVIe siècle.*

Il s'emploie avec les noms de rivières dans la plupart des cas. Ex.: Elle luy doit le Tane, Le Nil, thrésor d'Egypte, elle luy doit le Rhin, Le Danube, l'Eufrate (I, 3). La Gimone, le Sarrapin (I, 3). Le Tibre, le Pô (I, 5). Le Tigre (II, Voc.). Quelquefois, cependant, l'article est retranché. Ex.: Se campe sur Vistule (II, C[ios]). Qui rend par son tribut Garone navigable (sonnet III). Garone (I, 3), Mardignon (Ibid.), Permesse (I, 5). Cet usage se conserva jusqu'au milieu du XVIIe siècle concurremment avec l'usage moderne. Corneille a dit : Que sert de disputer le passage de Loire ? (Poés. div.), et Racine : Entre Sambre et Meuse (Siège de Namur) ; Les bords d'Asopus (Liv. ann.).

Avec les noms de pays, l'article se met ou se retranche indifféremment. Ex. : L'Afrique (I, 2), l'Inde, l'Espagne (Ibid.), etc. Mais, avec omission de l'article : A l'entour de Mésopotamie (II, C[ios]) ; Carinthie (I, 2), Inde (I, 4), etc. Corneille a dit de même : Suze ouvre enfin la porte au bonheur d'Italie (Poés. div.) ; et Racine : Le commerce d'Espagne (Notes hist.).

Avec les noms de mois, l'usage ordinaire de du Bartas semble être d'employer l'article. Ex : Le février est sans pluie et le may sans rosée (II, Schis.).

Avec les noms communs. — L'article est supprimé lorsque le nom commun se prend dans un sens général et indéfini. Ex. : Tu ne trouves quartier dont la beauté responde (II. Ed.). Les monts les mieux fondez bondissent comme agneaux (Ibid.). Et jamais n'enverras dans tes rameuses veines Morceau qu'estant acquis... (II, Imp.). Corneille a dit de même : Collines, qui servez de ceinture aux campagnes, Qui vous fit bondir comme agneaux ? (Vêp. et Comp.).

Il est encore supprimé lorsque le nom est abstrait. Ex. : Où par grâce conduit d'où banni par pêché (II, Ed.) ; Ennemi de tristesse (Ibid.) ; Par oisiveté l'innocence se mine (Ibid.) ; Vivant en innocence (II, Imp.). Cette suppression de l'article est encore assez fréquente au XVIIe siècle. Cf. Corneille : Que ce vieillard confie et gloire et liberté (Nic. 1177). Racine : Vaincre par justice plutôt que par force (Livr. ann.) ; La Bruyère : Celui qui a pénétré la cour sait ce que c'est que vertu (éd. Régn. II, 251). Cependant, même avec les noms abstraits, l'article se met lorsque ces noms ont pour compléments des substantifs concrets. Ex. : De Dieu la puissance (I, 1). Du grand roy de la mer et la force de la gloire (I,5).

On trouve chez du Bartas une foule de locutions où le substantif s'unit au verbe sans article pour former une sorte de verbe composé. Ex. : Donner frein à désir (II, Cies). Il tourne visage (II, Artif.). Tubal ne perd point temps (Ibid.). Donner fin (II, Cap.). Couper chemin (II, Ed.). C'est ainsi que nous disons aujourd'hui : rendre grâce, donner prise, perdre courage, lâcher pied, tourner bride, etc. Il y a dans Corneille une foule d'expressions de ce genre, comme *perdre temps*, etc. Racine écrit : Le vicomte de Turenne lui coupa chemin. Vaugelas (Rem. II, 554) reproche même à Malherbe d'avoir dit : « Vous tourniez le visage vers la Provence ».

Les substantifs joints aux adjectifs *mesme*, *tout*, *autre*, *tel*, ne prennent généralement pas l'article. Ex. : En mesme heure (I, 2); Entre tous animaux (II, Imp.). Sous autre nom (Ibid). Par le canal tortu de telle serbatane (Ibid.). Cette construction se retrouve fréquemment dans les écrivains de l'époque classique. Corneille dit : La fleurette pour toi prend encor même style (Ment. 945); Racine : Je n'avais autre dessein que de vous témoigner (Brit. Ep.); Nous sommes de telle nature, que... (Alex. 2e préf.); La Bruyère : Il est de tous métiers... (I, 46, Ed. Régnier).

Notons encore les expressions suivantes : Contre espoir (II, Bab.). Franchir un fleuve à nage (II, Magn.). Presque en demi-jour (Jud. 2). Et le jour (prestoit) à la nuit moitié de sa lumière (II, Ed.). C'est ainsi que Racine a dit : Il se mit à nage (Rem. sur Odyssée).

Du Bartas omet parfois l'article lors même que le substantif est suivi du relatif *qui*. Ex. : A faute d'union, Qui du gouvernement est l'humeur radicale (II, Cap.). Vaugelas (II, p. 103) établit la règle moderne, encore très contestée à son époque, notamment par La Mothe le Vayer.

L'article est souvent employé où nous ne le mettrions plus, par exemple dans les constructions suivantes : Isaac, jeune de poil, mais de l'esprit chenu (II, Pères). L'enfant marcher au sec (II, Loy). Ayant pour la bannière l'Arche (II, Cap.). Ne baille plus le mot (Jud. 5). Sa bouche A pour les riches bords deux coraux (Jud. 4). Don Jean, vrai foudre de la guerre (Lép.). De même dans La Bruyère : D'autres livres sont sous la clef (II, 155); Les ouvrages des mœurs qui réussissent (II, 444).

On trouve, suivant l'usage moderne : De vrais fruits pendillent

(II, Ed.); mais en général l'article partitif est employé devant les noms pluriels précédés de l'adjectif. Ex : Dieu fait des beaux cabinets (II, Ed.). Portent des grands forests (Ibid.). Bastir des nouveaux toits (II, Imp.). Par des belles promesses (II, Bab.). — Vaugelas (II, 6) établit notre régle actuelle, que l'on viole, dit-il, dans la plupart des provinces. D'après Th. Corneille, la plus grande partie des Gascons y manque; et l'Académie confirme cette observation. Au reste, les meilleurs écrivains du XVIIe siècle y contreviennent eux-mêmes. On trouve dans Mme de Sévigné : Des grosses larmes lui tombent des yeux; dans Racine : N'accuse point le ciel qui le laisse outrager, Et des indignes fils qui....; dans La Bruyère : Tant qu'il y aura un Dieu et des éternelles vérités (II, 257).

L'article peut servir pour plusieurs substantifs de suite. Ex. : L'angine et frénésie (II, Ed.). Même quand les genres ou les nombres diffèrent. Ex. : Le fréquent commerce et hantise sacrée (Ibid.). Abusent du loisir et bonté du lecteur (II, Cies). L'origine et progres de la race d'Isaac (Jud. 2). Vaugelas (II, 253) reconnaît que cette construction n'est pas rare. « Il y a faute, ajoute-t-il, quand les substantifs sont de même genre, mais bien plus grande et grossière quand les genres diffèrent ». Racine a dit cependant : La hardiesse et confiance (Liv. ann.), et même : L'Orient, Perse, Bithynie (Notes hist.). On trouve dans Molière : Les querelles, procès, faim, soif et maladie.

Avec le superlatif, du Bartas supprime d'ordinaire l'article. Ex : L'herbe plus amère (II, Ed.). Les exemples de cette construction sont innombrables. L'usage est le même pour les adverbes. Ex. : L'air, quand moins il s'en doute, impiteux le poursuit (II, Fur.). Vaugelas (I, 154) donne la règle moderne, que Th. Corneille et l'Académie française confirment. Mais bien des écrivains postérieurs y manquent encore. Racine dit : Chargeant de mon débris les reliques plus chères ; La Bruyère : Dans le temps qu'il est le plus appliqué et d'un meilleur commerce (II, 14).

USAGE DES SUBSTANTIFS.

Un certain nombre de substantifs sont chez du Bartas d'un autre genre que dans l'usage moderne :

AFFAIRE. Quel important affaire (I, 1). Des affaires humains (II, Ed.).

Dans l'ancienne langue le mot *affaire* était toujours masculin, comme tous les infinitifs pris substantivement. Vaugelas (I, 386) dit qu'il est toujours féminin à la cour et dans les bons auteurs. Cependant, même au milieu du XVIIe siècle, certains grammairiens le faisaient masculin lorsqu'il était placé après l'adjectif. — AIDE. Tout aide défaut (II, Loy.). Ce mot est souvent masculin au moyen âge. — AMOUR est masculin ou féminin indifféremment. Ex. : Le volage amour (I, 2). Ses amours vagabondes (I, 5). D'une amour extresme (II Fur.). Un amour singulier (II, Voc.). Vaugelas (II, 107) admet les deux genres pour ce mot : il a été masculin et féminin dans les deux siècles derniers. — APPROCHE. Par son approche ombreux (II, Magn.). Et les approches faits (II, Imp.). — ARCHE. Je ne sçai quel arche (II, Déc.). Mais : Elle (l'arche) fut le butin (Jud. 1). — ARDEUR. Avecque tel ardeur (II, Magn.). C'est un latinisme que l'emploi de ce mot au masculin. — ARTÈRES. Artères mouvans (I, 6). Un artère venteux (II, Imp.). — AUGE. Es auges communs (Jud. 3). — AUGURE. Marchez sous bonne augure (II, Cap.). — BROCATEL (pour brocatelle). Le brocatel luisant (II, Magnif.). — BAUME. La baume (I, 3). Mais : Le baume (I, 5). — CARROSSE. La carrosse azurée (II, Magn.). *Carrozza* est féminin en italien. — CHIFFRE. Se mesconte en sa chiffre (I, 1). Ce mot avait été féminin dans la vieille langue. — COCHE. La coche d'Israël (II, C^ios^). Mais ailleurs : Le coche. Le genre de ce mot est indécis au XVIe siècle. — COMÈTE. Un comète (II, Bab.). Un comète allumé (II, C^ios^). Ce mot, qui avait d'abord été féminin, devint masculin au XVIe siècle par des raisons d'étymologie. Après une assez longue période d'incertitude, il est redevenu féminin. — COULEUVRE. Les replis d'un couleuvre (II, Imp.) Les jaunes plis du couleuvre (II, C^ios^). Le couleuvre d'airain (II, Déc.). — CRISE. Un médecin venu le jour du crise (II, Troph). — COUPLE. Un couple de sergens (I, 5). Le genre de ce mot fut incertain de très bonne heure. La règle actuelle, qui distingue par le sens l'emploi du masculin et du féminin, est relativement récente. Racine dit encore : De ce couple perfide (Esth. 529), en parlant de deux assassins. — DÉLICES. Les courtisans délices (II, Fur.). Au temps de Vaugelas (I, 390), *délice* s'employait encore au singulier et au masculin. L'Académie (1694) et Furetière (1690) permettent de dire : Un grand délice. — DISME. Tout disme (II, Ed.). En provençal, *desme* ou *deime* est masculin. — DETTE. Fait le dette plus grand (Jud. 3). Ce mot varie de genre au XVIe siècle. Montaigne le fait tantôt masculin, tantôt féminin Le masculin est plus fidèle à l'étymologie. — DOT. Ses dots presque royaux (Jud. 4). Employé longtemps avec ce genre. — ECLIPSE. Un éclipse (II, Troph.). — ERREUR. L'erreur commun (II, Voc.). Leur premier erreur (Triomphe, 2). L'erreur pervers (Ibid.). Vaugelas dit (II, 284) : « Je vois tous les jours des personnes bien sçavantes qui font *erreur* masculin ». — ESTUDE. Mon estude passé (II, Fur). Vaugelas a encore besoin de rappeler (I, 309) que ce mot est féminin dans tous les sens. Ménage le prétendait du masculin dans celui de *travail*. La Bruyère dit : Cet étude (II, 202, dans les éditions, 1-5). — EXTASE. Son extase est petit (II, Ed.).— EXTRÊME. D'une extresme vous pousse en l'autre extresmité (II, Arche). — FASTES. Fastes éternelles (I, 4). — FOUDRE. Et rende par son bruit contemptible le foudre. Salpestré foudre (I, 2). Le foudre (I, 2). Du foudre (I, 2). Mais : La foudre (I, 6). Vaugelas (I, 405) dit que le mot est masculin ou féminin indifféremment (Cf. Lexique de Corneille). — GARDE-ROBE. Si ses gardes robes ne sont toujours comblez (I, 3). Ce mot avait été féminin dans l'ancienne langue. Au XVIe siècle, on tente de le faire masculin, pour le ramener au genre de tous les mots analogues. — GUENON. Guenon affecté (I, 2). L'accort guenon (I, 6). — GUYDE. Sa guyde (II. Loy.) La guyde (II, Magn.). Le mot a encore ce genre au XVIIe siècle. Lafontaine dit : La guide nouvelle (Fabl. VII, 17) ; Bossuet : Sous la guide (Avert. sur le liv. Réfl. mor.). Chaulieu : La guide la plus fidèle (Contre l'esprit). — HÉCATOMBE. Maint souëf hécatombe (Jud. 1). — HORLOGE. Cest horloge-ci (II, Déc.). — HUMEUR. Un humeur corrosif (I, 2). L'humeur surabondant (I, 2). Mais ailleurs, féminin. L'emploi de ce mot au masculin est un latinisme fréquent au XVIe siècle. — IMAGE. Son saint image (I, 6). Un mort image (I, 7). Un parfait image (Ibid.). Un résonnant image (II, Bab.). Mais on trouve aussi : Les vives images (II, Voc.). Vive image (Tri. 3). Ce substantif avait les deux genres au XVIe siècle. — LIMITES. Les limites prescripts (Tri. 4). Vaugelas (II, 422) dit que ce mot est du masculin. Furetière et Ménage sont du même avis. Corneille écrit : Ta miséricorde excédant tous limites (Imit.). — MARGE. Et l'un et l'autre marge (II, Cies). Le marge labouré (I, 6). Souvent masculin au XVIe siècle. — MONTRE. En monstre general ils marchèrent (II, Bab,). — NACRE. Un luisant nacre (II, Loy). — ONGLE. Une ongle acérée (II, Déc.). D'une ongle superbe (Jud. 4). « Ce mot, dit Vaugelas, est toujours masculin (II, 422) ; le faire féminin, c'est parler comme on parle en Savoie, en Dauphiné et à Lyon. » Cf. Lafontaine : Elle sent son ongle maline (Fab. VI, 15). — ORGE. L'orge n'est produit (II, Imp.). Encore masculin dans certaines locutions. Bossuet lui a donné ce genre : On aura de l'orge moulu (El. sur myst. I, 8). — ORGIE. Des orgies criars (I, 7). Ce mot, qui date du XVIe siècle, y est masculin. — PHLEGME. Une phlegme espaisse (II, Fur.). Mais ailleurs : Le phlegme (Ibid.). — PLAID. Une pleide en escharpe (II, Troph.). — PLINTHE. Un plinthe bien seur (II. Bab.). Mot masculin au XVIe siècle. La Fontaine a dit : Sur chaque côté du plinthe (Psych. II, p. 158). — POISON. La poison cruelle (II, Fur.). Et toutes ses poisons (II, Loy). *Poison* était féminin dans l'ancienne langue, conformément à l'étymologie. Vaugelas (I, 97) dit « que quelques-uns de nos meilleurs auteurs l'emploient ainsi ». Il rappelle (II, 308) que Malherbe l'a fait quelquefois féminin, et que d'ordinaire les Parisiens lui donnent ce genre. Ménage pense qu'on pourrait encore le lui conserver dans les vers. — POPULACE. Du confus populace (II, Bab.). Un grossier populace (II, Loy). Le béant populace (II, Déc.). On trouve dans la Boétie : Le gros populas (Serv. vol.). — POURPRE. Le pourpre sur sa joue (II, Troph.). Vaugelas dit (I, 16) : « Les uns s'obstinent à faire *pourpre* masculin quand il signifie la pourpre des Roys, quoyque toute la cour et les autheurs le facent en ce sens là de l'autre genre ». — RENCONTRE. A cest heureux rencontre (II, Artif.). L'esblouissant rencontre (II, Loy). D'après Pasquier, c'est un gasconisme de faire ce mot masculin. Vaugelas (I, 74) dit qu'il est toujours féminin. Patru remarque que quelques célèbres auteurs le font masculin, Th. Corneille qu'on dit bien souvent *en ce rencontre*. Cf. La Bruyère : En ce rencontre (II, 194). P. Corneille : même locution (S. du Ment., 135 var.). — SCALPELLE comme *scapel*. Prendrai-je la scapelle Pour voir les cabinets de la double cervelle? (I, 6, p. 152). — TIGE. Quel tige ? (II, Ed.). Au XVIe siècle, dit Littré, *tige* devint masculin chez quelques-uns, malgré l'étymologie et l'usage plus ancien. — TRAFIQUE. Une impure trafique (II, Loy). Ce mot a les deux genres au XVIe siècle. — ULCÈRE. Cuisantes ulcères (Jud. 2). Vaugelas (II, 80) dit que plusieurs à la cōur font le mot féminin.

Du Bartas francise sans scrupule les noms propres ; les noms de personnes sont souvent fort maltraités : il dit *Galère, Catiline, Dèce, Licin, Neptun, Héracle, Archite, Ezéchie*, etc.

USAGE DES ADJECTIFS.

L'adjectif *grand* au féminin reste bien souvent invariable. L'omission présumée de l'*e* tantôt n'est pas marquée, tantôt l'est par une apostrophe. Ex : Grand'puissance (I, 1), de grands troupes (I, 2), grand province (II, Fur.), etc. On trouve d'ailleurs beaucoup d'exemples du même adjectif employé avec l'*e* du féminin. Les deux formes semblent être indifféremment usitées. Cependant, il est à remarquer que *grand* est toujours variable au féminin lorsqu'il est employé comme attribut : Ex : Les grands roches se font de jour en jour moins grandes. — *Majour*, comparatif tiré du latin, s'emploie aussi sans *e* final au féminin : La mer Majour (II, Cios). On trouve encore *mineur* au même genre : Contre le beau terroir de l'Asie mineur (Cios).

Du Bartas fait varier l'adjectif *tout* en certains cas où, dans l'usage moderne, il reste invariable. Ex : Ces flots tous assemblés en un (I, 1). Ou si celuy qui fit la vagueuse tumeur, La terre bigarrée et le céleste empire, Tout-puissant les forma tous tels que... (II, Magn.). Deux rois... tous tels que deux torrens (Jud. 5). Cf. Corneille : (Ils) s'offrent tous entiers aux hasards du devoir (Poés. div.). J'en croyais ses regards qui tous remplis d'amour (Mél. 893). Vaugelas (I, 179) établit l'usage moderne ; mais, dit-il, « c'est une faute que presque tout le monde fait de dire *tous* au lieu de *tout*. Ménage trouve d'ailleurs *très fausse* la règle donnée par Vaugelas. Racine dit encore : Tes yeux ne sont-ils pas tous pleins de sa grandeur? (Bér. 302).

De même que pour l'article, du Bartas exprime souvent, devant plusieurs substantifs de genre différent, un adjectif qui, se rapportant à tous, s'accorde avec le premiér. Ex. : Or donc, avant tout temps, matière, forme, lieu (I, 1).

On rencontre très fréquemment des adjectifs employés comme des adverbes pour qualifier l'action exprimée par le verbe. Cette construction est d'un usage constant chez Ronsard et ses disciples. Ex. : Dieu les terres velues Ornera libéral de forests chevelues (I, 2). Un aspre rocher Dont il défend hardi contre plusieurs armées Les mines par sa griffe (I, 5). Et lointain (le soleil) rajeunit le visage du monde (I, 1). Cf. : obstiné combattre (Ibid.), prodigue étalé (II, Ed.), humble saluer (Ibid.), cruels becqueter (II, Imp.), pénible faire (II, Art.), fin ourdir (II, Voc.), etc., etc. Des locutions analogues se retrouvent encore dans Corneille : Je me résigne entier à son immensité (Imit.). De nos jours, on a essayé de les introduire de nouveau dans notre langue, surtout en poésie.

On trouve même, ainsi employés, des adjectifs composés qui semblent, par nature, indiquer un état permanent. Ex. : La pie... sent un glassé frisson, Et bransleqeue fuit de buisson en buisson (II, Troph.).

L'adjectif est aussi mis pour l'adverbe dans des locutions analogues aux constructions latines comme *dulce ridere*, etc. : Ex. : L'œil qui void plus clair qu'à travers un clair verre L'invisible rondeur (II, Imp.). Il va roide eslançant un quartier raboteux (II, Artif.). On haut loue don Jean (Lép.). Nous trouvons dans nos écrivains du XVIIe siècle un grand nombre d'exemples de cette tournure. Cf. La Bruyère : Chaussés large et grossièrement (I, 41).

Il n'est pas rare de rencontrer, joint à un adjectif, un adverbe que l'usage actuel remplacerait par un autre adjectif accompagné de la conjonction *et*. Ex. : Leur chair blanchement tendre (II, Artif.). Du père tonnant la main pesamment dure (II, Arche). De Daniel la main puissamment prompte (II, Cies). Du Bartas va jusqu'à dire *faiblement pantois* pour *faible et pantois* : Contemple le sainct mont, et, foiblement pantois, Monte avecques son fils chargé du sacré bois (Pères).

Des adjectifs employés au neutre sont mis comme substantifs. Ex. : Dans le parfait de si divine essence (II, Arche). Estimez qu'il vous peut advenir le semblable (II, Cap.). Le mol de sa chair (1,3). L'espais des nuages liquides (II, Imp.). L'un prodigue le sien (*suum*, neutre = son bien) (II, C[ios]). Cette construction est très fréquente au XVIIe siècle. Corneille dit : Elle aime l'ajusté, le beau, le précieux (Imit.); La Bruyère : Le grand et le sublime de la religion (II, 243); Tout le bas, tout le faible et tout l'indigne s'y trouvent

(I, 361); Racine: Du plus beau de leur sang il prive les Etats (Théb. 958, Var.); Fénelon : Le gros de l'épître est très-sérieux.

Des adjectifs sont très souvent employés comme substantifs avec ellipse. Cf. La Bruyère: Les vertueux (I, 341), l'air d'un stupide (I, 273); Racine: Les prières des injustes (Liv. ann.). Cette construction est très fréquente dans Corneille.

Chez du Bartas, l'adjectif ainsi employé peut conserver son complément: O rebelle à ma voix, à ta race infidèle (II, Imp.).

Certains mots, aujourd'hui adjectifs, sont de véritables substantifs: *efficace*, *haineux*, *contraire*. Ex.: L'amour de tes sujets, de tes haineux la peur (II, Ed.). Désire son contraire (son ennemi) (Ivry).

Réciproquement, beaucoup de mots aujourd'hui substantifs sont employés comme adjectifs. En voici la liste :

Artisan. Que le poing artisan secouë (I, 2). — Artiste. Ah! malheureux Serpent, que mes artistes mains Ont n'aguères formé (II, Imp.). — Ayeul. Et sur le pilotis de l'ayeul fondement (II, Col.). — Chantre. Qui taschans imiter les chantres oisillons (II, Loy). — Concitoyen. Du sang concitoyen ils souillent leurs citez (I, 6). — Coronele. La tente coronele (Jud.). — Courtisan. Et humant à longs traits les courtisans délices (II, Artif.). — Damoiseau. Par leur teint damoiseau jette ses rouges flames (II, Magnif.) — Danseur. Les Tigres, mais privés; les roches, mais danseuses (II, Troph.). — Esclave. Qui dans le plomb creusé fait son esclave course (I, 1). — Faussaire. De ta langue faussaire (Jud. 2). — Fileur. Du fileur vermisseau (II, Pères). — Hostelier. L'hostelier respect (II, Voc.). — Hostesse. Ore le lict nopcier, ore la table hostesse (II, Troph.). — Inceste. Quelque amour inceste (II, Troph.). — Laboureur. Et le joug laboureur, indomptable, secouë (II, Loy). — Mareschal. La mareschale main qui arrache les clous (I, 3). — Médecine. Les médecines mains (II, Fur.). — Musicien. D'un pié musicien danse au son de sa harpe (II, Troph.). — Nourrice. Leurs nourrices mamelles (I, 7). — Parent. Le parent deshonneur (Arche). — Pèlerine. Son armée pèlerine (II, Loy). — Princesse. Les princesses humeurs (I, 2). — Renarde. Surprenne dans ses laqs sa renarde malice (Jud. 4). — Sauvageau. D'un tige sauvageau (Jud. 2). — Sophiste. Un sophiste sçavoir

(II, Fur.). — SORCIER. Craignent bien l'éperon de mes carmes sorciers (II, Troph.). — SOUDARD. Couvre ses bras soudards (II, Loy). — USURIER. Cultivez, ô fermiers, vos usurières plaines (II, Sch.). — VIEILLARD. Couvre le chef vieillard (I, 2).

Quelques adjectifs sont employés avec le sens passif. Ex.: La paternelle peur (Jud.) (la peur qu'elle avait de son père). Les payennes reliques (II, Cap.) (les restes des païens). Le parent déshonneur (II, Arche) (le déshonneur de son père).

Du Bartas donne des compléments à certains adjectifs qui ne peuvent plus en admettre. Ex.: Prochain de son décès (I, 1). Lointain des frontières (I, 2).

D'autres adjectifs se relient à leur complément par des prépositions dont l'usage actuel ne les fait plus suivre. Ex.: A vaincre coustumier (II, Loy). A soi-mesme divers (II, Troph.).

Certaines formes d'adjectifs au féminin n'existent plus dans la langue: *Apprentisses* (Artif.) Le masculin *apprentis* se trouve ailleurs (Arche). *Assiégeresse* (Ivry). *Danseresses* (II, Magn.). *Flateresses* (I, 2). *Larronnesse* (I, 5). *Piperesse* (II, Imp.). *Tromperesse* (Ivry ; II, Fur.). *Vainqueresse* (II, Cies).

Du Bartas emploie l'adjectif indéfini *un* en bien des cas où nous mettons le défini. Ex.: Une nuict environne Ses yeux noyez de pleurs (II, Imp.). Un seul Loth = le seul Loth (II, Voc.). Le plumage changeant d'un beau col d'un canard (II, Déc.). Une auguste beauté Du courageux Saül orne la royauté, Un bonheur l'autorise (II, Troph.). Cf. Corneille: Un créateur de tout lui-même est créature (Hym. 21); Molière: Une peau d'un lézard (Av.); Et l'on sait ce que c'est qu'un courroux d'un amant (Mis.).

Il emploie quelquefois le défini où nous mettrions l'indéfini. Ex.: Je ne suis un démon qui vient t'ourdir le licol qui te meine au trépas. Cf. La Bruyère: Il ne lui manque plus que de beaux traits et la taille belle (I, 178).

Il supprime *un* dans bien des cas où nous le mettrions. Ex.: Qui n'ont autre argument de si longue fureur (II, Imp.) ; Noté d'infamie éternelle (Ibid.) ; Le royal bandeau Ne luit jamais en lieu, que, comète funeste, Il n'y porte... (II, Cap.). Corneille a dit de même: Mais pour le roi de Pont il faut ordre nouveau (Nic. 1430).

Il le met en bien des cas où nous le supprimerions. Ex.: Les hommes vivement d'un repentir touchez (II, Col.). Et nommant d'un accord Roboam (II, Sch.). Par un bonheur (Ivry). Cf. La Bruyère : Ou par passion ou par une intempérance de langue (II, 65). Comme par un esprit d'accommodement (I, 376). Moins par une vanité d'auteur que... (I, 227).

USAGE DES DÉTERMINATIFS.

Du Bartas ne connaît pas la règle en vertu de laquelle *celui* doit être immédiatement suivi de son relatif *qui*, ou bien, dans le cas contraire, être remplacé par *celui-là*. Il sépare *celui* de *qui;* Ex.: Celuy seul mérite un tant auguste nom, qui... (II, Imp.). Celuy n'a point de sens, qui... (I, 4). Il met *celui-là* à côté de *qui;* Ex.: La terre est celle-là qui... (I, 4). Vrayment c'est celuy-là qui... (I, 5). Comme celuy-là qui... (II, Fur.). On trouve encore chez lui cette construction : Celuy qui peut nombrer... celuy seul peut... (Jud. 4).

Celui, antécédent de *qui,* est souvent supprimé. Ex.: Assez vit qui vit bien (II, Magn.). Cf. Corneille: Faire réponse en reine, et comme le mérite Et de qui l'on me parle et qui m'en sollicite (Nic. 768); La Bruyère : Mépriser qui nous méprise (II, 63). Cette ellipse est encore parfois d'un bon usage.

Ce, antécédent d'un relatif s'omet fréquemment. Ex.: Sans sçavoir qu'elle dit (II, Bab.). Sçais-tu que nous ferons? (II, Voc.). Cette construction calquée sur le latin est encore usitée au XVIIe siècle. Vaugelas la condamne (I, 287), et Corneille la fait disparaître en certains passages de ses tragédies, quand il les revoit. Cependant, bien des exemples en sont restés : Je ne sais que c'est d'aimer ni de haïr (Sert. 1284).

La même ellipse est usitée lorsque le relatif se rapporte à un groupe de mots ou à l'ensemble d'une proposition. Ex.: Achan butine Quelques riches joyaux, dont la fureur divine S'embrase (II, Cap.). Il se paistra glouton de tes vaches plus grasses Devant tes propres yeux, dont tu luy rendras graces (II, Loy). Cf. Racine : Vous êtes sans doute devenu impatient, qui est une qualité (Lett.); Descartes: Elle y coupe la courbe à angles droits, qui est ce qu'il fallait faire (Géom. 2); Mme de Sévigné : Vous pensâtes ne me pas trouver, qui eût été une belle chose (4 nov. 1676).

On trouve, chez du Bartas, plusieurs exemples de *ce* construit avec la conjonction *que*. Ex. : Cependant que (II, Imp., et passim). Et sans ce que ta main De ce bronchant Estat tient de si court le frein (Ivry). Cf. Lafontaine : Cependant que mon front au Caucase pareil.

Le déterminatif *ce* peut être employé avec *icy* pour *cy*. Ex.: Ces traistres icy (Tri. 2). Vaugelas (II, 68) préfère dans ces locutions *ici* à *ci;* mais il n'admet ni l'un ni l'autre que dans le style le plus bas.

On rencontre quelques pléonasmes avec les déterminatifs : Cela ne m'est pas moins à le penser horrible (II, Pères).

L'ellipse de *celui* est d'un usage régulier dans les locutions suivantes et analogues : Non pour l'effet qu'il eust, ains qu'il devoit avoir (II, Ed.). Non le nom des païens, ains des saincts personnages (II, Col.). Ils baillent au cruel le nom de prince juste, au niaiz de modeste, au prodigue d'auguste (II, Magn.).

USAGE DES RELATIFS.

Qui est souvent employé pour *lequel*. Ex.: Un pont sur qui l'on peut passer (I, 1). Les maux obstinez par qui... (II, Fur.). Un haubergeon de qui le tremblement... (II, Art.). L'arbrisseau à qui... (II, Cap.), etc. — « *Qui*, au génitif, datif et ablatif, dit Vaugelas, ne s'attribue jamais qu'aux personnes. » Cette règle n'est observée ni par Corneille, ni par Molière, ni par aucun de nos grands écrivains. Ex.: Soutiendrez-vous un faix sous qui Rome succombe? (Corn. Sert.) Une de ces injures pour qui un honnête homme doit périr (Molière). Un prix à qui tout cède (Racine).

A l'inverse, du Bartas emploie *lequel* pour *qui*. Ex.: Oiseaux dignes de los, lesquels, ô Dieu, tu fis (I, 5). Il doit imiter l'or duquel la riche masse (I, 7). Cf. Molière : Ce raisonnement-ci lequel est le plus fort.

Quoi est mis pour *ce que*. Ex.: Quoy voyant, l'Eternel... (II, Bab.). Vaugelas (II, 464) dit : « *Quoy* pour *ce que* ne vaut rien. » Mais ce latinisme était encore usité de son temps.

Qui équivaut quelquefois à *si l'on*... Ex.: Qui raseroit l'honneur dont son menton se frise Le prendroit aisément pour l'amie d'Anchise (II, Troph.). Cette tournure se retrouve souvent dans Corneille et dans Mme de Sévigné. Ex.: Qui pourroit toutefois en détourner Lysandre, Ce serait le plus sûr (Gal. du Pal. 1069).

Du Bartas met souvent *que* au lieu de *où, dans lequel*. Ex.: Donne l'assaut En l'endroit qu'il remarque un évident défaut (II, Imp.). Au siècle que nous sommes (II, Artif.). Jusqu'à l'heure qu'il voit (Ibid.). L'air s'endort par tous les lieux qu'il glisse (II, Voc.). Cette construction est très fréquente au XVIIe siècle. Cf. Corneille : En l'état qu'est son sort et le mien (Att. 1434) ; Bossuet : Au moment que j'ouvre la bouche (Or. fun. Condé).

Lequel est quelquefois mis pour *celui-ci* sans égard à la liaison que ce relatif renferme implicitement. Ex. : Tous servoyent de parterre et deux de sacremens, Et desquels le premier (II, Ed.).

Dans les propositions coordonnées où l'usage moderne demande que le relatif soit répété devant le verbe de chaque proposition, du Bartas ne l'exprime généralement qu'une fois. Ex.: Un tempéré climat que la mignarde Flore Pare du bel esmail des printanières fleurs, Pomone orne de fruicts, Zéphyre emplit d'odeurs (II, Ed.). Cette construction se retrouve dans Corneille.

Le relatif *qui* exprimé d'abord en qualité de complément peut être sous entendu comme sujet dans une nouvelle proposition. Ex. : Ceux... dont la charmeuse bouche Les Susanes esbranle, et tousjours affamez Volent à tout gibier (II, Fur). Une tour que cent maçons .. sappent..., et par dehors roulant Tonnerreuse fait bresche (II, Troph.).

Le relatif est parfois remplacé dans la deuxième proposition par un démonstratif : Ex. : Deux messagers célestes Que Loth quasi contraint d'aller chez soy loger, Et les croyant mortels... (II, Voc.). Dom Jean, Dont le ciel a voulu faire monstre à la terre Et puis l'a retiré... (Lép.). Ces monts que tu nommes à tort la honte de la terre, Et crois que l'Éternel, ô profane fureur, Les forma par malice (II, C^{ios}). C'est là une construction toute latine. On la retrouve d'ailleurs au XVIIe siècle. Ex. : Le druide Adamas, à qui les bergères du Lignon allaient conter leurs infortunes, et en recevaient... (Sévigné).

Du Bartas dit : Je ne suis un démon qui viens (II, Voc.). Dans cet exemple l'accord remonte jusqu'au sujet de la proposition principale. C'est ainsi que Corneille a écrit : Je suis ce fâcheux qui nuis par ma présence. . (Ment. 1069). On trouve encore, comme dans Bossuet : Je suis celuy qui suis. Mais ailleurs : Je suis cil qu'il seul est (Jud., 2).

USAGE DES INTERROGATIFS.

Qui est mis quelquefois pour *qu'est-ce qui ?* Ex. : Qui cause ta vergogne ? (II, Imp.). Qui rabat plus l'orgueil des âmes curieuses ? (Uran). Cet emploi de *qui* est très fréquent au XVIIe siècle ; Corneille dit : Alcippe, qu'avez-vous ? Qui vous fait soupirer ? (Ment. 471). La Fontaine : Qui fait l'oiseau ? c'est le plumage.

Que s'emploie à la place de *quoi*. Ex. : Ne trouve que reprendre (Jud. 4). On dit encore dans l'usage moderne : *Je ne sais que faire*.

Du Bartas met *quel* pour *lequel*. Un vent je ne sçay quel (II. Fur.). Et parmi tant de biens il ne sçait quel eslire (II, Magn.). Cf. Corneille : Quels de vos diamants me faut-il lui porter ? (S. du Ment., 558).

L'interrogation indirecte *qui* ou *à qui* forme une locution elliptique dont on trouve de nombreux exemples : Ils font à qui forgera (II, Fur.) Et leur bruyante rage Fait à l'envi qui plus portera de dommage (Jud. 5). Cf. Corneille : S'empresser ardemment A qui dévorerait ce règne d'un moment.

Qui répété, au lieu de *l'un, l'autre*, est très fréquent. Vaugelas condamne cete locution. Mais, sans compter Corneille, qui a supprimé les deux passages de Clitandre où il l'avait employée, Molière en use plusieurs fois; l'Académie française l'admet encore dans la poésie familière.

USAGE DES INDÉFINIS.

Aucun a le sens étymologique de *quelqu'un*. Ex. : Les fiers estendards Boufferont dans Sion sans qu'aucun ose prendre Ou la lance... (Jud. 4). Furetière (1690) définit ainsi ce mot : « Pronom relatif qui à l'affirmative signifie *quelqu'un*, et à la négative *personne* ». Cf. Corneille : Que chacun se retire et qu'aucun n'entre ici.

Du Bartas emploie *chacun* adjectivement. Ex. : Chacun an (1, 3), chacun élément (I, 2), chacune planète (I, 4). Nous trouvons dans Vaugelas (II, 393) : « *Chacun* n'est pas adjectif; néantmoins M. de Malherbe dit : *par chacun jour*, mais mal, ce me semble ». On le voit, cette construction ne faisait alors que de tomber en désuétude.

Un chacun se rencontre fréquemment. Ex. : Un chacun pour sa part (II, Loy). Le zèle d'un chacun (Tri., 4). Corneille emploie cette locution dans ses premières pièces. Ex. : Un chacun à soi-même est son meilleur ami (Mél. 537, Var.). Cf. Racine : Un chacun baille, et s'endort, ou s'en va (Poés. div.).

Nul est employé avec le sens de *personne*. Ex. : Christ à nul ne se cache (II, Loy).

Quiconque s'emploie comme le latin *quicumque* dans la construction suivante : O quiconque tu sois (II, Troph.).

Rien a le sens étymologique de *quelque chose*. Ex. : S'il peut rien (II, Déc.). Que si j'ay rien apris (Jud. 2). Cf. Corneille : Si touchant vos amours on sait rien de ma bouche (Suiv. 1001). Ma mine a-t-elle rien qui sente l'écolier ? (Ment. 8 Var.). Racine : Reconnaisse un vainqueur et te demande rien (Alex. 1492).

L'un s'emploie où nous mettons *un*. Ex. : Et l'une joue à l'autre (II Fur.). L'un mets l'autre semond (Ibid). En l'un poing tient le glaive, en l'autre la truelle (II, Déc.).

On trouve : *L'une Inde* pour *l'une des deux Indes* (II, Fur.).

USAGE DES PRONOMS PERSONNELS.

Le pronom personnel est souvent supprimé comme sujet. Ex. : Nos forts sont mis à bas, Nos guerriez égorgez, et ne le voyons pas (Lép.). Et jamais n'envoyras (II, Imp.). Un rigoureux hiver tous ses membres secoue, Et sur le champ herbu tout de son long tombé, Devient en un moment pâle, rouge, plombé (II, Pères). L'oisiveté les gaste, et, traistres à leur roy, Sous le prétexte saint d'une nouvelle loy Brassent une révolte (II, Loy). O Dieu, Il te souvient des tiens, et, quoi qu'il tarde, jettes, Sur les cruels tyrans tes flammeuses sagettes (II, Troph.).

Du Bartas ne répète pas le pronom personnel devant le relatif *qui* lorsqu'il a déjà été exprimé; soit explicitement. Ex.: O belle qui es-tu, qui du feu de tes yeux Enflammes... (II, Magn.); soit même implicitement. Ex. : En quel coin, ô Samson, ne s'oit ta renommée. Qui desfis (Jud. 2).

Le pronom personnel s'omet dans des propositions interrogatives où il est aujourd'hui nécessaire par pléonasme. Cette omission était déjà blâmée par Malherbe chez Desportes. Ex. : Mais pourquoy nos prudens devanciers ont escrit ? (II, Cap.). Mais par où, diras-tu, tout ce monde nouveau Receut ses habitans ? (II, Cies). Pourquoy le Tout-beau imprima ?... (II, Cies). Dans d'autres cas, avec cette omission du pronom, le sujet se met après le verbe : Ex. : Pourquoy semble ton cœur de deuil tant abattu ? (Jud. 2).

Le pronom de la 3e personne se retranche parfois comme complément direct. Ex. : Et pensant réformer perdre les Républiques (II, Cap.). Ce que l'un a jà fait, l'autre défait soudain (II, Bab.). Nous lisons dans Vaugelas (I, 16) que d'excellents écrivains supprimaient encore de son temps le pronom personnel ; il en donne cet exemple : Je le fais venir pour luy donner. Cf. La Bruyère : Comme les hommes ne se dégoûtent point du vice, il ne faut pas aussi se lasser de leur reprocher (I, 105).

Au contraire, le pronom personnel est souvent mis dans des cas où nous l'omettons. Ex : Qui, bien qu'il ait sauté du matin jusqu'au soir, La nuit il recommence (II, Ed.). Quiconque a remarqué...., il comprend (I, 2). Ils te diront que Dieu, dès lors qu'il respondit..., il destina pour toy (Il Loy). La terre qui cognoit..., elle mesle (II, Fur.). Vaugelas (II, 4), remarque qu' « après *quiconque*, il ne faut pas dire *il*, quelque distance qu'il y ait entre deux ». Mais cette règle et la règle générale que transgressent les exemples précédents, sont bien souvent violées par les écrivains de l'époque classique. Cf. Labruyère : Ceux qui commencent à le goûter... ils le jettent (I, 221). Massillon : Quiconque s'éloigne de la sagesse, il s'éloigne du seul bonheur.

L'impersonnel *il* est ordinairement supprimé. Ex. : Et n'y a moucheron que (II, Fur.). Et semble que ce tout... (II, Artif.), etc. Cette omission est d'un fréquent usage au XVIIe siècle. Cf. Corneille : Pour ne plus en douter, suffit que je la nomme (Oth., 974). Nous disons encore dans le langage familier : *Tant y a que... Faut que... M'est avis*, etc.

Une construction plus remarquable est la suivante, dans laquelle le verbe s'exprime une fois avec un pronom personnel au féminin pour sujet, et se sous-entend dans la proposition qui suit avec l'impersonnel *il*. Ex. : Elle semble courir... et que sa teste (II, Cap.). De même : Bien qu'elle n'ait pas... ains semble = mais qu'il semble (II, Imp.).

Il neutre est employé pour *cela*. Ex. : Il me plaît = cela me plaît (II, Déc.). Cette construction se conserve au XVIIe siècle. Mme de Sévigné et Corneille en offrent de nombreux exemples. Cf. La Bruyère : Goûtez bien cela, il est de Léandre (I, 194). Je le dirais s'il n'avait été dit (I, 330).

Soi est employé où nous mettons *lui, eux*. Ex. : Bourrelles de soy-mesme (I, 2). A soy mesme il commande (I, 6). L'âme en soy plus ne voit Le caractère sainct (II, Imp.). Cf. Racine : Charmant, jeune, traînant tous les cœurs après soi ; Boileau : Le courtisan n'eut plus de sentiments à soi.

On trouve *en* formant pléonasme. Ex. : De semblables peaux s'en fait des brodequins (II, Artif.). De toutes les beautez... Elle en est la matrice (Ibid.). Cf. Racine : Quatre grands fossés dont il y en avait deux (Camp. de Louis XIV) ; La Bruyère : De ces divers traits... j'en ai fait des peintures (II, 450).

USAGE DES POSSESSIFS.

Mien, tien, sien, etc., s'emploient comme adjectifs. Ex. : Chaque sien effect (I, 1). Ce tien Dieu (II, Imp.). Chasque sien sanglot (II, Cap.). Cf. Corneille : Quelque sien voisin (D. San., 1759). Ainsi ce rang est sien (Pol. 401). Racine : Au travers d'un mien pré (Plaid. 202).

L'adjectif possessif est souvent remplacé par l'article. Ex. : Jettent aux pieds les armes (II, Artif.). Qui me rapportera dedans le poing sanglant...? (II, Troph.). La femme aiguise un peu la bouche (II, Artif.). Quelque femme esplorée A qui la mort inique avoit ravi l'espoux (Jud. 4). Cf. Malherbe : Peuples, qu'on mette sur la teste Tout ce que la terre a de fleurs. Racine : A qui veux-tu faire perdre la cause ? (Plaid. 845). La Bruyère : La fable avance assez et il la retient avec la facilité ordinaire (II, 498).

On trouve au contraire l'adjectif possessif où nous mettons l'article, soit que nous y ajoutions un pronom personnel. Ex. : Il escarbouille sa teste (= il lui) (II, Artif.) ; soit sans pronom. Ex. : Il n'a devant ses yeux foy, ny loy, ni justice (II, Déc.). Ne peut reprendre son haleine (II, Pères). Cf. pour le premier cas : La Bruyère : Il frotte ses mains (II, 185) ; Corneille : Vous voyez sur mes bras de nouveaux ennemis (Vêp. et Comp.). Pour le second cas : Racine : Qui voudrait élever sa voix ? (Ath. 1204) ; La Bruyère : Il demande ses gants qu'il a dans ses mains (II, 7).

L'adjectif possessif peut, sans être répété, modifier plusieurs substantifs, comme l'article. Ex. : O mes hérauts, dit-il, postes et messagers (II, Arche).

USAGE DES VERBES.

On trouve chez du Bartas des exemples innombrables de la périphrase formée par le verbe *aller*, employé comme auxiliaire, et le participe présent. Ex. : Va allumant, vas résistant (I, 2), se va cachant, va balayant, va dardant (I, 3), va cuisant (I, 4), etc. Vaugelas dit que c'est une façon de parler vieille et qui ne s'emploie plus, si ce n'est quand il y a mouvement visible (I, 313). Ménage rappelle des exemples de Voiture et s'accorde avec Lamothe le Vayer pour défendre cette expression. Cf. Corneille : Quel malheur me va poursuivant ? (Poésies div.). La Fontaine : Je me vais désaltérant.

Du Bartas se sert du verbe *aller* avec l'infinitif dans le même sens. Ex. : Le Dieu Que tu vas furieux chasser de marche en marche (= que tu vas chassant = que tu chasses) (II, Déc.).

Au lieu de l'auxiliaire *aller*, très commun dans la première de ces deux constructions chez les poètes du XVIe siècle, du Bartas emploie quelquefois *venir* de la même manière. Ex. : Il ne lui vient apprendre ainsi que font souvent Les pères d'aujourd'huy, des propos pleins de vent (Jud. 4).

Il use du passif où nous mettons le réfléchi. Ex. : Si je ne suis trompé ; = si je ne me trompe (Latinisme).

Il substitue très souvent le réfléchi au neutre ou au passif. Ex. : L'ardeur qui des feuilles se pousse Au chaume (II, Artif.). Se fonde tout en pleurs (II, Arche). Se fondre d'ennui (Ibid.). La malice s'augmente (II, Imp.). Le don se sophistique (II, Bab.). Il se parle d'eux seuls (II, C^ios^). Chaque flambeau qui sous luy se tournoie (Ibid.). Son clair renom s'esclatte (II, Voc.). Nostre aage se commence (II, Loy). Le brasier doux-ardent qui se couve en leurs âmes (II, Magn.). Son bec court s'aquiline (Ibid.). Le peuple s'exténue (II, Schis.). La flamme se redouble (Ibid). En quel coin, ô Samson, ne s'oit ta renommée ? (Jud. 2). En se tournant en rond (Lép.). Le Mans se prend (Ivry). Il se parle d'eux seuls (II, Cies. La se pousse le melt (II, Ed.). La fueille s'esvente (I, 2). Le verbe réfléchi peut dans ces cas avoir le même complément que le passif. Ex. : Par les rais du Soleil l'arc en ciel se bigarre (II, Troph.). — Cet emploi du réfléchi pour le passif est fréquent au XVIIe siècle, par exemple dans Corneille. Cf. La Bruyère : N'aimer de la parole de Dieu que ce qui s'en prêche chez soi (II, 152) ; Racine : Trop de sang innocent se verse tous les jours (Théb. 1057). On trouve même, comme chez du Bartas, le complément du verbe passif joint à ces verbes réfléchis. Ex. : La Fontaine : Quelques restes du feu, sous la cendre épandus, D'un souffle haletant par Baucis s'allumèrent ; La Bruyère : Les plus grandes choses se gâtent par l'emphase (I, 243).

Du Bartas se sert du verbe *faire* suivi d'un infinitif pour exprimer une action que le sujet subit et ne fait point. Ex. : Il fait craquer ses dens = ses dents craquent (II, Artif.). Judith fait respondant ruisseler ses deux yeux (Jud. 4). Une tremblante beste Qui deux charbons ardens fait luire dans sa teste (II, Artif.).

On trouve encore : D'une profonde toux ses poumons il agite (ses poumons sont agités).

Bien des verbes aujourd'hui neutres (1) sont employés comme transitifs. Vaugelas remarque (II, 424) que les Gascons avaient l'habitude de donner des régimes directs à certains verbes intransitifs.

APROCHER. Garde-toy d'aprocher Ce charybde glouton (I, 1). Mais : Aprocher du Levant (I, 3), aproche de sa loge (Id.), du croissant, du centre (I, 4). Dans la langue actuelle, *s'approcher de quelqu'un* exprime un mouvement corporel, *approcher quelqu'un* signifie l'accès qu'on a auprès de lui (Littré). — ASPIRER. Et rien que d'immortel et céleste n'aspire (II, Voc.). — BIAISER. D'estoilez animaux biaise le pavé (II, Magn.). — BRUIRE. Les flots semblent bruire tels mots (II, Voc.). Rien les mers que tes airs ne bruiront (II, Troph.). Ce verbe est transitif au XVIe siècle. — CHEVAUCHER.

(1) Ou ne pouvant avoir qu'un complément direct pronominal, comme *écrouler*, *ruer*, *confédérer*.

Qui chevauche une grève (II, Magn.). — CONFÉDÉRER. Le contract... qui la race Hébraïque Confédère avec Dieu (II, Magn.).— DESCROISTRE. Des chiffres le transport Augmente fort le nombre ou le descroit bien fort (II, Bab.). Cf. Racine : Que ce nouvel honneur va croître son audace ! — DESMORDRE. L'autre ne desmord jamais ce qu'il a dit (II, Cies). — DISCOURIR. Je ne veux discourir les plus sales péchez (II, Fur.). Amyot donne aussi parfois un régime direct à ce verbe. — ESCLATER. Jusqu'à ce qu'esclatant ses prisons par dessous (I, 2). — ESCLORE. Le seul mot Et que leur langue forme et que leur bouche esclot (II, Bab.). ESCHAPPER. Eschapper la rigueur (II, Artif.). La fureur (I, 6). Les mains (Ibid.). Vaugelas (I, 9) trouve que la construction *échapper un danger* est préférable à la tournure indirecte. D'après l'Académie, le régime de l'accusatif n'est dû à ce verbe que dans la locution *nous l'avons échappé belle*. — ESCROULER. Escroule... les sillons (II, Artif.) ; les terres (II, Troph.). — GUERROYER. Guerroyer les sangliers (II, Artif.). Cf. Voltaire : Je veux guerroyer le roi mon Seigneur (Mœurs, 50). — LARMOYER. Larmoye son mal sans le cognoistre (II, Décad.). — MAUGRÉER. Il maugrée les dieux (II, Déc.). — RAYONNER. Rayonnant les métaux et les fleurs esmaillant (II, Magn.). — REGORGER. Les plats regorgent l'ambroisie (II, Magn.). — RÉSONNER. Le luth prochain résonne une mesme chanson (II, Imp.). Les cieux résonnent son nom (Lép.). Cf. Louis Racine : Les cordes sous ses doigts ne résonnent qu'amour (Ep. à Valincour). — RESSEMBLER. Le triste homme ressemble Le jonc au chef barbu (II, Imp.). Mais : Ressemble à la fueille (I, 4). Vaugelas dit qu'employer ce verbe activement, c'était la vieille façon de parler. Mais, ajoute-t-il, « j'ay ouy dire à plusieurs personnes tres sçavantes en notre langue qu'en vers ils le souffriroient avec l'accusatif aussi bien qu'avec le datif » (II, 258). — RÉTROGRADER. Rétrograde les cieux = fait rétrograder (II, Artif.).— RONFLER. Naseau qui ronfle ouvert une chaleur fumeuse (II, Artif.). — SEMBLER. Nous semblons ceux là = ressemblons à (I, 4). Mais : Semble au bon estomach (I, 7). — SERVIR. Pour servir les humains d'instrument de salut (II, Imp.). — SONGER. Il ne songe autre chose = à autre chose (II, Troph.). — TASTONNER. Ils tastonnoyent des mains les ombres (Jud. 2). — TOURNOYER. Et tournoyant le champ (II, Loy); en tournoyant sa fonde (II, Troph.). — RUER. Il commence à ruer Les corps morts (II, Troph). Vaugelas (II, 386), citant le vers de Malherbe : Elle sauva le ciel et rua le tonnerre, — dit que « lança » seroit peut-être meilleur.

Réciproquement, des verbes aujourd'hui transitifs sont employés par du Bartas comme neutres, soit avec un régime indirect, soit d'une manière absolue :

ARRESTER. Ne permets que j'arreste en un si beau chemin (II, Loy) Cf. Corneille : Arrêtez donc, Seigneur (Oth. 291) ; Racine : Arrêtons un moment (Bér. 1). — BRAVER. Qui brave de parole et de courage tremble (Jud. 6). Cf. Corneille : C'est peu pour lui de vaincre, il veut encor braver (Hor. 1130). — DISTILLER. Quelles tièdes fontaines distilloyent de leurs yeux (II, Imp.). Cf. Fénelon : La vengeance divine qui distille sur lui goutte à goutte. — ENCENSER. Encenser à Belzébuth (II, Loy). — ESQUIVER. Fais semblant d'esquiver (Ivry). — EVITER. Eviter aux coups (II, Troph.). Vaugelas (I, 389) dit que ce verbe régit l'accusatif, mais que plusieurs lui font régir le datif. Il avait été anciennement neutre. — FAVORISER. Ne favorise aux grands. (II, Magn.). C'est un latinisme anciennement usité (Vaugelas, II, 213). — FOURNIR. Et la sève des bois, Vive leur a fourni de perruques deux fois (II, Déc.). Vaugelas, qui signale (I, 437) trois constructions de *fournir*, n'indique pas celle-là. — GUIGNER. Guigne sur son espouse (II, Col.). — PRÉSIDER. O grand Dieu qui présides Sur l'immortelle court (Jud. 2). — RAVAGER. Une Erynnis cruelle en son âme ravage (II, Troph.). « M. de Malherbe, dit Vaugelas (II, 398), se sert quelquefois de ce verbe dans sa traduction de Tite-Live. Ex. : Qui estoient allez ravager sur les terres de Sycionne. On dit *ravager les terres* et non pas *sur les terres.* » — SERVIR. L'homme servant à Dieu est du monde servi (II, Fur.). Le corbeau sert parfois au Thesbite fuitif (Tri. 4). Servant à Dieu (I, 3). Mais : Servant Dieu (I, 3). C'est un latinisme. Vaugelas (II, 212) le relève dans Malherbe. Bossuet a dit : Cette liberté glorieuse de ne plus servir au péché.

Du Bartas emploie comme réfléchis les verbes suivants :

ACCOUCHER. S'accoucher (II, Loy). Le sens originaire du verbe est d'ailleurs *se coucher*. — BOUGER. Qui se bouge à l'entour (Jud. 6). Vaugelas (II, 377) donne la règle moderne, et, relevant un passage de Malherbe où le poète emploie *se bouger,* dit que « cela est du pays de Normandie ». — CONSENTIR. Je m'y consentiroy (Jud. 1).

L'ancienne langue admettait cette construction. — CRAINDRE. Je me crains seulement que (II, Voc.). Même observation que pour la construction qui précède. — ESCARMOUCHER. Va, vient, revient encor, s'escarmouche, s'esmeut (II, Cap.). — PAISTRE (se). Se paist de sa perte (I, 2). Cf. C'est du troupeau qu'ils se paissent (Fénelon, Sermon pour sacre de l'électeur de Cologne).

Certains verbes régissent, contre l'usage actuel, l'infinitif sans préposition :

COMMANDER. Luy commande empoigner (Jud. 2). Cf. Corneille : Elle leur commande choisir (Arg. de D. Sanche). — COMMENCER. Commence estaler (I, 2), s'obscurcir (I, 4), chanter (II, Ed.), reparoistre commence (I, 3). — CONTRAINDRE. Est contraint parler (Lép.). — ENTREPRENDRE. Entreprends-tu abandonner ? (II, Cap.). J'entreprendroy nommer (II, Cies). Il entreprend joindre (I, 6). — ESSAYER. Essaie en s'enfuyant les flesches descocher (Jud. 3). — FEINDRE. Vous qui feignans avoir (Jud. 5). — OFFRIR. Je vous offre employer (Jud. 2). — PERMETTRE. Qu'il permette à l'Hébreu s'escarter au désert (Jud. 2). — PLAIRE. Il t'a pleu choisir (I, 1), sauver (I, 2). S'il te plaist user (II, Ed.). Mais : Il lui pleust d'enfermer (I, 3), d'enchaîner (Ibid.), de fermer (I, 6). Cf. Corneille : Il plaira l'endurer (Hor. 1510). — PROMETTRE. Toi qui promets rendre (II, Ed.). Israël qui promet produire (II, Loy). — REFUSER. Ne refuse prendre (Jud. I). — TASCHER. Tascher faire mourir, rendre vifs, voler haut (I, 1), tasche retrancher (I, 2), esgaler (I, 3), amortir (II, Arche). Mais : Tasche d'antidater (I, 3), d'enseigner (II, Loy).

Avec d'autres verbes, la préposition n'est pas celle qui est en usage dans la langue actuelle :

ACCOUTUMER (s'). S'accoutume de vivre (Jud. 4). Cf. Massillon : On s'accoutume de donner à toutes les passions des noms adoucis (Conf. Fuite du Monde). Voltaire : Il vous importe de vous accoutumer de bonne heure de haïr l'injustice (Lett. 9). — APPRENDRE. T'apprendra de bien vivre. Mais : Apprendre à voler (I, 7). Cf. Molière : Ah ! je vous apprendrai de me traiter ainsi. — ASSOCIER (s'). Avec lui s'associe = à lui (I, 3). — ESSAYER. Chacun en vain essaie à trouver les accens (II, Bab.). Cf. Corneille : Essayez sur ce point à la faire parler (Hor. 129). — EXHORTER. L'un exhorte... de vider le calice (I, 1). Cf. Vaugelas : Il l'exhortait d'entreprendre quelque chose digne de sa naissance (Q. C. III); Massillon: Lorsque David exhortait le généreux Ure de retourner dans sa maison (Conf. Fuite du M.). — FOURMILLER. Ses citez fourmillent en bourgeois (II, Cios). — PENSER. Vous penserez en moy et moy en mes promesses (II, Art.). Elle pense d'employer (I, 5). Cf. Malherbe : Pensez de vous résoudre à soulager ma peine (V. 29); Sévigné : Penser présentement d'aller à Grignan (22 déc. 1675); Voiture : Penser en madame votre mère et en vous (Lett. 128). — RALLIER (se). Avec lui se rallie (I, 3). Avec le pélican joyeuse se rallie (I, 5). — TASCHER. Les corps taschent à nourrir... (II, Fur.). Cf. Corneille : Quand il tâche à plaire, il offense en effet (Ment. I, 1). Depuis assez longtemps je tâche à le comprendre (Mol. Sganar. 22). Je tâche tous les jours à profiter de mes réflexions (Sév., 30 oct. 1673).

On trouve chez du Bartas un exemple du verbe *contempler* suivi de la conjonction que : Contemplent partisans que l'un ou l'autre estende Son ennemi par terre (II, Troph.).

L'expression *faire du, de la,* avec le sens de *faire le, la, faire comme le, la, trancher du, de la,* est très fréquente. Ex. : Faire du fier lyon (II, Imp.). Nostre flotant chasteau Qui fait de l'aigle en l'air et du dauphin sur l'eau. (II, Fur.). Cf. Corneille : Il fait de l'insensible afin de mieux surprendre (Rod. 1558). Tantôt, en le voyant, j'ai fait de l'effrayée (Nic. 339).

Quand le verbe a plusieurs compléments, ils peuvent ne pas être du même ordre. Ex. : L'envieux crèvecœur de voir encore emprainte Dans la face d'Adam de Dieu la face sainte En luy desja perdue, et qu'il pouvoit (II, Ed.). Fait parfois des hauts murs crousler les fondements Et que la terre... (Tri. 4). On trouve des constructions analogues avec des mots comme *avant, partout,* etc. Ex.: Avant le nom latin et que les Romulides Eussent... (Poème pour la reine de Nav.). Partout où nostre Hébrieu hausse sa main guerrière Et que (II, Voc.). Ces locutions étaient très usitées au XVIIe siècle. Des exemples nombreux s'en trouvent dans Corneille. Cf. Racine : Elle sentit son cœur se déchirer et que sa fermeté commençait à s'ébranler. Ah! savez-vous le crime et qui vous a trahi (Iph. 1674); La Bruyère : L'on veut des dépendants et qu'il n'en coûte rien (I, 207).

Des verbes au participe passé de la voix passive se construisent avec la préposition qu'ils veulent après eux à la voix active. Ex. : La playe commencée à se cicatriser (Ivry).

On trouve souvent l'indicatif où nous mettons le subjonctif. Ex. : Il se plaint que pour luy la nuict est éternelle (II, Imp.). Je crains Que du Père tonnant la main pesamment dure Foudroiera sur ton chef (II, Arche). Sans que d'un Daniel l'aide puissamment prompte Te sauve bien à temps et fait... (II, Col.). Et sans qu'Abram y court, c'estoit fait de leurs bandes (II, Voc.). Et s'esgaye superbe Qu'en passant seulement il fait rajeunir l'herbe (II, Loy). Jalouses toutefois que les roses jumelles De ses joues font honte... (II, Magn.). De quoy sert que tu vois ?... (II, Déc.). Qu'avons-nous fait pour toy, Que pour estançonner nostre branslante foi Il te plaist d'esbranler ?... (Ibid). Jusqu'à tant que la mort envoyera (II, Imp.). Bien que des assiégez la formillante presse En nombre surmontoit (Ivry). Se faschant qu'il ne void (I, 5). Jusqu'à ce que l'un d'eux se fait roy de la mer (Ivry). La plupart de ces constructions sont encore admises au XVIIe siècle. On en trouve dans Corneille beaucoup d'exemples. Balzac dit : J'appréhende qu'il sera plus difficile ; Racine : Ne vous suffit-il pas que je l'ai condamné ? La Bruyère : Il fait en sorte que l'on croit (II, 155).

L'indicatif est employé au lieu du conditionnel. Ex. : Sans maistre et sans travail en suçant le lait doux Nous apprenions la langue entendue de tous (si Babel n'avait pas été construite) (II, Bab.). Cf. La Bruyère : *Valeur* devait nous conserver *valeureux* (II, 208) ; Racine : Vous deviez ne me voir que pour les expier (Brit. 1221) ; Boileau : Pyrrhus vivait heureux, s'il eût pu l'écouter ; Voltaire : Si j'avais dit un mot on vous donnait la mort.

Le subjonctif se rencontre souvent au lieu de l'indicatif. Ex. : (La polygamie) fit que bientost des reins D'un patriarche seul sortissent tant d'humains (II, C^{ios}) (Léthargique venin qui fait que) le corps affecté meure (II, Loy). Pensant que ce fust quelque masle Isacide (Jud. 2). Les fils d'Isaac croyant que ce tyran félon Avec son ost desja leur pressast le talon (Jud. 1). Or, je n'ignore point que celuy dont..., n'ait tasché de montrer (I, 3). Va plus vistement Que tout autre brandon qui luise au firmament (II, Col.). — Nous trouvons au XVIIe siècle beaucoup de constructions analogues. Cf. Corneille : Je vois avec chagrin que l'amour me contraigne (Cid. 117). Il croit que mes regards soient son propre héritage ;

Racine : On dirait que les temples fussent... On craint qu'il n'essuyât les larmes de sa mère (Andr. 278); Bossuet : Vous diriez qu'il soit devenu un autre David (Or. Le Tellier).

Quelquefois du Bartas emploie dans la même construction le subjonctif et l'indicatif : Tu fais, ô Tout-puissant que l'ingrate vipère Naissant rompe les flancs de sa mourante mère, Tu fais que la belette ait un secret pouvoir De meurtrir le serpent si dangereux à voir... que l'ichneumon en Egypte adoré Afranchit de poissons... (I, 6); Et s'esgaye superbe Qu'en passant seulement il fait rajeunir l'herbe, Qu'ore il soit œilladé d'un journalier flambeau (II, Loy).

Après *il semble* du Bartas met tantôt le subjonctif, tantôt l'indicatif. Ex. : Il semble que la Parque ait filé (I, 5.). Il semble que je voy (Ibid). De même avec *sans que*. Ex. : Sans que vous esventez (Ur.). Et sans qu'un Ochial trompa nos longues mains (Lép.). Sans que vous corrompiez (Ur.). Cf. La Bruyère : Il semble que la logique est l'art de convaincre (I, 143). Molière : Sans que mon bon génie au-devant m'a poussé (l'Et., I, 11). Sévigné : J'aurais fait plus tôt réponse sans que j'ai su que vous couriez par votre province (25 juin 1670). *Sans que* avec l'indicatif signifiait *n'eût été que*.

On trouve l'indicatif avec *puisqu'il est ainsi que*, et le subjonctif avec *s'il est ainsi que*. Ex. : Puisqu'il est ainsi que clément il poursuit... (Lép.). S'il est ainsi que sa dextre combate (Ibid.).

D'où vient que se trouve avec le subjonctif et l'indicatif dans la même suite de propositions : D'où vient que l'air empoisonné Ne nous ait etouffez et que bourgeois de l'eau Nous ne trouvons (II, Arche).

Le subjonctif de souhait se passe de la conjonction *que*. Ex. : L'Eternel soit ton bras (II, Ed.). O Paix, tu sois la bienvenue (II, Artif.). Ha ! fust-il du mien propre (II, Pères). Cf. Corneille : T'adorent à jamais les esprits bienheureux ! (Hym.); Racine : Dure-t-elle à jamais, cette cruelle guerre ! (Théb. 75).

Avec certains verbes comme *se garder*, *craindre*, etc., nous mettons *de* et l'infinitif du verbe suivant quand le sujet des deux propositions est le même. Du Bartas met *que* et le subjonctif. Ex. : Il ne se peut garder qu'il ne se montre père (II, Pères). Cf. Corneille : Mais je crains qu'elle échappe, et que, s'il continue, Je ne m'obstine plus à tant de retenue (Nicom. 187).

On trouve le conditionnel où nous mettrions le futur. Ex. : Ce tyran croit que la sainte race Crevant sous le fardeau demourroit sur la place Ou qu'Isaac pour le moins accravanté de maux... Avec le cours du temps se rendroit inutile (II, Loy).

L'infinitif est souvent substantif. Ex. : De qui l'estre est égal à l'estre paternel (I, 1). Un argument dont le sçavoir (la connaissance) est utile (Ibid.). Le vouloir et la force (Ibid.) Leur croistre et leur descroistre (I, 2). Un dormir (II, Imp.) L'estre et le non estre (II, Loy). Un long besler (II, Fur.) Un doux vivre (II, Eden). Il n'avoit le parler (II, Imp.). Le veiller (II, Magn.) . Le dormir (Ibid.). Maint dire embrouillé (Schis.) Ce plaider (Id.). Un vivre pire (Jud. 5). Mon veiller misérable (Ur.). Le nager est plus sûr (Ibid.). Cet emploi des infinitifs avait été vivement recommandé par du Bellay. Il s'est parfois maintenu. Cf. La Fontaine : Le vrai dormir ne fut fait que pour eux (Le diab. de Papefiguière) ; La Bruyère : Le goût, le vivre, la santé (II, 135). Le vol, le chant, le manger des oiseaux (I, 82).

On trouve aussi des infinitifs sujets sans article. Ex. : Mourir et non mourir estoyent en ma puissance (II, Ed.). Croire peu, croire trop furent les doux apas (II, Imp). Croire trop à toy-mesme, au St-Esprit trop peu A de ton jugement le plus sain corrompu (II, Arche). Cf. Sévigné : Lire vos lettres et vous écrire font la première affaire de ma vie.

On rencontre quelquefois des propositions infinitives construites comme en latin. Ex. : Et qui son bas hameau Répute mal accort estre un puissant royaume (II, Ed.). Il montre avoir peu de peur (II, Troph.). Vous croiriez estre vuide L'espace (I, 2). Ces constructions se retrouvent encore dans Corneille. Ex. : Je les souffre régner (Illus. 327)... Il la crut être morte (Mél. 1250). Je ne croyais pas être ici... (D., San, 205).

L'infinitif s'emploie avec la préposition *par*. Ex. : Ce que par trop aimer ma bouche ne peut dire (Jud. 5). Cf. La Bruyère : Je me rachèterai... d'être fourbe par être stupide (II, 21). Par ne pouvoir se résoudre (II, 139). Par ne vous pas laisser voir (I, 248) ; Mme de Sévigné : Il repoussa l'injure par lui dire.

Pour suivi d'un infinitif peut signifier *parce que*. Ex. : Non pour avoir (II, Ed.). Bien que le jugement contre Adam prononcé, Pour être si souvent des prescheurs annoncé,... Serve au peuple d'ennui (Ibid.). Cf. Corneille : Pour aimer un mari, l'on ne hait pas ses frères (Hor. 900). Pour être plus qu'un roi tu te crois quelque chose ! (Cin. 990). — Il peut encore avoir le sens de *quoique*. Ex.: Que si, pour fureter tous les anglets du monde, Tu ne trouves... (II, Ed.). Cf. Corneille : Un roi n'est pas moins roi pour se laisser charmer (Perth. 561). Pour avoir tant vécu chez ces cœurs magnanimes Vous en avez bientôt oublié les maximes (Nic. 167). Ces deux constructions de l'infinitif précédé de *pour* avec un sens différent se retrouvent fréquemment chez tous les écrivains du XVIIe siècle.

Voicy peut être suivi de l'infinitif. Ex. : Voicy descendre des languettes de feu (II, Voc.). Cette locution est restée dans la langue, mais seulement avec le verbe *venir*. Ex. : Tremblez, tremblez, méchants, voici venir la foudre (Corn., Pomp., II, 2). Des maux que j'ai prédits voici venir le temps (Delille, Par. perdu, VI).

La syntaxe du XVIe siècle est beaucoup plus libre que la nôtre dans la construction de l'infinitif. Comme ses contemporains, du Bartas l'emploie en des cas où nous devrions tourner par une conjonction et un mode personnel. Ex. : Il nous porte au ciel sans bouger de ce lieu = sans que nous bougions (II, Ed.). Font que le luth prochain sans le toucher résonne = sans qu'on le touche (II, Imp). Lui causent sans mourir mille espèces de morts = sans qu'il meure (II, Art.). Par luy (ce péché) le Seigneur Est comme dégradé de ses titres d'honneur, Pour les communiquer aux pierres cizelées (Jud. 3). (Ce dernier exemple est particulièrement notable, le sujet de l'infinitif n'étant nulle part exprimé). — Les constructions de ce genre sont très nombreuses au XVIIe siècle. Cf. Corneille : J'en verse, et plût à Dieu qu'à force d'en verser Ce cœur trop endurci se pût enfin percer; Molière : Elle me touche assez pour m'en charger moi-même.

Quand du Bartas emploie le participe présent comme adjectif, il le fait accorder en genre et en nombre. Ex. : Les bouillonnantes eaux (I, 2). Bouillantes ondes (I, 3); Ses mains punissantes (II, Arche); L'escrivante main (Tri., 1). *Punissantes*, *écrivantes* ont ici le sens de véritables adjectifs.

Quand le participe présent est employé verbalement, il varie d'ordinaire en nombre. Ex. : Les esprits portans envie (I, 1). Magistrats qui trafiquans (I, 3). Oyselets enseignans (I, 4). Nochers tirassans (I, 5). Vivans seulement du jour à la journée (II, Artif.). C'est ainsi que Molière dit : Et du nom de maris fièrement se parants; et Racine : Dans la flamme étouffés, sous le fer expirants (Andr., 1004). Ces sombres regards errants à l'aventure (Brit. 380).

Souvent aussi, le participe demeure invariable, conformément à l'usage moderne. Ex. : Ses membres sentant (I, 1). Tous deux unissant (Ibid.). Nous, adjoustant (I, 5), etc.

Quant au genre, le participe présent employé comme verbe ne varie pas. Ex. : Les pastourelles mariant (I, 2). La vertu congnoissant (I, 3). Les cailles couvrant (I, 40). On le trouve au pluriel masculin, avec un substantif féminin pluriel. Ex. : Tant de mers menaçans nos chefs (I, 2). Leurs dextres, pressans (Ibid.). Les dents qui maschans (I, 7).

Le gérondif ou le participe présent ne se rapportent pas nécéssairement chez du Bartas au sujet de la proposition. Il use de la même liberté que pour la construction des infinitifs. Ex. : Ou si le voile espais d'une aveugle ignorance Eust en naissant bandé les yeux de leur enfance (II, Ed.). Une jalouse peur lui becquete le cœur, voyant que (II, Imp.). Ses entrailles gourmandes Se vuident en mangeant (II, Fur.). Les écrivains du XVIIe siècle n'ont aucun scrupule à construire ainsi le participe présent. Boileau dit : Si son astre en naissant ne l'a formé poète ; et Racine : Je vois qu'en m'écoutant vos vœux au ciel s'adressent.

Du Bartas emploie le participe présent dans un sens conditionnel. Ex. : Au contraire prenant la brillante clarté Des saincts ambassadeurs de sa divinité, Il craignoit... = s'il prenait (II, Imp.). Nous serions obligés, dans l'usage actuel, de dire : *en prenant*. Cette omission de la préposition *en* devant le participe présent employé comme gérondif est fort commune au XVIIe siècle. Il y en a dans Corneille de très nombreux exemples. Racine a dit : Que voyant de près ce spectacle charmant Je sens croître ma joie et mon étonnement (Iph. 543). Si je n'eusse songé... que pensant à moi vous penseriez aussi Qu'il faut aimer beaucoup pour obéir ainsi (Théb. 337).

L'emploi du participe passé est généralement le même que dans la langue moderne. Lorsque le complément précède, le participe est d'ordinaire variable. Ex. : Celuy qui les a joints (I, 2). Les torches que l'Eternel a semees (Ibid.), etc. Quelquefois le verbe auxiliaire et le participe sont séparés par le complément; ce cas rentre dans le précédent, et, par suite, il y a accord. Ex. : Dieu a nos cris escoutez (II, Imp.). C'est ainsi que Corneille dit : Chaque goutte épargnée a sa gloire flétrie (Hor.).

Cependant, même quand il suit son régime, le participe passé peut être invariable. Ex. : Qu'une guerre civile a tenu prisonniers (I, 5). Je te doy bien congnoistre, ô mastine traistresse, T'ayant dedans mon cœur quatre ans eu pour hostesse (II, Fur.). Les Vierges que Nature a paré richement (II, Voc.). Regorger tous les flots que jadis elle a beu (II, Artif.). Ceux que Jacob avoit n'aguères teint (II, Loy). — Les exemples de constructions analogues se rencontrent très fréquemment au XVIIe siècle. Corneille dit : Les premiers effets qu'ait produit sa valeur (Cid. 1132). Misères Que durant notre enfance ont enduré nos pères (Cin. 174); La Bruyère : Leurs éloges qu'il n'a pas cherché (I, 127). Les hasards qu'ils ont couru (II, 119).

Quand le complément suit, le participe est invariable. Mais il y a de fréquentes exceptions. Ex. : Ils avoyent mille fois calcinée la matière (I, 2). Il en eust démolie la cité (I, 6). Où Nature a prodigue estalees Ses plus riches beautez (II, Ed.). Cet accord du participe est très rare dans les écrivains classiques. Cependant on peut citer deux exemples de Corneille : C'est enfin à lui que mes vœux ont donnée Cette virginité (Théod. 875). Et même la gazette a souvent divulgués .. (Ment. 169).

Le participe passé est souvent employé par du Bartas d'une manière absolue. Ex. : Pensez-vous Que, couverte la peau, le pesché soit couvert? (II, Imp.). On trouve dans Corneille quelques exemples de cette construction latine (Cf. Pompée, 1105 ; Soph., 271).

Le participe passé accompagné d'un nom a quelquefois un sens équivalent à celui qu'aurait actuellement le substantif tiré du verbe auquel appartient ce participe, avec le nom exprimé pour complément. Ex. : Sans que le frotement Ou le lict rechangé leur donne allègement (II, Fur.). Le laurier mangé sert de rubarbe au merle (Ibid.). Cette tournure, longtemps encore après du Bartas, a été employée par les meilleurs écrivains. C'est un latinisme. Cf. Racine : De Joas conservé l'étonnante nouvelle (Ath. 1688). Dois-je oublier Hector privé de funérailles? (Androm., 993).

On trouve encore le latinisme suivant : Leurs rameaux ils plient, Les enlacent pliez, puis enlacez les lient (II, Artif.). Ces sortes de vers rappellent ceux dont les poètes qui florissaient dans les premières années du XVIe siècle avaient fait un genre particulier sous le nom d'*anadiplosis*.

L'usage des temps est à peu près le même que dans la langue actuelle. Ce qu'il y a de notable, c'est que Du Bartas passe aisément du présent au passé, ou réciproquement ; soit à l'indicatif. Ex. : Tout aussitôt qu'Adam vid nostre jour, il commence (II, Ed.); soit au subjonctif. : Ex. : Car Dieu veut que celuy par qui la torche saincte De l'immortelle loy dans Juda fust esteinte Ait esteints ses deux yeux et que son corps ne vist En la terre plus clair qu'en la foy son esprit (II, Déc.).

On trouve un verbe au singulier avec plusieurs sujets du même nombre, soit sans conjonction. Ex. : Le beau nom que l'Enfer, le Ciel, la Terre adore (Lép.). L'effroi, le bruit, l'horreur roule (II, Arche) ; soit avec conjonction. Ex. : Le Nord, Le Sud, l'Est et l'Ouest sans huissier entre et sort (II, Artif). En ces vitaux esprits gist sa flamme et son air (I, 2). L'aune et le sapin ne verra jamais (I. 4). La neige, le brouillas, l'oisiveté, la nuict, Le fantosme, la peur et le somme s'enfuit (Ibid.). L'affreux regard L'espouvantable voix et le maintien hagard Prive de sens mes sens (I, 6). Les sujets sont, dans ces exemples, des noms de choses ; mais on trouve aussi, quoique plus rarement, le singulier avec deux noms de personnes. Ex. : L'Indois et l'Espagnol ne pensoit (I, 4). Où le père et le fils moins père et fils se monstre (II, Pères). Cette particularité dans l'accord des verbes se retrouve au XVIIe siècle. Racine dit : Mon repos, mon bonheur semblait être affermi (Phèd. 271); La Bruyère : Le bien et le mal est entre ses mains (I, 387).

Avec deux infinitifs pour sujets, le verbe se met au pluriel. Ex. : Mourir et non mourir estoyent en sa puissance (II, Ed.). Cf. La Bruyère : Faire le familier, prendre des libertés, marquent mieux un fat qu'un favori (I, 212).

Il se trouve encore au pluriel avec un seul sujet, du moins énoncé, au singulier. Ex. : Le temps desjà passé, qui passera, qui passe, Toujours confus ne sont qu'un temps devant sa face (Lép.).

Notons encore l'ellipse fréquente de verbes déjà exprimés, mais qui, dans le français moderne, devraient être répétés. Ex. : Ne recerche en quel lieu Ce parterre fut fait des propres mains de Dieu, Si sur un mont voisin des cornes de Latone, Si dessous l'équateur (II, Ed.). En quelle sorte ils eussent engendré, Si sans embrassement (II, Ed.). S'ils veulent une nesfle il leur faut quelquefois Traverser la longueur d'un effroyable bois, Si la mûre... = s'ils veulent la mûre (II, Artif.).

USAGE DES PRÉPOSITIONS.

A. — Signifiant *pour* devant un substantif ou un pronom. Ex.: Double perte à leur maistre (II, Voc.). Que le père soit barbare à son fils (II, Bab.). Cf. Corneille : L'admirable rencontre à mon âme ravie (Clit. 669). Ce coup est un peu rude à l'esprit le plus fort (Hor. 1457) ; Bossuet : Les animaux qui étaient au premier homme un divertissement innocent.

Signifiant *pour* devant un infinitif. Ex.: Si vigoureux à faire des enfans (II, Cies). Cf. Corneille : Il lui faut un grand crime à tenter son devoir (Nic. 1245) ; Racine : Tous deux à me tromper sont-ils d'intelligence ? (Baj. 1066) ; Bossuet : Infatigable à instruire (Mich. le Tellier).

Mis pour *de* avec un infinitif. Ex. : Je n'ay d'autre plus grand désir qu'à mener (II, Cies). Cf. Corneille : Nous ôtait tout prétexte à lui percer le sein (Cin. 952).

Mis pour *dans, en*. Ex. : Au sang d'un jouvenceau je noye l'univers (II, Pères). Sublimant mon âme au fourneau de la foy (II, Ed.). Introduit au cabinet d'un prince (II, Col.). Cf. Corneille : Rome entière noyée au sang de ses enfants (Cin. I, 2). S'il ne revivait pas au prince Nicomède (Nic. 912).

Mis pour *de* avec un substantif. Ex. : Ne vous souillez point au sang de vos germains (II, Arche).

Mis comme *par*. Ex. : Il marche à sauts (II, Voc.). Le roc à bonds se précipite (II, Artif.). Un feu présagieux à languettes s'allume (II, Loy.). On peut rattacher à ces exemples ceux qui suivent : Fait sortir à fils rouges son âme (II, Fur.). Voit sauter une rouge vapeur à flots (II, Art.).

Avec un infinitif précédé du verbe *se laisser* ou *laisser*. Ex. : Laisser Aux roides flots de l'ire emporter sa raison (II, Arche). Se laissent vaincre aux chants (II, Col.). Cf. Racine : Je me laissai conduire à cet aimable guide (Iph. 501); Pascal : Ne nous laissons pas abattre à la tristesse (6e lett. à Mlle de Roannez).

Notons encore les constructions suivantes :

Au long d'un clair ruisseau (II, Ed.). Une froide sueur luy coule au long du corps (II, Imp.); cette locution subsista au moins jusqu'à Vaugelas, qui la condamne (I, 282). Voir à clair (II, Ed.). Cf. Molière : On voit à plein le traître (Mis. I, 2).

A peut aussi exprimer la possession. Ex. : La fille à Pharaon (II, Magn.). Cette construction est restée dans la langue populaire.

Avec. — N'avoir rien de semblable avec (II, Ed.).

Après. — Vieillir après la langue des Romains (II, Bab.). Cf. Corneille : Comme il est ardent après la nouveauté (Perth. 1177); Racine : Tenait après son char un vain peuple occupé (Mith. 766).

A travers. — A travers et des airs et des cieux (Tri. 1). A travers du point (II, Col.). Cf. Bossuet : A travers de ces affaires et de ces épines (Impén. 2).

Au travers. — Au travers prés, torrens (II, Loy). Cf. Buffon : Le lynx ne voit pas au travers la muraille.

De. — Du Bartas supprime quelquefois la préposition *de;* après *rien*, *quelque chose*, etc., suivis d'un adjectif ou d'un adverbe, il l'emploie d'ordinaire, contrairement à l'usage de son temps qui devait se perpétuer jusqu'à Malherbe et même Vaugelas (V. *Remarq. sur la lang. fr.*, II, 400). Ex. : N'a rien de corporel (II, Voc.). Tout ce que de plus beau tu possèdes ici (II, Imp.). Mais il l'omet dans les locutions suivantes : Et quoy plus? (Jud. 2). Avant mourir (II, Col.). Ne fait-il pas beau voir? (II, Cap.). Cf. Corneille : A qui venge son père il n'est rien impossible (Cid. 417).

De est souvent employé par du Bartas pour marquer le rapport que les Romains exprimaient par l'ablatif. Ex. : Louanger d'un discours fabuleux (II, Ed.). Est métamorphosé d'une vertu féconde (Ibid.). Les ruses... dont tu nous abuses (II, Imp.). Une guiterre D'une sçavante main doctement pincetée (II, Imp.). Forcé d'un Busire (Ibid). Cet emploi de la préposition *de* est très commun au XVIIe siècle. Cf. Corneille : Avouez franchement que pressé de la faim (Illus. 1175); Racine : Et d'un sceptre de fer veut être gouverné (Ath. 1395); Bossuet : Les canons inspirés de Dieu (Or. Le Tellier).

On trouve de même : Attaché d'épines (II, Artif.) pour *avec des épines*.

De est employé où nous l'omettons, dans les constructions suivantes : Comme il estoit de vrai (Jud. 2), Lève-toy de matin (II, Bab.). Racine dit : Du matin, Ménélaüs se lève (Rem. sur l'Odyss.). Au contraire, *de* est omis dans l'expression *pied ferme* pour *de pied ferme* (II, Voc.).

Quand *de* régit plusieurs verbes à l'infinitif ou plusieurs substantifs, du Bartas n'exprime souvent la préposition qu'une fois. Ex. : Puissance D'aiguiser des humains le docte entendement Et les rendre (II, Ed.). Armé de flamme et soufre (I, 2). Quelque relique de justice et bonté (I, 7). Cette omission est très fréquente chez Corneille. Racine a dit : Digne emploi d'un ministre ennemi des flatteurs, Choisi pour mettre un frein à ses jeunes ardeurs, De les flatter lui-même et nourrir dans son âme Le mépris de sa mère et l'oubli de sa femme (Brit. 819).

Du Bartas emploie *de* avec une locution usitée très anciennement dans notre langue : *Que c'est de*... Ex. : Et que de nous congnus Ces fils sachent que c'est de la masle Vénus (II, Voc.). Cf. Corneille : Nous savons que c'est que de péripétie (S. du M., Var. 1).

En. — S'emploie pour *sur*. En champ de bataille (II, Voc.). Nous disons encore : en champ clos.

Pour *de*. Ex. : En quelle sorte (II, Ed.). David devient tout en flamme (II, Troph.). Cf. La Bruyère : Les anciens nous sont inférieurs en deux manières (I, 117).

Pour *à*... Ex. : Rendre un peu plus douce Judith en mon endroit (Jud, 5). Cf. La Fontaine : Les marques de sa bienveillance Sont communes en mon endroit.

En lieu de s'emploie pour *au lieu de*. Du Bartas dit : En la terre, en l'antique chaos, etc. (I, 1).

En est omis dans les exemples suivants : Ne leur a pu rien nuire (Jud. 2). Il n'importe rien (II, Col.). Cf. Corneille : A fait beaucoup de bruit et n'a rien profité (Cin.).

Hors. — Se trouve joint directement à son complément. Ex. : Hors les murs (II, Voc.).

Parmi. — Vivant parmi la semence bastarde (II, Loy).

Pour. — Est quelquefois mis avec le sens de *au lieu de* comme le latin *pro*. Ex. : Pour les luisantes laines La courge rampe-loin ore ils vont esfeuiller (II, Art.). Pour le laurier sanglant donne-moy le paisible (II, Troph.). Cf. Racine : Pour deux que l'on cherchait en eût présenté mille (Brit. 188).

PRÈS. — Se construit comme *hors*. Ex. : Passant près la Colomne (II, Col.). Près Damas (Jud. 6). Là près (Tri. 3). Nous disons encore : *près la maison, près l'église, près la cour.*

SUR. — A quelquefois le sens de *par dessus, plus que*. Ex. : Sur tous les bourgeois des flots (II, Imp.). Et rend l'aveugle sens sur la raison vainqueur (II, Loy). Cf. Corneille : Sur toute chose (Cin. 1425). Dydime que sur tous vous semblez dédaigner (Théod. 389).

Ailleurs cette préposition s'emploie où nous mettrions *vers*. Ex. : Sur le jour (II, Imp.). Cf. Corneille : Sur le soir (Exam. de la veuve). Sur le départ (Tuil. 123) ; Racine : Sur les trois heures (Let.). — Elle peut en certains cas remplacer *sous*. Ex. : Sur peine de mort (II, Imp.). Cf. Corneille : Sur peine d'être ingrate (Mél. 187).

Signalons encore l'emploi des anciennes prépositions *dedans, dehors, dessus, dessous, vers* pour *envers, joignant*, etc. La plupart se retrouvent dans nos écrivains classiques.

USAGE DES ADVERBES.

AILLEURS. — Est mis quelquefois pour *à autre chose*. Ex. : Mon âme ailleurs ne songe (II, Troph.). Cf. Corneille : Ainsi j'aspire ailleurs (Illus. 795). Ni d'être ailleurs sensible (Veuve, 334). Racine dit, en faisant d'*ailleurs* un emploi analogue : Son âme ailleurs éprise (Andr. 549).

ARRIÈRE. — Suivant l'usage du XVIe siècle, est mis pour *en arrière*. Ex. : Tout ainsi que l'ombre tourne arrière (II, Déc.).

AVANT. — Est fréquemment employé dans les locutions analogues aux suivantes : Du haut tillac avant dans la mer on le pousse (Jonas). Le pilote Pense du pôle avant voir l'enfer (Ibid.).

ÇA. — Est mis pour *ici*. Ex. : Ça bas = ici-bas (passim.).

DEVANT. — Est employé d'une manière absolue comme adverbe. Ex. : Ce qu'il a devant (II, Ed.). Les siècles de devant (II, Col.). Cf. : Je suis gros Jean comme devant (Lafont. Fab. VII, 10). Tout ce qui est arrivé devant ou après (Bossuet, Hist., Dessein général).

DONT. — Se met pour *d'où*. Ex. : Rentre dont il sort (II, Imp.).

L'étymologie autorise ce sens. Vaugelas (II, 31) dit que c'est très mal parler ; mais les meilleurs écrivains ne se conforment pas à la règle qu'il donne. Cf. Racine : Rentre dans le néant dont je t'ai fait sortir (Baj. II, 1). Voltaire : Abimes redoutés dont Ninus est sorti (Sémir. V, 5).

DU TOUT. — A le sens de *entièrement* quand il n'est pas joint à une négation. Ex. : Quitte du tout la place (II, Voc.). Cf. Malherbe : Ils vont du tout finir (VI, 6) ; Bossuet : Cela est du tout admirable (3e Serm. pour la Purific.).

ENCORE, — *Pour encore* équivaut à *encore alors*, *pour lors*. Ex.: Nos ayeux pour encor suyvent plus le désir Des affamez boyaux que du goust le plaisir (II, Artif.).

JAMAIS. — Nostre aïeul n'eust jamais passé le sacré seuil... que la voix éternelle Jà tonnante adjourna... (II, Fur.) = sitôt que notre aïeul, etc.

MAIS. — Entre dans la locution *à toujours mais*. Ex. : A toujours mais reluise (II, Schis.). Rendre à toujours mais plus honteux nostre sault (II, Déc.).

MÊME. — Du Bartas met un *s* à *même* dans des cas où il n'en prend point aujourd'hui. Ex. : Soy-mesmes il se tue (II, Troph.). Et toy-mesmes encor (Ibid.). Cf. Corneille : Les blasphèmes Qu'ils ont vomis tous deux contre Jupiter mêmes ; Boileau : Que si mesmes un jour.

OU. — S'emploie souvent pour *dans lequel*. Ex. : Bethsabée où toujours paisible avait logé l'honneur. Cet emploi de *où* est si fréquent au XVIIe siècle qu'il est inutile d'en citer des exemples.

POSSIBLE. — Est mis pour *peut être*. Ex. : Me diras-tu possible (II, Cies). « Ceux qui veulent écrire poliment, dit Vaugelas (I, 248) ne feront pas mal de s'en abstenir ». Toutefois La Fontaine a dit encore : Ne tardera possible guère ; Et Molière : Son heure doit venir et c'est à vous possible Qu'est réservé l'honneur de la rendre sensible (Princ. d'El. I, 4).

TANDIS. — A le sens de *pendant ce temps*. Ex. : Tandis la sainte nef navigeoit (I, 2). Vaugelas (I, 141) condamne cet emploi de *tandis*. On le retrouve cependant chez La Fontaine et Corneille. Ex. : Tandis permettez-moi de vous entretenir. (Théod., 354).

TANT. — Devant un adjectif ou un adverbe s'emploie pour *si*. Ex. : Tant bien l'ouvrier subtil Répare les défauts d'un imparfait outil (II, Imp.). Cette construction, blâmée déjà par Mathurin Cordier (De corrupti sermonis emendatione XXXVII, 25), se rencontre dans Corneille. Ex. : Cela n'est pas tant mal (Gal. du Pal. 103), et dans Molière : Voilà une malade qui n'est pas tant dégoûtante (Méd. malgré lui. II, 6).

Tant se met aussi pour *autant*. Ex. : Il pousse soucieux Du sein tant de souspirs que de larmes des yeux (II, Fur.). Cf. Corneille : Je ne puis dire tant de bien de cette pièce que de la précédente (Exam. de la Pl. Roy.).

Tost. — *Aussi tost* est mis pour *aussi bien*. Ex. : Nous vivrons aussi tost Et sans air et sans feu et sans terre et sans flot Que sans ce dur métal (II, Artif.). C'est dans le même sens que la langue moderne emploie *plutôt*.

Tout. — Pris adverbialement se joint volontiers à certains mots pour en renforcer le sens. Ex. : Tout tel, tout soudain, tout de mesme, tout joignant, tout ainsi (passim.). Cf. Corneille : Tout de ce pas (Œd. 1007). Tout devant vous (Suiv. 370); Racine : Tout de même (Rem. sur Pind.), etc.

Les adverbes en *ment* formés par du Bartas avec des adjectifs en *ant* ou *ent* ont la forme du féminin. Ex. : *Sifflantement*, *murmurantement*, etc. (1).

Notons enfin l'emploi des vieux adverbes : *oncques*, *or*, *ore* ou *ores*, *premier*, *à la parfin*, *prou*, *voire*, *jà*, etc. La plupart sont encore usités au XVIIe siècle.

USAGE DES CONJONCTIONS.

Ains. — A quelquefois le sens de *ou plutôt*. Ex. : Pour vivre en ceste terre, ains dans ce bas cercueil (II, Fur.). Se présente un géant, ains un colosse (II, Trophées). *Ainçois* s'emploie de même. Vaugelas (II, 426) remarque que le mot *ains* n'est plus en usage parmi les bons auteurs.

Ainsi. — S'emploie à la façon du *sic* latin, en tête d'un vœu. Ex. : Ainsi puisses-tu !... (II, Ed.). Ainsi puissé-je !... (Ibid.). Corneille en offre beaucoup d'exemples. Cf. Racine : Ainsi puisse sous toi trembler la terre entière ! (Esth. 1006); Bossuet : Ainsi

(1) Adverbes déjà cités dans le chap. sur le vocabulaire.

puisse la postérité ! Ainsi puisse la discipline ecclésiastique être entièrement rétablie ! (Or. fun. Le Tellier).

COMME. — Est usité au lieu de *que* après certains termes servant à exprimer la comparaison. Ex. : Autant esgale comme (Jud., 1). Autant aisé... comme (Ibid). Cf. Corneille : Tendresse dangereuse autant comme importune !

ENCORE QUE. — A le sens de *quand même*. Ex. : Encor que que l'autan fist venir... (Jud. 2) ; ou de *quoique*. Ex.: Encore qu'elle fust la mesme modestie (Jud. 4). Cf. Molière : Encor que son retour En un grand embarras jette ici mon amour (Ec. des F. III, 4) ; Voltaire : Encore que les Hollandais eussent pris Pondichéry (L. XIV, 29).

POUR... QUE. — On rencontre *pour* séparé de *que* par un adjectif ou un adverbe, avec le sens de *si... que*. Ex. : Pour bien qu'on les desguise (II, Bab.). Cf. Corneille : Pour grands que soient les rois (Cid.). Bossuet : Un seul péché, pour petit qu'il fût (Or. de Mar. Thér.). Voltaire regrettait que cette locution fût tombée en désuétude.

QUAND BIEN. — Equivaut à *quand bien même*. Ex. : Quand bien ce fait En faveur de Jacob plairait au Tout-Parfait (Jud. 3). Quand bien il eust eu le beau don d'éloquence (II, Imp.).

QUE. — Peut se supprimer après *soit*. Ex. : Soit avec grand travail en cent façons diverses Les lettres de ses mots curieux tu renverses (II, Bab.).

Il équivaut à la locution *autre chose que* précédée de la préposition ou de l'adverbe qu'on exprime après lui. Ex. : Tiens-tu la libre volonté que pour libre obéir = pour autre chose que pour obéir (II, Imp.). Ployez-vous le genou que devant ma tiare = devant autre chose que devant ma tiare (II, Loy). Cf. Corneille : Ai-je employé mes soins, mes amis, que pour vous (Pulch. 903).

Il est quelquefois explétif. Ex. : Que puissé-je toujours ! (Ivry). Cf. Molière : Et que puisse l'envie en crever de dépit (Tart.).

Il peut être employé par pléonasme. Ex. : Et que, quand bien ce fait En faveur de Jacob plairait au Tout parfait, Qu'il requiert un bras masle (Jud. 3). Cf. La Bruyère : Qui peut concevoir... que certains abbés... qui..., qu'eux-mêmes soient... les chefs des saints moines (II, 170).

Gouvernant plusieurs propositions, il peut ne s'exprimer qu'une fois en des cas où nous devrions le répéter devant chacune. Ex. : Lorsqu'elle est tout à soy et par si douce mort Entre... (II, Ed.). Avant que le Grégeois logeast en ville close..., le Latin eust des bourgs (II, Cies). Cf. Corneille : Puisque mon teint se fane et ma beauté se passe (Illus. 1497).

L'ellipse peut avoir lieu dans ces constructions quand il y a changement de sujet: Ex. : Dieu ne veut qu'ici-bas Tu traînes en langueur, qu'un païen coutelas Hache de tes beaux ans la vigoureuse trame, Ains rendes ton esprit (II, Pères).

On trouve *que* avec l'adjectif *semblable*. Ex. : D'une façon semblable Que la poudre à canon (II, Voc.). C'est ainsi que Corneille dit : Lis un livre dévot, simple et sans éloquence Avec plaisir pareil Que ceux où se produit l'orgueil de la science (Imit. I).

Si. — Se trouve avec un sens adversatif. Ex. : Et si n'est-il pourtant (II, Imp.) (1).

Il a quelquefois le sens de *si bien*. Ex. : Si que je porte encor (II, Fur.). Vaugelas (II, 160) dit que cette façon de parler, quoique tout à fait barbare, est encore très familière « à plusieurs personnes qui sont en réputation d'une haute éloquence ».

Si s'emploie, selon l'usage de la langue latine, dans les locutions suivantes : Et vous, Myrrhes encor, Canaces, Semirames, Et si l'on peut trouver des plus infâmes femmes, Venez (Jud. 5). Où luit maint diamant, maint rubis, maint saphir, Et si ça bas rien plus l'esprit avare prise (Tri, 1).

Si gouvernant plusieurs propositions de suite peut ne s'exprimer qu'une fois. Ex. : Veu qu'il ne sçait si l'œil trouve plus de couleurs, L'oreille oit plus d'accords, le nez sent plus d'odeurs (II, Ed.).

Soit que. — S'emploie répété comme la conjonction latine *sive* dans les constructions suivantes : Soit que tu restes vive, Je m'esgaye que l'eau n'ait pas tout ravagé, Soit que, baissé le flot, la verdeur rebourgeonne, J'admire la bonté de Dieu (II, Arche).

Tant plus que... tant plus, ou plus. — Se rencontre souvent au lieu de notre *plus... plus*. Ex. : Et tant plus qu'en nos âmes Se desbonde orgueilleux le flot d'iniquité, L'Eternel enfle plus de sa

(1) Corneille a employé *si* de cette façon dans ses premières pièces. Mais il en a corrigé tous les exemples dans les éditions ultérieures.

mer la bonté (II, Schis.). La locution usuelle est *tant plus... tant plus*, que l'on retrouve dans Corneille, et que Vaugelas condamne comme de vieille mode.

On rencontre aussi la construction suivante : Qui misérable croist, tant plus croist sa richesse (II Fur.).

Il faut encore noter l'emploi des anciennes conjonctions : *Soudain que* pour *dès que* (II, Imp.), *des lors que* pour *depuis que* (II, Voc.). etc.

USAGE DES NÉGATIONS.

Ne forme très souvent une négation complète. Ex. : L'Eternel ne commet seulement A nostre père Adam ce bas gouvernement (II, Ed.). Les luisans glaçons n'envieillissoyent les champs (Ibid.). Cf. La Bruyère : Je ne lui confierois l'état de ma garde-robe (II, 84) ; Racine : Si vous ne régnez, vous vous plaignez toujours (Brit. 1250).

Ne est parfois supprimé. Ex. : Est-ce pas toy qui fis ? (II, Ed.). Hé ! Muse, vois-tu pas (Ibid.). Vois-tu pas que le bled ? (II, Imp.). Perdis-tu pas l'audace ? (I, 1). Vois-tu pas ces brandons ? (I, 7). Voici pas le crayon d'un fleuve jaunissant ? (II, Col.). Cf. Molière : Dis-tu pas qu'on t'a dit ?... Ai-je pas réussi ?... ; Racine : Suis-je pas votre frère (Esth. 637) ?

Du Bartas emploie la négation en bien des cas où nous la supprimons. Ex. : Dieu tonne plus souvent qu'il ne foudroye pas (II, Arche). Nul ne peut pas Se dire bienheureux jusqu'au jour du trespas (II, Cap.). L'huile ni la farine ne manquent point (II. Schis.). Sans que par trop couard Je n'esteignisse pas le chaud désir qui m'ard (Jud. 5). Et qui n'a point encor qu'un mol duvet pour ailes (II, Ed.). Elle n'a point que du ventre la place (II, Fur.). Cf. Bossuet : Ce n'est point ni un ennemi ni un étranger ; Racine : Ulysse ni Calchas n'ont point encor parlé (Iph. 1475). Il faut avoir l'esprit plus libre que je ne l'ai pas (Lett.). Il n'est pas permis à aucun de rien manger (Ibid) ; La Bruyère : Il ne daigne pas attendre personne (I, 65). Des gens qui ne savent pas discerner ni votre loisir ni le temps de vos affaires (I, 4).

Quelquefois on trouve la particule *point* dans une interrogation à laquelle on attend une réponse négative. Ex. : Mon père (dit Isaac), ay-je point mis Dans votre plat sacré le mortel aconite ? (II, Pères).

Du Bartas emploie *ne* avec *à peine*, contrairement à l'usage moderne. Ex. : Il ne peut à peine D'un grand quart d'heure après reprendre son haleine (II, Pères).

Il supprime *ne* après certains verbes, *craindre* par exemple. Ex. : Je crains que quelque mesdisant aille (I, 2). Que l'on m'estime jaloux (I, 3). Craignant Que son barbare prince en ait senti le vent (II, Loy). Il craignoit que la révolte semblast (II, Imp.). Les constructions de ce genre sont très nombreuses chez Corneille. Cf. Sévigné : Je craindrais que ce cuisinier fût trop faible.

Ne est encore supprimé dans les locutions suivantes : Joint non moins nos vouloirs qu'il enhardit nos cœurs (Jud. 1). On verra sans rage la tigresse Plus tost qu'à nos despens il se monstre trompeur (II, Arche). Les bras qui me presseront plus que dans un bocage le lierre estreint (II, Voc.). Cf. La Bruyère : On ne peut mieux user de sa fortune que fait Périandre (I, 251) ; Racine : Jamais père ne fut plus heureux que vous l'êtes (Iph. 358).

Par une tournure qui rappelle le *nescio an* des Latins, équivalent de *je ne sais si... ne pas*, du Bartas dit : Que sçavez-vous si, lorsque, charitables, Vous pensez recevoir des hommes à vos tables, Heureux vous festoyez les saints anges de Dieu = vous ne festoyez pas ? (II, Voc.).

Notons encore *ne* pour *ni*. Ex. : Ne plus ne moins (II, Imp.). Il n'a force ne cœur (II, Schis.).

Aussi se met pour *non plus*. Ex. : N'y venez point aussi (Jud., 5). Cf. Molière : Je n'irai pas aussi ; Fénelon : Il n'est pas juste aussi ; La Bruyère : Il ne faut pas aussi.

Non suivi d'un impératif est mis pour *ne... pas*. Ex. : Si fay-le. — Mais non fay (Jud., 6). — *Non cela* est mis pour *ce n'est pas cela*. Ex. : Non cela ne m'attire (Jud., 4).

Disons enfin que certaines formes négatives semblent dans l'usage moderne appeler nécessairement une correction, qui nient, chez Du Bartas, comme une négation ordinaire. Ex. : Dieu le tente, non comme Satan tente les siens et l'homme tente l'homme ; Satan toujours nous pousse... etc.

ORDRE DES MOTS.

Mots isolés.

Le substantif attributif se met fréquemment chez du Bartas avant le substantif principal. Ex. : D'Élise le verger (II, Ed.). Les exemples de cette construction sont si nombreux dans la poésie du XVIIe siècle qu'il est inutile d'en citer.

On trouve souvent un verbe entre ces deux substantifs. Ex. : Grand Dieu qui de ce Tout m'a fait voir la naissance (II, Ed.). Et de Marie encor il n'évite la rage (II, Loy). Cette construction est habituelle aux poètes classiques. Cf. Racine : Quand je devrais du ciel hâter l'arrêt fatal.

Le qualificatif se met avant le substantif dans bien des cas où nous serions obligés de le mettre après. Nous citons les exemples les plus remarquables : Pourmeine mon esprit par les fleuris destours (II, Ed.). Un tempéré climat (Ibid.). D'un lent pas (Ibid.). Par un froid air (Ibid.). Le fleuri verger (II, Imp.). L'escarbouillé cerveau (II, Art.). Ces bas corps (II, Col.). Des entières montagnes (II, Voc.). Et pave tout un champ d'esgorgez animaux (Ibid.). Un certain trépas = un trépas certain (I, 2). C'est ainsi que Corneille dit : Adultère amour, certaines nouvelles, contraire parti, particulier ami, etc. Et Racine : Légitime prince, contraire choix, etc. (Voir Vaugelas, I, 309).

Le qualificatif précède le substantif dans des locutions aujourd'hui consacrées avec l'ordre inverse. Ex. : De froid sang (II, Fur.).

On trouve : L'estonné parricide (II, Artif.) pour *le parricide, estonné*, etc., ce participe marquant un état tout passager.

Le qualificatif peut se mettre aussi après le substantif, dans des cas où nous le mettons avant. Ex. : Fait peur à son camp propre (II, Troph.). Du pilote premier la famille féconde = du premier pilote (Noé) (II, Cies). Cf. Racine : Il a repris pour vous sa tendresse première (Bér., 163) ; Corneille : Que j'ai de ma main propre attachée à tes pas (Tois. 80).

Il y a souvent inversion dans des cas où les déterminants de l'adjectif nous forceraient à le mettre après le substantif. Ex. : Un si parfait ouvrier Que l'esprit des humains ne le peut concevoir (II, Ed.). L'analogique six et qui parfait assemble... (II, Col.). Cf. La Bruyère : Une continuelle affectation et qui... (I, 185).

Mesme se met quelquefois avant le substantif dans des cas où nous le mettons après. Ex. : Encore qu'elle fust la mesme modestie (Jud. 4). Cf. Corneille: Sais-tu que ce vieillard fut la même vertu? La Bruyère: Vouloir tirer de la vertu tout autre avantage que la même vertu (II, 31).

Seul peut se construire de même. Ex. : C'est la seule vertu, qui = c'est la vertu qui seule (Jud. 4).

Nous avons déjà vu *celui* séparé de *qui*. On trouve le relatif éloigné de son antécédent, quand celui-ci est un substantif. Ex. : Puisque sans ta malice Christ ne fust descendu, qui... (II, Imp.). Soutient des assiégez le choc, qui semblent (II, Déc.). D'un beau chevreuil la chair Que tremblant il n'a point achevé d'escorcher (II. Bab.). Et la teste demeure en la main de Judith, Que sa chambrière met au fond de sa bezasse (Jud. 6). Cf. Corneille : Ma haine va mourir, que j'ai crue immortelle (Cin. 1725). Leurs lettres en font foi, qu'elle me vient de rendre (Sert. 169).

Du Bartas met quelquefois l'auxiliaire après l'infinitif ou le participe qui en dépendent. Ex. : Entendre à peine on peut (II, Troph.). Qu'admirer je te puis (II, Sch.). Si donc une vapeur est si rare que d'elle L'eau former ne se puisse (I, 2).

L'adverbe est avant le verbe dans bien des cas où nous le mettons après. Ex. : Horriblement n'alloit sur le ventre rampant (II, Imp.). Bien est vrai que (Ibid.) La mer plus ne l'honore (II, Cap.). On haut loue dom Jean (Lép.). Peu je regretteroy (I, 2). Cf. Racine : Ce jour presque éclaira vos propres funérailles (Bér. 112).

Réciproquement Du Bartas dit : C'est fait donc = c'est donc fait (II, Cap.).

Encor peut se construire de la manière suivante : Porte la peine encor de ceste iniquité (II, Troph.). Et deux fois vingt encor fustes, frégates, barques (Lép.).

De même *puis*. Ex. : L'ictère safrané fait puis la guerre au foye (II, Fur.).

On rencontre *ailleurs* séparé de *que*. Ex. : Nous ne trouvons ailleurs la vie qu'au tombeau (II, Arche.).

Certaines prépositions peuvent, contrairement à l'usage actuel, être séparées de l'infinitif qu'elles gouvernent par des adjectifs, des adverbes, des compléments du verbe, etc. Ex. : Pour humble saluer (II, Ed.). Pour craintif garantir (II, Arche.). Pour à son aise y mettre (II, Col). Pour d'un pouce sonneur en bastir (II, Troph.). Cf. Corneille : Mais pour en quelque sorte obéïr (D. San., 751). Pour de ce grand dessein assurer le succès (Pomp., 1176).

Éléments de la proposition.

Le sujet se met d'ordinaire après le verbe quand la proposition commence par un complément, un adverbe, un attribut, etc. Ex. : Ainsi de tes voisins toujours sois-tu l'honneur (II, Ed.). Et si n'est-il pourtant (II, Imp.). Là régnoit la musique (II, Ed.). Encor peut-on douter (II, Imp.). Encor se peut-il dire (II, Arche.). Tout soudain s'espand Un je ne sçay quel bruit (II, Bab.). Non autrement voit-on (II, Magn.). Et croit-on (Jud. 5). Et n'advient chose que... (II, Imp). Cette inversion est autorisée dans la langue actuelle avec *peut-être, aussi, encore*, etc. Cf. Corneille : Ici fut l'arrogance à soi-même funeste (Poés. div.).

On trouve dans les interrogations le substantif sujet placé après le verbe. Ex : Sera donc la justice En l'homme une vertu, en l'Immortel un vice? (II, Arche.). Cf. Corneille : Que n'agissait Rome? (Nic.). Cette construction n'est plus en usage que dans le cas où le sujet est un pronom personnel.

Dans les interrogations indirectes il arrive quelquefois que le sujet est exprimé après le verbe. Ex. : Monstre nous en quels monts peut-on imaginer (II, Arche.). Sçachons quelle chose ay-je pu perpétrer (II, Pères).

L'attribut se met souvent avant le verbe. Ex. : Qu'il y a de vrais biens ou qui tels semblent estre (II, Fur.). Monstrent qu'hommes ils sont (Ibid.). Celuy qui seul est (II, Arche.). Que grande est la bonté ! (II, Cap.).

Dans certains cas l'attribut est entre l'auxiliaire et le verbe. Ex. : D'immortel s'estant mortel rendu (II, Ed.).

Il peut se placer avant le verbe et le sujet. Ex. : Serain luit dans son poing le flambeau de la vie (II. Magn.).

Avant le verbe et le complément auquel il se rapporte. Ex. : Coupable de péché rend sa bouche et sa main (II, Imp.).

Après le verbe et avant le substantif. Ex. : Afin que tu ne faces D'un Adam idéal fantasque l'aliment (Ibid.).

Notons encore cette inversion : Soit que, baissé le flot, ta verdeur rebourgeonne (II, Arche.).

Le régime peut être avant le verbe, qu'il soit direct ou indirect. Ex. : A mieux fait son jardin que vous le vostre feint (II. Ed.). Ses perruques nouvelles On conserve (Ibid). Les fécondes vapeurs qui leur face arrousoyent (Ibid.). Les gelées Nos ombreuses forests n'avoyent eschevelees (II, Ed.). Un crime dont horreur l'enfer sembloit avoir (I. 3). Celui qui la vague Amphitrite, Le centre de ce tout, le ciel tousjours serein Et l'air tourbillonneux... fit de rien (II, Imp.). Le coq depuis ce temps le lyon espouvante (II, Fur.). Cf. Corneille : Les deux camps mutinés un tel choix désavouent (Hor. 1215. Var) ; Racine : Ont insensiblement tout le corps ébranlé (Theb. 705).

Le régime peut s'intercaler entre l'auxiliaire et le verbe. Ex. : Dieu a nos cris escoutez (II, Imp.). Cf. Corneille : A tes feux et les miens prudemment assortis (Veuve 80). De toute ma famille a la trame coupée ! (Hor. 1616).

Quand il y a plusieurs pronoms personnels, l'un régime direct, l'autre indirect, et que le direct est de la 3e personne, il peut se mettre avant l'autre. Ex. : Je le vous jure (II, Arche). Dieu la nous donne pour roy (Jud. 6). La construction moderne est d'ailleurs la plus usuelle.

Dans les phrases impératives affirmatives, le pronom est souvent placé avant l'impératif. C'est une tournure employée par les meilleurs écrivains classiques : lorsque deux propositions impératives se suivent, unies par une conjonction, le pronom est souvent construit par eux avant le verbe dans la seconde des deux propositions. Ex. : Polissez-le sans cesse et le repolissez (Boileau). Mais du Bartas use de cette construction même dans une proposition impérative isolée. Ex. : De ton pur sang me lave = lave-moy (II, Loy).

Quand les pronoms personnels sont compléments d'un infinitif qui dépend d'un autre verbe, ils se placent souvent avant le premier des deux verbes, qui joue le rôle d'auxiliaire. Ex. : Encor se peut-il dire (II, Arche). S'alloyent loger (Ibid.), etc. Rien de plus commun que cette construction au XVIIe siècle.

On trouve parfois le pronom personnel après le verbe dans les locutions analogues à la suivante : On dit que l'Eternel parle à luy front à front (II, Voc.). Cf. Corneille : Avez-vous oublié que vous parlez à moi ?

Du Bartas sépare quelquefois des termes coordonnés que nous serions forcés de réunir. Ex. : Les esprits des humains, la dextre et le langage (II, Ed.). Les escrouelles sont et le goître en ce rang (II, Fur.).

Il faut encore remarquer que certains mots doivent une importance toute particulière à la place qu'ils occupent. Ex. : Joshué par faveur ni par l'achapt des voix N'obtient un plus haut rang que cil des plus grands rois = Ce n'est ni par faveur ni par l'achat des voix que Joshué obtint, etc. (II, Cap.).

L'étude que nous avons faite du lexique de notre poète nous a déjà conduit à conclure que du Bartas est loin de mériter toutes les critiques dont il a été chargé. Nous n'avons point dissimulé ses exagérations parfois bizarres ; mais, s'il a le tort d'user trop souvent avec intempérance des procédés que Ronsard et ses amis avaient mis en honneur, il n'a fait du moins que poursuivre la voie tracée par ses devanciers, et les audaces dont il n'a pas su toujours se garder dans la formation des mots nouveaux n'empêchent pas son vocabulaire d'être sensiblement le même que celui de la Pléiade. Quant à la syntaxe du poète, il est, comme nous l'avons déjà dit, bien peu de constructions qui lui soient particulières, à part quelques provincialismes comme on en rencontre d'ailleurs chez presque tous les écrivains de la même époque. Etudier l'usage syntactique dans l'auteur des *Semaines*, c'est la plupart du temps confirmer par de nouveaux exemples les règles générales de la grammaire contemporaine. Nous aurions pu justifier presque toujours les constructions que nous avons recueillies dans ses œuvres par des rapprochements empruntés aux poètes de la même école. Il nous a semblé plus intéressant et plus significatif de mettre en regard les locutions semblables ou analogues que nous offrent les auteurs du XVIIe siècle, à commencer par Malherbe, notre premier poète classique.

Les langues varient sans cesse dans leurs éléments :

Il en est tout ainsi que des fueilles d'un bois :
L'une chet, l'autre naist. Les mots qui d'autrefois
Brilloyent par ci par là dans l'oraison diserte
Comme des fleurs de lis dans la campagne verte,

Ne sont plus ore en vogue, ains, bannis de la Cour,
Honteux font sous les toicts des bas hameaux séjour,
Et ceux que du vieux temps la chagrine censure
Avoit mis au billon sont de mise à ceste heure (1).

Le poète a raison, et il pourrait appliquer à la syntaxe ce qu'il dit du vocabulaire. Mais ce sont les feuilles seulement qui tombent des arbres pour renaître d'une année à l'autre : de même, si ce que l'on peut appeler la frondaison poétique d'une langue est susceptible de se transformer en un court espace de temps, le tronc de l'arbre, le fond populaire de l'idiome, ne se modifie qu'à la longue. Or, les poètes de la Pléiade, qui ne méritent pas le reproche d'avoir latinisé le vocabulaire, ne sauraient être non plus accusés d'avoir banni de l'usage les mots et les formes qui composaient le fond même de notre langue : les deux critiques se touchent d'ailleurs, et l'une tombe avec l'autre. La plupart des constructions, aujourd'hui inusitées, que du Bartas emploie à l'exemple de ses contemporains, appartiennent, aussi bien que la plupart de ses termes maintenant vieillis, au patrimoine originel de notre idiome. Voilà pourquoi un bon nombre de ces expressions sont restées, bien longtemps après le XVIe siècle, dans l'usage de nos écrivains.

Il serait bien difficile d'établir d'une façon certaine à quel moment précis ont cessé d'être en honneur la plus grande partie des constructions surannées que nous avons recueillies dans les œuvres de notre poète. Plusieurs ne se retrouvent plus après Vaugelas, dont Corneille est le disciple fidèle ; d'autres sont employées encore par Racine ; un assez grand nombre se conservent jusqu'au XVIIIe siècle ; quelques-unes enfin, tombées depuis longtemps en désuétude, semblent être remises de nos jours dans la circulation. Quoi qu'il en soit, il n'est pas sans intérêt de voir combien de locutions du XVIe siècle, dont la langue moderne n'admet plus l'emploi, trouvent encore place dans nos plus grands écrivains classiques.

Parmi celles-là mêmes que Ronsard et ses disciples ont créées, beaucoup étaient encore en vigueur après de longues années ; nous les avons notées au passage chez du Bartas. Les poètes de la Renaissance ont réellement formé l'idiome de notre poésie classique : Mal-

---

(1) *2e Semaine. — Babyl.*

herbe retranchera beaucoup, et même trop, mais il n'ajoutera rien. Au reste, la plupart des vocables ou des tournures que notre usage actuel doit à l'école du XVIe siècle, passent devant nos yeux sans les arrêter, et les meilleures expressions dont elle a enrichi la syntaxe comme le dictionnaire, sont aussi celles qui se dérobent le plus facilement à notre attention, par cette raison même qu'un emploi constant nous les a rendues familières.

Comparer longuement l'usage syntactique des *Semaines* avec celui de nos chefs-d'œuvre classiques, ce serait nous écarter du sujet de cette étude, puisqu'il est conforme dans l'ensemble et dans presque tous les détails à la grammaire des poètes contemporains. Mais les rapprochements nombreux que nous avons établis entre du Bartas et les écrivains du XVIIe siècle, ne sont pas sans utilité pour défendre le poète contre les critiques excessives dont sa langue a été l'objet ; si elle était aussi grossière, aussi déréglée, aussi barbare qu'on l'a dit, nous n'en aurions pas retrouvé tant d'éléments, parmi ceux-là mêmes que l'usage a depuis lors rejetés, chez les maîtres de la poésie et de la prose françaises dans leur plus brillante époque.

III

LA VERSIFICATION DANS DU BARTAS

Du Bartas s'est toujours servi de l'alexandrin. — L'usage de ce vers au XVIe siècle. — Ronsard reconnaît le premier son véritable emploi, mais il compose sa *Franciade* en décasyllabes. — Supériorité du vers de douze syllabes pour l'épopée. — Caractère de l'alexandrin chez du Bartas. — Le repos de l'hémistiche. — Exemples de césures à tous les pieds. — Enjambements : le poète en abuse et les sème à l'aventure ; il affectionne les rejets d'un hémistiche entier ; le vers alexandrin flotte chez lui, indécis et vague dans sa mesure, entre douze et dix-huit syllabes. — Ce qu'il y a de plus défectueux dans sa versification, ce sont les rimes. — Il viole, en ses premiers poèmes, la règle de l'entrecroisement. — Rimes formées par deux adjectifs ou deux adverbes ; rimes de terminaisons verbales ; rimes par addition d'un préfixe ; rimes formées d'un substantif et d'un verbe qui en dérive. — Rimes dans lesquelles l'articulation qui précède la tonique n'est pas la même aux deux mots accouplés ; rimes dans lesquelles l'articulation, qui est la même, se prononce en un des deux mots et reste muette en l'autre ; rimes de deux *l* mouillées avec une ou deux *l* conservant la prononciation normale. — Rimes de voyelles brèves ou fermées avec des voyelles longues ou ouvertes ; rimes en *ai* (*a*), *eu* (*u*), *oi* (*ai*), etc. — En somme, du Bartas suit généralement l'usage contemporain ; cependant on relève dans ses rimes de nombreux gasconismes.

Dans tous ses poèmes, du Bartas s'est servi de l'alexandrin. Jusqu'au XVIe siècle, le vers héroïque par excellence avait été celui de dix syllabes ; depuis longtemps, le mètre de douze syllabes était même tombé dans l'oubli. Fabri, dans sa *Rhétorique* (1), l'appelle *antique manière de rithmer*. Encore au temps de Marot, l'alexandrin est considéré comme lourd et peu maniable : c'est l'opinion de Thomas Sibillet qui écrit son *Art poétique* juste au moment où la Pléiade va transformer la poésie française. « Le vers de dix pieds, dit-il, est très usité parce qu'il est en françois ce qu'est en latin le carme héroïque ». Quant à l'alexandrin, « cette espèce est moins fréquente et ne peut proprement s'appliquer qu'à choses fort graves, comme aussi au poids de l'oreille se trouve pesante (2) ».

D'après Pasquier, « le premier des nôtres qui remit les alexandrins en crédit fut Baïf en ses *Amours de Francine*, suivi depuis par du Bellay au livre de ses *Regrets* et par Ronsard en ses

(1) 1re partie, au début.

(2) Livre Ier, cap. V.

Hymnes (1) ». Dans son *Art poétique,* Pelletier, rallié à l'école nouvelle, déclare avec raison que « le genre épique est le vrai usage de l'alexandrin » ; « car, ajoute-t-il, le décasyllabe estoit trop court (2) ». C'est au chef de la Pléiade que doit être rapporté l'honneur d'avoir reconnu le véritable emploi du grand vers. Mais il revint bientôt à l'opinion de Sibilet, et notre première épopée classique, comme nos premières chansons de gestes, fut écrite en décasyllabes. « Il ne te faut point émerveiller, dit-il en 1572, de quoy je n'ay composé ma *Franciade* en vers alexandrins qu'autrefois je pensois tenir en nostre langue le rang de carmes héroïques. Depuis j'ay vu, cognu et pratiqué par une longue expérience que je me suis abusé ; car ils sentent trop la prose tres facile et sont trop énervés et flasques. Au reste, ils ont trop de caquet, s'ils ne sont bastis de la main d'un bon artisan qui les face hausser comme les peintures relevees et quasi separer du langage commun, les ornant et enrichissant de figures et les illustrant de comparaisons bien adaptes, de descriptions florides, etc. (3) ». Ce retour de Ronsard au vers de dix syllabes, Vauquelin le regrettera justement dans son *Art poétique :*

O combien mieux a dit d'Homère la trompette
Qui rien messéamment en ses œuvres ne traite,
Ou bien nostre Ronsard, si d'un air entonné
Hautement sa trompette en longs vers eust sonné (4) !

Mais, deux ans après la *Franciade,* c'était une hardiesse à du Bartas que de composer son poème de *Judith* en alexandrins. Il avait pourtant raison de ne pas prendre le vers de dix syllabes pour celui du poème héroïque. Suivant la juste remarque de Pelletier, le décasyllabe est trop court, et le rythme en a trop peu de gravité pour convenir à l'épopée : l'ampleur de la pensée est gênée dans ce moule étroit, et la période poétique ne saurait s'y trouver à l'aise, pour peu qu'elle doive s'étendre et se soutenir longtemps avec dignité ; au reste, ce mètre comporte beaucoup moins de variété que l'alexandrin, faussement accusé de monotonie. La faiblesse de la *Franciade* est due en grande partie à l'emploi du décasyllabe ; c'est

(1) *Rech. de la Fr.,* fol. 625.
(2) Liv. II.
(3) *Préface* de la *Franciade.*
(4) Chant II.

ce que dit Vauquelin, et ce que du Bartas avait sans doute compris. Dans tous les cas, il faut savoir gré à l'auteur de *Judith* d'avoir, le premier au XVIe siècle (1), introduit dans la poésie épique le seul mètre qui lui convienne.

L'alexandrin, chez du Bartas, comme d'ailleurs chez les autres poètes ses contemporains, n'a pas encore la forme et l'allure que devait bientôt lui donner Malherbe. Il jouit d'une bien plus grande liberté et de je ne sais quelle aisance un peu lâche.

Quant au repos de l'hémistiche, on trouve dans les œuvres de notre poète bien des vers où la césure est marquée, et même fortement, à d'autres places qu'à la sixième syllabe. Nous en citons quelques exemples : la plupart eussent été condamnés par Malherbe et Boileau.

Césure au 2e pied.

Ce peuple, ensorcelé de superbe et de rage (I, 1).

Césure au 3e pied.

Soit que Dieu desbrouillant le chaos peu à peu (I, 1).
Et lui dit : Vénérable Adam, n'aie point de crainte (II, Voc.).

Césure au 4e pied.

Où mainte nef suivant la raison pour son ourse (I, 1).
Qui ça et là choquant l'un l'autre à l'avanture (I, 1).
La maladie afin qu'elle ait meilleur marché (II, Fur.).
Cent diadèmes font hommage à son bandeau (II, Magn.).
Vos lois qui sainctes ont pris pied depuis tant d'âges (II, Cap.).

Césure au 7e pied.

Et sitost que la nuict brune estendra ses ailes (Jud. 3).
Seule pourra donner fin à nostre voyage (II, Cap.).
Le maçon a si bien joinct les pierres du bord (II, Magn.).
A ces prestres qui l'ont vu transporter chez moy (II, Déc.).

Césure au 8e pied.

Ceux même qui ne font mestier que de piper (I, 1).
Et tient dessus le front de Dieu ses yeux collez (II, Art.).

(1) Au moins, depuis la réforme de Ronsard ; d'ailleurs, le *Microcosme* de Scève, écrit en alexandrins, est plutôt un poème didactique qu'une épopée.

Si vous n'avez assez de cœur pour vous défendre (II, Troph.).
Par le bal mesuré des astres sont bornees (I, 1).
Le ministère saint des Anges soit requis (I, 1).

Césure au 9e pied.

. . . La fidélité d'un valet fraischement
Couché sur son estat (II, Pères).
D'un langage encore plus détestable que rude (II, Loy).
Et qu'un membre du corps affublé, tout le reste
Du corps soit affublé (II, Imp.).
La voix mesme qui m'a consolé tant de fois (II, Pères).

Césure au 10e pied.

Les murailles de Rhode et de Belgrade en poudre (I, 2).

Après ces exemples, nous ne disons rien des césures qui, sans disparaître complètement au sixième pied, comme dans le plus grand nombre des alexandrins cités plus haut, ne font qu'y glisser en courant et y laissent à peine une trace, assez visible cependant pour autoriser à la rigueur un léger repos. Chez tous les poètes du XVIe siècle, les vers ainsi rythmés sont innombrables; mais ils peuvent au besoin se scander suivant le mode classique : l'on en trouverait beaucoup d'aussi librement cadencés chez Boileau lui-même et surtout chez Racine, qui sut varier avec un art infini la forme normale de l'alexandrin. Quant à ceux qui précèdent, ils montrent que du Bartas se laisse assez de latitude dans les figures rythmiques, et que le sens chez lui ne « coupe pas toujours les mots et ne suspend pas toujours les hémistiches ». Il faut ajouter que le poète des *Semaines* observe généralement la règle classique du repos au milieu du vers; mais enfin il ne se croit pas obligé de s'y astreindre partout, et il ne fait pas invariablement concorder le mouvement de la pensée avec celui du vers.

Le repos du dernier hémistiche n'est pas davantage pour du Bartas une loi inflexible, et l'on trouve chez lui un grand nombre de rejets. Là encore, il est le disciple de Ronsard. « J'ay esté d'opinion en ma jeunesse, dit celui-ci, que les vers qui enjambent l'un sur l'autre n'estoient pas bons en notre poésie; toutefois j'ai cognu depuis le contraire par la lecture des auteurs grecs et romains (1) ». Tous les poètes de la Pléiade pratiquent l'enjambement. Mais ils ne savent pas toujours en user, et cette faculté qu'a le vers de dépasser la mesure normale lui donne, entre des mains inexpérimentées, quelque chose d'instable et de flottant. Nul plus que du Bartas ne mérite cette critique : il sème les enjambements au hasard, comme s'il n'avait aucun souci du rythme ; le vers fait sans façon et sans motif déborder son trop plein par delà la rime. C'est d'ailleurs ce qu'il est aisé de voir par les exemples suivants :

. . . . L'Eternel, sans aller
Revasser longuement (I, 1).
. . . . . Hérauts du ciel qui darde
L'orage sur le dos des rois (I, 1).
Tant s'en faut que Satan et son escadre face
Profit de ce fléau (I, 1).
Quiconque a remarqué comme une seule masse
De cire peut changer (I, 2).
. . . . Les formes dont la face
Du monde s'embellit (I, 2).
. . . . . Sur les voûtes rondes
Du ciel il a rengé je ne sçay quelles ondes (I, 2).
. . . . Pour un temps se bannit
De Chus, pour recourir... (I, 2).
. . . . Et que dessus les bords
D'Euphrate il contempla... (II, Ed.).
. . . . Tout le reste
Du corps soit affublé (II, Imp.).
. . . . Luy veux-tu faire rendre
Conte de ses projets (II, Imp.).
. . . . Se voir exilez
D'Eden sans nul espoir d'estre oncques rappelez (II, Imp.).
. . . . Gravent mensongères
En l'âme un escadron de fantasques chimères (II, Fur.).
. . . . Aux périls et fortunes
D'autruy (II, Fur.).

(1) *Préf.* de la *Franc.*

. . . . Sous un belliqueux roy
De Castille (II, Cies).
. . . . Les gouffres ardens
D'enfer (II, Voc.).
. . . . Le noir visage
Du temps ne luy promet qu'un naufrageux orage (II, Loy).
. . . . Les bales soufreuses
Du ciel vont canonnant (II, Cap.).
. . . . Une ondeuse marée
De peuple suit partout (II, Magn.).
. . . . Qui se rompt
Le col dans un abisme (II, Sch.)
Et semble que la Parque ait en chasque maison
De la ville allumé... (II, Décad.).
. . . . On recognoit parmi
Cent mille corps (Jud. 6).
Sois disciple d'Homère et du sainct nourrisson
D'Ande (Ur.).
. . . . Il est temps de donner
Carrière à mon esprit (Ivry).
. . . . . . Cent quatre-vingt-cinq mille
Idolastres tuez (I, 1).

Ces vers suffisent pour montrer que la liberté du poète ne s'assujettit à aucune règle. Ajoutons-le cependant, les rejets que nous avons cités sont les plus caractéristiques, et d'ailleurs on peut lire souvent une série de vingt ou trente vers sans en trouver un seul ; dans la majorité des cas, le repos qui suit les mots rejetés est à peine marqué ; enfin, il ne faut pas considérer comme enjambant les vers qui se terminent par un substantif dont l'épithète commence l'alexandrin suivant. En voici quelques exemples :

. . . . Ma main
Félonne ensevelit le couteau dans son sein (II, Sch.).
. . . . Ce laurier que les cieux
Avares ont célé longuement à mes yeux (I, 2).
. . . . Manassé
Modeste refusa toute charge publique (Jud. 4).

Ces adjectifs sont employés en guise d'adverbes ; et s'ils se rapportent grammaticalement au substantif du vers qui les précède, ils retombent logiquement sur le verbe qui les suit ; aussi n'y a-t-il pas en réalité de rejet.

Un enjambement malheureux que du Bartas affectionne, c'est celui d'un hémistiche entier. Rien ne contribue davantage à donner à ses vers une forme indécise, car l'unité de mesure est ainsi comme transposée. Il n'y a guère de page où l'on ne trouve de suite deux de ces rejets : dans le 1er chant de la *Création*, nous en rencontrons cinq à la file :

> Cet admirable ouvrier n'attacha sa pensee
> Au fantasque dessein d'une œuvre pourpensee
> Avec un grand travail, et qui plus est n'esleut
> Quelque monde plus vieil, sur lequel il voulut
> Modeler cestuy-ci, ainsi que fait le maistre
> D'un bastiment royal, qui plus tost que de mettre
> La main à la besongne, eslit un bastiment
> Où la richesse et l'art luisent esgalement.

De même, dans le 3e chant :

> Arbrisseau qui, fichant sa racine barbue
> En un champ sans humeur, fait que sa feuille sue
> Une douce liqueur : et comme le sarment
> Qu'on a taillé trop tard distille lentement
> Mainte larme emperlee, elle verse sans cesse
> Goutte à goutte une eau claire.

Si l'on faisait abstraction de la rime, on pourrait lire tout aussi bien en intervertissant l'ordre des hémistiches :

> . . . . . . Arbrisseau qui, fichant
> Sa racine barbue en un champ sans humeur,
> Fait que sa feuille sue une douce liqueur,
> Et comme le sarment qu'on a taillé trop tard
> Distille lentement mainte larme emperlee,
> Elle verse sans cesse, etc.

Les exemples de séries aussi longues sont rares sans doute et même exceptionnels dans les œuvres du poète, mais on ne peut parcourir plusieurs vers sans trouver quelque hémistiche rejeté. Grâce à cette sorte d'enjambements et à tous les autres dont use si fréquemment l'auteur des *Semaines*, le vers de douze syllabes semble chez lui tendre toujours à s'allonger et à se répandre au delà de la mesure normale : on peut dire qu'il flotte, indécis et vague, entre douze et dix-huit syllabes. C'est là d'ailleurs une remarque qui s'applique généralement à tous les poètes contemporains : mais du Bartas n'a jamais écrit qu'en hexamètres, et l'inexpérience de l'alexandrin, qui lui est commune avec eux, il ne la compense pas comme d'autres par cette science des rythmes lyriques que Ronsard et quelques-uns de ses disciples ont poussée si loin dans les combinaisons des diverses strophes.

Il faut attendre jusqu'à Malherbe pour que l'alexandrin classique revête sa forme définitive. Comme nous venons de le voir, il admet chez du Bartas, ainsi que chez tous les poètes de la Pléiade, soit les enjambements d'un vers à l'autre, soit, dans le même vers, ces enjambements intérieurs qui ne laissent aucune trace de césure médiane. Avec Malherbe, il se soumet à des lois inflexibles qui, après avoir isolé chaque unité métrique, la décomposent en fragments toujours égaux, et font invariablement concorder les divisions du rythme avec celles du sens : le vers de douze syllabes peut être dès lors considéré comme un tout, indépendant de ce qui précède et de ce qui suit ; bien plus, chaque hémistiche est lui-même une sorte d'entité rythmique complète en soi, un vers de six syllabes dans celui de douze. On voit aisément la symétrie parfaite de pareils alexandrins : deux accents fixes, celui de la douzième syllabe et celui de la sixième, marquent le lieu d'un repos obligatoire ; le dessin du vers est ainsi arrêté d'avance dans ses grandes lignes, et les combinaisons rythmiques ne sont abandonnées à l'oreille et au goût du poète que pour ces fragments de six syllabes qu'on peut regarder comme des unités partielles, dont chaque couple forme une unité totale ; entre deux hémistiches, de même qu'entre deux vers, il n'y a pas combinaison, mais simple juxtaposition.

Nous avons là le type de l'alexandrin, tel que Malherbe l'imposa. On sait d'ailleurs que les poètes du XVIIe siècle n'y restèrent pas toujours fidèles, et il serait facile de trouver dans Racine, le maître incontesté de notre versification classique, une foule de vers qui n'observent pas plus la règle de la césure finale que celle de la césure médiane. Sans doute, la récitation tendait toujours à ramener ces alexandrins au type théorique, mais elle n'y parvenait qu'en faisant injure au bon sens ; pour pouvoir louer dans Racine la variété des rythmes, il faut, en le lisant, accuser toutes les altérations qu'il fait subir à la symétrie rigoureuse de ce type.

Cependant, si les poètes du XVIIe siècle eux-mêmes dérogent fréquemment aux règles de Malherbe, on peut dire que ces règles dominent notre versification classique. La forme normale de l'alexandrin convenait d'ailleurs à une société fortement assise et définitivement constituée : elle répond à ces mœurs du temps, si polies et si bien réglées ; elle se rapporte à ce type de l'*honnête homme* dont l'idéal consistait dans une exquise mesure, dans un heureux tempérament de toutes les passions, dans un équilibre harmonieux de toutes les facultés : le balancement régulier de l'hémistiche s'accordait à merveille avec l'expression de sentiments toujours contenus, même quand ils étaient le plus ardents.

Nul rapport, à cet égard, entre le XVIIe siècle et le XVIe, si confus, si fougueux, si rebelle à toute règle. De là vient que notre poésie contemporaine, quand elle a voulu briser le moule classique de l'alexandrin, s'est mise tout d'abord à l'école de la Pléiade, en remontant par delà Malherbe. Notre vers moderne de douze syllabes ignore, lui aussi, les deux règles fondamentales de la césure. Le sens ne s'accorde plus avec le rythme ; ils s'écartent volontiers l'un de l'autre, et ne sont soumis qu'à une loi, c'est d'arriver ensemble au terme de la course ; or, ce terme n'est ni l'hémistiche, ni la fin du vers, mais celle d'une période plus ou moins longue dont l'unité est faite par l'expression d'un même sentiment ou d'une même idée.

Seulement, entre la versification du XVIe siècle et la nôtre, il y a cette différence capitale qu'au lieu de porter, comme nos poètes modernes, la science la plus consommée dans les coupes de la période rythmique, les poètes de la Pléiade abandonnaient au hasard la forme de l'alexandrin. Ainsi que ses contemporains, du Bartas semble se laisser conduire par le rythme, loin de le maîtriser et de le façonner à son gré : ses vers marchent d'ordinaire à l'aventure et se cadencent comme ils peuvent.

Cependant, si l'art lui semble trop souvent étranger, on ne saurait sans injustice lui refuser le sentiment et comme l'intuition d'une harmonie générale dans la facture de la phrase poétique. Quand il est animé par un mouvement puissant, soutenu par la noblesse et la grandeur de la pensée, la période se déroule bien souvent chez lui avec une ampleur magistrale. Pour donner au moins un exemple, nous citerons, parmi tant d'autres, le morceau suivant :

> Qui void donq quelquefois comme un lingot avare,
> Vaincu du chaud Vulcain, ses richesses sépare,
> Comme d'un pas tardif l'or avec l'or s'enfuit,
> L'argent cerche l'argent, le cuyvre s'entresuit,
> Et ce tout, composé de pièces inesgales,
> Se divise en ruisseaux orangez, blancs et pasles,
> Il comprend qu'aussi tost que la bouche de Dieu
> S'ouvre pour assigner à chaque corps son lieu,
> Le feu contre le feu, l'eau contre l'eau se serre,
> L'air se va joindre à l'air et la terre à la terre (1).

Dans la *Judith* ou les *Semaines,* nous trouverions aisément maints discours qui, d'un bout à l'autre, se développent avec harmonie et largeur. Le poète n'est point gêné par la difficulté d'exprimer une pensée d'ample compréhension ; il sait conduire sa période de manière à en dégager tous les membres sans embarras ; c'est même dans ces morceaux étendus et soutenus qu'il se trouve le plus à l'aise : une tirade satirique, comme nous en rencontrons si souvent dans ses œuvres, un mouvement oratoire, une comparaison longuement poursuivie, lui permettent de laisser libre essor à un souffle assez puissant pour ne jamais le trahir. Si inférieur qu'il soit à quelques-uns de ses contemporains dans tout ce qui regarde le métier de poète, l'auteur des *Semaines* a assez de génie pour se passer quelquefois de l'art. L'inspiration chez lui est si vive qu'en se développant à l'aise, elle trouve d'instinct la loi du mouvement rythmique auquel elle se confie : le fond emporte la forme.

Ce qu'il y a de plus défectueux peut-être dans la versification de notre poète (2), ce sont les rimes. Nous remarquons d'abord que l'*Uranie* et le *Triomphe de la Foy* ne se conforment pas à la règle

---

(1) *1re Semaine,* ch. I.

(2) Nous ne parlons que pour mémoire des *e* muets ne s'élidant pas à la fin d'un mot quand le mot suivant commence par une consonne, et comptant dans le vers pour une syllabe. Quant aux hiatus, ils n'ont pas encore été proscrits.

de l'entrecroisement ; on rencontre même dans la *Judith* des exemples, bien rares d'ailleurs, de quatre rimes féminines qui se suivent :

> Arrachant de ses yeux mainte larme hypocrite,
> Desgoise de tels mots sa volonté maudite.
> La parole me faut, mes poils d'horreur se dressent... (Jud. 1) (1).

Sans doute, il ne faut voir là qu'une inadvertance ; quant aux deux premiers poèmes, ils sont écrits en strophes de quatre vers, disposées de telle façon que les deux vers masculins, qui se suivent, sont enfermés entre deux vers féminins : par suite, le vers féminin qui termine une strophe est invariablement suivi du vers féminin qui commence l'autre.

Au reste, nous devons ici le rappeler, l'entrelacement régulier des rimes masculines et féminines venait à peine d'être adopté comme une loi (2). On n'en trouve aucune trace dans la traduction du 4e et du 6e livre de l'*Enéide* et dans l'*Olive* de J. du Bellay. Quelques poètes, bien avant du Bartas, avaient sans doute donné l'exemple de cet ordre uniforme ; mais c'était uniquement par instinct, par je ne sais quel délicat sentiment de l'harmonie qui resta longtemps sans se traduire en règles précises. « Le premier qui y mit la main, dit Pasquier, ce fut Ronsard ; et il fut religieusement observé depuis par du Bellay, Baïf, Belleau, et spécialement par Des Portes, du Bartas, Pibrac (3) ». Si du Bartas est cité ici, c'est que notre poète, quoiqu'il eût méconnu la règle de l'alternance dans deux petits poèmes et quelquefois même dans la *Judith*, resta toujours fidèle dans ses deux grandes œuvres à ce que l'on appelait alors « l'ordonnance de Ronsard ».

C'est par un autre endroit que du Bartas vit attaquer ses rimes. Il nous l'apprend lui-même. « Les autres disent, écrit-il, que j'ay des rimes licencieuses et offensant les oreilles vraiment françoises ; j'avoue bien qu'elles ne sont pas riches... (4) ». Sans doute, Ronsard et son école tout entière n'avaient pas laissé de porter quelque

(1) De même, au chant II, nous trouvons de suite les quatre rimes suivantes : *redresse, oppresse, heure, pleure.*

(2) *L'Avant-Entrée de Henri II*, composée par Ronsard en 1549, renferme souvent quatre, six, huit vers féminins de suite.

(3) *Rech. de la Fr.*, fol. 627.

(4) *Préface* aux deux *Sem.*

atteinte à la rime, que les poètes antérieurs, Villon et Marot par exemple, avaient traitée avec plus de scrupules. Mais, si du Bartas, quand il prenait à cet égard les libertés dont il s'accuse lui-même, suivait la plupart du temps l'exemple de ses devanciers et de ses maîtres, nous verrons pourtant qu'il en abuse quelquefois, et que ses rimes se ressentent aussi trop souvent de ce qu'il appelle lui-même son *naturel ramage* : elles ne sont pas toujours « vraiment françaises ».

On trouve chez lui un grand nombre d'adjectifs ou d'adverbes qui riment deux à deux : ces licences, à la vérité, ne sont pas rigoureusement interdites ; elles peuvent même être quelquefois nécessaires ; mais du moins le poète doit en faire un usage plus discret.

Les rimes de terminaisons verbales sont aussi beaucoup trop nombreuses. Voici celles que nous avons relevées dans les deux cents premiers vers de la *Création : lise-instruise, exerça-devança, vivoyent-suivoyent, abusé-refusé, esblouit-esvanouit, empescher-esplucher, darde-regarde, entendre-aprendre, esleut-voulut, mouler-aller*. En parcourant le poème entier, on pourrait citer de nombreux exemples empruntés à presque toutes les désinences des verbes :

Indicatif présent : *meslange-range* (Lép.), *attise-aiguise* (Lép.), *redisent-éternisent* (Jud.), *croissons-renaissons* (I, 6), *baloyent-ondoyent* (II, Ed.), *appelons-dissimulons* (II, Fur.), *ramènes-rassérènes* (II, Art.), etc.

Indicatif imparfait : *attiroyent-demeuroyent* (Jud.), *présentoit-estoit* (II, Imp.), *œilladoit-espandoit* (II, Fur.), *poussoyent-baissoyent* (II. Art.), *tenions-prenions* (I, 7), etc.

Indicatif passé défini : *arresta-conquesta* (Tri.), *prolongea-désassiégea* (Tri.), *vesquit-naquit* (Fur.), *esleut-voulut* (I, 1), *redoubla-trembla* (II, Fur.), etc.

Indicatif futur : *rendra-respondra* (II, Imp.), *briseront-piqueront* (II, Imp.), *coulera-voutera* (II, Imp.), *seras-publieras* (II, Arche), etc.

Conditionnel : *descocheroit-tonneroit* (I, 4), *reviendroit--reschauferoit* (Jud. 1), *serviroit-desgouteroit* (II, Voc.), etc.

Subjonctif présent : *embrasse-efface* (Tri.), *orgueillisse-esclaircisse* (II, Ed.), *meure-demeure* (II, Fur.), *esjouisse-retentisse* (II, Fur.), etc.

Subjonctif imparfait : *revoltast-goutast* (I, 6), etc.

Infinitif : *tourmenter-édenter* (Tri.), *floter-apprester* (Lép.), *descendre-défendre* (Jud.), *reluire-eslire* (II, Magn.), *obscurcir-noircir* (I, 4), etc.

Participe présent : *courant-adorant* (II, Magn.), *brandissant-gauchissant* (II, Cap.), *forlignant-dédaignant* (II, Cap.), *nageant-forgeant* (II, Ed.), etc.

Participe passé : *représentees-surmontees* (Tri.), *cassé-laissé* (Jud.), *vestu-batu* (II, Magn.), *embesongnees-cognees* (II, Cap.), *esmoulue-velue* (I, 1), *serrees-aterrees* (II, Cap.), etc.

Très souvent, un mot rime avec lui-même par l'adjonction d'un préfixe. Ex. : *ordre-desordre* (I, 1). *mettre-permettre* (I, 2), *montent-surmontent* (I, 2), *poison-contrepoison* (I, 3), *garderobes-robes* (I, 3), *courbe-recourbe* (I, 4), *hautecontre-bassecontre* (I, 5), *amphitheatres-theatres* (I, 6), *joint-desjoint* (Jud.), *mesle-pesle-mesle* (II, Ed.), *quelle-laquelle* (II, Fur.), *forme-transforme* (II, Art.), *temps-passetemps* (II, Arche), *alentour-tour* (II. Déc.), *débate-babate* (II, Troph.), *attiltre-tiltre* (II, Troph.), *Périgée-Apogée* (II, Col.), *Mijour-jour* (II, Col.), *gendarmes-armes* (II, Col.), *Ostrogots-Visigots* (II, Cics), etc.

Il se rencontre enfin beaucoup de rimes formées d'un substantif et du verbe qui en dérive. Ex. : *mesure-mesure* (I, 1), *force-force* (I, 3), *demeure-demeure* (I, 4), *peine-peine* (I, 5), *triomphe-triomphe* (Tri.), *forme-forme* (I, 2), etc.

Nous avons considéré jusqu'ici la rime au point de vue des règles fondées sur l'exigence de l'esprit, en vertu desquelles le mot rimant ne doit pas se laisser prévoir d'avance, mais au contraire éveiller la surprise. Passons maintenant à celles qui ont pour but la satisfaction de l'oreille.

On trouve chez du Bartas une foule de vers dans lesquels l'articulation qui précède la tonique finale n'est pas la même aux deux termes correspondants. Quelque fréquents que soient les exemples de ces rimes insuffisantes dans Racine et dans tous nos classiques, il ne faut pas moins les relever chez notre poète, qui en abuse sans aucun scrupule. Nous en avons compté quatre-vingt-huit dans les deux cents premiers vers de la *Création*.

Du Bartas enfreint souvent la règle d'après laquelle deux mots dont l'articulation finale est la même, ne sauraient rimer l'un avec l'autre, si la consonne se prononce seulement dans l'un des deux : Ex. : *tu fis-fils* (I, 5), *fiers-volontiers* (I, 6), *cognus-Vénus* (II, Voc.), *Mars-arts* (II, Bab.), *but-salut* (I, 1), *helas-bras* (Jud. 5), etc. ; beaucoup des rimes de cette sorte sont formées par un infinitif en *er* qui répond à un mot dont l'*r* final est muet. Sans alléguer ici le grand nombre de celles qu'on peut trouver dans nos écrivains classiques, nous remarquerons que du Bartas s'est d'ordinaire conformé à l'usage de son temps. Parmi les mots dans lesquels l'articulation finale ne se prononce pas actuellement, il en est plusieurs où elle avait, au temps du poète, toute sa valeur ; les infinitifs en *er*, par exemple, articulaient l'*r* : Lefèvre donne comme d'excellentes rimes celles de *ramer* et *mer*, *marcher* et *chair*, etc. (1); elles furent usitées jusqu'au XVIIIe siècle, quoique la prononciation les eût rendues défectueuses dès le XVIIe, et nous pourrions en citer quelques exemples jusque dans nos poètes contemporains. Au contraire, certaines articulations finales que nous faisons sonner aujourd'hui restaient anciennement muettes ; ce cas est même plus fréquent encore que le dernier : il en est ainsi de l'*s* dans le mot *fils*, du *d* dans le mot *David*, du *t* dans le mot *but*, etc. Les rimes que nous avons relevées plus haut se retrouvent toutes chez les poètes contemporains : Ronsard accouple *teste* et *admoneste*, *infect* et *faict*, *brusque* et *perruque*, etc. (2). — Celles qui suivent peuvent s'expliquer de la même façon : *vit-David* (II, Déc.), *prophète-infecte* (II, Imp.), *nets-nez* (II, Arche), *parts-arcs* (Ibid.), *diètes-suspectes* (II, Bab.), *après-Grecs* (Ibid.), *dextre-terrestre* (II, Magn.), etc.

Des mots où l'articulation finale se compose de deux *l* mouillés riment avec d'autres dans lesquels un ou deux *l* conservent actuellement la prononciation normale de cette lettre. Ex. : *fertile* et *gentille* (II, Ed.), *distille* et *mille* (II, Schis.), *subtiles* et *anguilles* (II, Impost.), *immobile* et *scintille* (II, Artif.), etc. Pour beaucoup de ces rimes, le poète suit encore l'usage contemporain : le mot *gentille*, par exemple, s'écrivait d'ordinaire *gentile*, suivant l'étymo-

(1) « L'*r*, dit Théodore de Bèze, n'est jamais muette : soit au commencement, soit à la fin des syllabes, elle conserve toujours la prononciation naturelle. »

(2) Dans certains mots, la consonne, que nous prononçons aujourd'hui, ne figure même pas. *Velours*, par exemple, s'écrit *veloux* et rime avec *dessous* et *genoux* (II, Déc.).

logie, et se prononçait de même ; dans d'autre cas, nous avons affaire à des gasconismes (1).

Nous trouvons enfin certaines rimes de consonnes absolument défectueuses, comme *triple* et *paisible* (II, Troph.), *double* et *couple* (II, Col.), *engendrent* et *espandent* (I, 6), *ombre* et *profonde* (II, Art.), *découple* et *redouble* (II, Ed.), *siècles* et *règles* (II, Col.). Disons seulement qu'elles sont fort rares et qu'on en rencontre d'analogues chez les poètes contemporains (2).

C'est dans les rimes de voyelles que se trahissent surtout les provincialismes de du Bartas.

Des mots à voyelle brève ou fermée riment avec d'autres à voyelle longue ou ouverte :

A. — *Face-grâce* (I, 6), *flames-femmes* (II, Voc.), *gaste-flatte* (II, Déc.), *infâme-dame* (Ibid.), *tares-rares* (II, Déc.), *combattre-idolâtre* (II, Schis.), *câble-effroyable* (Jonas), etc.

Ai. — *Travaille-bataille* (II, Impost.), *escailles-travailles* (II, Bab.), etc.

E. — *Croisez-decez* (II, Voc.), *à peu près-sacrez* (I, 6), *nez-nets* (II, Arche), *progrez-degrez* (Jud.II), *lettre-maistre, diaprés-près* (II, Magn.), *agassez-procez* (II, Déc.), etc.

I. — *Isles-dificiles* (II, Magn.), *cime-abîme* (II, Ed.), *isles-villes* (Ibid.), *abisme-crime* (II, Troph.), etc.

O. — *Fantosmes-hommes* (II, Schis.), *vole-pôle* (I, 6), *pôle-boussole* (I, 2), etc.

Ou. — *Voute-escoute* (II, Artif.), *gouste-degoutte* (II, Sch.), etc.

U. — *Saquebute-flûte* (II, Magn.), *crédule-brusle* (Jud. 4), etc.

Parmi ces rimes, la plupart, sans doute, se retrouvent chez les contemporains de notre poète (3); mais, en général, il faut y voir des gasconismes. « Audry reproche aux Gascons de dire *succez* pour *succès*, et Dumas remarque qu'ils ont le malheur de confondre presque toujours l'*è* ouvert avec l'*é* fermé : ils disent un *procés, les Anglés, més, jamés* (4) ». De même pour les autres voyelles.

---

(1) Aujourd'hui encore, *distille, anguille*, etc., se prononcent dans le Midi comme s'il n'y avait qu'un *l*.

(2) Ronsard, par exemple, fait rimer *ventre* et *cancre* (*Hymnes*, II, 6).

(3) Et même, très souvent, chez les poètes classiques du XVIIe siècle ; Racine fait rimer *infâme* et *femme, taches* et *lâches, Antigone* et *trône*, etc.

(4) Thurot. *De la prononc. française*, tome I, p. 53.

Aujourd'hui encore, dans le Midi de la France, la prononciation ne fait pas de différence entre les longues et les brèves.

Dans certains mots, la bivocale *ai* rime avec la voyelle *a*. Ex : *campagnes-baignes* (II, Col[ies]), *baigne-Espagne* (Ibid.), *montagnes-campaignes* (II, Artif.), *baigne-campaigne* (II, Cap.), etc. C'est un changement de la prononciation qui a rendu ces rimes défectueuses ; au XVIe siècle, elle hésite entre le son *a* et le son *ai* : « Beaucoup, dit Bèze, prononcent *bagner* (1). » Ronsard, comme du Bartas, accouple *montagnes* et *dédaignes*, *accompagne* et *baigne*, etc.

Très souvent la bivocale *eu* rime avec la voyelle *u*. Ex : *se müe-queue* (Jud. 2), *murs-mœurs* (Jud. 1), *asseure-heure* (I, 1), *peu à peu-corrompu* (II, Ed.), *moqueur-obscur* (Ibid.), *treuve-Vésuve* (II, Col[ies]), *bossus-paresseux* (I, 3), *menteur-futur* (I, 1), *touffu-feu* (II, Magn.), *demeure-emmure* (I, 2), *esmeute-cheute* (I, 2), *feux-touffus* (I, 15), *s'asseure-meure* (verbe) (I, 6), *ceux-conceus* (II, Déc.), *seur-douceur* (Jud. 1), *cuve-fleuve* (Ibid.), *murs-ruineurs* (Jud. 2), *bleues-nues* (Ibid.), etc. Ce sont là des rimes gasconnes. « Bèze reproche aux Gascons et à leurs poètes de prononcer *eu* les mots *seur*, *meur*, les mots en *eure* comme *blesseure*, et les participes en *eu* comme *eu*, *peu*, etc., de faire rimer *heur* et *dur*, *engraveure* et *figure*, etc. » De la Touche dit qu' « ils prononcent ordinairement *eu* pour *u* et *u* pour *eu ;* ainsi ils prononcent *peur* comme *pur* et *pur* comme *peur*. » De même Dumas : « Les Gascons confondent très souvent le son pur de la voyelle *u* avec celui de la voyelle *eu*. Ces messieurs disent fort souvent *le temps feuteur*, *deu fu*, *du nus*, pour *le temps futur*, *du feu*, *deus nœuds*, etc. (2). » — D'ailleurs, les rimes de ce genre se rencontrent très fréquemment chez tous les poètes du XVIe siècle, quoique moins nombreuses que chez du Bartas : dans Ronsard *peu* et *repeu* (repu), *peu* (pu) et *feu*, etc. ; dans Belleau *meur* (mûr) et *peur*, etc. ; dans Régnier *jeu* et *eu*, etc. La Fontaine lui-même accouple *émeute* avec *dispute*, et Voltaire *Eure* avec *nature*.

Soleil et *œil* riment l'un avec l'autre (I, 1). Ces deux mots avaient le même son, et la rime est admise comme très légitime par le dic-

(1) Thurot. *De la prononc. française*, tome I, p. 330.

(2) *Ibid.*, p. 445.

tionnaire de Lefèvre. Tabourot met ensemble les mots en *eil* comme *sommeil* et ceux en *ueil* et en *euil*. Suivant du Gardin « *eil*, *eul*, *ueil*, contreryment : *soleil*, *ayeul*, *orgueil* (1). »

Quant à la bivocale *oi*, la prononciation du XVIe siècle autorise les rimes analogues aux suivantes : *devoit-voit* (I, 1), *s'entendroit-endroit* (I, 3), *froid-croistroit* (I, 5), *haye-ploye* (II, Loy), etc. La rime de *croissent* avec *paissent* est, à la vérité, blâmée par Lefèvre, mais il reconnaît qu'on l'emploie communément. Ronsard apparie les mots *voix* et *pouvois*, *voit* et *pleuvoit*, *carquois* et *sentois*, etc. — C'est de la même façon qu'il faut expliquer les rimes *ailes* et *estoilles*, *estoilles* et *arondelles* (I, 5), etc. : Ronsard fait rimer *miroir* (mirouer) avec *jouer* (Hymnes, II, 5). Cette prononciation s'est conservée très longtemps; encore en 1790, de Wailly enseigne qu' « *oi* se prononce comme *oé* de *moelle*. »

Empoigne rime fort bien avec *besongne* (II, Pères) : les deux finales *ongne* et *oigne* ne formaient en effet dans notre ancienne langue qu'une seule désinence. Même de nos jours, certaines personnes prononcent *empoigne* comme s'il n'y avait pas d'*i*.

On le voit par tout ce qui précède, du Bartas ne mérite qu'assez rarement les critiques de ses détracteurs, celles-là même qu'il accepte comme fondées; et cependant, c'est surtout dans les rimes de notre poète que se trahit son origine; né en pleine Gascogne et y ayant passé sa vie, il a la prononciation du terroir : son tort est d'habiter les bords du Sarrampion et non ceux de la Seine.

Il ne faut point d'ailleurs l'accuser de négligence ou de dédain : la preuve de l'importance qu'il attachait à la rime, c'est que nous le voyons bien souvent changer l'orthographe de l'un des deux mots rimants pour satisfaire l'œil aussi bien que l'oreille. Ex : *nourrisse-glisse* (I, 2), ailleurs : *nourrice* (I, 3), *œil-chevreil* (I, 7), ailleurs : *chevreul* (I, 4), *rez-fez* (II, Col^ies), ailleurs : *rais* (I, 1), *parolles-molles* (I, 3), ailleurs : *paroles* (I, 6), *génice-sacrifice* (II, Jud.), ailleurs : *genisse* (II, Déc.), *halene-arene* (Jud. 1), ailleurs : *haleine* (Jud. 2), etc.

Au reste, comme nous l'avons vu, du Bartas suit en général

(1) Thurot, p. 464 et 465.

l'usage de son temps, même pour les rimes qui nous paraissent aujourd'hui le plus vicieuses. Il peut justement le rappeler en manière d'excuse, après l'aveu de ses « imperfections. » Ces rimes qu'on lui reproche, écrit-il (1), « les plus renommez entre les nostres en ont usé. » D'ailleurs, ainsi qu'il l'allègue encore lui-même, « en un si grand ouvrage quelque chose doit estre permise. » C'est ce dernier motif d'indulgence que fait aussi valoir un *Avis* au lecteur dans l'édition de 1611. « Les duretés de quelques rithmes, que du Bartas eust aisément adoucies s'il eust séjourné encore quelque temps au monde peuvent aussi peu nuire aux beautés de son Uranie qu'une petite verrue à un visage excellent. »

(1) *Préface* aux *Semaines*.

CHAPITRE VI

LES DISCIPLES ET LES ÉMULES DE DU BARTAS

Du Bartas a exercé une influence considérable : il a au XVIe et au XVIIe siècle de nombreux disciples et émules. — Du Monin et son *Bérésithias.* — Benci et Strada. — Quillian et sa *Dernière Semaine :* brève analyse ; rien dans ce poème qui puisse faire honneur à du Bartas. — Christophe de Gamon et sa *Semaine contre le sieur du Bartas ;* il imite son devancier même en le réfutant ; au reste, son mérite poétique est nul. — Rivière défend du Bartas dans son *Zodiaque,* qui ne vaut pas mieux que le poème de Gamon. — D'autres disciples du poète sont plus connus : il y en a même d'illustres. — Vauquelin et son *Isacide.* — Ronsard commence un poème sur la *Loi divine ;* nous n'en avons qu'un fragment de trente-quatre vers ; aussi la comparaison n'est-elle guère possible : mais il y a du moins là un hommage involontaire rendu à du Bartas. — D'Aubigné, dans sa *Création,* ne fait guère qu'une table des matières de la *Semaine.* — Pour lui fournir l'occasion d'un parallèle moins désavantageux, il faut le rapprocher de notre poète dans un autre genre, la satire, où il peut encore être considéré comme un héritier de du Bartas. — La satire est chez lui personnelle et agressive ; chez l'auteur des *Semaines,* elle est indirecte et générale : l'esprit de du Bartas est plus large, sa religion plus libérale, sa poésie plus sereine. — L'influence des *Semaines* se perpétue jusqu'au milieu du XVIIe siècle : Desmarets, Saint-Amant, Scudéry, Chapelain, ne peuvent guère être rattachés à du Bartas ; mais il a un disciple tout direct dans Jangaston d'Orthez qui publie en 1635 un poème sur la *Loy de l'Eternel.* — Analyse de l'ouvrage et brève appréciation : les qualités de du Bartas y sont moins visibles que ses défauts. — C'est en Angleterre qu'il faut chercher le chef-d'œuvre de l'école religieuse fondée par notre poète. — Le *Paradis perdu.* — Emprunts de Milton aux *Semaines.* — Ressemblances générales dans le génie et le caractère des deux poètes : mais la langue et le goût de du Bartas le mettent tellement au-dessous de Milton qu'on éprouve quelque scrupule à les comparer.

Si, pour tout ce qui concerne la langue et la versification, du Bartas est le disciple de Ronsard et de la Pléiade, lui-même, sans pouvoir être considéré comme un chef d'école (le terme serait peut-être trop ambitieux), il eut néanmoins ses imitateurs et ses héritiers, qui, dès la publication de la 1re *Semaine* jusque vers le milieu du XVIIe siècle, restèrent fidèles à sa mémoire et cultivèrent ce genre nouveau de la poésie religieuse qu'il se vante à juste titre d'avoir inauguré.

La *Création* fut imitée tout d'abord par Jean-Edouard du Monin (1) dans son poème intitulé *Bérésithias*, du mot hébreu *Bereschith* (2), qui ouvre le récit de la Genèse. Il est inutile d'insister sur

(1) Né vers 1557, mort en 1586.

(2) *Au commencement.*

ce versificateur emphatique et prétentieux que Vauquelin appelle un « forgeur de mots bizarres. »

Nous ne ferons que citer les jésuites italiens Benci et Strada, dont l'un compose un poème sur les missions (1), tandis que l'autre, dans ses *Prolusiones* (2), défend la cause du merveilleux chrétien et montre que la Bible est une source intarissable de sujets épiques.

Il a déjà été parlé d'un poète non moins obscur que du Monin, Michel Quillian, qui publie en 1597 la *Dernière Semaine* ou *Consommation du Monde*, présentée au roi par le cardinal du Perron, parrain littéraire de l'auteur. Le poème est naturellement divisé en sept chants ou jours. Le premier prouve par de nombreux arguments que le monde est destiné à avoir une fin ; les autres ont chacun pour titre un des « signes » qui doivent en précéder la « consommation » : ce sont la guerre, la famine, la peste, l'Antéchrist, le jugement dernier, le grand sabbat. Des vers latins qu'on peut lire en tête du poème félicitent Quillian d'avoir fait revivre du Bartas (3), et l'argument de la sixième journée remarque à son éloge qu'il a voulu « le suyvre et l'imiter » en « adjoustant un exorde au front de chaque journée. » Cependant, si la *Dernière Semaine* rappelle les poèmes dont elle se réclame, c'est seulement par le choix du sujet et par les défauts de goût et de langue que l'on y rencontre à chaque pas. Nous n'avons rien trouvé dans cette œuvre lourde et indigeste qui pût faire honneur à du Bartas.

En 1608, le chartreux Durant publie sa *Magdaliade* en cinq livres, et, comme l'auteur des *Semaines*, il oppose la poésie religieuse aux sujets mythologiques ou licencieux des poètes contemporains.

La *Semaine* de Gamon (1609), bien qu'elle soit intitulée *Création du Monde contre celle du sieur du Bartas*, doit cependant être rattachée à l'influence durable qu'avait exercée notre poète. D'ailleurs, la parenté est évidente : Gamon imite même en réfutant. Son objet est de montrer, comme il l'annonce en vers détestables,

Que maint erreur encor naist du chantre qui sonne
Son luc charme-tristesse ès bords de la Gimonne.

---

(1) *Quinque martyres in India.* Venise, 1591.

(2) Rome, 1610.

(3) Bartasii sacra Musa refert de morte triumphum.

Pourtant, dans sa préface, il proteste d'un grand respect pour son devancier. « Si le sieur du Bartas mesme, ajoute-t-il, estoit aussi plein de vie que de renommée, son équité loûrait mon entreprise et blasmeroit ceux qui ont juré au sens et aux paroles de sa Calliope. » Mais, malgré ces semblants d'égards, l'ouvrage de Gamon n'est guère qu'un long réquisitoire contre l'auteur des *Semaines*, sur le tombeau duquel, comme l'écrit d'Aubigné, « il vouloit picourer quelque gloire » (1). D'ailleurs, il n'atteignit point son but et ne tarda pas à tomber dans un oubli trop justifié. Son mérite poétique est à peu près nul : il exagère tous les défauts de son devancier et n'a aucune de ses qualités.

Attaqué par Christophe de Gamon, du Bartas fut défendu par Alexandre de Rivière, conseiller au Parlement de Rennes, qui écrivit dans cette intention un *Zodiaque poétique et philosophique de la vie humaine.* Nous nous arrêterons le moins possible à cette œuvre illisible. L'auteur indique son but dans une préface adressée à M. de Cossé ; ce qu'il désire, c'est de « combattre un certain poète nouveau, qui, ayant voulu reprendre l'un des excel'ens poètes françois de nostre temps, s'est rendu lui-même digne de plus grande repréhension. » En effet, le *Zodiaque* est consacré en grande partie à soutenir les théories scientifiques ou religieuses de du Bartas contre celles de son contradicteur : nous y trouvons, pour ne citer qu'un exemple, une violente réfutation « des opinions cérébrines de Gamon qui a remis sus quelques vieilles erreurs d'aucuns anciens, soutenant opiniâtrement en sa *Création du Monde* qu'il n'y a d'autre cieux ne firmament que l'air. » En somme, le *Zodiaque* ne vaut pas mieux que le poème précédent, et ne mérite pas davantage notre attention.

Si les imitateurs de notre poète, antagonistes ou apologistes, se réduisaient à ces écrivains obscurs et justement oubliés, de telles œuvres seraient plutôt faites pour compromettre sa gloire que pour la rehausser. Mais l'influence qu'exerça du Bartas s'étendit à d'autres contemporains dont les noms sont illustres, et se perpétua jusque vers le milieu du XVIIe siècle (2).

---

(1) Tome Ier de l'édit. Réaume et Caussade, p. 458.

(2) Notons en passant que Charron s'inspire fort souvent des *Semaines* dans ses *Discours chrétiens de la Création du monde,* publiés en 1601. Sa description du corps humain, par exemple, doit à du Bartas bien des traits empruntés littéra-

Nous n'insisterons pas sur Vauquelin de la Fresnaye, qui entreprit une *Isacide* dont il nous donne l'exorde dans son Art poétique : les quelques vers qu'il en cite sont tout ce qui nous reste de ce poème.

Quant à Ronsard, nous savons par G. Colletet (1) qu'il conçut son poème de la *Loi divine* après avoir été témoin du succès de la *Semaine*. Il ne fit d'ailleurs que le commencer : du moins nous n'en avons que les trente-quatre premiers vers (2). Ce court début ne peut guère donner une idée de ce que devait être l'œuvre. Tout ce qu'il contient, c'est une dédicace au roi de Navarre, à qui du Bartas avait souvent, lui aussi, adressé ses vers, et une description du mont Sinaï. Dans l'exorde, Ronsard se défend de chanter

Les amours insensees
De mondains tourmentés de frivoles pensees ;

ce sont là des idées que du Bartas a bien des fois exprimées, et déjà dans son *Uranie*. Quant à la description qui termine le fragment, elle s'arrête juste au moment où Moïse « monte sur la roche », et n'offre d'ailleurs aucun élément de comparaison avec le passage correspondant de la 2e *Semaine* (3). Ronsard eût-il « fait en noble poète ce que du Bartas fit en docte historien ? » G. Colletet l'affirme, mais il n'est guère permis de le préjuger ; ce qui nous a semblé, c'est que le début du poème est bien sec et maigre ; on n'y trouve nulle trace de cette élévation et de cet enthousiasme qui saisissent tout d'abord chez l'auteur des *Semaines*. Au reste, il serait témé-

---

lement. Les deux yeux « sont plantés au plus haut estage comme sentinelles », et « remparés de toutes parts » ; les oreilles sont comme « les escoutes du corps, portières de l'esprit, receveurs et juges des sons qui montent toujours » (p. 111, edit. de 1604). C'est la transcription même des vers de la *1re Semaine* (p. 149 et 151 de l'édit. de 1632). Le chapitre de *la Terre* (p. 60) nous offre des emprunts non moins visibles. « Davantage la Terre, écrit Charron (p. 61), est vrayement la bonne et pitoyable mère et nourrisse, hostesse de tous... Elle nous reçoit naissans, nous nourrit nés, nous soustient nourris... ; enfin, délaissés de tout autre élément, privés de la vie et bannis de nature, nous reçoit en son giron, etc. » Du Bartas avait dit : Je te salue, ô sœur, mère, nourrice, hostesse, Du roy des animaux (3e jour, p. 83, éd. de 1632). Et quelques pages auparavant : La terre est celle-là qui reçoit l'homme né, Qui receu le nourrit, qui l'homme abandonné Des autres éléments et banni de Nature, Dans son propre giron humaine ensépulture (p. 71). On pourrait multiplier les rapprochements entre la *Semaine* et les *Discours* de Charron, qui traitent le même sujet : nous nous sommes contenté d'indiquer les plus frappants.

(1) *Vie de du Bartas.*

(2) Edit. Blanchemain, VII, p. 280.

(3) Chant de la *Loy*.

raire d'insister ; la brièveté du morceau ne saurait permettre aucun parallèle. Remarquons-le toutefois, Ronsard, qui avait écrit sa *Franciade* en décasyllabes, suit ici l'exemple donné par du Bartas, et emploie le véritable mètre héroïque, l'alexandrin. Sans doute, un fragment de quelques vers ne peut avoir grande importance ; cependant nous devions le signaler pour rappeler au moins que le chef même de la *Pléiade* fut tenté de composer lui aussi une épopée religieuse et de lutter avec du Bartas sur son propre domaine.

Un autre grand poète du XVIe siècle, d'Aubigné, huguenot comme l'auteur des *Semaines*, s'est exercé non seulement dans le même genre, mais sur le même sujet. Il a laissé un poème intitulé *la Création*, qui a paru pour la première fois dans l'édition de MM. Réaume et de Caussade (1). La *Création* renferme quinze chants de courte étendue. Le plan, tout indiqué d'ailleurs, est à peu près celui qu'a suivi du Bartas. Mais, si l'on met à part toute ressemblance extérieure, le poème de d'Aubigné n'a rien de commun avec la *Semaine;* ce n'est guère qu'une énumération froide et nue des œuvres de Dieu. Dans les chants VIe et VIIe par exemple, il s'est contenté de dresser un catalogue fastidieux des arbres, des plantes et des herbes ; dans le VIIIe, des poissons; dans le IXe, des oiseaux ; dans le Xe, des bêtes à quatre pieds et des reptiles. Les XIe, XIIe et XIIIe sont remplis par des dissertations toutes techniques qui traitent des veines, des intestins, du cerveau, des os, membres et muscles. Aucun mouvement, aucun épisode poétique. Peut-être rencontre-t-on des accents un peu plus vifs dans le début du XIe chant sur la création de l'homme, dans la partie du XIVe où le poète s'élève contre les matérialistes ; mais nulle part le lecteur ne trouve ce sentiment religieux si profond, cette émotion si communicative, ce ton d'enthousiasme expansif, qui donnent tant de prix aux poèmes de du Bartas. Les passages sont nombreux où l'auteur des *Tragiques* s'inspire de son devancier: tantôt il blâme à son exemple ceux qui

S'enquièrent où estoit la divine prudence
Ains que la terre et cieux fussent en évidence (2);

---

(1) Tome III.
(2) Fin du ch. Ier.

tantôt il défend l'or et l'argent (1) contre les déclamations des poètes, et distingue, ainsi que lui, entre le mauvais et le bon usage qu'on en peut faire. D'ailleurs, comme le sujet est le même, la lecture de d'Aubigné rappelle, à chaque instant, les endroits correspondants de la *Semaine*. Mais, malgré tout, il n'y a point de comparaison possible. Les vers de la *Création* sur la lumière (2), pour prendre un exemple qui ne soit pas trop défavorable à son auteur, ne manquent ni de netteté ni de force, et c'est un des morceaux les plus heureux du poème. Pourtant, si on les rapproche de ceux que du Bartas a composés sur ce thème, comme on est frappé sur le champ de leur sècheresse ! Celui-ci porte dans ce passage de son épopée la vivacité d'accent qui la caractérise tout entière : d'Aubigné, lui, n'est ici, comme dans le reste de la *Création*, qu' « un froid historien » bien plutôt qu'un poète. D'un bout à l'autre de son œuvre, il semble avoir mis en vers une table des matières de la *Semaine*.

Certes, du Bartas abonde en énumérations longues et rebutantes ; il ne nous a épargné ni les expositions techniques, ni les dissertations pédantesques ; mais les morceaux les plus fastidieux, nous l'avons déjà remarqué, sont eux-mêmes relevés çà et là par l'accent du poète. Quant à d'Aubigné, il le dit dès le commencement du poème, son but est de montrer

Qu'il est un souverain, un Dieu, lequel préside
Sur tout, et qui d'un frain droyturier le tout guide.

C'est la proposition d'un dialecticien, d'un théologien qui s'apprête à prouver l'existence de Dieu : celle du poète, nous la trouvons chez du Bartas :

O grand Dieu, donne-moy que j'estale en ces vers
Les plus rares beautez de ce grand univers,
Donne moy qu'en son front ta puissance je lise,
Et qu'enseignant autruy moy mesme je m'instruise (3).

Œuvre froide et dépourvue de toute inspiration poétique, la *Création* de d'Aubigné n'est pas moins inférieure à la *Semaine* par

(1) Ch. IV.
(2) Ch. II.
(3) 1re *Semaine*, ch. I.

le style même et la versification. Il y a au moins autant d'archaïsmes, de provincialismes, de licences, de figures bizarres. S'il fait rimer *ayde* et *préside* (1), *non-pareil* avec *poil* (2), etc., il parsème son poème de métaphores étranges qui n'ont rien à envier aux plus singulières audaces des *Semaines*. Dans le chant Ier, par exemple, il compare celui qui « tasche entrer au dedans des profonds secrez de l'Éternel » avec le poelier « qui bat la poylerie,

> Qui, martelant sans cesse, au grand bruit perd l'ouïe. »

Dans le chant II, nous trouvons que la grêle, les frimas, les pluies et la neige « saillent de la nue

> Tout ainsi que tu voys comme d'un mesme laict
> Les caillés, le fourmage et le beurre se faict. »

Nulle part, sans doute, on ne rencontre mieux ou pis chez du Bartas; et d'ailleurs, il n'y a rien dans toute la *Création* pour racheter ces écarts de goût. En somme, la comparaison des deux poèmes ne peut guère avoir d'autre effet que de faire ressortir, par contraste, le développement grandiose de la *Semaine*, la magnificence de style que le poète y déploie, le mouvement puissant dont elle est d'un bout à l'autre animée.

Mais on ferait injure à l'auteur des *Tragiques* en ne lui fournissant pas l'occasion d'un parallèle moins désavantageux pour lui. Aussi bien, après avoir comparé du Bartas et d'Aubigné sur le terrain même du premier, il faut les rapprocher dans un genre qui semble appartenir plutôt au second, la satire. L'auteur des *Semaines* n'a jamais fait de satires régulières; mais, comme il a déjà été dit, nous trouvons dans ses œuvres un grand nombre de passages où son indignation contre les mœurs du siècle se traduit en vigoureuses tirades, assez dignes, semble-t-il, d'être comparées à ce que d'Aubigné a écrit de plus véhément.

Tous deux huguenots, du Bartas et d'Aubigné sont aussi tous les deux des poètes de province, malgré le bref séjour que le dernier fit dans sa jeunesse à la cour des Valois; de là, une certaine parenté qui s'accuse dans la rudesse de leurs vers et dans la teinture

---

(1) Chant II.
(2) *Ibid.*

archaïque dont leurs œuvres tout entières paraissent empreintes ; de là encore cette originalité vigoureuse et saillante qui marque fortement les traits de leur physionomie poétique. Mais, malgré les ressemblances qui frappent tout d'abord, leur caractère n'en offre pas moins des contrastes bien sensibles ; nous en avons déjà retracé quelques-uns : du Bartas, calviniste tolérant et modéré, qui gémit d'être obligé par le malheur des temps à vivre au milieu des armes, et qui rêve jusque dans les camps l'obscure félicité d'une existence débonnaire et patriarcale, s'élève avec sérénité au-dessus des luttes contemporaines, des querelles religieuses, des rancunes de parti, et, non moins fervent dans sa foi, il est exempt de toute ardeur intempérante, de toute intolérance, de tout fanatisme ; d'Aubigné, bien fait pour ce XVIe siècle si troublé, si agité, si violent, où les passions se déchaînent avec tant de fougue, d'Aubigné, bataillant sans cesse avec l'épée et la plume depuis que, tout jeune encore, il a juré à son père de venger les siens, prodigue dans ses vers « eschauffez » (1), les outrages et les invectives, lance l'anathème sur ses adversaires, et semble attiser sa verve et sa haine à la flamme des bûchers qui dévoraient les martyrs.

Ce court parallèle suffirait pour donner à l'avance une idée de la forme et du caractère que chacun des deux poëtes doit prêter à la satire. Notons-le tout d'abord, les œuvres de d'Aubigné ne sont tout entières qu'une longue diatribe. Essaie-t-il même d'être impartial, comme dans ses *Histoires*, la passion l'emporte bien souvent encore et l'égare malgré lui. Du Bartas, au contraire, ne prend le ton de la satire que par occasion ; l'inspiration qui domine tous ses poèmes a sa source dans l'enthousiasme et non point dans la colère ; cependant, comme il lui est impossible de détourner ses regards des hontes et des crimes contemporains, sa pitié, son indignation ou son dégoût se trahissent en maint endroit de son œuvre. Mais, tandis que chez d'Aubigné la censure est directe et personnelle, chez du Bartas elle est plutôt générale. Ce sont, dans le premier, des explosions presque continues qui déchargent, pour ainsi dire, l'âme du poète ; chez le second, jusque sous la passion du satirique, on sent la tristesse du chrétien et non pas cette farouche joie qu'éprouve le sectaire à flageller les vices de ses ennemis. Il y a, chez du Bartas, je ne sais quoi

(1) *Tragiques. — Princes.*

de plus libéral et de plus humain ; la satire, sans rien perdre de son énergie, est moins agressive parce qu'elle est moins directement applicable. Les exemples ne manquent pas pour accuser ce contraste entre les deux poètes. Citons, dans le 5e jour de la 1re *Semaine*, la « détestation de l'avarice » (1), lieu commun de morale plutôt que véritable satire ; rappelons un passage de la *Judith* où (2) l'auteur s'élève « contre les courtiers de vilenies pratiquées ès cours des grands » ; un autre de l'*Uranie* où il poursuit de son indignation les poètes lascifs et athées de son siècle ; l'éloquente apostrophe contre les vices contemporains que renferme le chant des *Furies*, dans la seconde *Semaine* ; le portrait du tyran que nous trouvons dans celui de *Babylone ;* l'invective de la *Décadence* contre « les fards et les parures indécentes des femmes ; » enfin, ce morceau du 3e jour de la première *Semaine* (et il mérite d'être cité en entier), où du Bartas, après avoir montré combien le ciel et la terre sont peu de chose, rapporte à cette vue chrétienne du monde les grandes leçons morales qui en dérivent (3). Dans tous ces passages, la satire a le même caractère : pleine de vigueur et de véhémence, elle reste générale et laisse au lecteur le soin de faire, s'il y a lieu, des applications ; souvent même, le poète termine ses apostrophes par une invocation à Dieu en faveur de ceux qu'il vient de poursuivre. S'il

---

(1) Termes de l'argument. Édit. de 1611.

(2) Chant V.

(3) . . . . Humains, voyla le lieu
Pour qui vous mesprisez le sainct Palais de Dieu :
Voila de quels confins vostre plus grande gloire
Limite de ses faits la superbe memoire.
Rois, qui (vassaux d'orgueil) pour estendre vos bords
De la largeur d'un poil, couvrez les champs de morts ;
Magistrats corrompus, qui sur vos sainctes chaires
Mettez sordidement la Justice aux encheres,
Qui trafiquant le droit profanez vos estats
Pour laisser une blette à vos enfans ingrats :
Vous qui faites produire usures aux usures :
Vous qui falsifiez les poids et les mesures,
Afin que deux cents bœufs à l'avenir pour vous
Le soc brise-gueret tirassent de leurs couls :
Vous qui vendez vos murs, et vous qui, pour acquerre
Dessus vostre voisin quelque pouce de terre,
D'une main sacrilege à l'emblee arrachez
Les confins moitoyens par vos ayeuls fichez ;
Hélas ! que gaignez-vous ? Quand par ruse ou par guerre
Un Prince auroit conquis tout le rond de la terre,
Une pointe d'aiguille, un atome, un festu,
Seroit tout le loyer de sa rare vertu.

n'a pas au même point que d'Aubigné le génie des invectives, son esprit du moins est plus large, sa religion plus ouverte, sa poésie plus sereine. D'Aubigné est un vrai satirique : du Bartas, même dans ses plus virulentes satires, est plutôt un moraliste.

Au 4e jour de la première *Semaine*, le poète s'écrie, en parlant de ses vers :

> Ils seront bienheureux moyennant que la France
> Produise à l'avenir quelque docte semence
> Qui, suivant pas à pas mon louable projet,
> Plus dextrement que moy manie ce sujet.

Ce vœu n'avait encore été réalisé ni par le poème de la *Loy divine*, dont Ronsard ne composa que les premiers vers, ni par celui de la *Création*, l'œuvre la plus faible peut-être de d'Aubigné. L'influence que du Bartas exerça sur la poésie se continua longtemps encore ; et, dans toute la première moitié du XVIIe siècle, un grand nombre de poètes peuvent se rattacher à lui. Outre ceux que nous avons déjà cités, ce sont Chassignet et ses *Douze prophètes*, Desmarets de Saint-Sorlin et son *Clovis*, Saint-Amand et son *Moïse*, Scudéry et son *Alaric*, Chapelain et sa *Pucelle*, beaucoup d'autres encore. Nous n'insisterons pas sur eux : leur parenté avec l'auteur des *Semaines* ne nous semble pas assez étroite. Mais il n'en est pas de même pour un de leurs contemporains, Jangaston d'Orthez, dont le nom a été mis tout récemment en lumière (1). Jangaston, protestant comme du Bartas, est un disciple et un héritier de notre poète.

Ses œuvres (2), publiées en 1635, contiennent, outre des *Elégies* et des *Paraphrases*, un grand poème en dix chants sur la *Loy de l'Eternel*.

Le plan de l'ouvrage est celui que l'ordre du Décalogue imposait à l'auteur. Après une invocation à Dieu, Jangaston nous montre les Israélites se pressant autour du Sinaï ; puis il énonce l'un après l'autre les dix commandements en faisant suivre chacun d'eux de longs commentaires. Il indique ensuite comment il faut observer la Loi et quelles sont les conséquences de nos transgressions. Il peint toutes les souillures de l'humanité et représente la Justice deman-

---

(1) *Bulletin de la Société de l'histoire du Protestantisme*. Tome XVI, p. 174.

(2) Le titre exact est : *Œuvres poétiques et chrétiennes du sieur de Jangaston*.

dant au tribunal de Dieu la punition que méritent les péchés des hommes; mais la Grâce implore la misécorde divine, et Christ obtient le pardon des pécheurs repentants.

Ce poème, qui, par le sujet, procède immédiatement des *Semaines*, s'y rattache aussi par la forme extérieure. Malgré les soixante ans qui se sont écoulés, malgré l'autorité de Malherbe, on retrouve dans Jangaston tous les mots surannés que nous avons relevés chez du Bartas ; il n'y a d'exception à faire que pour les épithètes composées. La versification ne porte non plus aucune trace des réformes universellement acceptées qui y avaient été depuis longtemps introduites : les *e* muets qui ne s'élident pas, comptent, à la fin des mots, pour une syllabe, les rimes défectueuses abondent (1), les hiatus sont fréquents. En un mot, le poète semble avoir étudié la langue et la prosodie chez du Bartas.

La composition et le caractère moral du poème ne rappellent pas moins les *Semaines ;* mais, à part quelqus beaux vers et même quelques tirades éloquentes, ce sont leurs défauts et non leurs qualités que nous retrouvons dans la *Loy*. La prolixité de Jangaston est incroyable ; c'est ainsi que, développant le cinquième commandement, il s'étend à perte de vue sur les exemples que lui fournissent pêle-mêle Isaac, la fille de Jephté, Cham, Joseph, Coriolan, Cléobis et Biton, Simon l'Athénien, Absalon, etc.; bien plus, chacun de ces épisodes est encore mêlé de longs discours, comme celui de David à son armée. Le ton général de l'œuvre est solennel et emphatique ; cependant, malgré un sincère enthousiasme et les plus nobles intentions, le poète ne peut se sauver du prosaïsme et de la platitude. D'ailleurs, aucune invention dans ces paraphrases. La *Loy de l'Eternel* n'est guère en somme qu'un long sermon fastidieux et pédantesque.

Parmi les épopées que nous avons passées en revue, aucune ne mérite d'être comparée aux *Semaines ;* elles ont même beaucoup moins servi à la gloire de notre poète, en montrant l'influence exercée par lui pendant près d'un siècle, qu'elles n'y ont nui, en le rendant pour ainsi dire responsable et complice de tous ces poèmes ampoulés et bizarres. Il faut chercher hors de France, en Angleterre, le

(1) Par exemple *hideuse* avec *confuse*, *heure* avec *picqueure*, *pareille* avec *nonpareille*, etc.

chef-d'œuvre de cette école religieuse et morale que du Bartas avait fondée, et dont il reste chez nous le représentant le plus éminent. Le Tasse, qu'il célèbre dans sa seconde *Semaine* (1), avait déjà composé, à l'imitation de la première, une épopée intitulée *Les sept journées* (2). Le titre seul indique la parenté de ce poème avec la *Création*. Mais, sauf les ressemblances inévitables auxquelles devait conduire la conformité du sujet, on ne voit que peu de rapport entre les deux ouvrages. Il en est tout autrement pour le *Paradis perdu :* Milton a fait de nombreux emprunts à du Bartas (3), et son œuvre peut être d'ailleurs considérée comme la réalisation la plus parfaite de l'idéal poétique qu'avait conçu près de cent ans auparavant l'auteur des *Semaines*.

Milton a sans doute connu du Bartas par la traduction de Silveister. C'est d'elle que parle Hallam, quand il dit que le poète anglais ne dédaigna pas de « ramasser des perles au milieu de ce fatras de mauvais goût et de mauvais style. » Silveister, en effet, semblait avoir pris à tâche de ridiculiser son modèle par des exagérations grotesques. Il faut croire cependant que l'auteur du *Paradis perdu* sut apprécier, même à travers une traduction aussi défectueuse, tout ce qu'il y avait dans les *Semaines* de réelle grandeur et d'imposante beauté : son génie, d'ailleurs, n'était pas sans avoir quelque affinité avec celui de notre poète, et son inspiration est puisée à la même source.

Signalons d'abord ces emprunts glorieux pour du Bartas ; nous montrerons ensuite, que, si l'on ne peut faire de lui le maître de Milton, ce dernier appartient cependant à la même école et par ses qualités et par ses défauts.

Dans le *Paradis perdu*, Satan, franchissant la haute muraille du jardin, est représenté « comme un voleur âpre à débarrasser de son trésor un riche citadin, et qui, rencontrant des portes épaisses, barrées et verrouillées, grimpe aux fenêtres ou sur les toits. »

---

(1) *Babylone.*

Le Tasse, digne ouvrier d'un héroïque vers,
Figuré, court, aigu, limé, riche en langage,
Et premier en honneur bien que dernier en aage.

(2) Le Sette Giornate del Mondo creato.

(3) Taylor, Moore et Byron se sont aussi parfois inspirés de notre poète. Quant aux emprunts de Milton, ils ont été relevés dans l'ouvrage suivant, que nous n'avons pu nous procurer : *Considerations on Milton's early reading and the prima stamina of his Paradise lost,* by Ch. Dunster.

Cette comparaison se trouve déjà dans la 2e *Semaine*. Satan y est de même

. . . . . . Un voleur qui se met en devoir
De ravir aux passans et la vie et l'avoir (1).

Parmi les passions qui animent le Diable, du Bartas n'a garde d'oublier

L'envieux crèvecœur de voir encore empreinte
Dans la face d'Adam de Dieu la face sainte
En luy desjà perdue, et qu'il pouvoit monter
A l'heur d'où le péché l'avoit fait culbuter (2).

C'est là aussi un « crèvecœur » pour le Satan de Milton, quelque pitié qu'il paraisse d'abord éprouver devant l'innocence du premier couple. « O enfer, dit-il, qu'est-ce que mes yeux voient avec douleur ? A notre place et si haut dans le bonheur (3), sont élevées des créatures d'une autre susbtance... dans lesquelles éclate vivement la ressemblance divine ».

Le poète français nous montre ensuite l' « ennemi du genre humain » qui se cache tour à tour dans le corps de différents animaux. De même chez Milton : « De sa haute station sur le grand arbre, il s'abat parmi le troupeau folâtre des quadrupèdes, lui-même devenu tantôt l'un d'entre eux, tantôt l'autre, selon que leur forme sied mieux à son dessein. » Ces déguisements, d'après le poète anglais, doivent permettre au Diable d'observer à loisir sa future proie, « et de choisir le terrain comme un ennemi. » C'est encore là une comparaison empruntée à la 2e *Semaine* :

Le Dragon, pour forcer l'humaine forteresse,
Imite d'un grand chef la guerrière finesse,
Qui, plus tost qu'attaquer le fort jà menassé,
Remarque son assiette et sonde son fossé,
De l'aune de son œil mesure la muraille, etc. (4).

---

(1) *Imposture.*
(2) *Ibid.*
(3) Ce sont les expressions mêmes de du Bartas.
(4) *Imposture.*

Plus loin, du Bartas nous montre Satan, qui, après avoir longtemps épié, donne l'assaut

> A l'endroit qu'il remarque un évident défaut,
> S'attaquant à la femme, indiscrète, légère, etc. (1).

Et le Satan de Milton : « Voici, dit-il, la femme seule, exposée à toutes les attaques ; son mari n'est pas auprès d'elle ; j'évite sa plus haute intelligence et sa force, etc. » — Alors il poursuit sa route, continue le poète anglais, « non pas en traînant sur la terre ses ondes dentelees, comme il l'a fait depuis, mais en se dressant sur sa croupe. » Ce détail est déjà chez du Bartas :

> Car encor, comme on dit, l'infidèle serpent
> Horriblement n'alloit sur le ventre rampant.

Tout l'entretien de Satan et d'Eve dans le *Paradis perdu* ressemble au passage correspondant de la seconde *Semaine*. C'est par des flatteries que le Diable débute chez les deux poètes ; les arguments qu'il fait valoir sont les mêmes. Dans Milton, il insinue que la défense de Dieu est inspirée par un sentiment d'envie, et par la crainte de voir l'homme acquérir la sagesse ; mêmes artifices chez du Bartas :

> Un despit, une envie, une jalouse peur,
> Sans relasche cruels luy becquettent le cœur,
> Voyant que de ce fruit la suspecte puissance
> Dissipera soudain, etc. (2).

Si Milton prête à Satan de plus longs discours et de plus subtils raisonnements, la marche même de la scène est tout analogue dans les deux poèmes. On peut regretter que le poète anglais n'ait pas encore imité ce beau passage où du Bartas nous montre Eve troublée et hésitante avant de cueillir le fruit défendu (3) ; il semble que l'au-

---

(1) *Imposture.*

(2) *Ibid.*

(3) Le larron apprentif qui void dessus la table
D'un riche cabinet une somme notable,
Passe, esgaré, tremblant, avance par trois fois,
Trois fois va reculant les crochets de ses doigts,
Et les rapproche encor, la riche bourse attrape,
Craintivement hardi la cache sous sa cape,

teur de la *Semaine* soit ici plus naturel que Milton : l'Eve du Paradis perdu se décide tout d'un coup, à la suite d'une dissertation bien technique et qui sent un peu trop le théologien.

Les deux poètes s'accordent encore pour nous montrer Adam cédant à sa femme, non par curiosité, mais par amour pour elle. « Il ne fut pas trompé, dit Milton, il fut follement vaincu par le charme d'une femme ». Et du Bartas :

Car rusee adjoustant aux exquises beautez
Nectarees douceurs et rares facultez
Du fruict trop désiré sa parole fardee,
Son regard plein d'attraits, sa face mignardee,
Elle gaigne ce poinct, que son aveugle espoux
Enfin prend un morceau du fruict aigrement doux (1).

Après la chute, du Bartas nous fait voir les animaux en lutte les uns contre les autres et tous contre l'homme :

Depuis, le loup en veut à la brebis tremblante...
Le lyon, le sanglier, l'ours et le léopard
Jaloux du droit divin contre leur chef conspirent
Et, vengeant l'Eternel, sans pitié nous deschirent (2).

De même chez Milton : « La bête alors fit la guerre à la bête, l'oiseau à l'oiseau, le poisson au poisson ; cessant de paître l'herbe, tous les animaux vivants se dévorèrent les uns les autres et n'eurent plus de l'homme une crainte mêlée de respect, mais ils le fuirent, ou le regardèrent, quand il passait, dans une contenance farouche ».

Au chant des *Furies,* du Bartas, en un long et fastidieux morceau, décrit toutes les maladies physiques et morales qui fondent sur l'homme depuis le péché. On reconnaît une imitation bien visible de ce passage dans le morceau fameux du *Paradis perdu* (3)

A peine trouve l'huis, d'un pied branlant s'enfuit,
Et regarde en fuyant si le maistre le suit.
Eve non autrement d'un inconstant visage
Monstre les durs combats que soutient son courage,
Veut, ne veut, va, revient, tremble or'd'aise, or'de peur,
Et marchande longtemps à prendre son malheur.
Mais quoy ? finalement mal sage elle le touche,
Et le porte soudain de la main à la bouche.

(1) *Imposture.*

(2) *Furies.*

(3) XIe chant.

où Michel fait paraître devant Adam tous les maux qui attendent l'humanité. Le poète anglais ne s'égare pas comme du Bartas dans les descriptions techniques et dans l'érudition pédantesque : son tableau concis et pathétique n'en est pas moins un souvenir de la seconde *Semaine*.

La *Création* elle-même n'est pas sans lui fournir quelques traits. Quand il dit que l'Esprit saint « féconde l'abîme », il nous rappelle ces vers du poète français :

. . . . . L'Esprit de l'Eternel
Semble couver ce gouffre (1).

Il n'est pas jusqu'à l'artillerie de Satan que nous ne trouvions déjà chez du Bartas quand il peint la rébellion du diable contre Dieu, et nous montre

.... La Majesté divine
Logee en lieu si sûr que la sape, la mine,
L'eschelle, le canon et tous les autres arts
Sont faibles pour forcer les invaincus remparts (2).

Il y a d'ailleurs, dans le *Paradis perdu* (3), un admirable passage où Raphaël raconte à Adam de quelle façon le monde a été créé. On a là comme un abrégé de la première *Semaine*, où Milton, qui s'inspire surtout de la Bible, se rappelle aussi du Bartas.

Sans poursuivre plus loin ces rapprochements, dont nous avons indiqué les principaux, nous chercherons, laissant de côté les détails des deux poèmes, ces ressemblances générales, dans le génie et le caractère de leurs auteurs, qui ont déterminé chez eux la même vocation poétique.

Et d'abord, tous deux sont protestants ; tous deux, passant leur vie au milieu des luttes religieuses, ont défendu leur foi avec le même zèle et la même conviction, Milton en partisan de Cromwell, du Bartas en soldat de Henri IV. De là, dans leurs œuvres, un mélange de religieux et d'héroïque qui a fait le fond de leur vie comme il fait celui de leurs poèmes. La Réforme, nous l'avons dit, s'était

---

(1) Trait de ressemblance relevé par Châteaubriand. *Étude sur Milton.*

(2) *1re Semaine*, chant Ier.

(3) Chant VII.

opérée surtout au nom de la morale : aussi bien que du Bartas, Milton est essentiellement un moraliste. Les poèmes de l'un et de l'autre ont toujours pour effet d'élever l'âme ; jusque dans leurs paysages, ils laissent en nous une impression saine et fortifiante, et l'on pourrait appliquer à du Bartas ce qui a été dit de Milton : « la force des objets qu'il décrit passe en nous ; devant eux on se sent plus de vigueur, de santé morale (1) ». — Tous deux ont de la poésie l'idée la plus haute : nous avons vu ce qu'elle est pour du Bartas ; Milton la regarde comme « un don de Dieu, un pouvoir placé à côté de la chaire pour planter et nourrir dans un grand peuple les semences de la vertu et de l'honnêteté publique, pour célébrer en hautes et glorieuses hymmes le trône et le cortège de la toute-puissance de Dieu. » Ce sont là exactement et presque dans les mêmes termes les idées qu'exprime la Muse céleste dans *Uranie.* — Les deux poètes ont une immense érudition : comme du Bartas, Milton sait le latin le grec, l'hébreu, la musique, les mathématiques, etc. ; mais l'un et l'autre subordonnent aussi la science à la religion : le savoir profane n'est qu'un moyen ; la vérité religieuse et la vie chrétienne, voilà le but. — Ils semblent tous deux ne se trouver à l'aise que dans le sublime ; ils ont besoin du grand vers retentissant et majestueux, des périodes amples et soutenues, des épithètes sonores, de toute la pompe et la magnificence dont la langue poétique peut rehausser leurs idées et leurs sentiments. — Si, chez l'un et l'autre, cette dignité va fréquemment jusqu'à l'emphase, elle ne les empêche pourtant pas de tomber aussi dans le trivial et dans le « bourgeois. » Milton nous montre Eve fabriquant du vin doux, du poiré et des crêmes pour son mari, comme du Bartas nous met sous les yeux ce « linge flamand » dont la table s'orne en attendant l'hôte qui va s'y asseoir (2), ou nous représente le premier homme et la première femme se cousant des « caleçons » après leur faute (3). — Tous deux, poètes chrétiens et huguenots, mêlent le merveilleux du paganisme à celui de la Bible ; tous deux ont allié ce que l'inspiration poétique de la Renaissance a eu de plus brillant et de plus riche à ce que l'esprit moral de la Réforme a eu de plus grave et de plus

(1) Taine. *Littér. anglaise.*

(2) *1re Sem.*, ch. VI.

(3) *2e Sem. — Imposture.*

austère ; tous deux imitent les anciens, et, nourris de leurs œuvres, ils écrivent des poèmes pour ainsi dire composites, et empruntent aux poètes païens la richesse et la couleur de leurs vers chrétiens.

Voilà sans doute bien des points communs. Mais, quelque frappante que soit la ressemblance intime de leur génie, on ne peut assurément comparer que de bien loin du Bartas à Milton. Et cependant, l'auteur du *Paradis perdu* n'est supérieur à celui des *Semaines* ni par l'érudition sacrée ou profane, ni par l'élévation des sentiments, ni par l'enthousiasme poétique; mais, venu dans une époque de crise, où la langue et le goût n'étaient pas encore formés, du Bartas reste, malgré ses grandes facultés naturelles, si inférieur à Milton qu'on ose à peine hasarder un rapprochement. Quoi qu'il en soit, c'est déjà pour lui un titre d'honneur que d'avoir été parfois imité par le poète anglais ; et, si des disciples comme Rivière ou du Monin forment à l'auteur des *Semaines* « une bien lourde et triste postérité (1), » Milton suffit à lui seul pour l'en racheter avec gloire.

(1) Sainte-Beuve. *Tableau*, etc. Article sur du Bartas.

CHAPITRE VII

LA RENOMMÉE DE DU BARTAS

Gloire de du Bartas au XVIe siècle. — Éditions et commentaires de ses œuvres ; traductions dans toutes les langues. — Admiration générale des contemporains. — Ronsard accueille la 1re *Semaine* avec enthousiasme ; mais il revient bientôt sur cette impression spontanée. — Sa rivalité avec du Bartas. — La seconde *Semaine* excite moins d'applaudissements que la première. — Après la mort du poète, sa renommée baisse sensiblement : témoignages des critiques contemporains ; du Bartas est encore admiré, mais dans les éloges mêmes qu'on lui donne, percent des restrictions bien significatives. — Sa gloire sombre peu à peu dans un oubli complet. — Quand Boileau entre en scène, l'auteur des *Semaines* n'est plus lu, il est à peine connu, et l'*Art poétique* ne le nomme même pas. — A quoi faut-il attribuer un oubli si rapide et si profond ? — Pourquoi le nom de Ronsard survit-il à celui de son ancien rival ? — Après deux siècles d'un mortel silence, du Bartas a retrouvé de nos jours quelque honneur : jugements des critiques contemporains. — L'influence étrangère avait contribué à ramener le goût français au delà de notre époque classique. — Du Bartas est plus apprécié en Angleterre et en Allemagne qu'en France : pourquoi ? — Jugements de Gœthe et de la critique anglaise. — L'admiration des étrangers pour du Bartas ne va pas sans de vives attaques contre le goût classique : cependant, il n'y a rien chez le poète qui le mette en dehors de nos traditions nationales. — Ses défauts et ses excès, compensés pourtant par de grandes facultés poétiques, ont jusqu'ici trop nui à sa renommée. — Conclusion.

On a vu que l'influence exercée par du Bartas se perpétue jusqu'à l'avènement de Boileau ; mais, nous devons le dire, il y avait à cette époque de longues années que quelques rares écrivains, restés fidèles à l'esprit général et à la poésie du XVIe siècle, étaient les seuls à lire ses œuvres. En dehors de ce groupe bien restreint, l'auteur des *Semaines* était à peine connu ; si les disciples de Malherbe rappelaient quelquefois son nom, c'était comme celui d'un poète bizarre et ridicule ; le goût vicieux de ses contemporains pouvait seul leur expliquer son ancienne gloire. Ils critiquaient encore Ronsard ; mais pour du Bartas un silence dédaigneux ou un mot de raillerie suffisait.

Il nous faut rechercher comment la renommée du poète, si éclatante de son temps, fut bientôt après ensevelie dans l'oubli le plus profond, en essayant d'expliquer les causes d'une gloire qu'il ne nous paraît plus mériter, d'un mépris qui nous semble injuste.

« P. de Ronsard, dit G. Colletet, jouissoit paisiblement et sans trouble de la haute et unique principauté de nostre Parnasse françois, lorsque du Bartas vint à paroitre au monde. Mais le mérite des ouvrages de cet excellent homme, la noble matière qu'il traittoit, et la sublimité de ses raisonnemens et de ses pensées commencèrent si bien à partager les esprits des doctes, que, tandis que les uns demeuroient toujours fermes dans leur premier respect envers Ronsard, les autres se révoltèrent contre luy et proclamèrent hautement du Bartas le prince des écrivains françois (1). »

Cette renommée immense et si rapide de notre poète, à laquelle Colletet rend témoignage, le nombre des éditions de ses œuvres qui parurent tant durant sa vie qu'après sa mort, suffirait pour l'établir. Si nous n'en donnons pas la liste, c'est qu'elle serait vraiment trop longue (2) : la première *Semaine*, par exemple, en eut une vingtaine dans les quatre années qui suivirent sa publication.

Les commentateurs rivalisèrent de zèle pour annoter les poèmes de du Bartas : en France, nous citerons Simon Goulart, de Senlis, Pantaléon Thévenin, de Commercy, et Claude Duret ; en Allemagne, Valerius Hartungus.

Quant aux traductions, elles abondent dans toutes les langues. En latin, Gabriel de Lerm, gentilhomme languedocien, fait imprimer à Paris, en 1584, et à Londres, en 1591, celle de la première *Semaine*, dédiée à la reine d'Angleterre Elisabeth, et insérée depuis, comme nous l'apprend Goujet, dans les *Deliciæ poetarum gallorum* de Gruter. Ashley traduit l'*Uranie* en 1589. En 1600, la première *Semaine* est paraphrasée par un ancien député belge, devenu professeur en Ecosse, Bysterveldt. Enfin, neuf années après, Samuel Benoist publie le premier et le deuxième jour de la seconde *Semaine* sous le titre suivant : *Domini Guillelmi Sallustii Bartassii Hebdomas secunda a Samuele Benedicto latinitate donata.* (Lugduni, Barth. Vincentius.)

En anglais, Th. Hudson traduit le poème de Judith (Edimbourg, 1584.), qu'imprime un réfugié français. Les différentes œuvres de du Bartas sont mises en vers par Joshua Silveister (Londres,

(1) *Vie de du Bartas.*

(2) On la trouve dans la *France protestante.* Mais l'édition de 1632 (Genève) est omise.

Humphray Lownes, 1621 et 1633; Robert le Jeune, 1644) (1); William l'Isle de Willburgham donne les quatre chants de la seconde journée (2e *Semaine*) (Londres, 1637).

En italien, c'est Ferrante Guisoni qui fait paraître la première *Semaine* (Tours, Giannetto Metaieri, 1592); en allemand, ce même poème est publié à Leipzig et à Cœthen ; en espagnol, le traducteur est Jacques de Carcerès suivant la Monnoye, François de Cazère selon Baillet; en danois, Arreboë; en suédois, Spegel.

Toutes ces traductions justifient pleinement ce que Gabriel de Lerm disait du poète dans sa dédicace à Elisabeth : « Les pilastres et frontispices des boutiques allemandes, polaques, espagnoles, se sont enorgueillis de son nom. » Les témoignages des contemporains sont d'ailleurs si nombreux pour attester la gloire extraordinaire dont jouit du Bartas, que nous n'entreprendrons pas de les citer. On ferait un énorme volume avec les éloges qui lui furent de toutes parts décernés. Nommons, parmi ses admirateurs, Théod. de Bèze, H. Estienne, Frédéric Morel, le traducteur de l'*Hexahéméron*, du Verdier, Aubert, l'auteur des *Marguerites poétiques*, qui cite bien souvent de longs extraits des *Semaines*, Tabourot, Pasquier, Bullart (2), Sainte-Marthe, d'Aubigné, etc. (3).

Les hommages de tous ces écrivains, poètes ou critiques du XVIe siècle sont l'écho de l'admiration générale. Si on peut l'expliquer en partie par l'inspiration religieuse qui recommanda sur le champ du Bartas à toute une classe de lecteurs, il faut évidemment reconnaître que les qualités du poète furent au moins pour autant dans son immense succès.

Cependant, au milieu de ce concert d'éloges qui accueille ses œuvres, des notes discordantes ne laissent pas de se faire bientôt

(1) *Du Bartas; his divine Weekes and Workes*... translated and written by the famous Philomusus Josuah Sylvester, gent.

(2) *Académie des Sciences*. — Dans le tome II se trouve le portrait de du Bartas (p. 353).

(3) Un grand nombre d'autres noms, la plupart obscurs, sont cités par G. Colletet : Salomon Cèrson, Guillaume du Peyrat, Jean de Serres, Pierre de l'Ostal, Robert du Jardin, Auguste Costé, Estienne Grisel, Jacques Lectius, le baron de Solignac, Guillaume du Sable dans sa *Muse chasseresse*, le capitaine La Sphrise dans ses *Diversités*, Du Chesne la Violette dans la préface de sa *Morocosmie*, Abel Dorgent dans la préface de sa *Sepmaine*, Clément de Sauve dans son *Eraton*, Philippe Bosquier dans ses tragédies, Antoine de la Puyade dans ses *Œuvres saintes*, Guérin dans sa préface de *Penthée*, Guillaume Bouet dans son *Recueil chrétien*.

entendre. Du Bartas nous parle lui-même de ces envieux « faisant, dit-il, comme les araignes et les chenilles qui des mesmes fleurs dont les abeilles élaborent leur miel, composent un mortel venin (1). » Nous ne reviendrons pas ici sur les restrictions et les réserves des contemporains, de ceux-là mêmes qui admiraient le plus volontiers notre poète. Si des juges comme de Thou, Pasquier et tant d'autres rendent témoignage à l'auteur des *Semaines*, c'est qu'ils lui trouvaient assez de qualités poétiques pour racheter ses défauts ; on peut donc regarder les justes critiques adressées à du Bartas par ses admirateurs eux-mêmes comme venant ajouter encore à sa gloire, car elles montrent qu'il ne la dut point à des esprits prévenus ou aveugles, mais à ceux qui savaient alors le mieux juger. L'enflure, les vices d'élocution, la lourdeur pédantesque du poète, qu'ils étaient les premiers à reprendre, ne les empêchait point de reconnaître toutes les parties élevées et brillantes de son talent.

Parmi eux le plus illustre est Ronsard, qui avait d'abord accueilli la *Semaine* avec enthousiasme, et qui, s'il revint plus tard de cette admiration, ne put cependant en effacer l'expression éclatante et toute spontanée. Une note, ajoutée par le fils de G. Colletet aux *Vies* de son père, nous apprend qu'il se trouvait un jour au jeu de paume de l'Aigle, quand quelqu'un y apporta la *Semaine*, alors dans toute sa nouveauté. « Oyant dire que c'étoit un livre nouveau, il fut curieux, bien qu'engagé dans un jeu d'importance, de le voir et de l'ouvrir, et aussitost qu'il eut lu les vingt ou trente premiers vers, ravi de ce début si noble et si pompeux, il laissa tomber sa raquette, et, oubliant sa partie, il s'écria : Oh ! que n'ay-je fait ce poëme ! Il est temps que Ronsard descende du Parnasse et cède sa place à du Bartas que le ciel a fait naistre un si grand poète. » Baillet (2) dit que l'auteur de la *Franciade* envoya à du Bartas une plume d'or, anecdote d'ailleurs contestée par la Monnoye. Enfin, Simon Goulart, dans une note de son commentaire (3), rapporte qu'après la publication de la première *Semaine*, il s'écria : « M. du Bartas a plus fait en une semaine que je n'ai fait en toute ma vie. ». Quelle que soit la valeur de ces divers témoignages, il semble indiscutable que le premier mouvement de Ronsard a été tout à l'honneur de notre poète.

(1) *Préface* aux deux *Semaines*.
(2) *Jugements sur les Savants*.
(3) *Babylone*. Vers la fin.

Mais nous trouvons dans ses œuvres mêmes la preuve que son enthousiasme de la première heure se refroidit assez vite : il nous suffirait de rappeler le hautain sonnet où il s'adresse à son ancien maître Dorat (1) pour protester qu'il ne s'est jamais reconnu inférieur à du Bartas. On connaît moins l'épigramme qu'il composa contre son rival : « Un jour, dit Binet, se trouvant avec Baïf et du Perron, ils firent chacun un quadrain sur la première *Semaine*. Voicy celuy de Ronsard :

Bartas voulant desbrouiller l'univers
Et luy donner une meilleure forme
Luy mesme a faict un grand chaos de vers
Qui plus que l'autre est confus et difforme (2). »

Dans l'*Art poétique* de Deimier (3), nous rencontrons un curieux passage où Ronsard se montre fort préoccupé de tenir à distance l'auteur des *Semaines*. « Comme il (Ronsard) estoit une fois au logis de Baïf, à se récréer en la compagnie de plusieurs poëtes et d'autres de ses amis, et qu'on vint à parler des vers de ces deux auteurs (Du Bartas et du Monin), il dist ainsi : Ces deux nouveaux poëtes ont voulu escrire sur de graves subjects, comme j'ay faict, et par une façon nouvelle, en m'imitant de loing ; ils me veulent esgaller et surpasser en la majesté qui doit reluire en la poésie, mais ils sont en mon endroit tels que les courtisans d'Alexandre envers ce monarque. Car ceux-cy voyant qu'Alexandre portoit de nature le col

(1) Ils ont menty, D'Aurat, ceux qui le veulent dire,
Que Ronsard, dont la Muse a contenté les Rois,
Soit moins que le Bartas, et qu'il ait par sa voix
Rendu ce tesmoignage ennemy de sa lyre !

Ils ont menty, D'Aurat ! si bas je ne respire ;
Je sçay trop qui je suis, et mille et mille fois
Mille et mille tourmens plustost je souffrirois,
Qu'un adveu si contraire au nom que je désire.

Ils ont menty, D'Aurat ! c'est une invention
Qui part, à mon advis, de trop d'ambition.
J'auroy menty moy mesme en le faisant paroistre ;

Francus en rougiroit, et les neuf belles Sœurs
Qui tremperent mes vers dans leurs graves douceurs,
Pour un de leurs enfans ne me voudroient cognoistre.

(*Œuv. posth.* — Édit. Blanchemain, t. V, p. 348).

(2) Claude Binet. *Vie de Ronsard*, édit. Blanchemain, t. VIII, p. 130.

(3) Publié en 1610.

un peu de travers, comme flatteurs et imitateurs de ce deffaut, ils se peinoient à tenir leur teste mal droite comme celle de ce prince; mais pour imiter la grandeur de son esprit, l'excellence de son cœur et la beauté de ses paroles, il ne s'en treuvoit pas un qui en approchast. Ces deux poëtes sont ainsi; car en toutes leurs œuvres ils sont bien mes imitateurs en ce que j'ay escrit d'impertinent, mais pour imiter parfaictement ce que j'ay faict d'admirable, ils ne peuvent et n'ont point l'esprit assez beau pour y sçavoir jamais arriver. »

Ainsi, Ronsard, qui s'inclinait tout à l'heure devant du Bartas, le traite maintenant comme le dernier des poètes, et va jusqu'à le confondre avec du Monin. Comment expliquer une pareille contradiction? On a prétendu et nous pouvons croire que, par l'effet d'un premier mouvement, il alla dans l'éloge plus loin qu'il n'aurait voulu, plus loin que sa pensée même. Puis, « quand il vit que la gloire de du Bartas semblait devenir sérieuse, il y regarda à deux fois et proclama ses réserves (1). » C'est là sans doute une explication : mais est-ce la seule ou même la meilleure? En admettant que Ronsard ait d'abord mis beaucoup de générosité dans les témoignages qu'il rendit à du Bartas, ses critiques postérieures peuvent cependant paraître moins sincères que n'avaient été ses premières éloges. Il crut bon de revenir sur son impression primitive parce qu'il se sentait menacé dans sa propre gloire; et la vivacité même de son sonnet à Dorat, l'injustice du quatrain que nous venons de citer, est bien faite pour appuyer cette hypothèse. Claude Binet nous apprend d'ailleurs qu' « il estoit jaloux de du Bartas (2), » et c'est sans doute sous l'empire de cette jalousie qu'il démentit son admiration antérieure pour l'auteur de la *Semaine*. Au reste, si l'on ne veut pas lui prêter de pareils sentiments, on peut encore admettre que, voyant les poèmes de son rival accaparés par le calvinisme et du Bartas lui-même enrôlé de gré ou de force comme je ne sais quel porte-drapeau de ses coreligionnaires, le poète le plus éminent du parti catholique sentit le besoin de prendre en face de lui une autre attitude. Il y a probablement du vrai dans chacune de ces conjectures. Toutes d'ailleurs nous donnent à croire que les vives critiques par lesquelles il voulut racheter ces premiers éloges ne sont pas l'expression juste

(1) Sainte-Beuve. *Tableau*, etc. Article sur du Bartas.
(2) *Vie de Ronsard.*

et franche de sa pensée sur le mérite littéraire et poétique de du Bartas.

Parmi les trois quatrains que composèrent Ronsard, du Perron et Baïf, aucun n'est seulement équitable. Mais, quelle que fût l'illustration des trois poètes, leurs critiques, celles-là mêmes dont la justesse est incontestable, ne sauraient prévaloir contre les éloges universels qui sont prodigués à du Bartas pendant toute la durée de sa vie et jusque vers la fin du XVIe siècle. Peut-être la seconde *Semaine*, malgré la vive attente qu'elle avait excitée et dont témoigne une lettre de Mornai adressée à son auteur (1), fut-elle reçue avec moins d'enthousiasme que la première (2) ; pourtant, la renommée du poète s'étendait encore, à tout prendre, et se propageait de plus en plus. En 1588, il est cité dans le *Dictionnaire des rimes* de Tabourot sur le même rang que Ronsard ; Laudun, traitant de l'épopée dans son *Art poétique*, le donne comme le poète classique en ce genre (3) : sans doute, les juges les plus éclairés distinguaient aisément entre la première et la seconde *Semaine;* mais, le dernier poème du Bartas (4), sans avoir assez de valeur pour rehausser une gloire déjà si grande, contribua du moins à la répandre ; et d'ailleurs, il renfermait de nombreux passages qui pouvaient la soutenir dignement.

Dix années environ après la mort du poète, Malherbe apparaît comme chef d'une nouvelle école, et déjà la renommée dont jouirent les *Semaines* a sensiblement baissé. Le réformateur de la poésie, qui prend tant de peine pour détourner l'admiration publique de Ronsard et de ses principaux disciples, ne fait même pas à du Bartas l'honneur de l'attaquer, et il n'a pas l'air de le connaître. Ce dernier pourtant ne laisse pas d'être encore estimé ; les éditions que l'on publie des ses ouvrages en sont la meilleure preuve : Deimier, dans son *Art poétique* (5), fait souvent son éloge ; Aubert, ainsi que nous

(1) Elle est citée par Sainte-Beuve, op. cit.

(2) De Thou, disant que du Bartas désirait faire un séjour à Paris pour y corriger ses œuvres, ajoute : « principalement sa seconde *Semaine* ».

(3) *Art p.*, IV, 9.

(4) On disait *le Bartas* comme *le Tasse*, *le Dante*, etc.

(5) 1610. — Il lui adresse aussi bien des critiques. Ainsi que Voltaire devait le faire plus tard pour Corneille, Deimier regarde comme des *licences* maintes locutions du XVIe siècle qui commençaient déjà à tomber en désuétude ; par exemple : *donner vigueur* pour *donner de la vigueur*, *taschoyent faire mourir* pour *taschoyent*

l'avons dit, parle de lui comme d'un poète encore fort apprécié; Jean de Schelandre, protestant en sa faveur contre Malherbe, accouple son nom à celui de Ronsard :

J'estime Bartas et Ronsard.
Toute censure m'est suspecte,
Quelque raison que l'on m'objecte,
De celluy qui fait bande à part.

Dans le grand *Dictionnaire des rimes* publié en 1624, l'auteur recueille vers la fin les épithètes qu'il a empruntées aux deux *Semaines*, et les propose comme des modèles. Une nouvelle édition complète paraît encore en 1632 (1) ; du Bartas porte sur la couverture le titre de « Prince des poëtes françois, » et la préface lui prodigue des louanges hyperboliques ; il est vrai qu'elles viennent d'un Génevois, d'un huguenot, et enfin d'un éditeur.

Malgré bien des marques d'estime ou même d'admiration, la gloire du poète, depuis longtemps menacée, sombre toutefois peu à peu. Dans les éloges mêmes des critiques arriérés, tels que Colletet, commencent à percer des restrictions bien significatives. Les éditeurs de 1611 se plaignaient déjà qu'il ne fût plus assez lu. La *Satyre du Temps*, à Théophile, parue en 1619, nous apprend que la poésie des *Semaines* commence à être considérée comme « rance et moisie. » Sorel, nous l'avons déjà remarqué plus d'une fois, n'épargne pas les critiques à du Bartas (2), et reproduit la plupart du temps le jugement général des contemporains. Il est difficile sans doute de fixer le moment exact où cette renommée encore si éclatante, il y avait moins d'un demi-siècle, s'ensevelit complètement dans l'obscurité. Elle voit encore pendant plusieurs années quelques fidèles lui rendre un culte pieux dans le fond des provinces où peuvent se conserver les traditions du XVIe siècle, où le calvinisme essaie peut-être de protéger son poète contre l'oubli. Mais ces der-

---

de faire mourir, courir bride avallee pour *courir à bride avallée*, etc. ; il s'accorde aussi avec du Perron pour reprocher à du Bartas de « trop métaphoriser son langage » et d'abuser des épithètes. D'ailleurs, il ne ménage pas davantage les poètes de la Pléiade, Ronsard lui-même, et il déclare hautement que l'auteur des *Semaines* « a faict des vers des plus beaux du monde ».

(1) A Genève. — Pierre Chouet.

(2) Remarques sur le *Berger extravagant* (1627).

niers et faibles rayons de gloire ne tardent pas eux-mêmes à se dissiper. Quand Boileau entre en scène, du Bartas n'est plus lu, il est à peine connu. Aussi l'auteur de l'*Art poétique* ne le nomme-t-il même pas dans son tableau, d'ailleurs si sec et si peu exact, de la poésie française avant Malherbe. Il eût mieux valu pour du Bartas une critique, même injuste, que cet oubli méprisant.

On ne trouve aucune trace de lui dans nos écrivains classiques du XVIIe siècle ; La Bruyère seul prononce une fois son nom : encore n'est-ce que dans la neuvième édition des *Caractères*, où il substitue du Bartas à Saint-Gelais, pour l'accuser avec Belleau et Jodelle d'avoir corrompu la langue.

A quoi tient cet oubli si profond d'un poète dont la gloire avait naguère balancé celle de Ronsard ? On peut dire avant tout que du Bartas a subi le sort de l'école contemporaine, bientôt opprimée par le génie raide et despotique de Malherbe. Ce n'est pas que Malherbe ne se soit rien approprié des conquêtes de la Pléiade : au contraire, bien des mots, bien des tournures, des manières de parler et même de sentir que la poésie française ne connaissait pas avant elle, il les fit passer définitivement dans la langue et le génie poétique de la nation. Mais, s'il tira grand profit des réformes, ce fut en maltraitant les réformateurs : il argua de leurs vices et de leurs excès pour leur dénier tout mérite, et n'admit rien de leur œuvre que ce qu'il crut pouvoir lui-même faire passer dans la sienne.

Cependant on ne vit jamais Ronsard tomber dans la même obscurité que du Bartas ; il resta toujours le point de mire de Malherbe et de ses successeurs, et, par cette raison même, il ne fut jamais oublié. C'est que Ronsard avait été le chef de l'école poétique du XVIe siècle : aussi, quand Malherbe et Boileau veulent condamner la Pléiade, c'est à lui qu'ils s'en prennent, non à du Bartas : l'auteur des *Semaines* est englobé dans la proscription en masse de tous les poètes ses contemporains ; il n'a pas même, comme son ancien rival, le bénéfice d'être attaqué personnellement par les adversaires d'une école dont il ne fut que le disciple. D'ailleurs, nous devons lui reconnaître vis-à-vis de Ronsard cet autre désavantage, qu'il passa toute son existence dans les camps ou dans son château, au sein même de la Gascogne. La distinction des anciennes races, dès lors bien affaiblie sans doute, n'en était pas moins très sensible : du Bartas avait des chances pour voir sa renommée confinée sur les bords de la Garonne ; et, si ses grandes facultés poétiques lui valurent d'être universellement apprécié dans toutes les provinces, il ne le fut pourtant pas au même titre que Ronsard, ou, du moins, il ne put jamais, en dépit de toute sa gloire, faire reconnaître et etablir son autorité au centre (1). Enfin, bientôt après la publication des ses premières œuvres, il devient, comme nous l'avons dit, le poète du calvinisme : ce n'est pas là un détail de mince importance chez un peuple foncièrement catholique, qui n'accepte le repos et la dignité avec Henri IV qu'au prix d'une abjuration. Ronsard, au contraire, avait été le poète attitré de la cour et de la religion, et voilà encore un motif pour expliquer comment il lui resta toujours l'ombre d'un grand nom. Sans doute, l'école classique semble renier en lui son véritable fondateur ; mais les attaques mêmes auxquelles il est en butte le protègent contre l'oubli où son ancien rival est depuis longtemps tombé.

Après deux cents ans d'un mortel silence, l'auteur des *Semaines* a enfin retrouvé un peu d'honneur ; de nos jours seulement, le goût français, si pur et si délicat, se relâcha de ce dédain exclusif pour tout ce qui n'est pas conçu d'après l'idéal du grand siècle. Vers l'année 1820, un mouvement général s'empara des esprits, et les recherches originales furent inaugurées dans toutes les directions. On se mit à étudier notamment nos origines nationales : et, comme elles ont deux sources, le moyen âge et le XVIe siècle, on retrouva, on ressuscita ces deux époques, à peu près inconnues des générations précédentes. Sainte-Beuve découvrit, pour ainsi dire, le XVIe siècle, et rendit quelque gloire aux poètes de la Pléiade. Il est même le premier qui, depuis Malherbe, ait prononcé le nom de notre poète sans se croire obligé à le ranger parmi les grotesques. Dans le *Tableau de la poésie* il reconnaît son talent et rend justice à la noblesse de son inspiration comme à l'élévation de son caractère. Longtemps après, il revient sur le même sujet, et, cette fois, pour consacrer au poète tout un article. Là encore, les éloges ne manquent pas ; mais, préoccupé sans doute de prévenir les exagérations, il tempère la louange par des critiques justes et délicates, souvent même par une légère raillerie qu'il ne s'était jamais permise avec Ronsard.

---

(1) V. Sainte-Beuve, op. cit.

Dans ses études sur le XVIe siècle, publiées en même temps que le *Tableau* de Sainte-Beuve, Philarète Chasles est beaucoup plus sévère; à ses yeux, la *Semaine* n'est qu'un bizarre mélange de subtilité, d'emphase, de forfanterie, de prolixité, de dureté et de ridicule. Mais quelques-unes de ses assertions semblent prouver qu'il connaissait moins du Bartas que les autres poètes de cette époque; il assure, par exemple, que chaque phrase de la *Semaine* contient trois ou quatre mots composés à la maniere grecque : or, quelque abus que le poète ait fait de ces locutions, nous avons vu combien il faut en rabattre.

Finement apprécié par Sainte-Beuve, qui le sacrifie peut-être un peu trop à Ronsard, jugé par Philarète Chasles avec une rigueur qu'il ne semble pas mériter, du Bartas était désormais tiré de l'oubli. Depuis, quoique aucun travail étendu n'ait été publié sur lui, il n'a pu être passé sous silence par ceux qui se sont occupés de la poésie au XVIe siècle. Il trouve sa place dans la plupart des recueils de *Morceaux choisis* et dans les *Bibliothèques poétiques* qui ont été publiés depuis quarante ans. Les frères Haag, dans la *France protestante*, et M. Sayous, dans ses *Études sur les écrivains de la Réformation*, lui ont consacré des notices honorables. M. Poirson (1), dans son *Histoire de Henri IV*, semble même excéder la mesure des éloges qui lui sont dus et exagérer son influence, d'ailleurs incontestable. Tous ceux qui parlent de lui s'accordent, en faisant les réserves nécessaires, pour reconnaître au poète des qualités qu'il semble bien difficile de lui refuser, de la verve, des idées nobles, un enthousiasme vrai et communicatif.

L'influence étrangère, celle surtout de l'Angleterre et de l'Allemagne, avait contribué, dès les premières années de notre siècle, à ramener le goût français au-delà de notre grande époque classique. Du Bartas, nous l'avons dit, eut d'ailleurs à l'étranger une gloire beaucoup plus durable que dans sa patrie. Les raisons en sont bien simples. D'abord, les autres pays échappèrent à l'autorité de Malherbe et à ce goût un peu étroit qu'il fit triompher en France. Leurs littératures, moins régulières, moins pures, moins sévères que la nôtre, ne répugnent pas à certaines hardiesses qui nous ont longtemps choqués; à ce titre, ils étaient disposés à faire meilleur

(1) Tome IV, p. 375 et seq.

accueil aux *Semaines*. De plus, les défauts du poète, tenant surtout à la langue, ne sont plus aussi sensibles dans les traductions. La plupart, même dans le texte, doivent passer inaperçus au-delà du Rhin ou de la Manche : qui donc, parmi les Allemands, irait reprocher à du Bartas ses mots composés? Quelle oreille anglaise serait bien sensible à ses provincialismes? Aussi ne faut-il pas s'étonner que l'auteur des *Semaines* fût encore admiré à l'étranger quand nous ne le connaissions même plus. Assurément, chaque peuple est le meilleur juge pour apprécier le mérite de ses poètes ; mais l'admiration des autres pays, moins glorieuse pour du Bartas que ne l'eût été celle de ses compatriotes, lui constitue cependant un titre sérieux à notre attention.

Sans dresser ici la liste de tous les écrivains ou critiques allemands qui ont parlé de lui avec éloge, nous nous contenterons de citer une page de Gœthe, empruntée à ses *Remarques sur le neveu de Rameau* (1).

« Les Français ont un poète, du Bartas, qu'ils ne nomment plus ou ne nomment qu'avec dédain. Il vécut de 1544 à 1590, fut soldat, homme du monde (*Weltmann*), et écrivit d'innombrables alexandrins. Nous autres Allemands, qui considérons à un autre point de vue l'esprit de cette nation, ne pouvons nous empêcher de sourire lorsque, dans ses œuvres, dont le titre le proclame Prince des poètes français, nous trouvons, en une singulière confusion, il est vrai, tous les éléments de la poésie française. Il a traité des sujets élevés, considérables, étendus, comme par exemple, les sept jours de la Création, où il a trouvé l'occasion, poète descriptif et didactique, narrateur et peintre, de mettre sous nos yeux un naïf tableau de l'univers et d'étaler les connaissances de toutes sortes qu'il avait acquises dans une vie laborieuse. Ses poèmes, dont l'inspiration est si sérieuse, passent pour des parodies débonnaires (*gutmüthigen Parodieen*) et, à cause de leurs bigarrures, révoltent les Français d'aujourd'hui qui s'imaginent avoir atteint le sommet de la culture (*Kultur*); au contraire, tout auteur français devrait porter dans ses armes sous un symbole quelconque, comme l'électeur de Mayence porte la roue, les sept chants de la *Semaine* de du Bartas... Je

(1) *Gœthes saemmtliche Werke in vierzig baenden*. Stuttgart, 1871, 33e vol., p. 175. — La traduction du même morceau que donne Sainte-Beuve est singulièrement inexacte, comparée au texte ci-dessus indiqué.

demande si les premiers quarante vers du septième jour de la *Création* ne sont pas excellents, s'ils ne méritent pas d'être mis dans tout recueil de morceaux choisis français et s'ils ne supportent pas la comparaison avec beaucoup de productions nouvelles et recommandables. Les connaisseurs allemands seront de notre avis et nous remercieront d'avoir appelé leur attention sur cet ouvrage. Mais les Français, malgré tout, continueront encore, très probablement, de méconnaître ce qu'il y a de bon et d'excellent dans ce poème, à cause de ses bizarreries. »

A la suite de ce passage, Gœthe explique comment la gloire d'un tel poète a pu s'obscurcir et s'éteindre chez ses compatriotes : il faudrait, d'après lui, en chercher la raison dans les tendances exclusivement classiques, qui depuis Malherbe, s'accusent de plus en plus. Sous Louis XIV l'esprit français touche enfin à la réalisation à peu près parfaite d'un idéal longtemps poursuivi ; un ordre inflexible s'établit partout, et la division rigoureuse des genres ne laisse aucune place à un poème comme la *Création* ou la seconde *Semaine*.

Nous nous sommes déjà expliqué sur ce sujet. Quoi qu'il en soit, si les pages que nous citons contiennent bien des critiques contre le goût du grand siècle, elles sont tout à l'honneur de notre poète. Gœthe exprimait l'assurance que les bons juges de son pays lui donneraient raison : dans tous les cas, son éloge de du Bartas eut quelque retentissement, et ramena l'attention sur les *Semaines*, auxquelles personne, depuis le XVIe siècle, n'avait rendu un tel hommage.

L'Angleterre, pas plus que l'Allemagne, ne s'est jamais désintéressée de ce poète qu'un de ses rois admirait avec tant d'enthousiasme, qui avait célébré si magnifiquement le plus glorieux de ses souverains, et qu'enfin le génie de Milton n'avait pas jugé indigne d'être imité. De nos jours encore, la critique anglaise est parfois revenue sur du Bartas. Citons, entre autres études, un article de sir J. Perriwig dans la *Revue de Paris* (1) : l'auteur s'y montre tout disposé à lui pardonner bien des défauts où Shakespeare est tombé lui-même, en faveur de son imagination non moins grandiose, non moins riche, que celle de ses plus illustres contemporains anglais ou italiens. On trouve encore, dans l'année 1842 du *Frasers Magazine*

(1) 1833.

une intéressante analyse des deux *Semaines*. « Avec toutes ses fautes, conclut le critique anglais, du Bartas a de belles qualités poétiques ; son imagination est singulièrement forte et vive, comme celle de nos écrivains de la même période, auxquels il ressemble en bien des points : son instruction et son génie lui fournissent sans cesse des beautés neuves et originales. Ses images sont toujours tirées de la nature et de la campagne. Nous nous aventurerons à dire qu'il y a chez lui plus de peintures neuves et naturelles que dans tous les poètes tragiques français pris ensemble. »

Ces différentes citations indiquent suffisamment en quelle estime du Bartas est tenu dans les pays voisins. Mais, soit chez Gœthe, soit chez les critiques anglais dont nous avons rapporté le jugement, l'éloge du poète ne va pas sans quelques attaques contre le goût français (1). Il nous semble que, pour estimer les *Semaines* à leur véritable prix, il n'est pas nécessaire d'être injuste envers Boileau et Racine. Notre esprit portera toujours l'empreinte dont il a été marqué par les illustres écrivains et poètes du grand siècle ; pourtant, quel qu'ait été, au temps de Louis XIV, le jugement des critiques sur l'école de la Pléiade, c'est au mouvement de la Renaissance, tempéré par une conscience plus intime et plus profonde de lui-même, que le génie français a dû un siècle plus tard son magnifique développement. Entre les deux époques, il y a sans doute Malherbe : mais Malherbe lui-même, comme nous l'avons dit, a largement profité de ses devanciers. Tout se suit et se tient dans notre histoire littéraire, et la trame n'en est nulle part rompue. Ronsard et, par conséquent, du Bartas, sont des ancêtres de Racine.

Le poète des *Semaines*, ainsi que nous l'avons entendu dire à Gœthe, rassemble dans ses œuvres « les divers éléments de la poésie française ; » il appartient un peu à tous les siècles, comme ses poèmes à tous les genres ; il a sans doute plus de chances d'être goûté dans le nôtre qu'à l'époque sévère et dédaigneuse de Boileau ; mais, en

---

(1) « Le goût, dit-il, le goût est une chose... En vérité, je ne sais quelle chose il dit que c'était. Il ne le savait pas lui-même ». C'est par ces lignes de Diderot que commence le fragment dans lequel Gœthe fait l'éloge de du Bartas. Il est difficile de prendre au sérieux la boutade qui sert d'épigraphe au grand critique allemand. Nous avons déjà reconnu bien volontiers que l'esthétique du XVIIe siècle est quelque peu exclusive ; mais, si les défauts de goût peuvent se concilier avec les parties les plus élevées du génie poétique, ni Diderot, ni Gœthe n'auraient jamais pris pour le *bon goût* celui dont notre poète nous a donné tant d'exemples.

somme, il n'y a rien chez lui qui le mette en dehors de nos traditions vraiment nationales. Aussi semble-t-il juste de lui donner enfin la place qu'il a droit d'occuper dans notre Panthéon poétique, dût-on lui fermer ce que Voltaire, dont il eût été fort peu apprécié, appelle le Temple du goût.

CONCLUSION

Arrivé au terme de cet essai, il nous faut porter sur du Bartas un jugement d'ensemble, ne fût-ce qu'en reprenant les conclusions particulières auxquelles nous a successivement conduit l'étude de l'homme, du poète et de l'écrivain.

L'homme est digne de toute notre estime ; ici, nous n'avons à faire aucune réserve ; il se recommande à nous non seulement par la simplicité de ses mœurs, la dignité modeste de son existence, la généreuse candeur de ses sentiments, mais encore par l'élévation de ses idées religieuses, morales et politiques, par son respect de la conscience, par l'ardeur d'un patriotisme toujours éclairé, par un esprit vraiment libéral et humain qui répugne à tout fanatisme. Avec les plus nobles qualités de la vie domestique, il eut encore les plus rares vertus du citoyen : mêlé aux guerres civiles de son temps, il fut à la fois bon huguenot et bon français ; il ne se retira pas, ainsi qu'un Montaigne, loin des agitations et des luttes contemporaines : tout en y prenant part, comme un brave soldat, il sut s'élever au-dessus d'elles, comme un sage.

Nous retrouvons l'homme dans le poète : les œuvres de du Bartas sont animées d'un bout à l'autre par cet esprit si large et si élevé dont sa vie tout entière témoigne avec éclat. Il considère la poésie, non pas comme un jeu dont la grâce peut faire passer le libertinage, mais comme une œuvre sacrée et d'inspiration vraiment divine, comme une école de science, de vertu et de piété. Il donne le signal de la réaction morale contre les licences des poètes contemporains : au moment où les derniers disciples de Ronsard, démentant les ambitions et les nobles promesses de la Renaissance à ses débuts, ne savent plus que célébrer les plaisirs des princes dans leurs vers élégants et fades, il saisit cette lyre de la Pléiade, à laquelle Desportes n'apprenait que des refrains amollis, il la remonta au ton de sa Muse, vraie fille du ciel, et sut en tirer des accents doctes, graves et purs. Dès lors, il devint le chef d'une école nouvelle, et, si ses disciples immédiats lui font peu d'honneur, il eut du moins la gloire d'inspirer Milton.

Vraiment original par le choix de ses sujets et le fond même de sa poésie, du Bartas est d'ailleurs, en tout ce qui tient à la forme, un élève de Ronsard. Mais c'est un élève qui trop souvent compromet son maître, en reproduit tous les excès et en porte les qualités mêmes jusqu'au point où elles deviennent des vices. Il n'a su ni se borner, ni se régler ; il n'a pas distingué la simplicité de la bassesse, la délicatesse de l'afféterie, le sublime de l'emphatique ; le sens de la mesure lui a manqué en tout, et le défaut d'art et de tact se trahit chez lui à chaque pas. Dans sa langue elle-même, quoiqu'elle soit en grande partie celle de la Pléiade, il trouve encore moyen de renchérir sur ses devanciers : les procédés à l'aide desquels ceux-ci avaient enrichi et ennobli l'idiome poétique, il les applique sans retenue et les discrédite quelquefois par l'abus qu'il en fait ; lui-même en invente de bizarres, auxquels son nom reste malheureusement attaché : il n'a pas eu conscience du ridicule, et le ridicule de ses *hypotyposes*, de ses redoublements, de certains composés baroques dont il use sans discrétion, a suffi pour compromettre à jamais sa mémoire.

Et cependant, en signalant dans ses œuvres tous les vices qui les déparent, nous pensons que ses facultés poétiques lui donnent quelque droit à notre admiration. Le XVIe siècle tout entier, qui l'égalait ou même le préférait à Ronsard, a pu sans doute être ébloui par de brillants défauts auxquels ne devait pas se laisser prendre le jugement plus éclairé et plus sain de la postérité ; toutefois, la gloire qu'il a faite à du Bartas peut et doit aussi s'expliquer par les qualités incontestables du poète, auxquelles tant de taches ne sauraient nous fermer les yeux. Sa trivialité et son emphase, son érudition lourde et fatigante, les bizarreries de sa langue et les témérités parfois grotesques de son style, ne doivent point faire oublier chez lui l'ampleur de la forme, la vigueur du souffle, la splendeur de l'imagination. Plus qu'aucun de ses contemporains, il avait le sentiment des grandes choses : c'est le goût, non le génie, qui lui a manqué.

TABLE DES MATIERES

Nancy. — Imp. Nancéienne, rue de la Pépinière, 1. Direct. : GÉBHART.

www.ingramcontent.com/pod-product-compliance
Ingram Content Group UK Ltd.
Pitfield, Milton Keynes, MK11 3LW, UK
UKHW012017240726
13965UKWH00002B/410